国家出版基金项目
NATIONAL PUBLICATION FOUNDATION

祁门红茶史料丛刊 续编

第五辑（1936）

康健 ◎ 主编

安徽师范大学出版社
ANHUI NORMAL UNIVERSITY PRESS
·芜湖·

图书在版编目(CIP)数据

祁门红茶史料丛刊:续编.第五辑,1936 / 康健主编.

芜湖:安徽师范大学出版社,2024.12. -- ISBN 978-7-

5676-7151-5

Ⅰ.TS971.21

中国国家版本馆 CIP 数据核字第 2024UP8123 号

祁门红茶史料丛刊:续编　第五辑(1936)　　康　健◎主编

QIMEN HONGCHA SHILIAO CONGKAN XUBIAN DI-WU JI (1936)

策划编辑:孙新文

责任编辑:辛新新　　　　　责任校对:翟自成

装帧设计:张　玲　王晴晴　责任印制:桑国磊

出版发行:安徽师范大学出版社

　　　　　芜湖市北京中路2号安徽师范大学赭山校区

网　　　址:https://press.ahnu.edu.cn

发 行 部:0553-3883578　5910327　5910310(传真)

印　　　刷:安徽联众印刷有限公司

版　　　次:2024年12月第1版

印　　　次:2024年12月第1次印刷

规　　　格:700 mm×1000 mm　1/16

印　　　张:22.75

字　　　数:422千字

书　　　号:978-7-5676-7151-5

定　　　价:72.80元

前　言

祁门红茶创制于19世纪六七十年代，在中国各色红茶中出现较晚，但祁门红茶以其独特的品质，迅速崛起，超越闽红、宁红、两湖红茶等诸多著名品牌，成为近代中国最为著名的茶叶品牌，在全世界享有很高的声誉。在近代中国茶叶国际贸易日益衰败的情况下，祁门红茶成为支撑中国外销茶贸易发展的重要品牌。

2020年出版的《祁门红茶史料丛刊》（8册），为首次经过系统整理的近代祁门红茶资料。该套丛书出版之后，笔者继续在近代报刊、徽州文书中搜集相关资料，经过数年积累，也渐具规模，于是以《祁门红茶史料丛刊续编》（以下简称《续编》）为题于2023年度申报国家出版基金，获得立项，为这套《续编》的出版提供了契机。

值得注意的是，祁门红茶产区虽以祁门县为核心产区，产量多、品质优，但并不局限于此一地，而是涵盖祁门、建德①（民国时期先后称秋浦、至德）和浮梁三个县域。因建德和浮梁所产红茶的品质与祁门所产者相似，历史上皆以"祁门红茶"统称之。这在晚清以降的文献中阐述得十分清楚。

1909年《商务官报》记载，"祁门、浮梁、建德三县之茶（向统称之为祁茶）"②。1917年《安徽实业杂志》也称："安徽祁门茶，品质甲于全球，秋浦毗连祁门，西人亦名祁茶。江西之浮梁红茶，因与祁门接壤，亦曰祁茶。"③民国著名茶学家吴觉农等亦云，所谓祁门红茶，"并非祁门一县境内之生产品。其运境之至德

---

① 即今安徽省东至县。

② 《茶业改良议》，《商务官报》1909年第26期。

③ 《民国六年上半期安徽红茶与赣湘鄂茶汉口市场逐月比较统计表》，《安徽实业杂志》1917年续刊第7期。

（秋浦改称，原称建德）及浮梁两县之所生产，亦谓之'祁门红茶'，简称'祁红'，亦或仅称'祁门'。祁门、至德，属安徽省，浮梁属江西省，以其同产红茶关系，故'祁浮建'，久成当地习语，若已不复知有省限矣"①。1936年金陵大学农业经济系在祁门的调查也称："市上通称之'祁门红茶'，或简称之'祁红'，实际并非专指祁门一县之产品而言；其与祁门茶产地毗连之至德、贵池，及江西之浮梁等县所产之红茶，因其制法相同，形状相似，亦统称'祁红'。故在广义言之，祁门红茶区域，实包括祁门、浮梁、至德三县，及贵池之一小部。"②

由此观之，整理祁门红茶资料也应该涵盖这些地区，因此，笔者除继续搜集祁门县的红茶资料外，也注意搜集建德、浮梁两地的资料。

笔者先后在祁门、黄山、合肥、北京、上海等地馆藏单位查阅大量的报刊史料。经过3年多的努力，编辑整理了祁门红茶史料8册，计200多万字。其中，前7册为文字整理，最后1册为茶商账簿影印。下面对《续编》资料编辑情况进行说明。

前7册收录的时间段分别为：第1册1912—1919年，第2册为1920—1924年，第3册1925—1929年，第4册1930—1935年，第5册1936年，第6册1937—1940年，第7册1941—1949年。这些资料主要来自民国时期的报刊、调查报告和单行本的著作。第8册为茶商账簿，收录光绪八年（1882年）祁门红茶创始人之一的胡元龙日顺商号的茶叶账簿和民国时期祁门南乡郑氏茶商的茶叶流水账簿。

综上所述，《续编》是在《祁门红茶史料丛刊》的基础上继续整理的结果。对此前已收录在《丛刊》中的史料不再重复收录，同时将祁门红茶产区涵盖的祁门、建德、浮梁三地的文献一并搜集、整理，以全面展示祁门红茶产区茶叶生产、加工、运销的整体图景。

《续编》虽然搜集了大量民国时期的祁门红茶史料，但难免挂一漏万，还有很多资料未能涉及，如外文和档案资料未能充分利用。这些资料只好在今后的研究中再集中搜集、整理。同时，笔者相信《续编》的出版将深化人们对祁门红茶的历史源流、演进轨迹等方面的认知，对红茶的学术研究和万里茶道的申遗都将发挥积极作用。

---

① 吴觉农、胡浩川：《祁门红茶复兴计划》，《农村复兴委员会会报》1933年第7期。

② 金陵大学农业经济系：《祁门红茶之生产制造及运销》，《豫鄂皖赣四省农村经济调查报告》第10号（1936年）。

凡　例

一、本丛书所搜资料以民国时期（1912—1949）有关祁门红茶的资料为主，间亦涉及晚清时期的文献，以便于考察祁门红茶的盛衰过程。

二、祁门红茶产区不仅包括祁门，还涉及建德（民国时期先后称秋浦、至德）和江西浮梁地区，出于保持祁门红茶产区资料的整体性和展现祁门红茶历史发展脉络考虑，本丛书将三个地区的红茶资料皆加以收录。

三、本丛书虽然主要是整理近代祁门红茶史料，但收录的资料原文中有时涉及其他地区的绿茶、红茶等内容，为反映不同区域的茶叶市场全貌，整理时保留全文，不做改动。

四、本丛书所收资料基本按照时间先后顺序编排，以每条（种）资料的标题编目；每条（种）资料基本全文收录，以确保内容的完整性，但删除了一些不适合出版的内容；在每条（种）资料末尾注明了资料出处，以便查考。

五、为保证资料的准确性和真实性，本丛书收录的祁门茶商账簿皆以影印的方式呈现。

六、本丛书收录的近代报刊种类众多、文章层级多样不一，为了保持资料原貌，除对文章一、二级标题的字体、字号做统一要求之外，其他层级标题保持原样，如"（1）（2）"标题下有"一、二"之类的标题等，不做改动。

七、本丛书所收资料原文中出现的地名、物品名、温度单位、度量衡单位等内容，尤其是翻译的国外名词，如"加拿大"写成"坎拿大"、"便士"写成"边尼"、"氧气"写成"养气"等，存在与现代标准说法不一致，同一词在不同刊物有不同的表达等问题，因具有当时的时代特征，为保持资料原貌，整理时不做改动。

八、本丛书所收资料对于一些数字的使用不太规范，如"四五十两左右"，按照现代用法应该删去"左右"二字，"减少两倍"应改为"减少三分之二"等，但为保持资料的时代特征，整理时不做改动。

九、近代报刊的数据统计、名词前后表述中存在一些逻辑错误。对于明显的数据统计错误，整理时予以更正；对于那些无法查核出处的数据、名词前后表述的逻辑错误，只好保持原貌，不做修改。

十、近代中国报刊刚刚兴起，图表制作不太规范，且大多无标准表名、图名，为保持资料原貌，除图表补充完善外，其他内容整理时不做改动。

十一、凡是涉及"如左""如右"之类的表格说明，根据表格在整理后文献中的实际位置重新表述。

十二、本丛书原表格中很多统计数字为汉字，统一改为阿拉伯数字，但表格中陈述性文字里的数字仍保持原貌；正文中部分多位数字用汉字表示，但没有使用十、百、千、万等单位，为便于阅读，统一补齐，如"一三五七六八磅"改为"十三万五千七百六十八磅"。

十三、原资料多数为繁体竖排无标点符号，整理时统一改为简体横排加标点符号。

十四、凡是原资料中的缺字、漏字以及难以识别的字，皆以"□"来代替。

十五、中日甲午战争后，清政府将台湾割让给日本，1945年抗日战争胜利后，台湾重新回到祖国的怀抱。故1895年6月至1945年抗日战争胜利前台湾为日本占据时期。本丛书在涉及这一期间的台湾时，将"台湾"的表述统一改为"中国台湾（日据时期）"，特此说明。

目　录

◆一九三六

改良皖茶 …………………………………………………………〇〇三

皖赣统制红茶运销颇见成效 ……………………………………〇〇三

皖省统制祁茶说 …………………………………………………〇〇四

近年华茶贸易与皖茶统制经过 …………………………………〇〇五

从红茶制造理论说到鹤山红茶制法及其缺点 …………………〇一二

英伦红茶市况突起变化 …………………………………………〇一七

上海洋庄茶栈继续停兑红茶汇票 ………………………………〇一七

祁红茶产制运销意见书 …………………………………………〇一九

筹拨祁门茶场基金办理林垦渔牧调查 …………………………〇二五

红茶运销 …………………………………………………………〇二五

皖省统制红茶之风波 ……………………………………………〇二六

中国红茶产销经济状况 …………………………………………〇二七

祁门冬期茶业合作训练班讲演集(第一期) …………………〇六七

祁红茶品分级试验报告 …………………………………………一六四

(民国)二十五年祁红茶检验报告书 …………………………二三〇

后　记 ……………………………………………………………三五四

一九三六

改良皖茶

皖省西南部各县，素为产茶之区，皖西以绿茶著称，皖南祁门以红茶得名。每年输出总额约七八百万石，价值达数千万元，关系农村经济，至巨且大。往昔销售外洋，供不敷求，嗣以制法不良，近年已受日、印、爪哇等茶竞销影响，在外市场，悉被侵夺。全国经济委员会以改良皖茶，实为增进生产之重要工作，特与实业部、皖省府三方面商定，先就祁门原有之茶叶试验场改组，其目的在以技术研究，而谋祁门茶叶之改良。

《农林新报》1936年第1期

皖赣统制红茶运销颇见成效

（皖讯）

皖赣红茶，本年实行统制运销之后，不仅成效甚著，营业且操胜算，各茶商约共获利百余万元。运销会总理程振基，兼任安徽地方银行总行长，昨由沪来芜办理年度决算，记者闻讯，特于晚间前往会晤，时适主持红茶统制最力之皖财厅长杨绵仲亦在座，关于红茶运销情况，以及今后之出路，综合程杨二氏所谈，约如下列。

改善运销初步成功。红茶统制，原自改善运销着手，举办之初，产区茶号、茶农均极拥护。惟开办稍受各方牵制，原来改善运销计划，只得通权办理，统制效能，遂亦不能尽量发挥。但有一事最足以记述者，即红茶贸易，权自我操，不复如曩昔茶栈之于洋行，处处受人挟持，今则一反前习，斯亦改善运销之初步目的已达。

宁红贬价影响甚巨。红茶之产区，除皖之祁门、至德及赣之浮梁为一区域，统称为祁门红茶外，其江西宁州所产者，则称为宁红，色香味固不若祁红，产量亦稍逊。惟在兹祁红改善运销之初，宁红虽乘机销售，然多不能耐性，稍够本即抛出，反不能招起竞买，而在竞卖市价绝难尽量提高，此种自乱步骤之结果，于贸易上所受影响甚巨。

设法改善绿茶运销。今后改善之道，首在打开运销出路，凡沪洋行不能承受者，则直接运往欧美诸国际市场，产销联成一贯，统制功效始能充分表现。目前已积极准备，以待明春茶市发动时即实行，此外如宁州红茶，当设法并予改善。如是统制运销，方告完成，再绿茶方面，亦将设法将其运销方式改善。因绿茶销路，分国内国外两种，不若红茶之专销洋庄之单纯，皖地方银行经济研究社，已派员前往徽州各县调查，俾明其产销情形，而订改善之法云。

《华商月刊》1936年第2期

皖省统制祁茶说

鑫 伯

我们对于茶叶的统制不反对，对于统制的手段和过程认为应当加以考虑。查近年茶销不振，论者归咎于制法之不改进和装包之不合式。固然，是应当改进的，但政府如颁行改进办法命令洋庄茶栈去办，如果不遵办，那么尽可明白宣布洋庄茶栈之不可教而夺其营业，使之死而无怨。至于运和销二者，茶栈商人为自己血本关系，是很注意的，不过由本国运销外国，须用洋船和洋行，不能直接运往国外销售，这是一点欠缺之处。但这种欠缺也不能完全归咎于茶栈商人。我们且看皖省统制运销祁茶之后，是否能直接在外国开拓市场，还是仍旧装洋船和卖给洋行的。

我们以为皖省既主张统制祁茶，由省政府发款与茶号，应当须先明令各茶号不得接受茶栈的放款，岂不干脆。现在任令茶栈放款，又任令茶号接受，无怪茶栈商人有"茶栈是售茶机关，已垫出血资之茶，而弗能经售，冤抑至此，呼吁无门"之呼，此吾人所莫测高深者。

话又说还来，统制茶叶是政府为了多数茶农着想，将来一般茶农茶号必可受益。茶栈商尽可牺牲这门行业，捞还血本，赶快改行吧。茶栈制茶工人，将来政府制茶机关仍可录用的；即或不用，而致失业，也非你们之咎。

《钱业月报》1936年第5期

近年华茶贸易与皖茶统制经过

高振千

一

世界知道饮茶的国家，以我国为最早，在上古神农时代，已经知道了饮茶对于人身的利益。到了隋朝，茶已成为敬客必备的东西。降而至于后梁，不但上流阶级喜欢饮茶，并且普遍于下层社会之间。到如今，茶在我国任何地方都迭占着饮品中重要的地位。

纪元前2737年左右，神农的《本草》中就有"茶味苦，饮之使人益思、少卧、轻身、明目"之语。那时候对于茶叶，是否当作饮品，或者作药用，则不得而知。纪元780年时，唐陆羽著《茶经》，说明茶叶栽培以及制造的方法，这是第一部正式论茶的专著。唐时并已经征收茶税，征茶之十分之一归公，这一种征茶的机关，叫作"榷货务"。所以那时候茶叶出产已经很多，不过还没有国外贸易。到纪元八世纪初期，茶方才输往蒙古，即当时的塞外一带。明洪武时，设立茶马司，管理以茶换番马的事务，这时已略具输出贸易的雏形了。

当西历593年左右，中国的文化与佛教传播到日本，日本也渐渐知道饮茶的益处。到734年，日本始有饮茶的著作。1191年，日人荣西著《吃茶养生记》之后，日本饮茶的习惯格外普及。到了16世纪，饮茶的习惯更普及于各阶级间了。

在十六世纪初期，有荷商运茶到欧洲，这大约是华茶输欧的起源。十六世纪中期，又输到美国（按:是时为新亚姆司达旦"New Amsterdam"，美国尚未立国）。到现在，世界产茶最多的国家还是我国，每年产额约为九万万磅，每年出口约为一万万磅。此外产茶主要国家日本产额约九千万磅，印度产额约三万万磅，锡兰约二万万磅。

中国对于茶叶虽有着很悠远的历史，可是茶叶的贸易却并不见怎样的推进，相反地，倒有减退的趋向。这主要的因素由于各国都自行种茶，并且生产技术落后，因此华茶在世界上的地位就逐渐没落，尤其最近几年，没落得更厉害。这里我们就举出十年来我国的茶出口贸易为例，作为茶业盛衰的反映吧。

十年来华茶输出数量价值统计表

年度	输出量/公担	输出价值/银元
民国十五年	507 451	40 765 486
民国十六年	527 318	49 259 207
民国十七年	559 873	57 854 543
民国十八年	572 998	64 271 283
民国十九年	419 621	40 950 352
民国二十年	425 158	51 808 420
民国二十一年	395 140	38 578 504
民国二十二年	419 445	34 210 039
民国二十三年	445 729	36 098 549
民国二十四年	381 404	29 624 184

　　六十年前，世界的茶叶市场是中国所独占的，但是近年以来，各国产茶突飞猛进。如印度茶叶，自1900年至1934年三十年间，对外输出自二万万磅升到三万二千万磅，几乎增加了百分之七十。锡兰茶在同期中也从一万五千万磅升到二万二千万磅，增加了百分之四十。荷属东印度茶，则从一千六百万磅升到一万四千万磅，增加了几达九倍。我国若以1900年时候的输出统计，也有一万八千万磅左右，与今日的情形相比，真不胜沧桑之感了！兹将1928年到1932年五年间世界各重要产茶国及地区的产量与输出量列举如下：

国家和地区	占世界总产量百分数	占世界总出口百分数
中国	48.9%	11.0%
印度	22.3%	38.7%
锡兰	13.4%	25.8%
荷印	9.2%	19.6%
日本	4.7%	2.6%
中国台湾（日据时期）	1.2%	1.9%
其他	0.3%	0.4%

国家和地区	占世界总产量百分数	占世界总出口百分数
合计	100.0%	100.0%

这里很显明地告诉出来，就是中国产茶的数字占据了世界的近百分之五十，而出口倒只有百分之十一，以视印度、锡兰等处，真有小巫见大巫之处。为什么我国的茶叶在世界市场中不能占相当地位，且日益退化呢？其故如下：

（一）红茶出口的减少

在中国国内虽注重于饮绿茶，而出口到世界各国去的则以红茶为大宗。近年各国对于绿茶的需要更不如往昔，因此虽以善经营国外贸易的日本，因为茶产绿茶多于红茶，近年也有减少的趋向。我国红茶在出口最盛时代，曾达到二万万磅，现在不过二千万磅而已。

（二）世界茶业生产过剩

自从印度、锡兰等国引用机械及科学方法制造红茶以后，因为产销不能平衡，在二十世纪初期就感到生产过剩的恐慌。不久遭欧洲大战，茶叶究属消耗品之一，因购买力的减弱，生产过剩的恐慌愈显。数年以来，存货愈积愈多，到了1928年，茶价就开始跌下。印、锡、荷三国，且订立一种协定，限制输出数量，以减少存货的堆积。施行以后，茶价果形涨上。世界占有大量生产国家在贸易上之环境如是，则在最近占渺小百分数的中国，自无贸易促进可言。

（三）技术的退化

我国对茶叶的贸易，无论在经营上、焙制上、装运上，各种技术都不讲求，这结果就是市场的消失。去年冬季，日本开全国茶业大会，提出的重要提案，其中主要一项，要求"伪满"对于日本茶的税率，特别减轻，以拒绝中国茶叶在"满"的进出。一方面统制并强化日本的红茶品种的改良，以夺取世界茶市场，预定由"满"向苏联倾销。并在中国台湾（日据时期）新设大规模的茶厂，彻底改制乌龙茶、包种茶。又养成茶业专门人才，用贬价的方法来倾销茶叶，希望在品质和价格方面掠夺华茶的地位。

又如平日为华茶大主顾的苏俄，近来扩大种茶，予茶树以基本的修理，并用农业耕术上的方策，前年一年中，茶田收获量增加百分之十五。制茶的工厂，到去年为止，已有二十一家。茶的质量方面，在改良以后，经伦敦专家审定，谓其品质与印度茶相似，而兼有祁门茶与台湾茶的香味。苏联不但希望排外茶的进口，且希望俄茶到世界市场中去。

我国茶业的地位，既已在如何的危局之中，因此我国政府，也定有统制皖茶的办法，本文就想略说明皖茶及统制的情形。

二

安徽是我国重要的产茶区域，因为土地多砂，空气也比较湿润，最适宜茶树的种植。产茶的区域最著名的是祁门、婺源、歙县、休宁、黟县、绩溪六县，其中婺源县已划到江西管辖，所以这一次的安徽茶统制，也有称作皖赣茶统制的。但因为这六县从前都是属于徽州府管辖，所以通称徽茶。

祁门所产的茶叶以红茶为主，此外都以产绿茶著名。产茶的面积与产量的多少，则以婺源为最大，祁门次之。各处茶园的规模都极狭小，并且是很零落的，所以要调查安徽六县产茶的面积与数量，实在是一件不很容易的事。下面是根据安徽省立改良茶二十二年度的估计：

县名	面积/亩	精茶产额/担
祁门	40 000	22 205
婺源	68 000	34 000
休宁	58 559	29 300
歙县	35 872	18 000
黟县	17 094	6 000
绩溪	15 174	5 500
合计	234 699	115 005

据李焕文君《六县茶叶调查》一文里，说明上面的统计若与往年实际产量相比较，是嫌太少的。"盖当华茶振兴时期，皖南茶产，奚止此数。即祁门一县而论，每年产额，曾达五六万担，但近年以茶市不振、战乱等，致产量日形减少。"所以上表的统计，只能作一种约略的统计而已。

徽茶大别为二种，就是红茶与绿茶。红茶为祁门的特产，向来是在世界市场中占据着相当的重要地位的。而各县所产的绿茶，由于国人的特殊嗜好与欣赏的缘故，所以名称极多。我们在记载上所看到的，如抽眉、珍眉、针眉、蕊眉、贡熙、珠茶、熙春、毛峰、大方、烘青等，都是绿茶的种别。至于红茶则大概是用珠字做标识的。

种茶的费用与所得的利益，因各县情形不同，所以不能一致。现在也根据安徽省立茶业改良场调查的结果，列举如下。

单位：元

县名	收获价值	每亩费用	利益
祁门	40.00	38.77	1.23
歙县	32.00	24.50	7.50
休宁	35.50	30.20	5.30
婺源	42.00	31.30	10.70
黟县	21.40	17.20	4.20
绩溪	25.40	21.00	4.50

更搜集制茶的成本如下。这一种制茶成本，普通以生产多寡为准，即生产愈多，则成本愈轻。下表是以每家茶号制茶二百五十担为标准。

费用名目	祁门	歙县	休宁	婺源
薪火伙食	16.56	10.20	10.10	11.50
装潢	8.00	6.10	5.90	6.30
运费	4.40	2.80	3.60	7.70
税捐	2.00	1.20	1.50	1.90
茶栈洋行各项费用	20.00	7.00	7.70	7.90
利息	7.20	7.20	7.20	7.20
杂支	1.00	0.50	0.80	0.70
合计	59.16	35.00	36.80	43.20

在上表里，占成本中最大成分的，是茶栈洋行的费用。可知茶商若能于推销方面从事改革，则此项成本自然可以减轻。至于运费方面，如果由各号合作起来，当然也是可以减轻的。这就足以看出产销合作之必要了。

收茶的情形，通常由茶号向茶农收买，再由茶号运销到外面来。因茶农在资金上全仗茶号的接济，所以不能不服从茶号的种种苛刻条件，其结果往往茶叶生产者所得的利益，还不如贩卖者所得之多。

近年的茶叶价格，可以说变动是很剧烈的。这也是同其他的产业在同一畸形的情形下的。当出产多的时候，大家抛售，致市价暴跌下来。而等到货缺的时候，大家又抬高价格。这一涨一跌之间，受影响最厉害的当然是茶农。而茶号因经营中不得法而牺牲的，自然也很多。

下面是五年来上海红绿茶市价比较。

单位：元

年度	红茶		绿茶	
	每担最高价	每担最低价	每担最高价	每担最低价
民国十八年	155.24	79.02	179.23	130.07
民国十九年	248.25	79.02	241.26	113.99
民国二十年	447.55	209.79	283.22	117.48
民国廿一年	349.65	101.40	192.31	129.37
民国廿二年	209.79	112.50	142.50	101.50

在上一节里曾经说到我国产茶在世界市场地位的没落，在这一节里又可以体验到皖省产茶区的各种不完备情形，这就是皖省茶叶统制之由来了。

三

据当局方面在发表统制皖茶的动机有四：

1.茶号在种茶季需要资金的周转。周转的来源不是从钱庄、银行，就是从茶栈贷款。这两种来处的利率，都在一分以上。茶叶装箱以后，一律要运到九江交货，运费增加，而剥削名目达二十余种之多，茶叶成本因而增高。

2.在运输方面，向例都从九江运到上海。近年皖赣通车，祁茶本不必走旧路，但因茶商在便利上仍采用旧路，因此常发生意外。

3.旧时茶商缺乏统一的知识，所以互相竞争，每箱茶价的开盘竟有相差至百余元之多者，也有用劣质茶叶而当善价出售者，都足以丧失国际上的信誉地位。

4.历年茶叶投机者甚多。设如某年茶市比较兴旺，茶号获得相当利润，到了第二年，必有正当茶号以外的投机茶号闻风而起。制茶的既然加多，毛茶的价格日涨，茶农自可占一些利润。在那时候，投机的茶号当然不能像预算上的得手。而因毛茶上涨的结果，茶农遂大量地种茶。茶的产量大有增加，而不甚得利的投机商因不甚得手之故，次年就不开办。因此，出产加多而销路反减，茶价日跌，茶农不但不能得利，反有蚀本之虞。

今年二月间，安徽成立了皖赣红茶运销会，在安庆开成立大会，以谋统一祁茶的运销。该会会章规定的任务凡六：

（1）指导种制之改良；（2）介绍贷款及保证信用；（3）便利运输；（4）推广销路；（5）调查宣传；（6）其他改进事项。

实际上已经施行的会务，又分下列三项言之：

1.运销上。由皖赣两省公路局充分准备车辆，在祁门产区接收商号茶叶，分别运到宣城、鹰潭，再从江南铁路或浙赣铁路转运到上海来。这一种办法，不但安全，而且可以节省时间不少，其运费也比从前九江输运要低得多了。

2.推销上。由该会在上海设立总运销处，延聘中外茶师组织茶叶品质评定委员会，评定市价。如此则茶质与价格既不能由人操纵，洋商的购买茶叶也不至于受骗。一方面并在伦敦设立分销处，希望做到直接输出的地步；一方面跟苏俄接洽，企图恢复原有的市场。

3.贷款上。关于贷款的改善，分三项进行：（1）由安徽建设厅与交通银行会筹四十万元，贷给祁门各茶叶合作社。（2）由皖赣两省府与安徽地方银行合筹一百四十万元，贷给祁门、至德、浮梁三县茶号，月息八厘，不计算复息。满期以后，如果茶叶还没有卖完，可以展期二个月。（3）由江西裕民银行独家贷款三十万元，贷给修武、铜鼓、武陵三县茶号。

运销会成立以后，到五月初为止，祁门、至德、浮梁三县即已有二百数十家前来登记，放出的款子也达到一百六十万元，可见与茶农接近之一斑了。

在运销会成立以后，其间曾发生一件小小的纠纷事件，就是上海的洋庄茶栈于二月间闻得茶叶讨论会的决议以后，以为放款给茶号是茶栈的业务，现在既由银行贷出，认为妨害营业，要求当局撤销运销会的组织。因未经核准，乃于四月底停兑汇票以示抵制，后来经市商会的劝告，知道事出误会，也就照常开兑了。

关于运销会的成立，据安徽建设厅刘贻燕谈，最显著的利益有六：（1）减低成本。因为贷款利率之减低，成本自然也低。（2）制造精良。因会中派有技术人员分驻各产地，切实指导，自无粗制滥造之弊。（3）装箱稳固。会中监视茶商，依照国外茶商之需求，改良茶箱，可以行销远道。（4）免除出口检验。检验为会中商同商品检验局就地检验，可以省时。（5）运输便捷。在江西的用浙赣铁路，在安徽的用芜屯公路与江南铁路联运，不必再如从前的绕道九江。（6）买卖双方自由论价。组织有茶质评定委员会，庶无隔阂之弊。

现在红茶的出口，据报纸的揭载，比从前已进展得多了。但是各国均在增高关税的壁垒中，以我国市场的狭小，恐怕不很容易进展哩。

《钱业月报》1936年第6期

从红茶制造理论说到鹤山红茶制法及其缺点

李 蔚

一、绪言

红茶，占华茶出口之重要位置。缘西人之饮茶，与我国人之趣旨有不同之处，我国人之饮茶方法，雅好引壶清饮，或一盅两件；而西人则多以之冲牛奶以进，故西人对于茶之消费量，实以红茶为主。是故，吾人今日欲夺回国际茶业市场而重兴本国茶业，对于红茶制造之改良，有不容缓者。

我国红茶，以"祁门"为最著。即鹤山昔时出产亦多，只以数十年来，印、锡红茶，相继崛起，市场日被占夺。降至今日，鹤山红茶之出产，每况愈下，大有行将绝迹之势。

骤就外表而观之，鹤山红茶之衰落，显受印、锡红茶之排挤；然从详考察之，则鹤山红茶本身之缺点正多，似未可专谴咎于外也：

1.栽培不讲究，虽有良好之天然条件，亦难维系而不坠。

2.制造方面，只靠知识低下之茶农从事，对于制造之原理既不符合，且其粗滥，虽有良好之原料，亦难得优良之成品。

似此情形以与日日讲究、时时改良之印、锡红茶竞争，何异驱侏儒以斗巨无霸哉？相形见绌，理固宜然，受人摒弃，又何足怪？

今借全国国民经济建设运动高入云霄之际，复兴我国茶业正是其时，用特不忖愚昧，将红茶制造之科学理论与鹤山红茶制法比较，以推定其缺点，聊供从事者之参考。

二、红茶制造之理论

在红茶制造之过程中，可分为采摘、萎凋、揉捻、发酵、烘茶等五个阶段（尚有筛分装箱等，以其不甚重要，姑略之），兹为便利明了起见，特分论之：

1.采摘。切忌滥采，盖滥采则老嫩不分障碍甚大，首于萎凋时既难均匀一致；继至揉捻时老片每多破碎硬梗，抑且伤害嫩芽；及施行发酵，因嫩芽之发酵易而老叶难，若迁就老叶，则嫩芽因而过度，顾念嫩芽，则老叶不及，致有顾此失彼之憾，烘干之后，又复黄片纷纷。不特于制造时发生上述种种之困难，且茶叶之品质亦因而降下，故于采摘之际，应采一心两叶或三叶，以免除上述之种种弊端。于采摘茶叶放入茶筐之际，若手法粗暴致茶叶过分挤压，令其细胞破裂而流出茶汁，形成先期氧化，在萎凋时遂呈松惫之形，且茶被挤压，即能发热，茶中成分遂起变化；且茶叶此时，尚继续呼吸作用，既被挤压，气体难泄，热乃发生，其受热过深者则呈暗红色，其较浅者虽仍保持青绿之色，但有宿味，制成之茶，遂致混浊而乏味，故亦宜慎重从事，切戒粗暴。茶叶采得后，不宜久置园中。一日之中应分三次携回制造，在园中历时太久，且受日光之热力，茶叶之品质，亦将因是而趋低下，在运回制造之途中，在可能范围内，宜择阴凉之路，或用布盖遮，以免日光之直射。

2.萎凋。萎凋之作用，可分为二：（1）物理作用，即使茶叶于适宜环境之下，将水分蒸发，以适合于揉捻时之物理条件，盖鲜叶中常含百分之七十五水分，若不经萎凋而径行揉捻，叶必破碎为散片，且叶中之主要成分势必随水分而流失，不能附着于叶面，茶味、茶色因而大减。（2）化学作用，茶叶中所含之酵母，实为主要之成分，茶之"香"及"色"之良否关系甚大，于萎凋之过程中，酵母即充分发展，其发展之程度适当与否？茶质之高下系焉，惟酵母之发展，有一定之最高限度，若遇此界限，则酵母之效力便将减退。在萎凋之过程中，尚有一种重要之变化，即"单宁"之增加是也，"单宁"在萎凋之历程中，有增无减，而使茶叶有刺激兴奋之性，经过发酵之后，更能使茶叶呈绛红之色，故萎凋之程度以能适合物理之条件而又可达到"酵母""单宁"希冀之目的为准则。

就平常一般言之，良好而适当之萎凋程度，乃为有一股悦鼻之清香，若以手紧握茶叶，叶即不能再松，手指之凹凸，印入叶团之中，痕迹历历可见之时。

在萎凋中，更有所谓"轻萎凋""重萎凋""过萎凋"等之别，而对于制茶叶之品质，因之而各有不同。轻萎凋者将使茶色浅淡，味薄而带青晕，于揉捻时亦有破碎成细片之趋势。重萎凋者若能于揉捻时设法调剂，茶味较浓，茶色亦较深。过萎凋者，于发酵之时，无良好之色泽，制成之后，有多量之棕色碎片，茶浆亦较轻薄。然于各种立场上，因环境之需要，或适合消费者中不同之需求目的起见，萎凋之程度亦宜随时变更。例如台刘后第一次所采之茶（鹤山名曰笔头茶），因其所含之水分过多，制成茶叶，其味必薄，若行重萎凋法，则可为补救也。又如以制多香茶为目的者，施用较重之萎凋当可收较佳之效果，且可得琥珀色而有兴奋浓味之茶叶。

于此可见萎凋之程度如何，殊难一定，全视乎制造者之经验与目的而变通之也。

若在日光之下而行萎凋，实非所当，影响于茶叶之品质甚大，故宜在室内行之。

3.揉捻。揉捻之目的，可分为二：（1）使叶作卷转之形，在理论之，实非揉捻之真正本意，惟历代相传，积习难返，而世界之茶叶市场，已以此为评价因素之一也。（2）将叶之细胞组织破碎，使茶汁流出，烘干之后茶汁凝集叶面，饮用之时，以沸水一冲，便易溶解，使得浓厚之茶浆；然茶汁流出之后，即行化学变化，即"单宁"开始氧化，使茶色加深，过于刺激之浓味减少，茶中之"精油"亦行发展，予红茶以最后之特殊香气。惟于揉捻之际发生热度，可使"单宁"之变化剧速，据孟博士云："在揉捻中，若叶间温度超过八十二华氏度以上，则茶中成分，将有另一种更强烈之变化，结果，可将茶浆之味与色退减。"于此，可见揉捻之时，应避免高热，设法保持冷凉之环境也；故于揉捻之进程中，时须行"解团"之手续，盖所以散发摩擦所发之热度，而使"单宁"之氧化和缓，以减少其先期发酵之弊害，在揉捻之中，除适当之揉捻外，尚有"轻揉捻"与"重揉捻"者，每因原料（茶青）与萎凋之程度不同，亦可凭制造者之经验而适用之也。

4.发酵。发酵为红茶制造历程中之重要阶段，其得失与否，对于茶之色香味三要素之影响绝大；故必须在发酵室内，于严密管理之下，使得充分适宜之发酵，而达到吾人所希冀之目的。

"单宁"于发酵之时被氧化后，即由无色而渐呈棕褐色，红茶之所以能呈红色，亦以此故。惟发酵之迟速与性质，因温度之情形而有变化，温度愈高，则发酵愈速，若超过八十二华氏度时，则发酵将起特殊之变化，无关酵母之有无，"单宁"

之氧化亦将更深更褐，惟不能溶于水中，遂使茶色、茶味有急转直下之势，故在日光之下发酵，切宜戒除，免蹈此弊。

"精油"为茶之香气之泉源，其在制茶中之变化，与"单宁"同一方向，自茶汁揉出时，即行开始，直至发酵时仍继续进行，惟达到一定限度后，即行渐减。此最高限度，为自揉捻时起约三小时之间，若逾三小时以外，香气当渐减少也，若欲制多香红茶，于此最高限度时，应即取出烘焙。惟此时"单宁"之氧化，每有未足之虑，似有香与色味难得俱全之势。然事之凑巧，每有出乎吾人之意表者，即"精油"之变化过程与温度之高低无关。如是，则可在可能范围内将温度提高，斯可收色香味三者俱全之效也。

然则发酵之程度，究以何者为最适乎？据一般经验者言，则以叶呈新铜之净红色（即亦朱砂色）时，而有悦鼻清香者为当。惟吾人应注意者，即发酵之时间愈短，茶味愈浓，刺激性愈大；发酵之时间愈长，则茶之味愈淡，刺激之性亦愈少，而茶色反愈淡。换言之，茶之色味如何，全视乎"单宁"之变化程度而异。要之，须视消费者之所恶好，而制造者本其经验变通而应付之，初无一定不易之标准也。

5.烘茶。烘茶之目的：（1）将酵母杀死，以免继续发酵。（2）将水分烘去，使茶汁干凝于叶面，以免发生霉烂及减少其"后发酵"（卫德氏Welter谓茶叶制成之后所有作用并未绝对停止，在茶箱中尚能继续变化，排泄二氧化碳气体，若水分之含有量愈多时，则其进行更为顺利，此种作用卫氏名之曰"后发酵"）。

烘茶之温度，在初烘之时，应用高温，立即将酵母杀死，若此时热度不足，发酵作用尚能继续进行，茶之品质，因而损坏。据孟博士谓此时之温度，须有一百八十华氏度方可将酵母杀死云。惟据一般制茶家之经验，过此杀死酵母之时间后，宜即将温度在可能范围内，尽量减低，方得美满之结果云。

于烘茶之中，尚有一点须特别注意者，即茶中之精油，遇水蒸气甚易飞散，若温度愈高则飞散愈易。据试验结果，精油飞散最多之时，为水蒸气散发最蓬勃之际，于此可见茶中之水分与烘茶之热度，对于茶之香气关系之重要也。

烘茶手法之敏捷与否，影响于茶质颇大。苟手法迟缓，茶中之水分蒸发亦慢，遂致蒸气迂滞游离于茶叶之周围，则叶中之精油飞散必多，香气于焉丧失，且茶味亦以是而下降。据外人试验所得，百分之五之可溶解物与百分之八之单宁，常在此种迟缓之手法中而损失，故于烘茶之际，应取适宜之敏捷手法也。

三、鹤山红茶之制法

鹤山红茶之制造，泰半靠知识低下之茶农行之，其制法之粗劣，固不待言，且与上述之理论相去甚远；制成茶叶之品质，实为下乘中之下乘，其所以一败涂地，行将绝迹者，履霜坚冰，非无因也。兹将鹤山茶农之红茶制法，依其程序，分述如下：

1.采摘：日间茶家妇女，上山采茶，其采摘之法，甚为粗滥，每有一心五叶者，将采得之茶，放于布袋之内，及晚始携返家。

2.萎凋：将日间采得之茶，放散于室内；翌晨，将之晒于烈日之下，至萎凋适当时，即行揉捻。

3.揉捻：将经过萎凋之茶，用足揉之，至其细胞破裂，茶汁流出后而止。

4.发酵与干燥：鹤山茶农之制造红茶发酵与干燥并不分开；即将已经揉好之茶叶放诸烈日之下，使其在日光下发酵，同时干燥。

四、鹤山红茶旧有制法之缺点

鹤山红茶之制法，缺点甚多，兹分述于下：

1.采摘之缺点。（1）滥采：茶叶之采摘，必须行一心两叶法方为适宜，今竟有摘至一心五叶者，是则老嫩不分，于制造时固感困难且茶质不一，黄片黄梗多，品质因而下降。（2）茶青之处理不宜：采得之茶叶置于茶园过久，且放于布袋之内，势必发生高热，致先期发酵，其害于茶质甚大。

2.萎凋之缺点。萎凋时摊放过厚，致其程度不能划一，茶质因而有异。

3.揉捻之缺点。其揉捻时用足进行难免污秽，且受国外茶商之反宣传。

4.发酵之缺点。发酵之缺点，其鹤山红茶致命之伤；发酵时之温度超过八十二华氏度时，将起特殊之变化，单宁之变化更深褐，惟不能溶于水，使茶味有急转直下之势，故在日光下发酵，切宜戒除，免蹈此弊，此发酵之理论，上已详言之矣；今鹤山红茶竟在日光下发酵，与上述之理论背道而驰，故其制成之红茶味淡（因单宁不能溶于水）且带臭青味，品质低劣。

5.干燥之缺点。烘茶为使茶干燥之良好方法，盖可操纵热度之高下，而使其合理化也。今鹤山红茶之制法，概不用火烘，只利用太阳之热力而晒干之，其缺点为：（1）不能收立刻杀死酵母之功，致有延长发酵时间之虑。（2）热度之高低，一任天然，无操纵之能力。因有上述之弊端，发酵之程度漫无准则。如是，焉有制成佳良茶叶之理乎？

五、结论

鹤山之茶叶，其本质实甚佳良，只以茶农墨守成法，不思改进，即制法一端言之，其谬误竟有如是之奇者，其所以一败涂地，良非无因。苟能稍加改良，便成佳品。据试验之结果，用简单器具，依前述之制造理论，所制成之茶质，与印、锡红茶相比，曾无逊色，且茶色反驾乎其上。苟能应用科学，切实改进，且有廉价之劳动力以助，何难战胜印、锡红茶，而握世界茶叶之牛耳哉？祈吾鹤山茶农注意及之，是所厚望也。

《现代生产杂志》1936年第11期

英伦红茶市况突起变化

英伦为红茶总汇之地，该处茶市之畅滞，关系前途极大。据英茶商所得消息，迩来英伦红茶市面，突趋变化，中低庄红茶销路非常活泼，高庄货顿趋呆滞，与前数月情状大相径庭。其原因实由于英荷茶商决议限制生产，消费店家乘机囤积所致。而高庄细货，因价值过昂之故，去路未能进展云。

《国际贸易情报》1936年第8期

上海洋庄茶栈继续停兑红茶汇票

皖赣两省为统一红茶运销，成立皖赣红茶运销委员会，并在上海设立总运销处，经该会主任程振基抵沪筹备后，业已就绪，地址在北京路一百九十号，已开始办公，主要职员亦经决定，计副经理为曾震，推销组主任郑鉴源，经济组主任何崇杰，总务组主任卢兆梅，连日由赣皖二省祁门、宣城、安庆三处运来茶叶，达二千数百箱，每箱重六十斤，将有大批继续运到，均归该处推销组售给各洋行装轮出口。现时已届夏茶，新货均已装制竣事，总运销处成立，对于以后向外销路，将有莫大裨益，故各茶商颇表合作，所有茶叶将再源源运沪。至解决红茶纠纷及筹组茶公司事，前于全国商联会中华工业联合会代表钱承绪请愿返沪后，曾于十七日与洋庄茶业公会委员陈翊周、洪孟盘等，会商此事，闻关于红茶问题，正由洋庄茶业公会与皖赣红茶运销委员会协商，已决定原则，由茶栈设推销处，办理红茶推销事宜，由茶栈推源丰润茶栈经理郑鉴源主持，至办事处经费，规定五千元，由售出茶叶二成之佣金项下扣付，一切均无问题，推销组之主任聘书，亦经发出，允于日内就职，讵知推销组办事细则发表以后；因内中所具条款，限制过严，因此再度引起茶栈之误会，而连带涉及红茶推销，以前双方谅解各端，遂致无形搁浅，经委会凌舒谟、曾邦熙，中华工业会钱承绪，前后仿洋庄茶业公会主席洪孟盘、忠信昌茶栈经理陈翊周等茶商，对于销茶问题，为切实之疏通，主张于现势之下，先就事实上解决，以图挽救，同时并力劝茶栈通融，其症结所在，似侧重在推销组织上应否有细则之规定，以为先决问题。本月十六日运销处忽接郑氏来函，请求辞职，并即终止至运销处办公，经运销处经理程振基、曾震等会商结果，决予不准，并致函郑氏云："径复者，接准五月十六日大函，以不能离开同业立场，并以办事纲要之研究，尚多窒碍难行，请将推销组主任一职，准予辞脱，即日起不再到处办公等由，查本处聘请执事为推销组主任，并非因具有茶栈代表之资格，兹既受聘有日，目下新茶涌到，应如何努力推销，借副政府殷殷责望之意，乃欲卸责言辞，岂非容心作梗，万一贻误进行，咎有应得，亦惟商陈政府严惩不贷，所请辞职一节，应毋庸议，相应函复，即希查照，迅速积极处理一切，毋负所期为荷。"

安徽建设厅长刘贻燕谈："政府皖赣红茶运销处之设立，并不以此为作打倒茶栈，实为救济祁门红茶，使红茶之品质加以改良，成本使其减低，必能发展外销。运销处贷款安徽等地茶客四十万，予以救济，利率低微，乃不料茶业公会发生误会，以为打倒茶栈，实行对安徽茶客停止放款，欲予垄断，但政府当局既以救济红茶为原则，自不因此而改变原有计划，至于茶栈停兑红茶后，运销处当另谋推销办法云。"

沪市外国茶商如怡和洋行、锦隆洋行、同孚洋行等十余家，于五月十六日曾一度举行会议，邀运销处经理程振基、副经理曾震、崔中三人参加，但无若何结果，特于十八日，再举行联席会议，出席英、俄、美、法、德、葡萄牙等外商，及运销处程、曾、崔三人，对改进红茶之品质、装潢及烘制等方法，详加商讨，同时对我统制运销，并未表示意见。

经营红茶之出口洋行，为怡和、锦隆、协和、同孚、天祥、天裕、杜德兴、成永兴暨协助会华茶公司等十一家，包括英、美、法、德、俄等五国，今总运销处为直接将茶售与洋商起见，曾由经理程振基与各洋商接洽，一俟四千箱运齐即送样，现已抵沪之红茶，迄今尚未正式交易。据洋庄茶业公会委员陈翊周氏谈，与总运销处合作办理红茶推销，依照初定原则，本会可以赞同，惟总运销处变更前议，则万难同意云云。

茶栈放款。洋庄茶业公会会员茶栈对绿茶交易，早已恢复，至于红茶交易，因新茶，已归总运销处，故均已停止，以前发出之红茶汇票继续停兑，关于各茶栈红茶放款，尚有国币十余万元未收回，茶栈方面，认为是项未收回之款，应由皖赣两省运销会负责云。

《国际贸易情报》1936年第13期

祁红茶产制运销意见书

张　维

一、关于生产事项

（一）推广茶叶生产贷款

1.理由。

历年来为祁红谋发展者，多偏重售茶价格，忽于产量。当此世界经济衰落，一般生活程度降低之时，祁红茶仍欲以有限之产量，年年求售高昂价格，似有违反商业时代化原则，且祁红茶仅香气较日本、印、锡稍胜一等，日、印、锡茶叶大量向国际低价倾销，市场被夺，乃必然之势。为今之计以得天独厚之祁红土质与气候，应急谋增加生产，有大量生产，获价必多。求产量与价格平衡发展，虽茶价涨落，将不致影响茶民生计。

2.办法。

尽量组织茶农信用合作社。祁、至、浮三县自遭旱灾，毛茶价低落，茶农多处于水深火热之中，以原有茶园无力培植，大有任其荒废之概，新开茶园，更不虑及。在今茶业竞争时期，急宜组织茶农合作社，尽量贷款培植茶园，垦辟茶区。关于茶叶生产贷款，简便手续，宽限保证，特别优遇。另深入农村，从事劝导，则数年后，生产量自然增加，虽价格稍贱，结果所获定胜以往高价值也。

(二)提倡生叶分级采摘法

1.理由。

茶树为深根性植物，其生理系由茎干上面先生托枝叶，由托枝叶柄旁，发生细嫩新枝，新枝上再发生芽叶，芽叶之多寡，全视新枝之疏密。我国人对于采摘技能，不加研究，每至制茶时期，将芽叶与托枝叶连同摘下（徽人有一把抓之名称），致新枝无从再生，下次芽叶自然减少，此为产少之最大原因，今后当提倡生叶分级采摘法。

2.办法。

将芽叶分三叶制与四叶制采摘，如采摘三叶者，售价特高，采摘四叶者，售价较低，若将托枝叶连同采下者，罚以款项，赔偿培植茶树生机代价。

二、关于制造事项

(一)试办毛茶制造厂

1.理由。

祁红茶衰落原因之所在，识者多归责茶号，沿袭陈规，不加改革。究不知茶号制茶，无不日夜兢兢，悉心求优，只以茶叶品质，基于毛茶，毛茶优劣，更为萎凋、发酵两层工作是赖，故萎凋、发酵为红茶品质先决问题。但毛茶殆由茶农手制，萎凋程度如何，发酵程度如何，茶农不但少此技能，且多忽视之，是以虽得天独厚之祁红，品质终难臻上乘，市场无法挽回。如为彻底改革计，急宜设立毛茶制造厂，以公平市价，直接向茶农收买茶草（生叶）分别老嫩，从事萎凋、发酵，及毛火烘焙，转将此项毛茶贷与茶号精制，以替现金贷款。惟制茶费用，由茶号自筹股本，不另贷给。如是则制成茶叶品级，固可提高，而茶号股本，亦必随之充实筹备。如投机、茶棍、茶阀等分子，无本求利、不劳而获之辈，将不禁自退，忠实商人，可乘机而起，将无吃倒账、被拐骗之虑。

茶农一向所受茶号抑制茶价，九八扣样，大秤称茶，抽收秤钱，短少找尾，巧立名目，抽收取箱捐等不一而足之剥削。如设毛茶厂，直接收买茶农生叶，隔绝茶号与茶农间授受，则茶农所受剥削，一旦可以免除，是亦为设毛茶厂功利之一。

2.办法。

（1）先在祁门南乡茶业改良场附近，暂租民间祠屋，试设毛茶厂一所，购置揉捻机、干燥机、发动机各若干架，并建筑简单萎凋室。关于萎凋、发酵、干燥各项工作，含有技术性的，可由改良场技术人员兼。

（2）红茶萎凋工作，无论晴雨，均属繁难。如谋渐趋发展，初年可仅备干燥机若干部，专替茶农烘焙工作，以免毛茶发生酸味，并自行精制，俟第二年再划定茶号区域，或特约茶号数家，停贷现款，贷以毛茶厂所干燥之毛茶，渐谋推广。

（二）分批贷款与降低茶号制茶成本

1.理由。

查昔年祁红区茶号制茶，多重视头批茶，以头批茶为盈亏之所系，是以互出高价，竞争收买。本年与昔年迥异，其原因有二：一以头批茶期，天雨过多，因茶农无大量干燥设备，致毛茶发生酸味；二殆以频年灾歉，百业凋敝之后，多数茶号资本不足，毛茶价与制茶费用，完全依赖贷款，如尽量收制头批茶，则价高款少，难期制成登记箱数，只得延缓少收，借资抑价。是以本年号称头批茶叶品质，中有不若昔年优异者。兹为提高茶叶品质，督促多制头批茶，及避免无本求利计，似以分批贷款与降低制茶成本为宜。

2.办法。

（1）提早登记及办理贷款手续。茶号登记，应于年内举行，凡经登记合格，其贷款总额，即同时核定，以便安心早日筹备进行，免受临时百物价贵之亏苦，且免临时对于号屋、器具东租西借，结果不择好坏，勉强租定制茶。茶叶往因摊放面积狭隘，烘笼过少，不及烘焙，以致发生酸味。是以茶号贷款及登记手续，必须提早于年内办理完备，而放款方面，亦得通盘筹划应贷款之总额。

（2）当茶号开始登记时，必将预备制茶费预算书，发交各茶号，按预定箱数填明费用，借以审定该号制茶成本，高者减低，并可于运销结束后，审核该号盈亏之缘由，否则各茶号对于账项，多抱神秘主义，从事调查，万难真确。

（3）茶号货款总额，既经核定后，在制茶期一月前，即按核定数，付给百分之六，添助办理制茶箱罐、柴炭、伙食、器具一切费用，及头批茶开始收制时，再付给百分之六十，以作头批毛茶价。俟头批茶箱数交齐后，如品质、箱数两项成绩皆优，再付给百分之三十四，以作第二、三批毛茶价，或额外添贷，供其多制，以免茶农生产过剩。

如此分批贷款，茶号对于头批茶，势不能不竞争按期收制。茶叶品质提高，茶农收获增加；放款者更可随时斟酌情形，作添减停贷之决定，危险性较少；茶号方面，亦可按茶市情形，随时添贷。由此可知分批贷款，为茶农、茶号及放款者三方面利益所系焉。

但在头批毛茶收齐后，因箱数未交到，第二批贷款未领得时，第二、三两批毛茶，当不能间断收制，在此时，茶号应将股本金全数垫出，从事收买，如此茶号不能不充实其股本矣。

（4）规定头、二、三各批制茶时期，及交箱日期，如头批茶逾期交箱，则作二批茶论，扣发二批贷款。

（三）宽限贷款保证方法

1.理由。

贷款为茶号之大资源，上海茶栈向于二、三月间，专人入山（产茶区）办理放贷手续，其保证方法，由茶栈素所信任之茶号，或当地绅商为之担保。由是该茶号等握此优越特权，对于私人营业冲突或经验丰富者，概被摒弃，或于贷款额及补款方面，种种牵制，结果被一二人操纵把持，造成茶阀势力。今年红茶贷款，以时间匆促，保证方法不及考虑，祁、至、浮等县，各指二三人出任保证，故投机茶号，今甚于昔，致一人兼营数号，领款至数万元者，而正式富有经验之茶号，反贷款不多，此缘贷款保证之未慎密也。

2.办法。

（1）茶号连环保证：由茶号三家或五家以上连环保证贷款，使相互间发生连带责任，利害相关，自必互相监督，且可借此发生观摩指导之情，纵有少数欲投机作弊，负连环之责者，定能纠正或告密也。

（2）绅商保证：有不愿连环保证者，可由绅商担保，惟规定绅或商二人以上，担保茶号一家，绅商并不得连保十家茶号以上。

（3）抵押保证：如有不愿负连带责任及不愿恳求绅商保证者，可以不动产为抵押保证。

以上所列三种贷款保证，凡有经验者，均可如愿开设茶号，一二人欲蹈前辙操纵把持，亦将乏术。惟茶号无论取何种方式保证贷款，均须于登记时，即须决定，办理妥帖，以便核准贷款，免临时东求西乞，贻误制茶时机。

三、关于运输事项

（一）准予自由运输

1.理由。

祁红区域，□亘赣皖两省，畛界交错，人民屋连栉比，且有一村而属两省者，如倒湖良牙口是。又浮梁之茶宝山、桃墅店等处，偏近至德，循天然运输途径，当以至德尧江为便利。今年以产茶区域关系，限制祁门由芜屯路至宣城转江南铁路运沪，浮梁由京黔路景祁、景黄各段至鹰潭转浙赣铁路运沪，至德由安庆转长江运沪，三县各中心区，自觉便利。惟三县接壤之边区，不免肩挑，越山渡岭，辗转维艰，且今年车辆过少，路线又长，待运茶箱，往有旬余未运，反成欲速不达。加之各运输处，又无堆栈设备，茶箱多堆置路旁叶棚之内，受风雨侵袭，毛茶品质因此丧失者，亦多所不免。此今后应变更区域限制，准予自由运输之缘由。

2.办法。

（1）茶号登记时，即令将运输途径，自行决定，具结填明，以便预备车辆数量，并严定运输时间，如无意外事变，不得随意变改决定运输途径。

（2）红茶运输除准自由外，惟于运输时，应各向各县区域内运输处，将箱数、茶名登记，领取准运照后，再行起运，以免各县混乱，但登记及领准运照手续，当由沿路各运输处代办，随时将登记等存根，汇交总运输处备查，以免茶商多劳往返，有碍制茶工作及运输时间。

（二）改制茶箱

1.理由。

查红茶箱名曰二五箱，全系枫木制造，板厚不及二分，四角仅以削薄铁钉骑嵌。当此车运盛行之时，受沿途颠簸破损者，达百分之十左右，因此丧失固有品质，被外商退盘、抑价种种情事，并出修箱费与吃磅等无形之暗亏，甚有整箱茶毁坏。以价值高贵之祁红，茶箱急有改制之必要。

2.办法。

（1）规定茶箱制度：红茶箱长宽大小及木料，以与质味重量等有关，仍照旧制，不加变更，惟板厚应规定三分，箱外四角结头处，应做成套缝，使联结力增加，箱内四角及上下边缘，须加钉三角木条共十二根，以增茶箱之支力。

（2）箱匠登记：红茶箱多由江西人在祁红区各处开设箱店，专制茶箱为营业，名曰箱匠。茶箱优劣，茶号多放弃责任，不加闻问，由箱匠包办。是以改制茶箱，必举行箱匠登记，将规定茶箱制度，绘具图说，发交登记合格之箱匠，依照改制。如有不遵制度，或对于新箱不加工求坚固，致将来仍有发生破烂，则取消箱匠资格，停止营业。但本年有未用尽之茶箱数量，亦同时登记，配作来年装末批茶与花香，以免废弃。

关于茶箱改制及箱匠登记，均须于本年九月内办理完竣，迟则各箱匠仍多办旧制板料，届时再改，不免贻人以口实矣。

四、关于销售事项

（一）健全组织上海推销处

理由如下：

红茶销售，论者多以上海洋商从事操纵价格，致盈亏毫无把握，因多主张直接运销国外。究不知茶叶运至国外，能否直接售于消耗者，抑仍经国外洋商之手转销，尚属问题。如仍由洋商承转，则驻沪洋商与国外洋商，性同一曲，操纵之术，自亦同工，且往国外运销一切费用较多，若再不明了市情，则受亏较沪将尤胜之。按目前祁红茶品质，在未改进完善之期，仍宜本上门好卖之故有经验，在上海推销，惟推销处应健全组织。关于销售各有关系方面，设法兴利除弊，必使茶价涨落操之于我，使上海洋商无操纵余地。能达到此层目的，将胜于国外销售，否则不加审核，直接运至国外，如时间长久，不能脱售，则内地茶商，资本薄弱，势难久待，如转运他处求售，费用必多。在上海方面，各国洋行多有数家，舍此有彼，亦属狡兔三窟，不患搁置。至目前如以零数，运销国外，则有利可图，若大批运往，恐不免受沪同样之操纵矣。

（二）注意国外宣传

理由如下：

查现时茶商贩卖茶叶，多用取长补短之法，将各处原产茶叶拼和，致真伪莫辨。以得天独厚之祁红品质，应积极从事国外宣传，于国外多设茶叶品评部及样茶赠送部，使固有之品质，达于国外，引起外人嗜好，并于书报方面，多事登载，则祁红声誉，洋溢国外。数年后，无论国内、国外，将不患无地推销矣。

至健全推销处组织与国外宣传，如何办法，非所知者可以拟定，当俟识者策划之。

（转录皖赣红茶运销委员会工作报告）

《经济旬刊》1936年第13—14期

筹拨祁门茶场基金办理林垦渔牧调查

关于本省民国二十四年份农林建设状况及成绩，亟须整理编订，以资考核，经编印民国二十四年份安徽农林建设概况一种。各场民国二十五年份春季造林育苗计划，业据先后遵送前来，经分别核定，督饬按步进行。又总理逝世十一周年纪念转瞬即届，亟须预为筹备，经遵照中央规定，令饬各县政府省立各造林场及省、蚌、芜、屯等处公安局，仍照历年成案举行造林运动宣传周，并各植中山纪念林五千株以上，先拟计划呈核。又上年祁门县擅收茶捐一万四千余元，原拟拨作扩充茶业之用，嗣准祁门茶业改良场委员会之请，移充该场合作基金，以利茶民。又奉实业部令转各县调查林垦渔牧事业状况，调查各县私立养鸡场设立情形，调查各县猎具名称用途，并狩猎限制意见，均经分别办理。此外并转催各县各场呈送民国二十四年份办理苗圃造林报告，以凭汇报。

各场春季造林计划均经核定，令饬认真举办，将来报竣时，仍须派员分别验收，中山纪念林尤应督饬认真栽植，务使株株成活。

《安徽政务月刊》1936年第17期

红茶运销

祁红茶，是我国著名的特产，销行外国很久。但是近年来，因为方法不善，茶业金融难于周转等原因，出口日见衰落。本省政府除了一方面讲求辅导茶农改良生产制作等根本经济办法外，一方面先定一临时经济办法，就是组织运销委员会，并为茶号介绍借款，使茶号有充分资金收茶，茶农得充分的销路，同时政府得以确定标准改良品质，以求恢复国际市场。办理经过情形是：

1.登记茶号，计祁门、浮梁、至德三处，共二百四十一家。

2.办理贷款，共计一百五十三万四千六百元。

3.产销茶额，共计出产七万二千零三十二箱（据建厅运销报数）。

4.减低贷款利息，由往年茶栈的月息一分五厘减为八厘。

5.制茶的改进，限定制茶技术，派员监督指导，检验品质。

6.改良运输，缩短路线，减少时间，降低运费，保障运输安全。

7.改良推销，减轻佣金，品等定级。

8.革除陋规，革除茶栈对茶号的苛削，革除茶号对茶农的苛削，严禁地方土劣的苛捐。

办理的结果，销路很好，价格亦佳，综计各茶号所得的利益，大约可赚到一百多万。本年九月底业已全部卖完，以前多要到开年一二月才结束的，现在又提早三四个月，拆息的损失，又可以减少许多，并且这次外商购办踊跃，即运销改良的缘故。同时两湖红茶今年竟告惨败，恰好说明管理运销的必要。这次改革，虽只把根深蒂固的茶栈积弊铲除，没有能把全部利益归于茶农，但是茶农间接受益已经不少，而茶栈陋制，非政府的力量是去不了的，茶号的资金，也非政府的信用不能借得的。这是经济政策成功的一件事。

《安徽政务月刊》1936年第24期

皖省统制红茶之风波

皖赣两省，因谋统制红茶，而成立皖赣红茶运销会，由政府自行贷款，自行运销。上海洋庄茶业十四家，因妨碍营业，遂宣告停业，而上海市四十余家，向凭借洋庄茶栈放款，接济经营。今一旦失所凭依，当然无法维持其地位，所以群起请愿，大有再接再厉之概。

关于这一件事，详细情形不明了，自无从加以评断。不过有几点大概的理由不妨说一说。

所谓统制经济，目的在对外，所以要实行，应该归国家，不应该各省各自为政，使得每省变成一个经济单位！

统制的意义，统一节制的意义，并不是说，统制就是由政府直接经营。今政府要统制红茶，就由政府运销，明天政府要统制绿茶，又由政府运销，再明天政府要统制米粮、统制丝茧、统制豆麦，又都由政府运销，商民不是要整个的寿终正寝吗？

要说在目前状态下，有人从中剥削，难道政府所用的人都统统是洁身自好，没有人上下其手吗？

总之，任何设施，要看社会经济、人民生活如何，定其得失，不能说，凡是新鲜的政治制度，就是福国利民。（彬）

《民鸣》1936年第40—41期

中国红茶产销经济状况

祁门茶业改良场

徐方干

一、绪言

中国生产红茶区域，有下列各地：

1.祁门红茶区：

产地——安徽省祁门、至德两县，江西省浮梁等县。

产额——年约四五万担，以祁门县为主体。

中心——安徽省祁门县西南两乡。

2.宁州红茶区：

产地——江西省修水、武宁、铜鼓三县，湖北省蒲圻、崇阳、通山、通城四县，及湖南省浏阳等县。

产额——年约十余万担，以前兴盛时代，有至百万担以上。

中心——江西省修水县，湖北省羊楼洞。

3.湖南红茶产区：

产地——湖南省安化、新化、邵阳、宁乡、桃源等县。

产额——年约十五六万担，在最旺时期有达二三十万担。

中心——安化县。

4.温州红茶区：

产地——浙江省平阳、瑞安、永嘉、乐清等县。

产额——年约三四万担。

中心——平阳县。

5.宜昌红茶区：

产地——湖北省宜昌、宜都、五峰、施恩、兴山等县。

产额——年约四万担。

中心——宜昌附近。

就此五区红茶生产区域之内，以品质与价格而论，祁门红茶首居第一。宁州红茶在三四十年以前，声誉则高于祁门红茶之上，但现已成为过去事实矣。湖南红茶及温州红茶，因其采制种种均属粗放，故质价多为下级，惟以外人采购低级红茶，因其价廉，多所乐办，在华茶出口上，亦占有相当地位焉。

中国农村经济已到总崩坏时期，而茶业在各业悲观中，不受产业的凋敝影响以致萎缩，且反呈欣欣向荣之概，经营茶业商人，能沾得相当余利，生产茶业茶农，能获得若干的利益，此乃在世界经济恐慌中之一种好现象也。因之国人对于茶业，认为有办法的产业，提倡植茶声浪，唤呼全国。其实，中国茶业，并未用任何广告宣传唤起世用华茶，更无新方法增进品质，胜过于中国以外之茶业国。然则斯业畅达，不可谓为无由，盖得于红茶生产区印度、锡兰、爪哇生产限制协定之惠，消费红茶诸国茶业商人，多转向中国求购，是以过去数年间乃能得苟延残喘于经济恐慌激浪中生存，然昙花一现事实，究非久长永安，遂引起今年开始奔走于崩溃途径上矣。

当作者驻外留学时，曾讨检国茶之所以不足与外茶相竞因子，固由于培制不及人，而经济根本改善策略，似若不可失。曾搜集日本茶农产销经济资料，观察其生计状况，结果勤劳终年茶农，不得谋一己之饱，惟以政治修明，表面测之，未见有何特殊破绽。中国茶农果如何乎？此种怀疑，成为三年之疚。爰于返国后先将祁门、湖南、温州三大红茶生产区域内茶农产销经济状况，汇集而分析之，以视得失，而明鉴释疑，吾亦知同道者，与夫关心产业者，所乐闻也。

二、耕种所得微薄

收获优良茶叶，当有适当茶园合理之耕种法，故耕种法适否，不仅影响于制茶品质，生产能率多寡尤其关切，今将各处耕种法与相关之耕种费分述如下：

祁门茶树培植区域，以西南两乡为主，其耕种法，大致相同。若在比较上而言，西乡则较为精细管理，茶园亦稍广阔。其他一般茶农大都采用放任制，只知年年尽量摘叶，以致戕害树本，至营养树本肥料施用，乃为其梦想所不及。当新植茶树之初不施肥，地力常可供给，但在成园开采之后，地力年衰，亟宜施肥补充，但在祁门茶农，并不以为意。一与新辟茶园相同，专借地力，且更蒔副作分润，于是地力益乏，近年茶农经济困难，茶园管理更多听其自然，茶园地力，经多次剥削后，茶树生育及生产逐年递减，品质亦日趋恶劣，不得差价出售，遂使经营者，苦收支不得相偿矣。

祁门茶农自开垦茶园以至成园开采止，其收支各项状况分记于下：

1. 新辟茶园开垦费。

种目	数量	单价/元	合计/元	说明
工资	45工	0.50	22.5	
种苗	3斗	0.40	1.20	茶种子
利息	—	—	2.00	年利一分
合计			25.70	

2. 成园后每亩收支数。

（1）生产收入。

种目	数量	单价/元	合计/元	说明
春茶	120斤	0.20	24.00	单价平均每斤值二角
夏茶	50斤	0.20	10.00	同
间作	2.00担	3.00	6.00	间作物豆类、玉蜀黍等每担价三元
总计			40.00	

（2）生产支出。

种目	数量	单价/元	合计/元	说明
摘工	170工	0.10	17.00	每斤采摘费平均一角
中耕	5工	0.50	2.50	每工五角
除草	5工	0.50	2.50	同
肥料	3担	4.00	12.00	油饼每担约四元
租税	1亩	0.20	0.20	
息金	1	2.57	2.57	开垦费
杂费	—	—	2.00	农具、杂耗、间作物种子
总计			38.77	

（3）收支盈亏。

种目	金额/元
总收入额	40.00
总支出额	38.77
收支相差	1.23
纯收益额	1.23

上表：A.开垦费，系用于茶园开辟后最初第一年及以后数年，此为约计。

B.中耕除草，每年最多二次，肥料有全不施用者，故收支两比总可稍有盈余。

C.所采生叶，原分春夏两茶，但有时仅采春茶，而放弃夏茶者。

D.生产收入数，在成园后之第七年计，初年不在此列。

E.工资，概自营伙食。

祁门红茶生产经济状况，概如前记，经营茶园一亩，其纯收益金有一元二角三分，吾人虽不能评论其收入微弱之缺点。但应所注意者，在开垦时所需费用为二十五元七角，此系茶农经营茶园之固定资本。当经七年后，方有利可图，若以复利年息一分计算，则至少数应加成本七八元。即在七年以后初制茶（毛茶）市价，每斤平均如在二角时，祁门栽培茶树茶农，经营茶园，不但无利可获，反有见于赔累折本事实。更就上表分析，耕作一亩，生产收获春茶一百二十斤，每斤平均为二角，夏茶收获量为五十斤，单价（一斤）平均为二角，合计三十四元；再加间作物收入六元，总计四十元。在此四十元之中，大部分支出，乃是劳力金（工资），约占57.8%，其次为肥料费，约占31.6%，其他之10.6%，为地租、课税、开垦息金、杂费等。开辟茶园，自垦种以及成园后之管理劳工，利用自己的劳力，当然不少，若以自己的劳力，与雇用劳工同一支付工资，则所得之纯收益金一元二角三分，决难于抵充。因之茶农勤苦终年所报，不但不能养其妻子，即就一身之劳资不足偿还，祁门茶农经营茶园困难情况概可见矣。又若以单纯茶园生叶生产收入计，仅有三十四元，以此偿还支出三十八元七角七分，则其所短少数当有四元七角七分，无怪于茶农在其茶园中，经营多角式不合于茶树生育间作物，借以相抵收支而弥补其亏缺也。

温州山地，多为四十五度以上倾斜，平坦山坡较少，其开辟茶园，比他处实属费工，每亩计须五十人至八十人。开垦程序，第一是除去草木石砾；第二则筑成十度以下梯段，宽约四五尺至一二丈；第三为设畦，其先在每一梯段间，作成纵畦，破碎土块，然后下种或移植。株间距离，各地不同，永嘉县株间为一二尺，行间三四尺。平阳县株距约四尺，行距五尺至一丈。茶园纯粹经营者少，多与杂粮间作。

温州茶农对于茶园管理，非常粗放，中耕除草，每年虽有二三次行之。但其主要者，则在间作物，而茶树大半都为放任，听其自然生长，不加培壅修剪，经三四十年后，行砍萌蘗一次，使其更新而已。

关于温州区各县茶树耕种费，分列如下表中：

1.新辟茶园开垦费。

种目	永嘉县/元	瑞安县/元	平阳县/元	平均/元	说明
地价	7.00	9.00	7.00	7.67	时价
工资	3.00	10.00	25.00	12.67	
栽植费	0.20	0.40	0.40	0.33	种苗自给
合计	10.20	19.40	32.40	20.67	

2.成园后每亩收支数。

（1）生产收入。

种目	永嘉县/元	瑞安县/元	平阳县/元	平均/元	说明
春茶	20.00	12.00	12.00	14.67	

种目	永嘉县/元	瑞安县/元	平阳县/元	平均/元	说明
夏茶	5.60	4.50	2.40	4.17	
秋茶	1.80	2.40	1.20	1.80	
合计	27.40	18.90	15.60	20.64	

（2）生产支出。

种目	永嘉县/元	瑞安县/元	平阳县/元	平均/元	说明
摘工	6.50	5.10	4.80	5.47	
管理费	3.20	1.60	1.60	2.13	中耕、除草等
租或税	※0.01	0.06	※0.12	※0.06	有※者为税
息金	5.58	2.16	4.86	4.20	年利一分五厘计
杂费	0.30	0.80	0.51	0.54	农具、杂耗等
合计	15.59	9.72	11.89	12.40	

（3）收入盈亏。

种目	永嘉县/元	瑞安县/元	平阳县/元	平均/元
总收入额	27.40	18.90	15.60	20.64
总支出额	15.59	9.72	11.89	12.40
收支相差	11.81	9.18	3.71	8.24
纯收益额	11.81	9.18	3.71	8.24

注：此表数据因四舍五入导致与前文生产收入数据有微小差距。

据上表所计结果，温州红茶区经营茶园一亩每年支出数平均为十二元四角，同时收入数平均有二十元六角四分，收支相抵，平均常可得纯收益金八元二角四分，在此字数，表面观测之，似比祁门红茶区茶农所沾纯利是多，惟吾人须明察者：（1）温州茶区不施用肥料。（2）茶园管理多是粗放。（3）粗采滥摘生叶量较多。就此数端，故温州茶区农民收入较为增加耳。若令其管理集约，采摘适度，更如祁门茶区，每亩茶园施以十二元肥料，则其收入决不能如是。更可称为温州茶区特殊之景况者，以其受天候之惠，开采期早而久长，每年有三次以至六次，平均亦有四次之采摘，时期自清明前十日起直至九月末为止。采摘时长，则生叶量收入自增，每亩每年平均有三百斤乃至六百斤。祁门茶区采摘，年仅有一二次，总收入不过三十四元，一切支出尤为浩繁。温州茶区，劳资低廉，又足减轻其支出，故温州茶区经营茶园，在技术上既属粗放，又得天时地理人力之助，益增美满，否则决不能有如此之利。然因其未能尽于人事，以致制茶，粗品下劣，不能相竞祁红之胜。

湖南产茶，遍于全省，其中红茶生产，比较重要地域，是安化、沅陵、桃源、汉寿、新化、临湘、湘阴、醴陵等县，而安化产茶尤多。各地栽培茶树，多在层峦叠嶂，平地者绝少，土质为黄色赭色砂质壤土，一部分壤土稍带黏质。茶树多矮小，叶厚质柔，种子多呈三角形。繁殖方法，在寒露节前后采取种子，就于当年播种，或是来春播种于苗圃内，经两年以后，移植到本园，但亦有直播本园者。其管理方法，大抵每于秋天，杂草未枯前，先行除草、中耕、加施肥料；不过茶园施用肥料，至以为少，间作物多为豆类、麦类、杂粮、落花生、甘蔗等。生叶每年采摘二次，时期在谷雨以后，与芒种以后，每亩产量约有百余斤。

湖南茶区各县每亩茶园耕种费，如下表所记：

1. 新辟茶园开垦费。

县别	地价/元	垦种费/元	种苗费/元	合计/元
安化	6.50	11.00	2.50	20.00
湘乡	7.00	6.00	4.00	17.00
武冈	6.00	2.00	2.00	10.00
邵阳	7.00	1.90	3.00	11.90
新化	7.00	2.60	2.00	11.60
沅陵	8.00	4.50	1.40	13.90
桃源	7.00	3.00	1.00	11.00
汉寿	5.00	3.00	2.00	10.00
长沙	30.00	1.65	3.00	34.65
平江	20.00	4.00	4.00	28.00
醴陵	24.00	4.90	1.95	30.85
浏阳	22.00	4.80	4.34	31.14

县别	地价/元	垦种费/元	种苗费/元	合计/元
临湘	16.00	4.50	1.80	22.30
湘阴	8.00	1.80	1.00	10.80
湘潭	10.00	4.60	2.00	16.60

2.成园后每亩收支数。

（1）生产收入。

县别	生叶值/元	间作值/元	合计/元
安化	5.10	2.00	7.10
湘乡	5.30	2.00	7.30
武冈	6.40	3.50	9.90
邵阳	9.80	5.70	15.50
新化	7.40	5.00	12.40
沅陵	9.28	2.38	11.66
桃源	3.00	2.00	5.00
汉寿	2.65	3.00	5.65
长沙	3.85	3.25	7.10
平江	3.60	3.24	6.84
醴陵	2.05	3.77	5.82
浏阳	2.80	3.08	5.88
临湘	3.60	2.95	6.55
湘阴	4.90	2.00	6.90
湘潭	2.20	4.00	6.20

（2）生产支出。

县别	摘工费/元	管理费/元	杂费/元	租或税/元	合计/元
安化	0.72	1.40	0.40	—	2.52

县别	摘工费/元	管理费/元	杂费/元	租或税/元	合计/元
湘乡	0.90	2.20	0.40	—	3.50
武冈	0.72	2.44	0.30	—	3.46
邵阳	0.78	1.44	0.40	—	2.62
新化	1.00	5.40	0.40	—	6.80
沅陵	3.00	3.20	0.40	—	6.60
桃源	0.90	1.90	—	—	2.80
汉寿	0.90	1.80	—	—	2.70
长沙	1.60	2.80	—	—	4.40
平江	1.60	3.40	—	—	5.00
醴陵	1.20	3.00	—	—	4.20
浏阳	1.70	3.52	—	—	5.22
临湘	2.00	2.00	—	—	4.00
湘阴	1.50	2.50	—	0.80	4.80
湘潭	0.72	2.90	0.60	1.00	5.22

（3）收支盈亏。

县别	总收入额/元	稳支出额/元	收支相差/元	纯收益额/元
安化	7.10	2.52	4.58	4.58
湘乡	7.30	3.50	3.80	3.80
武冈	9.90	3.46	6.44	6.44
邵阳	15.50	2.62	12.78	12.78
新化	12.40	6.80	5.60	5.60
沅陵	11.66	6.60	5.06	5.06
桃源	5.00	2.80	2.20	2.20
汉寿	5.65	2.70	2.95	2.95
长沙	7.10	4.40	2.70	2.70

县别	总收入额/元	稳支出额/元	收支相差/元	纯收益额/元
平江	6.84	5.00	1.84	1.84
醴陵	5.82	4.20	1.62	1.62
浏阳	5.88	5.22	0.66	0.66
临湘	6.55	4.00	2.55	2.55
湘阴	6.90	4.80	2.10	2.10
湘潭	6.20	5.22	0.98	0.98

依据以上各表计算，湖南茶区内之茶农收支状况，在十五县之中，概有盈余，每亩茶园所收纯益金最大者，如邵阳县，有十二元七角八分，最少之浏阳亦有六角六分，若是以十五县平均，则有三元七角二分。在此等收入状况之下，吾人不得谓为苛刻的少数，惟应所注意者，新植茶园在开辟时，当先投入开垦费及地价，前列十五县之中，如长沙县，每亩茶园地价与垦殖费，须有三十四元六角五分，即最少之武冈县，每亩地价及垦殖费当有十元，更照十五县平均数，则为十八元六角五分，此项固定资本之利金，年年当须偿却。再因湖南茶区栽培，多属粗放，不施肥，不剪枝之外，滥摘成风，只顾谋利，不培茶本，树势矮小，乃其象征。

由此，湖南茶区之茶农经营茶园，每亩虽有收益，但其结果，多为外强中干事实矣。

三、制造多受赔累

自生叶采摘终了之后，即开始制造。在制造程序上，可分为初制（毛茶）、再制（熟茶），更加以精选装箱售出。前者为茶农，后者则属茶商，惟以二元一体，故不足以分。

祁门制造红茶，分晒青、揉捻、发酵、烘焙、精选、装箱诸手续。自晒青至发酵停顿止，则系茶农行之，就此所制之茶谓毛茶，于是挑至茶号脱售。毛茶所含水分，常有50%乃至55%以上，是等半干式茶坯，出售茶号，每百斤最高价可得一百二三十元，低价时售一二十元。祁门茶农采摘，均非自行采摘，须雇用外来工人，是以毛茶价格，除去工资伙食外，实际收入，亦无丰厚。本年（民国二十四年）毛茶高低相扯平均价格，不过三十元左右，仅足供制造毛茶成本。兹将毛茶各项成本费，分列于下表：

祁门毛红茶每担成本数

种目	数量	单价/元	合计/元	说明
生叶	200斤	0.125	25.00	生叶价摘工费合计每斤0.15元
制工	100斤	0.03	3.00	每斤制造工资3分
杂费	—	—	1.50	用具及杂耗等
合计	—	—	29.50	

强半赖茶利生祁门茶农，左右农村经济纾困祁门茶业，当此景况之下，痛苦情形显然可见。更以全部经济状况而论，今年全县茶叶产额，以二万五千担计，茶农收入不过七十五万元，其中除去外来工人工资半数外，仅余三十五万元。更除去耕种费等外，整个茶农收入，为数甚微，"岑蹄之水，实无补于焦枯"。是以祁门茶农，在毛茶价格低廉时，不仅无利可图，反见赔本亏累矣。兹列近七年来毛茶市价如下：

近七年来祁门毛红茶市价

年次	最高(元/担)	最低(元/担)	平均(元/担)
民国十八年	66.00	21.00	44.00
民国十九年	64.00	32.00	44.50
民国二十年	90.00	38.00	64.70
民国二十一年	100.00	68.00	87.00
民国二十二年	66.00	18.00	42.70
民国二十三年	60.00	19.00	41.20
民国二十四年	80.00	15.00	30.00

依照上表数字观察，可知祁门毛红茶，每况渐下，而今年又为历来所未见，茶农自无救济，只可在不自然生活中相求存。更以去年祁门毛红茶市价，逐日变动情况于下表中：

民国二十三年祁门春毛红茶逐日市价变动表

月日	最高(元/担)	最低(元/担)	平均(元/担)	说明
5月1日	60.00	55.00	57.50	

月日	最高(元/担)	最低(元/担)	平均(元/担)	说明
5月2日	60.00	—	60.00	
5月4日	60.00	—	60.00	
5月5日	60.00	58.00	59.00	
5月7日	53.00	50.00	51.50	
5月8日	50.00	—	50.00	
5月9日	47.50	40.00	43.75	
5月10日	40.00	32.00	36.00	
5月11日	32.00	29.00	30.50	以下为二批茶
5月12日	27.00	25.00	26.00	
5月13日	24.00	22.00	23.00	
5月14日	22.00	—	22.00	
5月15日	20.00	—	20.00	
5月16日	19.00	—	19.00	

毛茶市价变动，固因货源、销路、品质等等而有不同，但茶农对于茶商无法防止其垄断，使市价平稳，此亦不能谓为无由也。

自毛茶售于茶号之后，即由茶号加焙精制，再经装箱就可出售。在农家制造毛茶，种种均属简单，故开支较少，然在茶号则不然，每担精制以后，除去成本外，又须加烘焙、拣选、劳资、管理员薪金、贷资利金、输送运金、茶具修缮费等种种开支，于是茶价遂为增大。兹据安徽省立茶业改良场，在民国二十一年调查祁门茶号制茶成本，分列如下：

每担精茶制造成本费

项目	金额/元	说明
毛茶山价费	220.00	毛茶每担市价110.00元，以二担制成一担
本庄开支费	4.00	职工薪金、伙食、杂耗
子庄开支费	6.00	同上
房租、器具费及燃料费	3.20	用具修缮、烘焙燃料等

项目	金额/元	说明
制造茶工费	7.20	茶工、女工、杂工工资及伙食
装箱费	8.00	木箱、锡罐、纸张等
税捐费	5.40	经业税、关税
转运费	4.40	由祁门至九江转上海
洋行茶栈费	20.00	一切手续费、邮电、公益捐等
贷金利息费	7.20	向茶栈贷资四万元，期约三月
附加各捐费	10.00	茶业公会、治安、慈善等捐
杂支费	2.90	文具、灯油、杂耗
合计	298.30	

以上各项费用，共计三十九元一角五分及成本之一百一十元计，每箱（五十斤）当一百四十九元一角五分，每担计洋二百九十八元三角。但此种计算，系以五百箱而论，如不及此数，则其售价更大矣。

去年祁门茶号收买毛茶，头批市价在南西两乡山价每百斤合六十元至八十元，首字箱茶（头批箱茶）成本，贡白毫每担需二百数十元至三百元，次级亦需一百五十元至二百元。但新茶沪上开价，最高为二百元，低价不过数十元，号商因成本高大而卖价低贱之倒悬厄运，亏折者居十之七八，能沾纯利者，诚属有限，是以茶农茶商"同归于尽"，茶业前途险恶，令人不堪设想焉。

温州茶区，其采摘方法，既不讲究，而制造又多下劣，故其所产大部为低级红茶。制造技术简单，先将生叶薄摊簟上，利用日光萎凋，至适当程度时，就加揉捻，揉出茶汁后，停止作业。另盛箩内，压坚置于日光下，促其发酵，约在一时许以后，取出复薄摊日光下，直至晒干，如遇阴雨天，用火焙烘，至此毛茶已成，茶农负售茶行，更由茶行再加火烘干，便于储藏、运输，转售茶栈，再制精茶装箱，故又名箱茶。

温州毛红茶及再制红茶、精制箱茶，各种成本分别列于下表：

1. 每担初制毛茶成本。

种目	数量	单价/元	合计	说明
原料	200斤		200斤	

种目	数量	单价/元	合计	说明
制工	4工	0.50	2.00元	
燃料	200斤	0.025	2.00元	一部分红茶用日光干燥
杂费	—	—	0.50元	
总计			4.50	

2.每担再制毛茶成本。

种目	数量
原料	125斤
拣工	0.15元
焙工	0.30元
燃料	0.30元
篓子	0.70元
房租	0.10元
杂耗	0.30元
总计（除原料外）	1.85元

3.每担精制箱茶成本。

种目	数量	说明
原料	111斤	
制工	1.50元	计三工
燃料	0.70元	木炭
房租	0.30元	
利息	0.50元	资本利息以一分五厘计算
管理	0.20元	职员薪金、伙食
折旧	0.30元	用具修缮

种目	数量	说明
包装	2.50元	木箱、铅罐、纸张
捐款	0.02元	
杂费	0.20元	
总计 （除原料外）	6.22元	

上表各类制造成本，除去原料价格之外，初制毛茶，每担成本当有四元五角；再制毛茶一元八角五分；精制箱茶六元二角二分。总计三者制造成本，每担须有十二元五角七分。

温州毛红茶价格，除去旗枪质价比较高贵之外，其余普通者，都为低廉，其原因是采摘过于恶劣，加以粗制滥造，不能制成质良价高之高级红茶。下表就民国二十年至民国二十二年间，春夏两茶初制、再制毛茶，最高、最低、普通三类市价比较，分列而检查之。

1.初制春毛茶价格比较表。

年别	最高/元	最低/元	普通/元
民国二十年	19.00	12.00	15.00
民国二十一年	19.00	12.00	15.00
民国二十二年	21.00	12.00	15.00
平均	19.67	12.00	15.00

2.再制春毛茶价格比较表。

年别	最高/元	最低/元	普通/元
民国二十年	28.00	19.00	22.00
民国二十一年	25.00	18.00	20.00
民国二十二年	27.00	20.00	21.00
平均	26.67	19.00	21.00

3.初制夏毛茶价格比较表。

年别	最高/元	最低/元	普通/元
民国二十年	15.00	11.00	13.00
民国二十一年	15.00	11.00	13.00
民国二十二年	14.00	14.00	12.00
平均	14.67	12.00	12.67

4.再制夏毛茶价格比较表。

年别	最高/元	最低/元	普通/元
民国二十年	25.00	17.00	24.00
民国二十一年	24.00	17.00	22.00
民国二十二年	22.00	20.00	20.00
平均	23.67	18.00	22.00

由上表中所记，三年间初制春毛茶平均价格为十五元五角五分，初制夏毛茶平均价格为十三元一角一分。惟茶农制造毛茶，其成本每担当有十七元一角二分，各项支出概算如下：

（1）原料生叶二担，每斤价五分，计十元。

（2）采摘工资，每担一元八角，计三元六角。

（3）初制毛茶，每担支出三元五角二分。

更就再制毛茶观之，其平均普通价格，春茶为二十一元，夏茶为二十二元，而每担成本，当有十九元三角五分，各项支出概算如下：

（1）原料初制毛茶一百二十五斤，每斤价一角四分，计十七元五角。

（2）再制费，每担应支一元八角五分。

精制箱茶价格，当以出口数盛衰而定，但其支出成本，应有三十元六角四分，如下列各数：

（1）原料再制毛茶一百一十一斤，每斤二角二分，计二十四元四角二分。

（2）精制费，每担应支六元二角二分。

综上三者而论，初制毛茶，须折本赔累，再制精制二方，似若有利可图。前者系属茶农，后者则为茶商，因之吾人确认茶农有亏本之事实，无怪在近年低级红茶输出旺盛时期中，而茶农仍叫苦连天也。

湖南初制红茶方法，即以生叶晒于日光之下，至萎凋适当时，乃扫集而搓揉，俟叶汁充分流出后，即行解块，气干。其后再加搓揉，至干为止，以搓成生叶，装入木桶内，用棉絮等压盖，使之发酵，经一时许，叶色变成红褐色，乃负贩于市，亦有焙干而出售者。毛茶售入茶行，用火焙制，以茶之含水量多寡而定，烘焙时间，大约在十五分钟至二十分钟，此种火焙，曰毛火。烘毕，堆存仓内约经二三日，再行烘焙，名曰足火，或称复火。其次散箱上楼，开始精制，最初用粗雨筛"顿"[注]。筛面为毛茶珠，用滤子搓细，再用筛制，筛底茶用九号筛"捞"[注]。筛面茶曰毛头茶，用火焙干，以手搓碎，过筛，筛底茶因粗细而分为头、二、三、四茶，粗雨、中雨、茅雨。以铜板筛筛去生末，即为花香，逐部更焙制，即成为精制装箱运出。

注："顿""捞"系分筛时术语。

湖南茶区各县制茶成本费，分列如下表：

1. 制造支出费。

县别	摘工/元	原料/元	制工/元	材料/元	杂费/元	合计/元
安化	3.36	19.00	0.72	—	0.14	23.22
湘乡	3.60	7.00	3.00	—	0.40	14.00
武冈	2.88	38.80	1.44	—	0.30	43.42
邵阳	4.16	36.00	2.08	—	0.60	42.84
新化	4.00	24.00	2.00	0.30	0.20	30.50
沅陵	8.00	24.00	3.60	—	0.50	36.10
桃源	3.00	6.00	0.60	—	0.10	9.70
汉寿	3.60	12.00	0.60	—	0.40	16.60
长沙	2.50	5.80	1.00	0.60	0.60	10.50
平江	3.00	5.00	1.00	0.20	0.10	9.30
醴陵	3.00	4.20	1.00	0.25	0.10	8.55
浏阳	3.00	5.10	1.20	0.30	0.10	9.70
临湘	3.00	5.40	0.90	0.20	0.10	9.60
湘阴	3.40	10.20	0.90	0.10	0.15	14.75

县别	摘工/元	原料/元	制工/元	材料/元	杂费/元	合计/元
湘潭	4.00	8.00	0.45	0.15	——	12.60

2.制造收支比较表。

县别	支出额/元	收入额/元	盈余额/元	亏折额/元
安化	23.22	22.00	——	1.22
湘乡	14.00	16.00	2.00	——
武冈	43.42	30.00	——	13.42
邵阳	42.84	34.00	——	8.84
新化	30.50	32.00	1.50	——
沅陵	36.10	20.00	——	16.10
桃源	9.70	15.00	6.30	——
汉寿	16.60	18.00	1.40	——
长沙	10.50	12.00	1.50	——
平江	9.30	10.00	0.70	——
醴陵	8.55	10.00	1.45	——
浏阳	9.70	11.00	1.30	——
临湘	9.60	11.00	1.40	——
湘阴	14.75	16.00	1.25	——
湘潭	12.60	14.00	1.40	——

上表所记，湘省十五县制造费，在收支两方相比，除去安化、武冈、邵阳、沅陵四县亏折之外，余均有纯利可获。武冈、沅陵茶农制造毛茶，每担须有十三元至十六元以上损失。在盈余各县中，以桃源最多，计有六元三角，最少之平江，乃为七角。一元以上者，最为普通，是以亏本与盈余，双方比较，未免相差过多矣。

湘省近年来茶价，常能维持二十年前数，在变动上，比较是少。惟茶农生活程度，则超过于二十年前，若以此而作比例，则湘南茶业未必是殷实产业。更足为吾人所注意者，乃湘茶出口，逐年低落，茶价虽变迁为少，但以生产减低，获利益微。下表系记历年来春茶价格：

湖南各县历年春茶价格

单位：元

县别	民国二十二年			民国二十一年			民国二十年			十年前			二十年前		
	最高	最低	普通	最高	最低	普通	最高	最低	普通	最高	最低	普通	最高	最低	普通
安化	80	30	40	100	30	45	80	25	40	80	30	45	80	20	40
湘乡	40	20	30	40	20	30	40	20	30	50	30	40	50	30	40
武冈	34	20	28	30	20	28	30	20	28	36	30	28	40	30	36
新化	34	28	30	34	28	30	34	28	30	38	30	34	40	34	36
*沅陵	700	130	160	400	70	100	280	100	140	140	50	70	50	18	25
桃源	20	10	15	15	8	10	40	15	25	26	14	15	25	15	20
汉寿	30	12	18	17	13	15	15	11	13	14+	12+	13+	20+	15+	17+
长沙	—	36	22	28	15	28	38	14	22	34	22	22	35	26	32
平江	40	23	30	31	20	28	35	21	30	35	20	30	36	21	31
醴陵	—	—	—	—	—	—	—	—	—	39	23	35	40	24	32
浏阳	40	24	33	32	32	28	36	21	31	38	22	34	34	22	33
临湘	37	22	27	27	16	21	38	15	21	29	24	24	39	24	33
湘阴	31	24	28	30	24	28	30	24	28	25	20	24	34	25	30
湘潭	30	15	20	30	15	20	30	15	30	25	12	15	25	12	15

注：*系旧制单位串，+系旧制单位两。

综观上文各地，毛茶市价，俱有向下跌落之趋势，而祁门毛红茶惨跌，更甚于其他。温州、湖南两处，多属低级红茶，近年出口较旺，似特具有良好现象，茶价是比两三年前，略见高涨，但在此景况之下，茶农既不能赚得利益，反折血本事实，为吾人所应担忧也。

四、运销势呈危厄

茶农将生叶，制成毛茶，售于茶商，由茶商精制而输出。关于生产制造状况，已如上述，以下则为运销情形，分列而论之。中国红茶，集中分散市场，在昔则以汉口，自民国四年后，转移至上海，故自生产地以及于上海场，再输往各消费国，其间经过复杂，而内地毛茶与再制茶价格高落，当以上海茶市如何定之，吾人明了茶叶运销形状，须先知从产地至市场经过，然后次第言及市场贸易种种实况。

祁门红茶，在昔尽在汉口销售，自民国九年以后，汉口茶市衰落，而红茶贸易中心遂转移于上海。祁红运出，先用小轮由阊江西下，经江西景德镇至饶州，改用抚州大船，加以小轮拖驰，出鄱阳湖，而达九江，转载江轮，直达上海。由祁门到上海所需一切费用如下表：

由祁至沪所需费用

种目	金额/元	说明
小船运费	0.60	由祁门至饶州每箱六角
小轮运费	0.20	由饶州至九江每箱二角
抚州船费	0.30	由饶州至九江每箱三角
江轮运费	1.10	由九江至上海每箱一元一角
合计	2.20	由祁至沪每箱总计二元二角

以上运费，由祁至浔，归茶号自理。由浔至申，沿路报关手续，上下驳力，轮船装运费等，均由各放款茶栈、九江分栈代办。俟茶售出时，则由沪茶栈在售价内扣除。轮运费系以吨数计算，每吨十四元，十三箱合一吨，每箱连皮六十斤，共七百八十斤。茶栈向三公司总包，其中略有利润，即茶号如出三吨运费，栈方约有一吨之余利。

温州箱茶，多通往沪上，由沪茶栈代销。毛茶运往厦门，各地运输多用水道，自出产地至过塘处，则须用人力挑运外，余均以竹筏、帆船、轮船等装载，每担运费因路途远近而有差别。兹将由平阳至桥墩门转往上海运费，分列于下：

由平至沪各项运费

地点	金额/元
桥墩门至灵溪	0.12
灵溪至钱仓	0.09
钱仓至平阳坡南	0.12
坡南至坡北	0.16
坡北至瑞安	0.16
瑞安至永嘉	0.11
永嘉过塘费	0.48

地点	金额/元
永嘉至上海轮船费	0.56
上力费	0.12
报关费	0.50
合计	2.42

湘茶运送，因省内舟楫便利，多由民船装载到汉口。箱茶先用小轮，或由平汉、湘鄂两路运至汉口。在减水期内，多交报关行运至上海；增水期，则直接运往外洋。毛茶用人力或民船集中运至长沙，再运至汉口转上海各路，其运费约计如下：

1.箱茶每箱运费。

地点	金额
湖南至汉口	约一两
汉口至上海	约七钱

2.毛茶每担运费。

地点	日期	金额/元
汉口至上海	4日	1.40
长沙至上海	5日	3.00

湘茶运费，年有变动，上列数字，系据上海银行所调查。

各地茶业贸易状况，一言蔽之，每况日下。祁门红茶，往年产额三万余担，制成箱茶，有六万箱左右。在民国十九年，依据安徽省建设厅调查统计，共有二万二千零五担，制成箱茶有四万余箱。去年（民国二十三年）统计则为三万八千零五箱。本年产额，截至春茶收园止，据各茶号估计，只有二万六千余箱。其中除去五月间，沉没鄱阳湖四千箱外，总计不过二万二千箱。比至往年产额，数固倍差，就较去年产量，亦减一万六千余箱。经营收买，再制之茶号，今年亦加紧缩，当民国十九年，全县茶号计有九十余家，民国二十年增至一百四十家，民国二十一年又增至一百八十二家。去年减去二十余家，今年开业者，有一百一十七家。其减少原因，由于频年受亏折影响，资本渐尽，虽于继续开业，即今年营业各茶号，多半紧缩，力求减少成本，免再踏入往年亏本前车。但商人多重利而轻情，在春茶开园后，互相放价竞买，成本一时又是加重，更因本年产额减少，势多供过于求。往年各茶号，每家箱数多在二三百箱，今年普通每家只有百数十箱，满二百箱以上茶号，不过十数家，箱数虽减，但号中一切开支，不能因箱减而亦少。此外加以种种杂支，结果头批箱茶成本，每担平均须一百七八十元之间。以此箱茶运销沪上，今年五月间，上级最高市价，不过一百六十五余元，普通自一百元至一百五十元，较上年低四十元左右。中级则为八九十元，低级则五十元至七十元，花香二十四元，俱比前年少去七折。至六月初，箱茶有跌至二十五元。祁门茶之难色，日加一层，茶农茶商，愁眉不展矣。

温红、湘红质粗品劣，向为低级红茶，在外销上，因价格低廉，多运俄国，自中俄复交后，两处红茶，渐见起色。然以去年，多量运往英国及欧洲其他国家，至存货过多囤积，以致今年销路未畅。

关于去年上海市场红茶贸易状况，可参考吴觉农先生所著，《民国二十三年上半年茶业之回顾》及《民国二十三年第三季茶业之回顾》两文，兹摘录原文以供参考。(《社会经济月刊》第一卷第七号、十号)

　　在上海出新最早者，仍为浙属温州之红茶，该处以去年(民国二十二年)茶农茶商均见获利，故内地市价较高，但到申后，因各洋行需要低次之货甚殷，而本年温州红茶，近年出产亦较往年为高，闻最近出仔茶(夏茶)之价格，且驾春茶而上之，可见各方需求之殷也。两湖红茶，今年亦为特殊活跃之年，上述各表中(表略)，汉口茶叶出口之急遽增加，即其一例。因各方需求较殷之故，市价自亦随之而增高，平常年份，两湖最高市价旧制一担，不过三十元左右，本年低次之货，每市担售三十余元。尤甚者为花香，即茶末一项，本年市价较往年增高二三倍之多，且始终坚挺，随到随销，亦昔所未曾见。祁门红茶市价，在出新当时，似亦较去年增高百分之十五左右，但以后即见低降，本年盈亏情形，亦参差不一，大体言之，本年低次等红茶，无不获利，中等红茶，则略有余利，上等茶，则平平而已。此种现象，在茶商咸认为鸿运高照，其实为印度、锡兰等国生产限制中，减少次品出口，提高市价之关系所致，不过一时之现象，倘能乘此机会，积极使低次货品，减低成本，改善品质，以期获得相当之永久地位，方为上策，否则亦不免昙花一现，其挫折即在二三年中事也。

本年红茶坚俏之原因，不外红茶生产各国，仍继续其输出之限制协定，低等红茶市场之供给较少，并因限制之故，出产地之价格，拟不低定低放，外商不能不求之于我国，以为之拼和也。

红茶则出口转口，俱见增加（其中之转口即指汉口出口者而言），本季（民国二十三年七、八、九月）中红茶出口达七万余担，较去年同季，增三万五千余担，由一月至九月，本年已达十万担，去年不过五万五千担，盖增加四万五千担。

英国为世界唯一之茶业市场，本年红茶之激增，为伦敦销售华茶较多之故，本年英国八个月来之输入数量，较去年约减少一千五百万磅，但输入之中国红绿茶均属增加，销数方面，亦属同样，情势所虑者，则为存量增多，故本季以后，英伦销路之锐减，当为必然之趋势。惟我国茶商，对于此种消息，未能及早领悟，夏茶犹复大量涌入市场，以致在九月间，外商之进口减少，市价步跌，吾人在此，极愿国者，均不能注意及此，是真可长太息也。

吾人读前文所言，可知过去与未来茶市贸易概况，吴先生以经济眼光，而观测茶市情形，惜我国茶业者，不能同一领悟，以致今年外销阻滞。据本年六月三日上海电云："怡和、锦隆、协和等行，虽均有购进，但市盘又复暴跌十五六元，至红茶市面依然呆滞，茶栈家既因沪市银根奇紧，无法应付，又因销路不振，跌落无底止，对于皖浙赣湘鄂各省茶区域，一律发出停止货电，形势至为严重。"

近数年中茶叶市价变动颇为剧烈，而以红茶为尤甚，当民国二十年五月，祁门红茶平均价格达四百四十七元（以两合元用0.715比率折合），民国二十一年不到三百五十元，民国二十二年不及二百一十元，今年不及一百五十元。茶价一般趋势，大都逐月紧缩，使业茶者，不能不货到就售，此为外商进一步之垄断，且因价格变动过激，使祁门红茶商人十之八九多受亏累。兹将民国十四年以来，历年按月上海祁门红茶每担市价列表于下：

十年来上海祁门红茶每担市价表

月	民国十四年	民国十五年	民国十六年	民国十七年	民国十八年	民国十九年	民国二十年	民国二十一年	民国二十二年	民国二十三年
1月	68.000	69.000	72.000	77.000	69.000	57.000	52.500	142.500	99.567	109.000
2月	77.500	69.000	80.000	74.500	69.000	63.500	53.500	—	99.439	113.000
3月	65.500	69.000	77.000	77.000	61.000	62.500	57.500	110.000	96.517	111.000
4月	68.000	65.000	75.000	74.000	65.000	59.500	60.000	116.500	91.000	107.000
5月	69.000	67.000	71.000	84.000	111.000	56.500	320.000	250.000	210.000	105.000
6月	—	110.000	95.000	84.000	93.000	177.500	245.000	185.000	130.000	226.000
7月	102.500	95.000	88.000	83.000	78.000	161.000	210.000	112.500	120.000	280.095
8月	97.500	76.000	88.000	76.000	73.000	154.000	202.000	137.500	132.500	270.092
9月	86.500	72.000	79.000	73.000	72.000	122.000	195.000	115.000	127.500	255.086
10月	82.000	79.000	86.000	72.000	67.000	87.500	170.000	102.000	117.500	
11月	82.000	76.000	83.000	59.000	68.500	152.500	72.500	119.000		
12月	73.000	74.000	79.000	58.500	56.000	64.500	150.000	75.000	112.500	
全年平均	79.227	76.750	81.083	74.333	72.833	94.500	155.667	118.208	121.293	

注：民国十四年至二十一年单位为两，民国二十二年后改两为元，民国二十二年六月前旧制为担，七月起改用公担。

两湖红茶市价变迁状况如下表：

十年来两湖红茶每担市价表

县别	价别	民国十一年	民国十二年	民国十三年	民国十四年	民国十五年	民国十六年	民国十七年	民国十八年	民国十九年	民国二十年	民国二十一年	民国二十二年
安化	最高	35.0	43.4	65.8	70.0	69.3	84.0	72.8	73.5	91.0	112.0	68.6	80.0
	最低	16.8	21.0	24.5	22.4	23.8	35.7	20.3	22.4	22.4	21.0	18.9	30.0
桃源	最高	28.7	42.0	58.8	61.6	56.0	63.7	51.1	46.2	51.1	86.8	39.2	56.0
	最低	21.7	26.6	28.7	25.2	26.6	33.6	22.4	22.4	23.8	24.5	22.4	30.5

县别	价别	民国十一年	民国十二年	民国十三年	民国十四年	民国十五年	民国十六年	民国十七年	民国十八年	民国十九年	民国二十年	民国二十一年	民国二十二年
长寿街	最高	26.6	42.0	51.8	49.7	56.0	58.8	58.8	56.0	67.2	61.6	42.0	41.0
	最低	18.9	28.0	23.8	23.1	31.5	39.9	25.2	20.3	29.4	21.0	21.7	29.0
湘阴益田永丰	最高	26.6	35.5	39.2	32.9	37.0	35.7	32.8	33.6	30.8	31.5	21.7	56.0
	最低	16.8	18.2	21.7	16.8	22.4	25.9	20.3	18.9	15.8	18.2	18.9	24.0
平江	最高	25.2	37.8	41.7	41.5	44.8	38.5	36.4	39.2	25.2	—	—	—
	最低	23.8	28.0	28.7	25.9	25.2	35.0	23.8	23.1	23.6	—	—	—
高桥	最高	24.5	35.0	35.0	34.3	39.2	37.5	39.2	37.1	37.8	35.7	24.5	34.0
	最低	16.8	23.8	24.5	18.2	23.8	27.2	24.5	18.9	19.6	22.4	17.5	26.5
浏阳	最高	—	36.4	34.7	34.7	33.6	34.3	30.5	21.0	—	—	—	—
	最低	—	25.2	25.2	18.9	24.5	34.3	21.0	18.3	—	—	—	—
羊楼司	最高	—	39.2	37.8	39.2	33.3	30.8	31.5	28.0	—	—	—	—
	最低	—	27.3	22.4	21.0	16.6	30.8	25.2	28.0	—	—	—	—
醴陵	最高	—	29.4	25.2	25.2	—	—	—	—	—	—	—	—
	最低	—	24.2	23.4	25.2	—	—	—	—	—	—	—	—
沩山	最高	29.8	26.6	29.4	32.6	29.4	—	32.2	19.6	—	—	—	—
	最低	18.2	24.2	21.7	30.1	25.2	—	32.2	19.6	—	—	—	—
聂家市	最高	22.4	36.4	41.7	37.5	42.7	39.2	22.4	29.1	24.5	39.2	—	29.5
	最低	16.8	28.0	21.4	21.7	22.4	23.1	19.6	23.1	24.5	33.2	—	29.0
羊楼洞	最高	25.2	39.9	49.0	45.9	49.7	50.4	44.1	33.2	39.9	32.9	—	—
	最低	21.0	27.3	25.2	23.8	25.9	30.8	24.5	22.4	30.8	21.7	—	—
太沙圻	最高	23.8	42.0	40.6	39.2	43.4	37.8	42.0	22.4	89.9	—	—	—
	最低	23.8	28.0	24.5	29.4	33.6	36.6	25.2	21.7	30.8	—	—	—
通山	最高	21.7	35.4	26.6	26.6	33.8	30.8	25.2	125.2	—	—	—	—
	最低	21.5	23.8	23.8	26.6	33.8	30.8	25.2	23.8	—	—	—	—

县别	价别	民国十一年	民国十二年	民国十三年	民国十四年	民国十五年	民国十六年	民国十七年	民国十八年	民国十九年	民国二十年	民国二十一年	民国二十二年
宜昌	最高	113.4	101.2	88.9	86.8	91.0	126.0	—	112.0	175.0	198.0	168.4	114.0
	最低	100.8	44.8	59.5	51.1	43.4	67.2	44.8	47.6	56.0	2.0	40.2	—

上表中民国二十二年之两湖红茶市价，除宜昌及聂家市两处外，其余均见高涨，为近年以来特殊之现象。宜昌茶虽产量不多，但色香味与上等祁门红茶相仿，盖亦属高级茶，易受印、锡等红茶竞争之影响也。

五、资本筹措艰难

茶商筹集资本方法在祁门茶商，大半临时集股而成，其自筹资本，无容集资而经营者，仅有二三家。每家茶号，资本多者五万余元，少则三万元左右，普通茶商资本出于自筹者，不过占三分之一，其余三分之二，则向上海、九江茶栈借贷而来。借用茶栈之款，则将来箱茶，就归于茶栈代售。近年各茶号自营筹集资本，仅足供开支杂费而已。茶号借用茶栈放款，在清季时代多以箱数支配：每箱五两，至多不过十两，并须俟茶号茶箱启运时，方可付给。近数十年来，栈方放款，稍加从宽，上海茶栈，贪多竞买，诱揽号客，打破以箱额作标准旧制。在茶栈方面放款，每元除去坐得五厘利金之外，常有九九五扣，八厘用金，以及其他种种剥削额外利益，且可享受操纵售茶之特权。因此放款便易获得利益，每当春茶未开始之先，派员至祁放款，先送票至各号而约定。竞争既剧，放款亦由是益滥，只求茶号承受，不顾其资本厚薄与信用如何，遂造成因滥于放款亏折而致倒闭惨情。

过去祁门茶号蓬勃，虽以畅销价高之故，然大半亦由于金融灵活。在七八年以来，上海茶栈，为竞争箱数增加，对于接客放款，均松泛滥贷无度，每年各栈与茶号往来者，常有二百万元上下。近年因外销不畅，号商又是累累亏折，栈方被累损失，为数甚巨，旋经栈方议订新章，防止受累，互相遵守施行后，栈方放号款，咸主张紧缩。故迩来多数茶号，经营既感自己资本薄弱，又不易于求贷栈款，遂致袖短难舞，俱苦罗掘首穷之不景。去岁虽由四省农民银行派员驻祁放款，在第一月贷出总额二万元余，数量过少，仍不能助长金融的灵活。今年各茶栈因受各地银钱两业信用放款紧闭，来源难涩，对于茶号借款，更加短祈。总计本年各栈，在祁贷出款额，仅有八十余万元。每号贷借数，至多六千元，少至三千元，加其本身所筹之三四成资本，共计总额不过一百二三十万元。以五六万箱祁茶生产额，仅赖此百余

祁门红茶史料丛刊续编 第五辑（1936）

万元资金以作周转，何能济于事实。

去年四省农民银行派员到祁借贷放款，同时指导茶农组织运销合作社，当地各村，于加入合作社感兴趣，且希获较大利益。及至今年，此种组织数量激增，在去年所组织者，只有七家，而今年增至二十余家。社址则多在西南两乡产茶主要区域以内，社员大半为自产茶农。又经由全国经济委员会及祁门茶业改良场指导督察组织，每村限定至少一家。资金先向上海银行接洽放款事宜，其后该行农业部派员来祁，调查各合作社组织内容，同时各合作社员向上海银行申请借款。四月初，上海银行开始借贷，并派员常驻祁门，勘察各合作社优劣，予以指导。兹将各合作社情况分列下表：

民国二十四年祁门茶业运销合作社一览表

社名	社员人数/人	贷资金额/元	制茶箱数/箱	花香箱数/箱	贷资每箱成本数/元
郭溪	27	3 215.00	90	20	33.06
雾源	51	3 626.00	100	20	34.00
小魁源	21	3 868.00	107	30	33.15
竹溪	26	4 182.00	120	20	31.85
坳里	34	4 212.00	120	25	32.12
湘潭	47	4 429.00	125	25	32.42
殿下	22	4 364.20	117	27	36.15
庾峰	22	4 518.70	122	30	——
龙潭	30	5 358.00	153	30	32.03
奇领口	34	5 419.00	151	40	33.89
仙源	33	5 440.68	153	33	33.56
石墅	25	5 499.69	157	32	33.03
石坑	23	5 644.80	156	31	34.20
西坑	28	5 733.84	168	32	32.12
兰溪	46	9 059.00	296	60	28.60
老胡村	54	10 461.71	298	59	33.11

社名	社员人数/人	贷资金额/元	制茶箱数/箱	花香箱数/箱	贷资每箱成本数/元
茅坦	36	10 671.00	240	70	29.39
石谷	63	14 007.58	433	87	30.39
合计	622	109 710.20	3 106	671	—

依据上表，祁门茶业运销合作社，总计十八家，社员六百二十二人。由上海银行放款，计十万九千七百一十元二角。合作社制成箱茶三千一百零六箱，花香为六百七十一箱，每箱贷成本平均在三十三元左右。茶农自行组织合作社，不但在金融上可得灵活周转，而且在运销上亦作焕然一新之气。茶农已明了合作运销权操于本身，不若从前听人处置，故尤多乐从，无奈上海各茶栈，以合作社不由茶栈放款，关系其营业收入，暗中所受影响颇大。是多竞争，并有沪栈，拟出而交涉卖茶权利，盖因去年合作社茶叶运至上海，系由茶栈代卖，其售价较诸茶号略低，暗中作梗。是以本届合作社联合会议决定，请上海银行，在上海组织卖茶机关，免受茶栈操纵。现在各乡茶农茶号，均以上海银行与各茶栈将来代卖茶价之高低，以卜社号双方消长。如上海银行代合作社茶叶卖得善价之后，则来年凡有产茶者，多趋于合作之途，其发展自不可限量。总之，合作社在祁门已受一般茶农所认识，不过今后合作社组织应加严密，免去假借合作社名义，暗中施放压剥茶农的故技，不能实惠普沾一般也。

温州茶商资本薄弱不堪，在茶贩资本极少。每到茶季，茶栈须预付茶价，所以虽无资本，亦可经营贩茶事业。茶行资本，亦大部不满千元，春茶运到上海，即可向上海茶栈抵押借款，茶栈资本雄厚，可贷得千元至万元左右。温红因其制造采摘粗放，成本低廉，值此世界不景，洋庄收买茶叶，多舍贵取廉，温红适合于需要，因之在前两年皖赣高级红茶，大部销路不畅，斯业者大遭折本，独温红比较安定，沪杭土庄，遂纷纷放款，赶早办货，温红金融，比前稍有起色。

湘省茶商大抵由晋、粤、皖、赣及湘省各资本家组织而成。客商称客帮，本省称为湘帮，晋商称曰西帮。三帮之中，以西帮纪律整肃，资本亦厚，其组织多采取股东制，一人经营者颇少。每号资本，自数千至十余万元，收买之精茶毛茶，悉数运往汉口销售。湘红茶倾销俄庄。自中俄复交以后，渐见起色，近年省政府整顿茶业，市面益加见好。本年安化、新化、桃源、平江、浏阳各县新茶开园后，晋、粤、徽、汉、沪各路及本省茶商，均纷纷进山采货。汉口、长沙钱庄银行，对于茶号放款亦多，金融颇见活动。

各地金融状态已如上述，呆活情形虽各不相同，但因销路不畅，以致市场萧条，银根紧急，资产不能转流到处可见。吾人读《申报》所载，三月二十六日丝茶通讯可明白无遗，内云："茶叶为中国贸易大宗，农村经济之源泉，迩来沪上金融奇紧，影响所及，茶叶已受重大打击。良以茶业经济组织基金而外，每年需要钱业信用放款，至少亦须千万元以上。年来各茶栈对于钱庄方面，虽均保持信用未坠，奈今庚钱业金融枯竭之故，异常紧缩，是以各茶栈对于各路产茶区域，需用款项，颇觉难于应付。开设多年之某茶栈，已因庄家未能融通，宣告停业，而内地制茶庄号，亦多因此未能继续经营。综合各方情报，本年红茶生产，预计减少二十万箱。华茶对外贸易，不因外销阻滞衰退，而以金融停滞，减少巨量生产，殊为可惜！"

六、捐税加重成本

祁门一县，在民国二十一年，有茶号一百八十二家，制茶总额三万箱。平均每号仅一百六十五箱，其中最大营业达五百箱者，为数罕见。规模虽狭，而其各项开支，无不应有尽有。所以预算每担制茶费成本达四十元以上，倘再加以运费、捐税等消耗费用，须有六七十元之数。比至爪哇，已等于由爪哇内地，运到伦敦连同一切生产制造、捐税、运费等之总数。以此而欲与外茶相竞争，其有不失败乎？故民国二十一年祁门红茶商均遭惨败，民国二十二年茶栈虽减少十分之三，但茶价亦减少十分之四，结果十分之九又遭惨败，去今两年，无不步前尘覆辙。

在祁门红茶每担制造成本，既无法减轻，更又加上种种杂耗，亦使成本加重，在各项杂耗之中，以苛捐杂税负担尤重。祁门茶税，在前清咸丰时代，每引纳厘银三钱、捐银六钱、公费三分，合计九钱三分。同治元年间，每净茶合库平十六两八钱，秤一百二十斤为一引，缴正项引银三钱、公费三分、捐银八钱、厘银九钱五分，合计二两零八分。同治二年复加捐四钱，共缴二两四钱八分。同治六年春起，裁去引捐，厘票改用落地税，仍完二两四钱八分。其中划出一两二钱，准作捐银。光绪二十年，每引厘金九钱五厘，捐银八钱，加捐二成为三钱六分，合二两一钱一分。光绪三十四年，产地税一两七钱二分，捐厘七钱二分，共完二两二钱四厘。又光绪二十八年，内地出口及海关正税应完者，出长江至九江，每担姑塘关二钱七分，海关正税一两二钱五分，因之自光绪三十四年后，合计每茶一引须纳税捐，库平银三两八钱二分七厘。民国二年，改每百斤征收银元二元二角五分，海关征税改为每百元征库平银一两，似较前清税稍减。若销行本省者，则征税二元，洋庄者，除皮按净货计，每引半税征洋一元一角二分五厘。自裁厘后，抽取营业税千分之五，每引连皮征税一元一角。在前税捐之外，本地常有教育捐、茶商公会捐、防务捐、慈善捐、同乡会捐，名目繁多，更有种种临时特捐，不一而足，实为减轻成本上一大支障事实。兹将教育捐一项分列于下：

祁门教育捐金额表

捐别	征收处	代征处	园户捐额	茶号捐额
县捐	教育局	各茶号	—	每箱0.25元
乡捐	乡立小学校	各茶号	每担0.20元	每箱0.15元

在正税附捐之外，尚有各项杂耗，兹为参考计，将由祁门运到上海，经茶栈代售后，应付各种无为消耗种目，分列下表中：

计开代估

×××洋行××大面二五红茶六十三件下，一件净重三点零五四斤，每担一百四十二元，计大洋四千三百三十元六角。

付浔单	大洋	25.37元
付水力马浦	大洋	71.43元
付报关	大洋	1.01元
付验关	大洋	0.60元
付上下力堆栈	大洋	12.60元
付公磅	大洋	2.17元
付九九五扣息	大洋	21.66元
付打藤	大洋	6.94元
付楼磅	大洋	1.30元
付修箱另加	大洋	5.21元
付检验	大洋	3.50元
付茶楼补办	大洋	14.20元

付关破代补	大洋	28.40元
付保安	大洋	8.67元
付出店	大洋	0.88元
付律师	大洋	0.69元
付思恭病院	大洋	0.88元
付公估	大洋	0.38元
付焊口	大洋	1.40元
付订裱	大洋	3.53元
付航空	大洋	2.17元
付同乡会捐	大洋	0.88元
付叩用	大洋	86.73元
付税息	大洋	2.11元
共计	大洋	302.71元

六月三日止两抵讫大洋四千零三十三点九五元。

上计各项杂支，三百零二点七一元，占所得费四千零三十三点九五元中百分之七点五，再加之种种陋规剥削，实有增至百分之十或至百分之十以上。上列清单，其中有名无实，当然是不少，但其直接影响于茶农茶商甚多，而其成本加大却缘由此也。

温州茶之苛捐杂税亦属不少，将其分别之，可为地税、营业税、关税、教育税、育婴捐、商会捐、茶业公会捐七种。地税之中，又分成国税、省税、县税。各项税率，按目分列于下表：

1.地税。

A 国税	每亩 0.081 元	
B 省税	每亩 0.108 元	旧制每两 1.80 元
建设特捐	每亩 0.060 元	旧制每两 1.00 元
建设附捐	每亩 0.009 元	旧制每两 0.15 元
整理土地捐	每亩 0.018 元	旧制每两 0.30 元

（省税）合计	每亩0.195元	旧制每两3.25元
C县税		
特捐	每亩0.060元	旧制每两1.00元
自治附捐	每亩0.018元	旧制每两0.21元
教育附捐	每亩0.009元	旧制每两0.15元
治虫费	每亩0.006元	旧制每两0.10元
弥补地方税垫款	每亩0.018元	旧制每两0.30元
（县税）合计	每亩0.111元	旧制每两1.76元

2.营业税。

千分之五，除牙行外茶栈过塘行茶叶店。

3.关税。

出口毛茶，每担1.70元，出口箱茶免税，毛茶税由过塘代收或运至上海缴纳。

4.教育捐。

乌牛，千分之五。

瑞安，每件0.004元。

平阳，每件0.150元。

5.育婴捐。

瑞安，每件0.010元，由过塘行代收。

6.商会捐。

永嘉，每担0.100元，由过塘行代收。

7.茶业公会捐。

永嘉，每担0.120元，由过塘行代收。

上记温州各项税率捐款中，国税每亩为零点零八一元，省税每亩零点一九五元，县税每亩零点一一一元，三项计有零点三八七元，又旧制每两，应省税三点二五元，县税一点七六元。地税一项，茶农应负八点九二四元，茶商须担任三至七各项杂捐。茶农、茶商平时撙节其衣食以经营，而此项种种捐税，丝毫不能省，结果成本不得不加重矣。

湘省茶业税捐，调查未详，大概属于茶农方面，有团防捐、教育捐、乡区行政捐、实业慈善捐等，共纳百分之十三。属于茶商者，营业税等，须完纳百分之三，更有其他种种巧名取捐。

综合以上各地各项税则，已可使茶农、茶商体无全肤，但至国外市场，又加以一层压迫，当民国二十一年，英国特颁差别税，凡印度、锡兰产品，每磅征入口税两便士，中国红茶须四便士，于是国外商场，又是受一大打击矣。

七、救济善后方策

中国红茶产销经济悲观状况，概如上述，吾人须深讨其惨淡之因子，谋得正确病源，而能对症下药。中国红茶之病，固由于技术不精进，难与人相竞，然产销经济改善，亦势所必然。若能使茶农茶商有富裕经济，则一切新事业进展，均可迎刃而解。茶农茶商经济组织改善，其首先应注意者，为节省无为靡费，集中技术能力。以各个弱小企业，合而成巨量之生产，成本亦可得以减轻。故合作社之组织，乃今后所亟宜提倡也。

合作社足以引起一般茶农浓厚兴趣，与制茶成本不如普通茶商之为重，更可避免茶栈盘剥，不致失却贩卖自由权等等事实，已为祁门茶农所认识，亦得有相当效果。兹将祁门平里茶叶运销合作社经营状况摘记如下[注]：

1.经营提要。

（1）人工。普通茶号规模最小者，至少须用职员八人。合作社仅四人，制茶工和拣茶工，均不若一般茶号之浪费。

（2）资金。茶号向茶栈借款，月息一分五厘，卖茶后，往往须迟二月，方得结账，于是在正当利息之外，应负额外二月之利金。合作社资本月息一分，并无上项弊端。

（3）运费。合作社以共通联络，可较普通减少。

（4）卖茶。沪上卖茶，所称磅数换算颇能相合，损失殊少。

2.盈余探讨。

（1）经营上浪费较少。

（2）卖茶上折扣较轻。

3.收支对比。

（1）收支金额。

A.收入总数为3568.76元。

B.支出总数为3335.21元。

C.两比盈余为233.55元。

注：《祁门平里茶叶运销合作社报告书》。

（2）盈余支配。

A.社员红利为134.78元。

B.赞助者酬劳为20.00元。

C.工人酬劳为48.77元。

D.公积金为233.55元。

当民国二十二年，祁门经营茶业之茶号，几无一不折本者，惟有合作社独能例外，其因由于节省开支，免除中饱。且以盈余支配之中，不独社员得分红，而非社员亦可分润盈利，故工作上俱能一体同心，协力助长事业进行顺利。更为明了合作社与茶号各项相差点，列表说明如下：

项别		头批	二批		花香	茶梗及茶籽	备注
			整卖	零卖			
箱数		30	27	2	9	1	
原磅数	每箱	71	68.0	68.0	不等	136.0	
	合计	2 130.0	1 836.0	136.0	1 130.0	136.0	
扣样	磅数	无	68.0	无	—	—	
	占原数	无	3.70%	无	—	—	
过磅数	每箱	56.0—71.0	65.0—?	68.0	不等	94.0	
	合计	2 085.5	1 658.0	136.0	999.0	94.0	
两比减少数	明少	44.5	32.0	无	131.0	42.0	
	暗少	无	78.0	无	—	—	
	共计	44.5	110.0	无	131.0	42.0	
	占原数	2.09%	5.99%	无	11.59%	30.88%	
吃磅	明吃 每箱	3.0	3.0	无	—	—	
	明吃 合计	90.0	78.0	无	—	—	
	暗吃	无	即暗少	无	—	—	
	共计	90.0	78.0	无	—	—	

项别		头批	二批		花香	茶梗及茶籽	备注
			整卖	零卖			
	占原数	4.23%	4.25%	无	—	—	
折斤算价	磅数	1 995.5	1 580.0	136.0	999.0	94.0	
	用七五折斤	1 496.6	1 185.0	102.0	749.3	70.5	
	每百斤价	160.00(元)	82.00	—	12.00	15.00	
	共计	2 394.56(元)	971.70	—	89.92	10.58	
数量损失总计	磅数	134.5	256.0	无	131.0	42.0	
	用七五折斤	100.9	192.0	无	98.3	31.5	
	银数	161.44	157.44	无	11.79	4.73	
	占原数	6.32%	13.94%	无	11.59%	30.90%	
	占过磅数	6.45%	15.44%	无	13.11%	44.68%	
	占算价数	6.74%	16.20%	无	13.11%	44.68%	
付价折扣	九九五扣	11.94	4.86	无	无	无	
	九五扣	无	无	无	4.49	0.52	
	打包	3.36	2.91	无	无	无	
	修箱	无	2.10	无	无	无	
	七分箱扣	无	1.82	无	无	无	
	佣金	无	无	无	1.70	0.22	从价九八即2%
	共计	15.30	11.69	无	6.19	0.74	
	占算价数	0.64%	1.30%	无	6.89%	6.99%	
实得银数		2 379.30	960.00	102.00	83.69	9.84	
量价损失合计	银数	176.74	169.13	无	17.89	5.47	
	占实得	7.43%	17.62%	无	21.38%	55.59%	

上表中数字，尚有几点说明：

（1）头批原重二千一百三十磅，七五折斤，计有一千五百九十七点五斤。一百六十元一担，应值二千五百五十六元。实得二千三百七十九元三角，故每担只得一百四十九元，即每担损失十一元。

（2）二批整卖二十七箱为一千八百三十六磅，计一千三百七十七斤。八十二元一担，应得一千一百二十九元一角四分。实得九百六十元，每担只有六十九元七角二分，即每担损失十二元二角八分。

（3）花香一千一百三十磅，计八百四十七斤半。十二元一担，应得一百零一元七角。实得八十三元六角九分，每担只得九元八角七分。

（4）茶梗及茶籽一百三十六磅，计一百零二斤。十五元一担，应值十五元三角。实得九元八角四分，每担九元六角五分。

再就祁门茶号卖茶者调查试举一家，亦以先后两批为例。依据前表，列表于下：

项目		头批	二批	
箱数		63	55	
原磅数	每箱	72.5	68.0	
	合计	4 567.5	3 740.0	
扣样	磅数	72.5	68.0	
	占原数	1.59%	1.82%	
过磅数	每箱	不明	不明	
	合计	4 358.0	3 468.7	
两比减少	明少	137.0	203.3	明少、暗少不分
	暗少	—	—	
	共计	137.0	203.3	
	占原数	3.00%	5.44%	
吃磅数	明吃　每箱	3.0	3.0	
	明吃　合计	186.0	162.0	
	暗吃	—	—	即暗少
	共计	186.0	162.0	
	占原数	4.07%	4.33%	

	项目	头批	二批	
按斤算价	磅数	4 172.0	3 306.7	
	用七五折斤	3 129.0	2 480.0	
	每百斤价	142.00	87.0	
	共计	4443.18	2 157.62	
数量损失总计	磅数	395.5	433.3	
	七五折斤	296.63	325.0	
	银数	421.21	282.75	
	占原数	8.66%	11.59%	
	占过磅数	9.08%	12.49%	
	占算价数	9.48%	13.10%	
付价	九九五扣息	21.68	10.79	
	打包	6.94	6.05	每箱一角一分二
	楼磅	1.30	1.13	
	公磅	2.17	1.08	
	修箱	5.21	16.54	
	补办	14.20	8.70	
	关破代补	28.40	17.40	
	律师	0.69	0.61	
	思恭病院	0.88	0.77	
	公估	0.38	0.33	
	焊口	1.40	1.40	
	钉表	3.53	3.08	
	航空	2.17	1.08	
折扣	同乡捐	0.88	0.77	
	叨佣	86.73	43.15	
	税息	2.11	12.05	
	检验费	3.50	2.60	

项目		头批	二批	
折扣	栈租	—	—	
	保安	8.67	4.32	
	保税	—	—	
	九江佣费	—	—	
	水力	—	—	
	出店	0.88	0.77	
	共计	191.72	132.62	
	占原价数	3.94%	5.43%	
实　得		4 144.96	2 025	
量价损失总计	银数	719.43	406.37	
	占实得	17.36%	20.07%	

第一批原量四千五百六十七点五磅，七五折斤有三千四百二十五点六三斤，一百四十二元一担，应值四千八百六十四元三角九分。实得四千一百四十四元九角六分，每担损失二十一元，实际只一百二十一元一担。

第二批三千七百四十磅，计二千八百零五斤，八十七元一担，应值二千四百四十元零三角五分。实得二千零二十五元，每担损失十四元八角，净得不过七十二元二角一担罢了。

至两项卖茶结果，读者可以自行比较。但尚有一点，应予特别提出者，即两宗头批，同是一个售主。该茶号之茶价，并有五百元，经手茶栈作为"外快"，此数字，占实得百分之十三。

据上列卖茶结果观察，损失最大者是数量。祁门茶业经营者，收买毛茶用二十二两大秤；精茶装箱，用十八两。且此十八两，乃是漕平。精茶所用大秤，即意在卖出时，求得与担数大致相同。即如合作社及祁门某茶号之茶，两方斤数如下表：

卖茶者	批别	十八两原斤数	十六两算价数	两比	
				多	少
合作社	头批	1 380.0	1 496.6	116.6	—
	二批	1 188.0	1 185.0	—	3.0

卖茶者	批别	十八两原斤数	十六两算价数	两比	
				多	少
某茶号	头批	2 961.0	3 054.0	93.0	—
	二批	2 420.0	2 480.0	60.0	—

合作社之头批，所以特好，即因售主既未有余样，又未有暗吃磅，手段正当。二批特别吃亏，因为只有二十七箱，售主除样茶一箱，损失较大。

合作社既有前述之种种利益，是以今年祁门茶叶运销合作社之组织，如雨后春笋，骤增至二十家左右。在此茶业波荡不定中，合作社经营，有以上各优点，或许不致如茶号亏折之大，下表为祁门A、B、C三合作社，本年制茶经营状况：

民国二十四年三合作社经营状况表注

类别		A社		B社		C社	
		头批	二批	头批	二批	头批	二批
毛茶	总收量/斤	3 973.6	3 647.90	7 622.50	4 695.11	6 642.60	4 607.13
	总价额/元	1 820.38	815.91	3 132.85	914.13	3 233.50	1 074.42
	每担平均价/元	45.81	22.36	41.10	19.47	48.68	23.32
精茶	总产量/斤	1 794.00	1 892.00	3 196.00	1 980.00	2 990.00	2 156.00
	百分率	45.14%	51.87%	42.00%	42.50%	44.78%	46.50%
	每担平均价/元	101.73	43.35	98.03	46.17	108.15	49.83
	每担应支杂费/元	39.42	—	37.87	—	34.54	—
	合计每担成本/元	141.15	—	135.90	—	142.69	—
	箱数/箱	38	43	68	25	65	49
	每箱重量/斤	46.00	44.00	47.00	52.00	46.00	44.00
	每箱平均价/元	46.67	18.98	46.07	20.31	49.75	21.93
花香	箱数				25		
	每箱重量				52.00		

注：（1）表内每担应支杂费中有运费六元（由祁至沪）。

（2）花香箱数系头、二批混合。

（3）每担应支杂费头、二批混合。

吾人为救济茶业之善后方策，其道决非单纯，须由多角设法。但在经济改善，似当首冲，合作社能有变换经济环境，则今后对于合作社之组织，或许为红茶经营上谋得一新生路。近年日本茶农，因受资本家大量生产制茶，与新式机械工场生产率增进之威胁。中小茶农，个人无能匹敌，于是集合弱小经济能力，各茶户组织共同制造合作社、共同贩卖合作社、共同购买合作社，互相抵制资本家、大工场。其结果效力，同出于素克复兴资本家大工场之能率，中小茶户亦得相并而行，茶业生产遂一大革新矣。湘、温两处红茶生产经济，虽在目下，未感严重深刻痛苦，但能如祁门组织运销合作社，则在湘、温红茶改善，亦一大方策也。

八、结论

中国红茶产销经济状况，可算千疮百痍！吾人认为栽培与制造技术之改进，乃是正常合理逻辑。然在今农村经济崩衰期内，不能不以经济眼光救济茶农疲乏产业，又不可不利用各个体，集合而成企业集团，以人人为我、我为人人精神，发展产业不为功。

祁红、温红、湖红三者相比，祁红惨淡之景首当严重，温茶、湖红多属低级，价廉固易于脱售，比较上所生问题较少，然较往昔逊色多多，今后大难，是在臆测之中，如何补救，吾人亦宜筹策。祁红改良历史，垂有二十余年，其间时断时续，谁是谁非，固属难究，但愿已过二十年落花梦，不再现于今后，人才经济之集中，又希于政府者。

要之，在今日之茶农，耕种所得不能谋一己半月粮食，制造既无利可图，反多受赔累。于茶商方面，运销情势早呈倒悬厄运，更加资金难措，捐税加重成本，分肥过多，纯利无获，在此种种恶化之下，并非头痛医头，足痛医足，内修外补，方可脱去病魔。然则借政治乎？自力更生乎？

1935 年 6 月 28 日作于安徽祁门平里茶场

《中华农学会报》1936 年第 144 期

祁门冬期茶业合作训练班讲演集（第一期）

全国经济委员会农业处农业专刊第八种

第一编　茶业

第一章　茶树栽培

一、绪言

作物，原始都是原隰山野间自生的植物。我们所栽培的茶树，当然没有例外，现在到处还能发现野生茶树，这就是证据了。

中国茶树栽培事业，起于什么时候？北朝贾思勰著的一部农业书叫《齐民要术》，里面已有茶的记载，虽不曾说到栽培方法，但贾氏系北方人，茶是南方嘉木（陆羽《茶经》中语），原来弄不清楚。因为贾氏所举植物，全是作物，南方作物一概没有栽培的话，和茶树是一致的。所以那时茶树在长江流域，确已成了很普通的经济作物，事实证明，毫无疑义。关于栽培最古老的可靠文献，见于北朝，但还绝对不能断定即在那时才开始的，也许老早已经有了。贾氏是一千五百年前的人物，中国茶树栽培起源怎样的早，也就可以想象了。

茶以山野自生的为名贵，从来考究吃茶的专家，都异口同声地赞美。现在大小都市中的茶叶店，还在用出售"野茶"（最有名的产地是黄山和武夷山）来号召。茶的饮用需求大了，野生的自然够不上供给，所以不得不和祁门极有名的药用植物白术一样，天然自生虽是极好，但太少了，只好一样，从事人工栽培，实行促进大量生产。栽培目的，固然要在产量的增多，同时也要注意到品质的进化。

我国茶树栽培，至少有一千五百年的历史。品质上的种种需要，有些自是大见进化，同时有些也当然免不了退化。现有的野生茶，香味异样的清，滋味强得异样可口。这是由于茶叶中特具的成分，比较栽培的分量较多的缘故。这虽然还未经化学分析的证实，但饮用野生茶，格外容易打破瞌睡，格外能够缓解疲劳，就大可以相信得过了。

世界茶树有两大类：一是中国种，一是印度种。印度种在阿塞姆地方被发现才一百一十年。制出红茶，香味远不及中国种清隽醇和，那一种富有刺激性的高烈，就是那野性未除的表现。因为茶叶中特有的成分茶素和单宁，均超过中国种甚多，栽培久了，未必不日渐减少。我这预言，数百年以后，自信必有证明的可能性。中国种的红茶发酵，不如印度种充分红艳，中外学者们探求原因所在，在神秘复杂的有机化学作用中，还没有公认的确定，单宁较少，可不能不认为比较的强有力。

总之，中国茶的优美无比，是由人工栽培变的，发酵不及阿塞姆茶，也是由人工栽培变的。但是这一点美中不足，只在红茶方面才有，绿茶可就没有得偏弊了。即如阿塞姆茶制出绿茶，恶劣不堪，就是因为单宁过分多了。

这样看来，中国茶的优美，固然是有很久远的栽培历史，但是这种结果，是无意的自然演变，不是有意的促进。现代农业科学化了，我们对于茶树栽培，也就不能不讲究科学的栽培方法了。栽培上最完美有效的好办法，是改良品种。什么叫做改良品种？就是从那种种不同的茶树之中，选出些好的来，经过证明确是好的，有不是十全的，并且用人工改造它。拿这样的茶树做种，不用坏种，自然会有好茶生产，或是生产得特别多。现在祁门茶农种茶，茶苗长出来了，有些人把小叶子的栗漆种拔去，保存那大叶子的槠树种，这一类汰劣留良的手段，虽是值得夸奖，但还够不上什么改良品种。因为大叶子的槠树种，仍旧是很杂乱的，并非一种，且又变化百出。原来改良品种，是要专家做的艰难事业，不是一般人都有责任要来学习研究的，这里不必再有说明了。

现在要讨论的，只是一些很普通的栽培方法，并且还有两个条件：

（1）有利：改变些老法子，很便宜地做，又不多费工本。

（2）合理：只管放开手做，不必有疑问，自然确有成效。

二、现在祁门茶树栽培的无利和无理

（一）栽培的无利

祁门县的红茶，差不多可以说是世界上第一等好的红茶，价钱的贵，也可以说是天下无双。（因为像福建的铁观音和浙江的红龙井各种红茶，虽比祁红要好要贵，但出品太少了，只有国内需要，国外又没有什么销场。又印度的大吉岭红茶，价格虽高，但要掺入祁门红茶才格外显得好。我们认为祁红是红茶之王，并不是夸大话）祁门毛茶去年最高价格是八十元一担，最低的是七元，平均起来算一算，只有二十五元左右。一担毛茶，要生草二百斤（园户生草用秤总要比茶号毛茶用秤大上两成），至少要两亩地才能够生产出来。我们就照着这种情形，仔细计算一番，看看到底怎样——就是无利的话，靠得住还是靠不住。茶树的栽培费，有下列四大类：

1. 当年抚育费。

（1）中耕，二元四角，一年至少一次，约需六个工，每工四角，合计如上数。

（2）锄草，一元六角，一年至少一次，兼为浅耕，至少约需四个工。

（3）利息，三元，垦殖及幼苗抚育，至少需费三十元，年利以一分计。

（4）杂费，一元，农具折旧及修理等费。

合计：八元。

2. 生草采摘费。

（1）工资，七元，每担毛茶，约生草两担（生草秤），摘工每担三元或四元，平均三元五角。

（2）伙食，四元，每工平均每日十斤，需二十个工，每工二角。

（3）杂费，二元，摘工犒赏酒钱、草鞋、被租，及用具折旧、修理等等。

合计十三元。

3. 毛茶制卖费。

（1）制茶，四元五角，去年制茶行包工制的，每担四元或五元，平均四元五角。

（2）卖工，一元三角，茶季每工六角五分。多寡不等，姑作两个工。

（3）杂费，二元五角，卖茶扣样及找尾抹零，并用具折旧、修理等等。

合计八元三角。

4. 租金及捐税。

（1）地租，二角，各处不同，姑作此数。

（2）茶园捐，四角。

（3）约捐，二角。

（4）其他杂捐，五角，各处或无或有，多的到一元五角，姑作此数。

合计一元三角。

以上四项总计三十元六角。

这是完全用企业眼光计算的，毛茶平均二十五元一担，实亏六元六角。但是茶农种茶，只有二、三、四三项算成本的，共计二十二元六角，所以还赚了二元四角。去年仔茶十七元八角一担，所以许多人家就停采了。春茶卖到七元一担的时候还采制的，因为相信"今年不采，明年不长"，赔本也就不罢手了。茶农不会像这样地仔细算账，不过种茶没有利益，却也是感觉得出来的。因此，春夏都要举行间作，收些黄豆、苞芦、麦子、菜籽，赔补赔补。

种茶既无利益可图，农民有的是自己的工夫，勤耕苦作，不算工资伙食，在表面上，似乎倒也有利益的。祁门茶农，能够弄得衣食两不缺的温饱人家，简直百无一二。别的地方的农民，就少有这样的现象。

这是什么道理？种茶无利！种茶无利！！

（二）栽培的无理

种茶没有利益，我们既已算明白了。再进一步，研究研究原因到底在哪里，我曾经问过许多人，大致他们说的不外是这些话。

（1）本地人工不足。中耕大半雇人来做，采生草，制毛茶，更是要用雇工。忙时人工，十有八九是从安庆一带来的，要出很多的工钱。

（2）食用花费太大。祁门山多田少，米粮不够，米价常年要比上海高得多，去春是十八九元一担。别的生活必需品，也无不昂贵。雇人做工，一天伙食，至少也要二角钱才够的。

人工为什么不足呢？祁门人，不做工的太多。米粮不够，但山多田少，并不是十足理由。因为田少，山地可以出杂粮的，只要做工的多，自然可以有了相当解决。这是茶树栽培上无利的外因，可以不多来讨论。茶树栽培上无利的内因，却有非同小可的严重事实很不在少，且就很大的说几件。

（1）经营太小。祁门红茶品质，西南两部大山丛里最好。这些靠山就应该要吃山的农民们，完全以种茶做唯一生产事业的，至今还不曾多见到。多少极优美的种茶山地，还是任它荒着没有经营。经营小了，浪费就多，所以无利可得。

（2）园地零落。大规模的经营，既已不做，一家家的茶园，又复七零八落，不成片段。东西南北，这儿一小块，那儿一小块，隔上三里五里，甚至五六里以至十里以外，并非罕事，经常地抚育和管理，处处会枉费了许多无用的人工。

（3）株丛疏散。到处茶园，茶树老是种植得很稀疏，留下了阔大的空地，以便间作杂粮或是蔬菜。缺了株丛，又往往不补植起来，散乱株丛，更不整理。

（4）品种复杂。祁门茶树品种，比较别的地方，本要单纯得多。但就发芽时期来说，有的很早，有的适中，有的很迟，却也老大的不一致。这样迟迟早早地种，很混乱地种在一个园里，采摘上就大有困难，赶上早的，不及迟的，等着迟的，误了早的。因此，制茶原料，那很不容易免去老嫩不一律的最难的棘手问题，已经是十万分苦恼了。采摘的机会不均等（茶的芽叶，或大或小，摘的回数，或多或少），茶树的生长率，也就失了平衡，以致一个个的株丛，高低大小，天悬地隔。

（5）耕培随便。最重要的中耕和除草两件事，兼并做着，一年有两回的，已经算是考究的了。许多茶农，只有一回，甚至隔一年来一回，七、八月间，到处茶园，所以只看见野草耀武扬威，茶树受了压迫蹂躏，弄得没有什么好出头露脸的地方。至于施肥一切，那就更不必责望了。

（6）侧重间作。茶园当然要完全注重茶树的培养，才能有很好的收成。一般茶园，尤其是平整一些的地方，总是年年要间作的，春秋二季，一种再种。苞芦、小麦一类东西，收得又并不多，倒反把地力弄瘦了，茶树也就长得不像样了。九、十月间，往往把整个的株丛，拦腰一把，用绳子捆绑了起来，让种下的别的东西好生长，一直到来春才解放开。茶树本身既吃了亏，又让害虫病菌好躲到里头做窝巢，并且无限地繁殖了它们的子孙。这样的反客为主，结果客（间作物）无大利，主（茶树）又受了老大的祸害！

栽培无理，我们指出来了。采摘虽是制造的开始工程，也是栽培的最后工程，做得也十分的无理。

（1）手续粗暴。采茶原是很轻便的活，但也大有讲究。祁门采茶不管茶芽子怎样嫩，茶芽子怎样好，总是连茎带叶，随手乱抓了来，生草里夹杂了老茎和隔年的老叶子，在制造上就处处有妨碍。毛茶制得不好，当然也就卖不出好价钱了。

（2）留蓄失当。株丛抚育，最要注意的是要整个儿长得圆实饱满。芽头在采摘时候，有些原是要加以留蓄的，但必得在那空缺些的所在或是老弱些的枝干旁边。这才可以养成圆实饱满的好株丛，并有了健全的新枝干，以便剪去老弱的枝干，好做替代。祁门茶树，总是多留顶芽（南乡特甚），任着徒然地暴长，所以弄得七长八短，一丛丛上都直竖着许多光杆。光杆只有顶上发芽，收成总是不好。

（3）没有标准。茶的采摘，最好的标准，是一芽两叶，长到三个叶子，还可勉强，到了四个叶子、五个叶子，任凭什么好的方法、好的本领，都制造不出像样的毛茶。这好比用老母猪肉做菜做汤，就是南北名厨，京广做法，也弄不出什么鲜美味道一样。祁门毛茶，起初采制的能够卖高价，越卖越不值多少钱，唯一的大原因，就在这里。

（4）保护不知。这是指着采下的生草说的。生草放在茶篮子里，一过久了，就会变坏。一般采茶的人，往往天明上山，中午回来，下午上山，晚上回来，翠绿的叶子紧装了半天，甚至都变了红的。叶子摘多了，当天制不及，常常摊在晒簟上卷起来，杆子和叶子，卷得断的断、破的破，就是十分细嫩的生草，经过这些的作践待遇，当然没有好的毛茶。这又好比霉烂的菜籽，打不出喷香的油，断碎了的大米，煮不出有味的饭。

以上前三项在祁门境内，可以说是举境同风。第四项在讲究的茶农，倒也知道注意，可是不大多见。

栽培既是无理到这地步，为什么祁门红茶还能走世界的红运，卖出很高的价钱，这全是因为得了天时地利，自然养成了优越的品质。同时也还要知道，祁门出的一样的茶，有的在上海卖高价，有的连湖红、温红的价也赶不上。精制固然有老大的关系，栽培（尤其是采摘上）无理，关系也不在小。栽培茶树没有利益，收成不大，占三分之一，生草弄坏了，制不出好毛茶，茶号不肯出价，也要占三分之一，制法不好弄坏了，也要占三分之一。

种茶为什么无利？……因为栽培无理！

三、现有茶园的改进方法

祁门茶树栽培上的种种不合理，前文已经有了指明。我们好就栽培方法上的缺点，研究应该怎样实行改进。譬如老茶园一概都毁掉了去，重新设置，重新种植，固然是最好不过的了，但事实上哪里能够这样彻底干，尤且也不必这样干的。因为茶园改进是有办法的，办法的原则有三项：

第一，要就着现有的老底子着手。

第二，要能在实行上不多费工本。

第三，要能在改进过程中损失不大。

有了这三个原则，就好运用我们的手段了，扼要举出来，有这几种：

1.移植归并。园地零落和株丛疏散，在经营上枉费人工。可以把远的株丛，移植到近些的园中，坏的株丛，移植到好些的园中。假使有三十亩茶园的人家，一年归并好了三亩，不要几年，就完全是好的茶园了。那移出来的空地，远的转让给别人，近的重新种茶或别的东西。

再来一个假设，王大哥家里只有十亩地，七零八落地种有茶树，长得极好，每年能摘生草六百斤，制毛茶三担，可以卖七十五元。茶树稀，空地多，一年两季种杂粮，能收六石，并且日常吃的蔬菜，也是在这茶树的空间种出来的。这好像可以不必归并了，其实还是归并了好，为什么呢？

（1）他种植物，混种在茶园里，做工总不便利。春茶采摘时，豌豆、小麦还未老，夏茶采摘时，早苞芦已出了土。左右前后都得照顾，精神分散得不能集中，采摘的效率，就不能不降低了。

（2）茶树培育地实施，和他种作物，时期绝不能一致地相合。九月和十月，是茶树行中耕的最好时间，苞芦、荞麦，还没有收起来。这只有提前或是放后，茶树中耕，就顾不着时效了。

（3）蔬菜园里肥料最足，茶树长得就太肥了，叶子又厚又绿，虽得萎凋，难得揉细，尤其发酵难得充分的红。

有此种种的不利，把十亩划为三区。一区一亩做菜园，一区五亩做杂粮地，一区四亩做茶园，移植所有的茶树归并起来。茶树栽培得不肥不瘦，收量就便少了二三成，因为茶树并在一处，栽培采摘的人工省了，品质又进步了，仍然不会有什么损失，且可以多赚些钱。五亩地专种杂粮，两季可就不止收六石了。

移植归并，茶园专种茶树，是最有利又最合理的经营，所以特地反复地说。

2.改善植法。中国茶树，向来一丛丛地种植（这叫做丛植法），不是祁门一地如此。但株丛的排列，十有八九，总是不整齐的，又不分行间和株间。什么叫做行间，就是这一路株丛和那一路株丛的距离的空间。什么叫做株间？就是一路路上株丛和株丛之间的距离的空间。行间大概从四尺五寸以至六尺，株间从二尺五寸以至三尺，要看土地肥瘦，预料将来茶荮大小决定。老茶荮的种植方法不合理，抚育不便，并且稀的稀，稠的稠，地力供给不等，茶荮长得也就不能匀整了。移植归并，务须有合理的排列，照着下面的图：

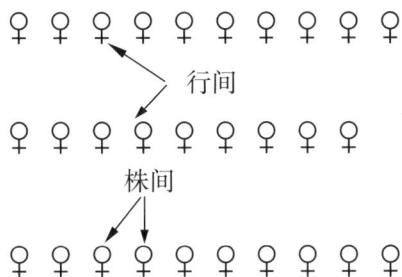

这种三角丛植法，横枝子长了，往往会接连起来的，但在管理及采摘上并没有

什么妨碍，要是过大时，酌量剪短一点也好。

最好是条植法，行间同丛植的差不多，株间要短。究竟要短多少，这看移植的茶荈子大小行事，最多不过一尺多点。一株株地连成一线，就好比栽葱蒜一样。条植分单行条植和双行条植两种。荈子大的宜于单行，小的不妨双行。双行条植，合两小行成一大行，双行的两小行距离，一尺五寸左右。

3.淘汰老劣。执行归并及改植的时候，凡是不大好的株丛，一概淘汰了去，为什么呢?

（1）株丛过分老了，生产量就不大。

（2）株丛的杆子和主根空了心的，或是有虫孔的，都由茶蠹虫为害。茶蠹虫冬天不死，还躲在树心中，一到春天，就要继续作祟的。

（3）窄叶子柳树种发芽太迟，品种又不好。

（4）小叶子的栗漆种，发芽也迟得很。如果株丛多了，可以分栽一下，不必混到大叶子的楮树种里。

（5）其他太坏到没有希望的茶树，也不要顾惜它。

4.整定株丛。茶树的养成，最紧要的是整齐饱满。这有种种的好处:

（1）小枝条多，可以多生长些芽子。

（2）全部发展平均，太阳、雨露的恩惠，一齐受到，芽子发的时候，比较一律，品质也能相差得不远。

（3）叶子都摆在茶荈面上，开花结籽不多，并且枝干上也不大寄生苔藓，吸取茶树汁液，茶荈不会弄衰弱了。

（4）茶树枝干整齐，采摘最为便利，中耕也少些麻烦。

我们要达到这种目的，老茶荈子，只有加以整定:

（1）太老的杆子，齐根割去。

（2）较细一些的长杆子，割去一截，保留下的一截，要比多数短枝约低二三寸。

（3）不大有小枝的枝干，以及有虫伤病害的枝干，也须齐根割去。

（4）为着整个茶树的整齐圆实，就是好的枝条，也得加以剪割。

整定的时期，最好在夏茶后进行。整定用的剪刀，必须磨得十分的快。

此外，要是整一的枝干，全无什么好的，就得行更新法。这就是把所有枝干，一概齐根割掉。这更新法的实行，最有利的话是在春茶后，夏茶后也还勉强可以。割去之后，立即用干草盖上，放火烧一烧，并施充分的肥料，促进再生枝条生长得快，生长得好。

更新后的枝干，为着养成茶树整齐圆实，第二年就得施行采摘。短的枝干和那空虚地方，芽子务须多多地保留。两三年以后，完全可以长成很大的株丛，并且很好。

假使茶树不多，顾全收入起见，不妨分年进行。或是划成几区，一年只办一区的更新也好。或是分成几等，顶坏的、次坏的、又次坏的，一年只办一等也好。

四、新茶园的设置办法

祁门茶农种茶的无利，第一个最重要的大原因，在经营太小。扩大经营，必得重新设置茶园。老茶园不合理，新茶园当然要极尽合理的能事。设置的程序和方法，概述于下：

1.选择土地。"种稻要好的田，种茶要好的园。"新设茶园，先要选择极适宜的土地，才有良好的经济效果。

（1）面积要大，能够有大规模的发展希望。

（2）地势不能太倾陡了，多少且要有一部分平地。

（3）地向不能反背阳光，太阳成天射不到，或射到的时候太少了。

（4）茶园最怕的是冷湿，排水必须便利。

（5）茶园生长，要有好的土壤，土层必得相当的深厚。

（6）地位要风来风去，不宜太窝藏了，冬春之间，容易受到霜害。

此外，附近地势太陡不适宜设置茶园的所在，能有些树木，低下所在，并有相当的聚水或长流的泉水，便是无上的适宜了。

2.工程设计。土地选定了后，全部土地，要有整个儿的计划。凡是有大障碍的，一律除去，作为稻田、林地等等他项利用，或是放任不顾。能够种茶的好地，再划分多少区，逐年进行。初步着手，虽然不妨从最容易成功的所在开始，可是全部的大排水沟和交通的重要道路，必得依据自然形势上的便利，完完全全计划就绪，再行从事工作。茶园怎么样的做法，固然也要就地形先计划好，其他工人休息，躲避暴雨用的棚子、搭盖地方，一应有关事宜，也得事先一律看好。

3.开整畦地。荒地的开垦和园畦的整理，最要十分注意的原则，有下列两个：

（1）一块块的茶园，要尽量做得宽大。

（2）园地整理，要尽可能弄得平坦。

这在工程的实施上，如铲高补低，如移除障碍，少不了要多费些工本的。但是一时的花费，就大上一成二成，以至三成四成，甚至加了一倍两倍，好像太不合算了。后来在常年的管理上，一处处，一事事，会比现有茶园经营有无上的便利，免去在工本上无限零零碎碎的小花费。忍痛一朝，收利百年，必须要打打这好算盘的。尤其茶园做得平平整整，茶树自会长得整整齐齐。一年又一年的生草采摘，收量也一定能够比现有的茶园，加上两倍三倍的多。农人的钱，都是拿工夫去拼才会有的，合理经营的茶园，最费工夫的是在开垦的当初。开垦整理得好，一劳永逸，利益自然也就不可计算的无穷了。

畦地怎样开整呢？一般开荒，草木割倒，晒干火烧了后，第一步挖树根，第二步开垦，第三步整理；人工往往就难免有浪费了。实际前两步工作，不妨同时做。工程上的作业，大要如下：

（1）茶树是深根的作物，开垦要用长条锄，生土至少要挖到一尺以下，能够深到二尺，就更好了。着手时候，先挖成一个相当的窝穴，前头的土，再挖起来，即填在穴里，又成了个窝穴了。这样就是挖得深到一尺多到二尺，自然也很容易地放开手了。

（2）倾斜地的开垦，要从低处着手。地面的土，总是很肥沃的。倾斜度大的所在，先行浅浅地挖起，并且分成路挖，就是挖得七八尺宽，留得三四尺不挖。挖起的土，覆到两面不挖的行路上去。然后将高处的挖起，移到低处。于是再把堆着的肥土，很均匀地散开。把原来未挖的土，逐一挖起。这样肥土还在上层，种茶就可以马上长得好了。否则肥土埋在底层，要等茶树大了才有效。

（3）挖荒挖到树根，细小的埋在土的深处，可以只就挖到的所在截断了去。太大的树根，挖去很费工夫，可以由着它去。但除松柏等不再发芽的以外，须把树皮剥得净光。两三年后，就会腐烂去了。草根夹在土块中，须将土块打碎，逐细拣出，聚在一起，等到干了，用火烧掉。

（4）平地上的茶园整理，园土要比地高，做就凸畦，像普通的菜园一样。园地宽的，当中还得开沟，每隔一丈五尺左右，开沟一道。园地狭的，只要四面有沟就够了。两沟交夹之间，就叫做畦。畦的方向，两头朝东西，前后朝南北，最为适宜。山上有地势的限制，也不必一定这样办（平地有限制的很少）。地势高下不等，为着人工节省起见，就在平地上，也不妨分高畦和低畦。同是一个畦上，挖起的土，必须趁平。高处的土，趁到低处去后，必得再挖一次。整理时候，土中发现草木根和大石块子，要一个也不留地拿出去。

（5）茶园的附近，有树木树根伸到园里，就要吸收水分养料，妨碍茶枝生育。

必得开一道很深的沟，隔断树根的来路。茶树的生理，最怕的是地土的冷湿。平地务须有深的排水沟，免得连降雨的时候，园地的土壤中，有水留滞。凡滞着水的园地，茶枝断然没有长得繁荣的可能性。

（6）上山设置的茶园，最合理的经营是做成一级级的楼梯形，虽费一时的大劳，能得百年的厚利。工本很大，在目前祁门的土地毫不值什么钱，似乎没有什么必要。但不问大小规模的经营，实地计算，每亩即多费二十元，年利一分，一年只有两元。经常的收入，不难加上几倍，连山接岭地做起来，管理的人工，又可以省了好多，实际上还是有老大的利益，能紧紧地在我们的掌握之中，这也得扼要地说一说。

山上开梯形茶园，有几件要注重的事：

（1）最先要注意的是排水，大排水沟，不妨利用自然的水道，加以适当的整治。茶园兜山横设，一级级的小水沟，接着大沟，构成鱼骨的样子。

（2）老法子开山，是自下向上。梯形茶园，宜于自上而下。梯园的前边及两头，要就山掘起方块子的草皮，打墙样地叠着做起来。堆了一层，空处即填满了土，靠外二尺左右，须捶得很结实。做一层，捶一层，且渐渐朝内收缩一点，弄成上窄下宽。

（3）梯形做好，地面整理，要外高内低，水沟靠着后面坎子开，水路能设法送得越远越好。不能让在大雨时候急流的水，扫坏了园土。

五、茶树的种植法

茶园的设置，举行播种，原是比较植苗省去一些麻烦，但获利不快，也免不了有短处，播种和植苗，在事实上都是不可偏废的，各有利弊不等：

（一）播育种苗

播种上要研究的问题，可也不少，逐步说明于后：

1.种子采摘。祁门一般用的种子，都是采摘来的，大致寒露一过就着手了，时间在十月十日左右，时期不免早了一点，宜在霜降后，再过十天上下，即在十一月边实行采摘，因为种子摘越迟生得越多，长得也要格外的好，最健全的种子，是老熟了自落的，但要随时落下，随时捡起。

2.种子选别。种子用有壳的，不及无壳的，因为无法选择大的种子，比较小的长得又快又好，小种子选别，用大眼筛子（如筛茶的筛子四号或三号）过筛，筛下的不要就得了。筛上的，再放在水里淘汰，漂起来的剔去，沉在水下的种子，取了出来，摊在竹簟子上，凡是黑色的，和不光滑的、有虫眼的、破裂的，又再一一拣出，这样选出来的种子，什么坏的也很不容易多存在了。

3.播种时期。种子采摘之后，利用农闲，立即播种，自是很好，但祁门野鼠很多，不免遭受窃食的损失。并且秋播宜深，盖土经过很久的时间，来年春天，出土反而不及春播的快，春播最好的时期，在二、三月间，至迟不能出了四月，一来发芽的少，二来生得迟了，受不住七、八月间的夏旱，容易枯死。

4.播成排列。种子下播，就在园地上排列的形式，有种种的不同，最大的区别，只有丛播和条播两种，丛播和条播的方法，株间和行间，大致和前文"改善植法"中说的丛植和条植差不多，但是条播的双行播，两小行的距离，不妨窄二三寸以至五寸，即一尺二寸左右好了，如果土地肥沃，并且在低平些的地方，准备养高大的茶荪子，那就要放宽些了，单行条播，在下种后的十多年间，生草的收获，是不及双行的分量丰多，但再向后去，双行中间的土壤，因为茶树大了，永久的不能中耕并施肥料，可又反过来了，收量会增加起来。

用什么播种形式，在下种前就决定好，位置务必弄得很正确。譬如行间六尺，就用小竹子做些六尺长的杆子，其他同样办理，丛播的株间也同样办理，划分条丛，一放就是，不必量了，但还得做些一半长的，靠着园边要使用，排列的形式，自园地比较整齐些的方面着手，剩下畸零的园地，再别行布置也就便利了。行间和株间的距离，以中心点做标准，分划时候，每一个中心点，钉下一根或一行细竹木做的桩，须入土一尺多深。

5.种子下播。依据排列的位置，丛播的掘一个七八寸左右直径的圆穴，条播的掘沟，深度均在四五寸上下。穴底或沟底，上些土肥（堆肥、塘泥、除清泥）、垃圾等肥料，盖上一层土，再上人粪尿或油饼，再盖上一层土。丛播的种子要在穴的周围围成一个圈子（叫轮播），或下在穴里成四角形（叫四角播）、三角形（叫三角播），大致都可以，七零八落地随手下播（叫散播），不大适宜，条播的单行播，种子须分三行下播，前后左右的距离（叫做粒间）要相等，二寸以至四寸，双行播，每行只要再分两小行就可以了。这种有规律的下种，可以用薄木板做成播种板，依着需要种子的位置，挖成小孔，下种的时候，把播种板放在整理好的园土上；种子从小孔中放下去（条播用的播种板，不宜长了），种子放下，最好是脐部朝下面。下播用的种子，须用水浸泡一昼夜或两昼夜，下种完了，即行盖上土，盖土可不能太厚了，五分以至六七分最为适宜，如果深了生得又迟又少，二寸以上，就简直没有什么生出的了。

6.播种分量。排列不同，使用种子的分量，可也不能没有相当的出入，大致一亩地，有一斗五升左右的净子就可以了，播得太稠，在收获当初的几年中，生草虽然比较多，年代久了，茶树就衰弱起来，倒还不及稀播的茶树，枝条生长又多又好，芽子能够开张得很大，树势并特别显得强健，不过有种种的关系，不妨多下些种子。

（1）种子下后，未见完全生得出，长得活。

（2）幼苗多，可以行间拔，劣种及弱苗便于除去。

（3）太稀了的地方，便于就近移植。

以上说的，都是直播法，就是种在那里，生出幼苗，让它长成，在普通的状况之下，不必再有什么移动了。开垦茶园，要想早些有收获，可以行移植法，移植用的幼苗，也得研究的。

7.育苗播法。这得利用特设的苗圃，从事办理，苗圃的土地，有些必要的条件：

（1）地势要十分的平坦。

（2）地位不能太高，也不能太低，才可以润燥适中。

（3）土质要肥沃，一个苗圃的用地中，没有肥瘦太不均的现象。

（4）土中含有的沙子和石砾，不能太多了。

地选定了，一切开垦和整理，都和新茶园设置的办法相类似，只是凸畦要做得窄，五尺以至六尺就够了。

下播之前，畦面要弄得手摩样的平，上层的土，要弄得很细，最好在做畦时候，留出一部分土来，放在旁边，上肥料后即将留下的土，一层一层盖上，最上面一层土，且用筛子筛下，下种用撒播方法，种子要下得十分均匀。下好之后，再趁一趁，就是稠很了要移开，稀很了要移拢，粒间一寸五分左右，种子播好了，盖土要注意到厚薄差不多，这可以用三四寸长的竹片子，决定盖土厚几分，即从上头量准，横画一道黑线，一一插入土里，平到黑线为止，盖土用筛子筛下，土到竹片之顶，恰是所需要的厚度了，下种用条播法，行间四寸左右，粒间一寸左右，别的手续，和撒播一样的办。还有一事须补说的，下种力求均匀，可以做两根长尺，分放园畦的两侧，粒间一寸五，用一根细些的绳子，两人对面，拉得紧紧地，对好尺上的位置，拿一根硬些的竹片子，傍着绳子，把畦面的土划一条小沟，种子下在哪里，就在哪里。要是没有适宜的苗圃，茶园种子下得稠稠的，生出的幼苗，取出一部分供应移植，也是便利的一个法子。

8.额外播种。茶园及苗圃中，播下的种子，当然不会完全生得出的，生出之后，又不能够完全存活，活着的小茶苗、坏苗及劣种还得淘汰了去，这样结果，也许就不够了，须得预先预备一些幼苗，将来好有得补充用，并且选种时候，筛出、淘出、捡出的种子，虽是小的小，空的空，坏的坏，但也有一小部分，还能生芽子，生出来，也有一小部分长得还很像样，如果全不要了，未免可惜，未尝没有废物利用的价值。

因这两项的问题，最适宜的解决方法，就是实行额外的播种法，实行起来，又有两种方式：

（1）茶园边上，尤其是梯形茶园的边上，当着边缘的近处，种下一两行种子，粒间不妨窄一点子，种子宜用好的，生出苗来，拔用了一部分，淘汰了一部分，下余的由着生长长大。而且这有好几种作用：一是园边的土容易崩失去的，种有茶树，就可以减免了；二是园边本是空隙，种了茶树，有废地利用的功效；三是这些茶树莳子，可以养得高大些，对于园里的茶，有防止或降低外来侵害的能力；四是这些茶树，能和正式种在园地中间的，一年年有生草采摘，这样种出的茶树，我们就它的作用叫做"保护行"。

（2）重新设置的或老茶园中，选择地势低下，以及地位适中些的所在，就行间的空地，为补充育苗用地，好些的茶籽，下播可以依据第7项说的育苗播法处理，要是那不用作正式播种用的茶籽，及淘汰出来的茶籽，不妨密密地播下，因为能生的很少，并且剥下来的壳子，还有一部分种子夹杂在里头，浅浅地埋在茶园的行间，也可育成不少的幼苗出来，这些种子生出的苗，不健全的居多数，用作移植的时候，不过须行严格些的选拔就是了。

9.幼苗抚育。秋播春播，大致在五月即已发芽出土了，茶苗中的杂草，注意随时拔出去，当年生的，耐暑热的能力不大，五、六月间在茶苗中稀稀地下一些大豆（即是黄豆），豆子长得正好的时候在伏天，可以减轻太阳光直射的威力，或者铺上一层细草，也很有效力，八月以后，施两三次稀薄的肥料，十月及十一月之交，应有防寒的设备，最简便的是用就地的土，覆壅根下，其次也是铺草。

以上说的是第一年生幼苗，第二年生，除大致相同外，有一紧要的事，就是在发芽的时候，幼苗要有详细的观察，发芽特别早的拔去，特别迟的拔去，劣种也得拔去，六七月时，再把发育不良的拔去，这一年要尽量促进幼苗生长，树势强健。

第三年生，还得在发芽时行间拔，芽子发得相当的可以，开始采摘，摘了后，行剪定，一律剪得七八寸高，夏茶长出，不再采摘了，七八月间，再逐细检视，并行间拔，株子有形式不适宜的，或是没有侧枝，或是侧枝太少，就个别的复剪一次，剪后再立即施肥，冬季并要下基肥。

第四年生的茶苗，就相当的可观了，一切抚育，可以成树一例的办理，但采摘时候，要处处注意到均势的发展。

（二）速效茶园

"三年小采，六年大采"，这话是说普通的茶园，从播种到有经常的收获要经过六年，当第三、四、五年时，虽有收获却也不多，其实真正大采，六年还够不上，总得上十年的长岁月，但是一年四季，不断地上肥料，也可促成茶树的生长，可以快得两年，可又未免太费本了，我们认为混植又不是办法，茶园必须专营，不宜行间作，但是收成又这样迟，又不能多费工本促进生长，这在两全之下，只有采取简便经济的速效经营，这有两种办法，一是播种行复式排列，二是育苗行大株移植。

1.复式排列。

什么叫做复式排列，播种的播成排列，就普通的方式，每一个个的行间，加播一行，在经营的开采后的前几年中，一行有两行的收入，茶树发育起来了，每隔一行挖去一行，复式排列，原来只有二尺五寸或三尺的行间，这就归到应有五尺或六尺的行间了。复式排列，在最初的几年间，既已有了较普通茶园加倍的收获，茶树种得加倍的多，管理还要省事的多，即如杂草霸占的地盘小了，耕锄不是就省了一半的工夫么。

行间狭窄到二尺五寸以至三尺，茶树生长到第四年，差不多园地已经毫无空隙了，从第五年起，就要变更抚育的方法，就是要把那准备挖去的条子，逐年加以很深的剪枝，并且中止肥料的施给，为什么呢？好让那决定保留的条子，尽量发展，限制不留的条子，维持生育的状况就得了，到了第九年左右，小的条子，实行完完全全挖去，那保留下的茶树，就入了正常的境地了。速效茶园的做成，绘图如下：

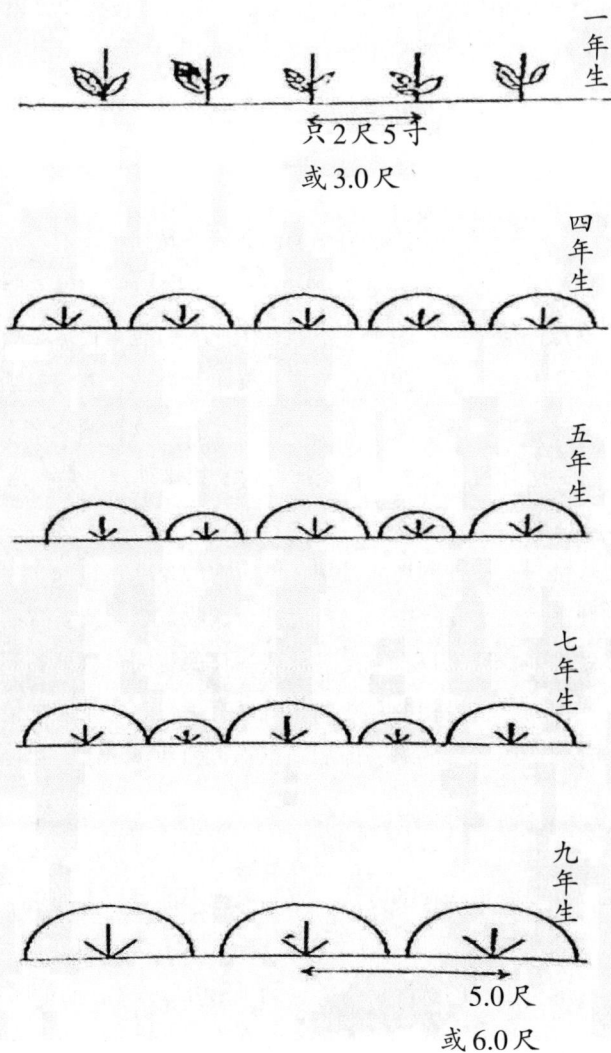

一年生

共2尺5寸
或3.0尺

四年生

五年生

七年生

九年生

5.0尺
或6.0尺

2.大株移植。

前文说的"改善植法"，移植的是老株，这要说的是茶苗，普通移植用的茶苗，一年生的也好，二年生的也好，三年生的也好，没有固定的方式，只由着事实上的便利，所谓大株，就是有了相当大的苗株，像复式排列被挖出的，自然是可以了，育成的苗，最好是三年生的，此外祁门到处山里，都有荒废了的茶园，在那乱草丛中，藏着很多无人过问的茶树，山谷平林间，野生的茶树也不少，这受过草木恶待已久的茶树，用作移植的材料，感到人工的恩惠，很会努力发育图报效的。

老株的移植法，已经说过了，现在专就幼苗移植上的要点，分别地举出来：

（1）移植的时期，宜在十一月左右，举行至迟，不要出二月。

（2）移植用的幼苗，在一二年生的时候，先行移植（叫做假植）一次，植得要相当的不稀不稠，三年春上发的新芽，采摘一次，采后立即施行剪定，茶株要比直播的剪得深些，只留六寸左右，移植之前，修剪一过，弄得有极平衡的整齐。

（3）茶树从假植地里挖起来，并不须连着土壤，地下部的主根，也得剪去一截，枝根不必剪短了。

（4）栽植（叫做定植）到园地的排列，按着"播种排列"差不多。

（5）其他一应的办法，都照老株移植法做去。

这样定植的茶园，第二年发芽要迟一点，发的芽子也不大多，略加整理的采摘，再发芽子，再略加整理的采摘，一年过了，第三年春上，就有蛮好的收获了，播种的"三年小采"，是要经过两整年的，和第二年相仿佛，这大株的移植，收获的功效，要比普通播种快两年整，并且有加倍的分量。

六、当年的管理和采摘

茶树常年管理上的事项，有中耕、除草、施肥、防除病虫害等等，采摘是栽培的结果，故也在这一章里一并讨论。

（一）茶园管理

其一，中耕分中耕的作用、时期、方法各项，加以说明。

1. 中耕的作用。"茶山不要粪，一年三交钉"，这是六安的种茶谚语，钉就是挖，挖就是中耕，为什么茶园行中耕，有这样大的作用，要晓得荞麦小麦，那一年生的种种作物，根长得很浅，尚且不行中耕，长得就不好，茶树是永年作物，根又长得极深，自然越中耕就越好了。中耕的作用很多：

（1）茶的叶子，是从园土中吸收了养分长出来的，园地的中下层土壤，那靠着茶根的，养分被吸收了，中耕是把园畦的土，翻个底朝上，上面的土，有许多外来的肥分，能助长茶树的生育。

（2）土壤在下面的过久了，不见风日就变坏了，在上面的土壤，坏的也变好的，从地下挖出来的土，总是很结实的，一见了天日，就疏散了，这种坏变好，叫做风化作用，风化透了，土壤本身的养分就出来了。

（3）土壤过久不翻动，就又板又硬了，空气不流通，太阳光的热力，也不易透得深，实行中耕，可以增加土壤的温度，并且土壤板硬了，低地就容易滞水，高地就保留不住水，太潮湿或太干燥了，都于茶树生理有大害，实行中耕，可以使土壤中的水分有适当的保持，没有什么太过或不及的偏弊。

（4）茶树吸收养分的是那丝线样的细根，细根很容易衰老的，吸收作用便不灵了。中耕可以弄断那老衰的细根，重新长出健全的细根，在实际上，中耕还有别的作用，不过这几样比较的重要罢了。"茶山一年不挖，五月也没得摘"（这挖字读入声，如袜），这话也大可证明上文才指出的几种作用，不行中耕，发芽就迟，阴历五月已是摘仔茶的时候了，春茶还不能下手，那过了时的叶子，自然有也不多了，话虽过了点分，但茶园荒久了，的确比勤耕的茶，迟不少天数。"三年不挖，除非摘花"（这挖读平声），也是赞美中耕的必要，因为茶园初荒，茶树骤衰，叶子稀少，花格外开得多，一荒久了，新枝子变老了，小的新枝子又长不出，连花也同叶子一样的少了。

2.中耕的时期。祁门茶园的中耕，考究的一年两回，一回在三月间，行浅耕，一回在八九月间，行深耕，虽然也有不止两回的，但为的是间作物，不是茶树，一般必要的中耕，一年得有四回的。

回数	时期	深度
第一回	三月上中旬	浅耕
第二回	春茶采摘后	浅耕
第三回	夏茶采摘后	浅耕
第四回	九月中旬至十月中旬	深耕

中耕实行的时期，关系非常重要，须得特别注意，太早了或是太迟了，在土壤上原是有作用的，可是对于茶树却有不利，至少也没有当时的适当功效。假使二月行中耕罢，这时春寒还重，中耕之后，寒气攒到土里去，再要遇到雨雪，上了冰冻，那就更有害了。第四回中耕，也是有同样的弊害，"七挖金，八挖银，寒冬腊月了人情"，这是祁门研究中耕时的结论，但只有一半对，这是指阴历，应说"十月就了人情"了。阴历七月，大概在阳历八月为多，这时天气还很热，中耕虽是不错，但有两种短处，一是茶树受了中耕的作用，马上就发了些芽子，地力白费了不少，二是对于除草的功效不大。祁门还有些茶农，特别在最热的时节行中耕，叫做

"挖伏山"，这的确是很好，但到十月间，能再行中耕一回，这才可以更有效验，不然，还是待到白露以后，霜降以前最好。

3.中耕的方法。这最要注重研究的事，是耕的深度。

（1）第一回。园土的耕起，要在三寸以至四寸之间，发芽期前，细根新发生的甚多，要注意到伤害了细根，就减少茶树吸收的效力，发芽会有不整齐的现象。

（2）第二回。这在春茶采摘后，立即就着手，园土被采茶人踹结实了，妨碍空气和雨水的通渗，中耕一次，促进土壤的膨松，增进风化作用，仔茶的发芽，也就得以快起来了，多出来了。

（3）第三回。仔茶摘了后就着手，一切都同第二回一样，深度也在三四寸之间。

（4）第四回。这是一年最重要的一回，前三回是浅耕，这是深耕。深度要在七八寸深，能到一尺虽然更好，不过太费人工了。"茶山挖得深，摘的是黄金；茶山挖得浅，摘的是苦水。"这所指的中耕，就是这一回的。为什么这一回的中耕要特别深呢？原来这时候是在秋末冬初，气温已经不很高了，茶树外部的生长，渐次要休歇了。中耕的作用，茶树仍然完全会享用的。旧根被切断，长出新根。这样茶树在一冬中吸收了一身的养分；又具备了无数吸收的新器官，来春当然发生好芽子，做我们辛苦的报酬了。

其二，除草。祁门茶园最大的敌害，要算是杂草了。杂草的锄除，实在是件很大的棘手作业。杂草有两大类：一类是一年生及二年生的，一类是多年生的。

（1）一年生及二年生草，都是靠着种子繁殖的。锄除最要注意的是时期。中耕虽然是去了一部分，但还有一部分会再生的。这还得特别的锄除，要当着正在开花的时候下手，就是使得不能再留下种子来。杂草一株，能结数十或上百个种子，先发生的已长得大了，有的躲在土中未生或是生得极小，一批大的锄了，马上又一批长大了。还有这一种已生长的锄除去了，那一种未发芽的又生长出来了。接着再锄除，弄得一种种都没有生子的机会。工夫到了，自然绝种。

（2）多年生的草，老根（叫做宿根）都是能过冬不会枯死了的。祁门低平地上的茶园，最多不过的是青蒿和香蒲子草。青蒿能节节生根，一株变为多株的。最好在大雨后，拔除了去，拿到茶园外做堆肥或放到水里去。拔了又生，生了又拔。断根也不大难的事。香蒲子草，祁门叫回头青，这是锄除不了的，越锄反越多，下雨有工夫时，用竹子做成长铲子，从事挖除。太多了不好挖，即在久晴天气，园土干燥时候，用长条锄深深地挖出来，夹在土块中，打碎土块子捡了出来。这东西耐死力很大，要送到山上或河里才好，山上茶园中最多的是蕨，这只有长出来就除去，长出来就除去，才会渐渐绝了种。除蕨的方法很简单，用棍子横打一打就会断了。茅草虽凶强得很可怕，但也是易于弄去的。中耕时候，发现这一类的宿根杂草，随手放在茶树的夹丫子中，不久就干死了。

茶园的草，无论是些什么，锄除起来，比一般的作物地上，究竟简便得多。锄起之后，必须弄出园外。大的草，可用小而字耙捞去。宿根草的小根，必须精密检寻，这很可以鼓励小孩子们做。还有一种方法，茶园行间，铺上一层厚草。

茶园地上的杂草，无论怎样的多，在开始锄除的一年中，很是费人工的。第二年就比较的容易多了，第三年就更容易。但在杂草逐渐少的过程中，还得认真地锄除。杂草被锄除，一年年地减少，园土风化作用格外增进，养分也格外充分，茶树就一年年地大起来。茶树越大，杂草生长的空间，一年年地缩小。锄除起来，也就更便宜了。

其三，铺草。茶园地上铺草，作用原是很多，防止杂草的生长，只是一端。

什么杂草，在有所覆压的不见天日下，能够生得出来，长得繁荣，所以铺了草的园地，杂草自然而然地就少了。如果铺得厚，简直可以弄绝迹。不过铺在地上的草，腐烂得也很快，尤其在杂草随时可以繁殖的季节。铺草一腐烂了，杂草不免就有出头露角的机会。铺盖园地的草，必得使用老一些的，方经得腐烂。这最简便适用的材料，就是种种作物的秸秆，如稻草、豆秆、荞麦秸、油菜秸之类。祁门这里，这些东西都烧灰做肥料用，不妨随手堆存，待时取用。如果在山野间刈取，像白茅之类，也是绝好的材料。我们为防止杂草繁殖，从事铺草，仔茶摘后，即得着手。过了相当时候，不妨再行铺上一层。

此外还有防旱防寒作用，对于园土，能供给有机物质，并增盛细菌的繁殖，改良土性。

其四，施肥。祁门茶农种茶，实行上肥料的，并不多见。但茶树的收获物，是叶子，一年至少要行两回采摘，这和采取果实的永年生果木像橘子、柿子、梨子之类不同，果木尚需施肥，何况茶树，园地瘦了采摘的量就少了。

肥料的施给分量宜多，回数宜少。一年大致分三次施，最有利益。秋天中耕后，立即施肥一次，叫它秋肥。来年三月上中旬，再施一次，叫它春肥。春茶摘后，又施一次，叫它夏肥。

秋肥的施给，最有必要，因为：

（1）春季已经有了两回采摘，树势已衰，急需恢复。

（2）茶树易受冻伤，须增进其抗寒力。

（3）为春茶收获增多起见，必得促使多发芽头。

所以秋肥又叫基肥，时期以十月上中旬为标准，山上茶园，不妨较平地为早。太早了，徒长晚芽，肥效未免有了浪费；太迟了，吸收不及平时那样的充分，也有损失。

秋季肥料，种种油粕，堆肥等等有机肥料，均无不可，但需和草木灰混合着下。人粪尿等宜做春肥及夏肥，但人粪尿不宜与草木灰配同下的。

施肥须在茶树周围，把园土挖成浅沟，以多数横枝的垂直之下做标准。茶树吸收养分，是细根尖梢的根毛，太远了或太近了，都要减少肥料的效力。肥料施下后，立即把挖取的土，全部盖上。基肥施在土里，须比较春夏肥料，略略深得一些。

肥料必力求自给才经济，就是不宜出钱买，要自家随时调制出来，在需要时候好应用，如人粪尿、草木灰之类，谁家也设法存储的，不须多说。还有一大简便的事，春秋利用茶树行间的空隙，种大豆、豌豆、蚕豆、紫云英各种豆科的作物，待到开花时候，锄入园土中作绿肥。这一举有几种利益的：除开施肥以外，并可以改善土壤，防止杂草生长。

其五，整定。中国茶树的枝干，总是不加什么整定，弄得七长八短。只有杭州的龙井等少数地方茶树整理得很是整齐。整定的方式有两种：一是树身高度的整定，一是枝头面积的整定。

1.树高的整定。一个茶园中的茶树，高高矮矮，必须得一致，在人事上，才便于管理，便于采摘，在自然上，阳光的恩惠，能够均匀，土壤中养分供给，也比较的均等。树的高度，大致分三等：

高型的荈子，三尺以上；

中型的荈子，二尺五寸左右；

低型的荈子，二尺以下。

树高整定的标准，以占有行间的二分之一，在一般情形下的茶园，算是最适当了，就是行间六尺，树高三尺；行间五尺，树高二尺五寸。为什么呢？茶树枝头，要构成圆的面积才合理，丛播的直剖面，条播的横断面，以茶荈子排列的中心点，才好恰成一个半圆形。失了这个必要的标准：荈子高了，枝条开张起来，行间狭窄，枝面就不能整定成为圆形。弄得两侧的发芽难以良好，全部茶叶的品质，也不能均齐了。行间宽的，荈子低了，地利用不了，又受经济的损失。

树的高低，还有几个相关性的条件：

（1）土层深的宜高，茶树是深根的作物，土层越深，根就越长。深厚园土上的茶树，长得健旺，不必抑制了向上发展的生机。土层浅的宜低，树高过度，枝条不能有协调地开张。

（2）园土肥沃的宜高，瘦瘠的宜低，实际上的关系，同于土层的深浅。

（3）地下水位高度宜低不宜高，高了，枝干上易有下等植物的寄生及其他病害的传染，低型的荪子，有了寄生物或病害，防除的手续，在简易，事半功倍。

高型的荪子与低型的荪子，各有利弊：

（1）高型的制茶品质比低型的好。

（2）高型的在发芽时期，抵抗霜害比低型强。

（3）低型的需要施肥量，比较高型的小。

（4）低型的不健全芽子，比高型的少。

（5）低型的树势衰弱，比较高型的来得缓。

总之，高型或低型的整定，根据园地的实际情形，在播种时即须先有了决定的。高低受环境的支配。解决环境支配的唯一办法，是规划行间排列的宽狭。

2.枝面的整定。茶树的枝头伸长，最重要的是整齐。这种整齐，在整个的茶荪子顶上看，并不需要成平直线，两侧成垂直线，构成立方体。需要树顶以至两侧，构成半面圆。丛播的茶荪，整定得为半圆珠形，条播的茶荪，整定得像半圆筒形，这是最合理的整定。

整定的手段，利用剪枝。但在开采的当初，即须严格注意。荪子顶上的芽头，尽量一一摘去，其他部分芽头，就得有斟酌了。凡是枝条不多的所在，或是枝条不少，局部仍形成空虚不饱满的所在，就得有极适当的保留。或完全不采摘，或采摘一部分，或仅摘去芽尖，促进基部的叶腋，再生长新的芽头。但是畸零的芽叶（发出后即行开张了，梗子不健全的即是），必须摘净，保留着时，不但没有丝毫的作用，反减少了健全芽子出头的机会。这种促进枝头发育整齐的方法，精密实行，枝头面积圆实的构成，很是容易达到龙井茶树的饱满，完全是从采摘上调整中得来的。

枝面的整定，以采摘调整做基础。采摘所不及的，再用剪刀。茶树到了适当的高度之后，每隔一二年，全部剪一次，便得不再增高大。秋季十月中旬左右，枝面有些暴长的小枝条，一律修剪了去。着剪的所在，须在枝面下一寸以至二三寸处，视着暴长的程度决定。

其六，除虫。祁门茶树病害，如白星病、赤叶枯等等，虽有防除办法，一般农家，实际上是还做不到的。只有茶树枝干上寄生苔藓的，可以在雨露未干的时候，撒一些草木灰在苔藓上，有的两回，就渐次地死了。能用石灰，效力更大。别的种种，不再申说。

害虫最厉害的是茶蓑衣虫、茶蠹虫。像茶尺蠖虫、茶卷叶虫、茶蚕等等，虽有却不很多见。

1.茶蓑衣虫。又名避债虫，吐丝做成个青果样的小袋子，躲在袋子里，外面裹些细碎的断茶梗子和茶叶片子，好像蓑衣。袋口向上，挂在叶底或树上。茶树生了这虫，极容易发现。就是老叶子有了许多孔洞的，是吃害的症状。性喜群居，一发现了，立即一一捉下，埋到土里或是烧死。

茶蓑衣虫，近年来在祁门发生得很多，极宜注意捉杀。浙江的绍兴，大前年茶叶受这小虫的大害，收获量减少四分之一。茶农弄得无奈，聚钱打醮，请求虫神赦免，一点益处没有。结果，还是用手捉杀，用药毒杀，才渐渐地少了。

2.茶蠹虫。为害在茶树根干的内心，六安叫做茶康心虫，茶树莳子下地上，有黄白色的东西，像松花粉堆着，就是这虫的粪。从粪堆引直地向上找，茶树杆子上就必定有孔洞，把这茶株连根挖起，洞上的部分切去，洞下的部分，一小截子一小截子地再切去，切一截，看一截，见到了虫，缓缓地弄出来，全体是圆柱形，长有一寸二分以至二寸，头部呈黑褐色，背呈淡褐色，胸膛子呈黄白色，一节节地长些小黑粒子，又有一根很硬的毛。这小虫蠹食茶心，从上而下。潮湿及阳光不充分的所在，特别地好发生。寻常发现时候，立即把受害的根干平根削去，削断处还是空心，虫已钻入根部，即用细硬的铁丝刺入，直到铁丝头上沾了虫的尸浆为止。削去的枝干，必得要烧去。或者从虫孔中放些老鼠药进去，再灌一点煤油，用棉絮团密密地塞起来。

3.茶尺蠖虫。这虫子行走特别，把后部曲到前部，前部再伸向前去，好比人用大指与二指分开量长短一样。种类很多，大小不等，颜色有绿的、灰紫的、赤褐的。喜吃新生的枝梢，害处不小。发现之后，注意小的捕捉。下子在土中的多，或大树的皮缝中。夏季勤耕及茶园附近不留粗皮的树，就可减轻或灭除了。

4.茶卷叶虫。茶树叶子，往往有好几个被丝状物连缀在一起的，就是茶卷叶虫的窝巢。虫是绿色，一有点惊动，就从窝里脱逃了。发现时，从窝巢的中心，两指一捏就死了。

5.茶蚕。虫的体格像家蚕，肉紫色，有些小黑斑。受了惊动，前部即竖了起来。贪食无厌，新芽老叶，又复了无选择。性喜群居，栖息在茶树上，总是头搭尾地成一条线。见着了，连枝子剪下，踏杀极为便当，因为白天行动极不活泼。

祁门茶树害虫，目前为害原不猛烈。但茶避债虫及茶蚕，如不严重注意，任其发展，必有酿成大祸之日。而且捉杀甚是容易，不费手续，大可以奖励小孩子做搜杀的工作。

以上各项，除铺草外，都是当年管理上的重要作业，一年也不容什么间断或随便了事的。此外如排水沟的清理，畦地的修整和培补，都必须利用农闲，做得精细周到。茶树有了枯萎现象，发现之后，立即割去，促进新枝干的再生。

茶的品质优美不优美，制造上的关系，虽然有极大的作用，但原料在先天有了缺陷，制造技术的挽救，究竟奏不了十全的效果。茶树常年的抚育，果然周到，即使得不到最优美的生产；但茶树强健，病害不生，生产量多，也有经济的利益。抚育要尽到人工的能事，唯一在有相当规模的经营。一年年的经营，尤其要有预定的计划。中耕、施肥、锄草一应事项，必得到时就做，有必要时就做。茶树不是摇钱树，能由着自己的便，不行充分的合理栽培，事事只了一了人情，到了需要的时候，自会要金就有金，要银就有银。"土头活，处处到，小黄秧，结元宝。"稻是这样，我们的茶树，也毫无疑问的是这个样。

（二）茶叶采摘

采茶是妇人们擅长，祁门外边来的摘工，大半都是男人，采摘所以大不合理，但这限于效率的一端。其他应行研究事项，分别述之于下：

1.采摘时期。茶的采摘时期，祁门春茶，大约在四月下旬至五月中旬。即以本场茶园做标准，民国二十二年是四月二十九日正式开园，民国二十三年是五月一日，民国二十四年是四月二十一日。这种相差，在十日左右的关系，全是由天气支配。原来天候越暖，芽子长得越快。阴雨天日，长得就缓。耕培也大有相关的作用，祁门茶场的茶园，从前荒废太甚，民国二十二年平地茶园摘了，山上还不能下手。民国二十三年，山上也还要比较的迟好几天。民国二十四年就差不多同时开采了。春茶完了后三十天左右，采摘仔茶。仔茶后二十五天左右，三茶可以采了。越摘下去，天数就越短少。

祁门当地，一年只摘两回，祁场去年试行不绝的采摘，普通摘了四五回不等，平地有的摘到八回，直过了十月十日才住手。"春茶苦，夏茶涩，要好喝，秋露白。"秋茶的品质，虽不及春茶和夏茶，但比较湖红、温红，并不退板，只有数量不多，成本很轻，精茶卖到三十元一担，就可以不亏。

总之，采茶分期，一年至少应摘四回。

2.采摘标准。茶的发育程度，即在一株树上，也不能够完全一致。采摘考究些的茶农，分为三次或两次进行，虽然结果比较的好，大小杂揉，老嫩掺混，仍是在所不免。唯一办法，在决定芽叶采摘的标准。一芽一叶的旗枪摘，原是极优美的，但收量未免太少，也形成了不经济的损失。祁门一般人常夸说一芽两叶的采摘，的确是最有道理的标准，可惜能实行的太少。去年本场附近，毛茶开秤七十元一百斤，那就是一芽两叶的生草制的。后来卖不到十元一百斤，那就是五六个叶子了。数量加上三四倍，价格跌了八九倍，两相比较，当然是吃了大亏。

一芽两叶，是世界各产茶国共同的标准，叫做三叶摘。这种三叶摘，要茶头开展，刚刚到第二个叶子时候，就摘下来。假使开展到了第三个叶子或第五个叶子，也还行三叶摘，留下一个或两个叶子在树上。这种半截子的三叶摘，品质原不及全枝的三叶摘，但比连第四、五个叶子的，却又进步得多。留下了两三个叶子，好像是损失了，但能够制出中上的茶，并不是真无利益。尤其留下老硬了的叶子，每一个叶腋里，会再长出一个细嫩的芽头来，要晓得茶树会不要我们吃亏，努力给我们报效。

全部实行三叶摘，人工会赶不及，也是事实的问题。但采多雇些人，并且出高价雇妇女，提前开园，那就可以解决了大部分的为难了。

标准有了，对于几种原质天然不好的叶子，还要赶小或径不采摘。

（1）鱼鳞叶。芽头开展的当初，有一个或两个小叶子，春茶是黄绿的颜色，非常的小；夏茶比较的大，颜色特别的深，叶脉不发达，边缘又无锯齿，或仅在尖部具有的，祁门叫它托叶，外国人叫它鱼叶，冯绍裘先生定名为鱼鳞叶，非常得当。这种叶子，总是制造不出好的茶来。保留一个，即多生一个芽头出来的。

（2）对口叶。祁门称"对夹皮"，是枝子不发达的畸形叶子，通常是两个最多，也有一个的，也有三个的。健全的叶子，伸开很缓，枝子很长，对口叶子一出就开张了尖子很细，不再成叶子，枝子极短，紧靠着老的枝干。必须赶小摘下，稍迟一迟，就会老硬了。品质本不好，如果留着，阻碍了别的芽头出路。

（3）荫下叶。就是茶棵子里头生的叶子，没有见过天日，品质不好的，不宜摘下。

3.采摘方法。祁门采茶论斤付价，初开园时用小秤，逐渐加大，有四十八两的大秤。因此，采工就不得不贪多了。随手乱来，还能注意到什么摘法的妥当不妥当呢，这是要亟亟改善的。雇工论季，规定摘多少斤，不够分量照扣，多出来照加。

摘得不好，罚着检一检再过秤。有了好的规定，自然就有像样的摘法。

（1）每一丛的茶树，着手之前，必得抓着树的正干摇一摇，露水、灰尘、老叶子等等，受了震动就掉下去了，如若裹在芽叶上摘了来，是大有损失制茶品质的。

（2）要一丛丛地摘，摘了第一丛到第二丛，要一行行地摘，第一行转第二行。采工总是贪多，满山乱跑找大的摘，实际工夫浪费了，也还摘得不多。必得按步地用工夫，才能摘得多，芽头又摘得净。

（3）芽头的生长。树上比较树下要多得多。祁门摘茶，总是上头下手。越摘越感觉少，兴趣就不好了。尤其下头的芽头，衬着上头的芽头，容易弄花了眼睛，看不准确，不是有的弄漏了，就是有的弄错了。

（4）祁门摘茶，坐在丁字凳上动手，一个茶丛，往往稳坐不移动，伸手够不到的所在，硬把枝干强迫地拉到面前，附近枝干阻挡住了，按到地上，踏在脚下，让出拉着枝干的来路。茶树受了暴力的支配，破皮伤骨，失了健全的元气，破伤的口子，就生虫生病了。必得打周围摘，人要就着茶树才合理。

（5）茶树顶上的芽叶附生着的枝干，要比较的强硬，采摘进行，宜用双手，增加采摘的效率。侧面的芽叶，须用单手，另一只手，随时加以辅助。因为枝条柔细些的居多，在工作实施中，感受人力，每每动荡不定。这不用一只手辅助，虽即达到手续上的便利。效率既低，摘得也就不易洁净，老的枝叶，势必多混入了。

（6）芽叶的采摘，把芽头靠在二指上，用大拇指管住柀断（柀音读彼），芽头握在掌中，越松越好，一握紧了，就损伤了。掌中觉得满了，即须放到篮子里。

（7）采工在茶园工作，过了相当时间，即须把摘下的茶叶，转入大筐里挑回。积压多了，品质就要劣变。

此外要注意的，隔年的老叶子、老梗子，固然避免摘下，当年生的硬叶子，以及茶籽等等，都不要随手就摘下了。

第二章　茶叶制造

一、概论

茶为饮料之一，有去腻消食提神益思之效，无如酒烟伤脑损体之害，已成为世人日常必需之品，故消费量年有增加，印度、锡兰、爪哇、日本等国，均视为重要之生产，提倡之，研究之，扶助之，奖励之，生产者钩心斗角，制品务求精良，价格日求低廉，以应需要者之嗜好，以迎合普通人之心理，华茶则故步自封，不求上进，其昔日所独占之市场，今则逐渐为外茶所夺矣，能不慨然。

（一）我国茶业史略

考茶树之原产地，学者多谓属诸我国，但栽制究起源于何时，尚无定论。兹就我国消费上观察，则三代以上，即认其有药材之效能，视为珍品，以供祭祀。秦汉以后，上流社会渐饮用之，至六朝饮茶之风渐盛，普及于一般社会。唐宋需要益增，产地几遍全国，且变为重要商品，贩卖于边境，恒以之易马，政府设茶马司于边境，以司茶马之出入。元明茶业不减唐宋，且免除茶户劳役，而谋出产之增加，定有引制不得私贩。清初仍本明制，无所损益，咸同以后，原定引制，渐成具文，自与欧美通商，于光绪中年，茶之输出极盛，达二百余万担，嗣后时增时减，然终未达此数，但犹不失为输出之主要商品。时至清末民初，丝茶益见退落，占输出品之二三位，值银四五千万两，国人常以此自炫，孰知海外已有印、锡、爪、日等茶叶大量之生产，世界市场销路被夺，价格日贱。近年更受日茶廉价倾销之影响，苏俄之自求供给，致华茶几有无人问津之势，茶商歇业，茶农破产，各产茶省政府，曾有鉴于斯，倡议振兴茶业，卒以内乱频行，未能实施，即所创办之改良机关，困于经费，亦无法维持，寸效未见，诚等虚设。现中央政府注意及此，拟有复兴华茶之整个计划，自栽制以至推销，均在竭力研究之中，十数年后华茶恢复旧观，当非奢望，愿国人勉之。

（二）经营茶业应具之学识技术

茶业问题，异常复杂，非如稻麦之简单，仅限于栽种，不必涉及工商业，缘茶属于农业中工艺作物，除需要农业学术经验外，更须具有工业常识技术，及商业眼光，经营茶务者倘三者缺一，其不遭失败者鲜矣。

1.农业。茶树栽培，属于农业范围，需深知气象、土壤、肥料、作物及土地之利用与整理等农业的基本学科。

2.工业。茶叶制造属于工业范围，需具工业常识、酿造学、机械应用及工厂管理等学科与技术。

3.商业。茶叶运至市场，即为商品，其包装运输属于商业范围，至对外推销，尤需具有国际贸易之远大眼光，始可与外茶竞销。

（三）茶之形态及其成分

茶树为显花植物，山茶科山茶属，原为常绿乔木，后因栽培上之淘汰，变为灌木，普通高四五尺，亦有高达丈余者，花为白色，自六片至二十余片不等，开于九、十、十一等月，其在气候稍暖之地，花期能延长至次年二月间，先年开花至第二年结果，十月成熟，植茶者多不欲其开花结果，以有损茶之品质故也。茶叶为椭圆形，三角互生，边有锯齿，我国茶种颇为复杂，大概均叶小肉厚，不如印度种之长大。

茶之鲜叶所含化学成分，我国尚无分析的报告，兹将其最主要之成分，录列于次：

1.茶单宁。

2.茶素。

3.挥发物或芳香油。

4.蛋白质。

5.灰分（无机物）。

6.碳水化合物。

7.树胶质。

8.粗纤维。

9.叶绿素。

10.水分。

茶之特殊成分为单宁、茶素及芳香油三种，其对于吾人生理上所显之效能，亦赖此耳。

（四）茶之种类

吾国茶之种类颇多，而名称更繁。其分类之法，有依产地而区别者，有依制造方法而分类者，有因生产时期而别之者，更有依形状大小而分之者。兹列举各种分类法于下：

1.依产地分类。兹举出口茶之主要产地于下：

（1）福州茶——产于福建，而集中福州。

（2）两湖茶——系产于湖北、湖南两省，而集中汉口。

（3）徽州茶——徽州有六县，除祁门一县外，其余五县所产之茶，总称徽州茶。

（4）祁门茶——产于祁门、至德及浮梁三县，总称之曰祁红，俱集中上海。

（5）宁州茶——产于武宁、修水及铜鼓等县，总称之曰宁红，亦集中上海。

（6）温州茶——产于温州，称温红，集中上海。

（7）平水茶——产于绍兴、上虞、嵊县、新昌、萧山、诸暨、余姚等县，以多集中绍属之平水，故称平水茶。

2.依制造法分类，大别为三种如下：

（1）红茶——发酵茶。

（2）绿茶——不发酵茶。

（3）乌龙茶——半发酵茶。

3.依生产时期分类。我国因气候关系，不能终年采制，每年有采制一次者，有采制二次至三四次者，每年采制，均始于春季，终止之期，须视其采制之次数而定。今依采制时期，大别之如下：

（1）春茶。

（2）夏茶。

（3）秋茶。

4.依形状分类者繁多，略举数例如下：

（1）砖茶。

（2）珠茶。

（3）莲心。

（4）雀舌。

二、红茶制法

红茶制造，颇为繁复，其方法亦因地因时而有差异，固未可以一概而论也。如方法不同，则制品亦随之而殊。我国各地红茶制法，多墨守相传之陈规，顺天然，赖日光，天雨则束手无策，任芽叶老硬于茶树之上，以致品质恶变，价格低下，直接影响于茶农之收入，间接影响于国家之经济，可不惧哉。兹就红茶制造法研究所得，分别述之于后：

（一）采摘

生叶采摘一项，本属于茶树栽培范围内，制茶学鲜有论及之者，作者以红茶制造之难易，及品质之优劣，大部基于生叶原料好坏，及采摘时期与方法，至于制造一部分，乃雕绘之技术耳，故特将生叶采摘一项编入，而视为红茶制造中重要先决问题。

1.采摘时期。

国内各地茶园，因限于气候，不能行周年连续不断地采摘，已略言之。故开园采摘时期，有迟早之分，早采者有在清明前后，而迟采者多在芒种左右，其迟早之差，竟达一月至二月以上。我国茶农因受茶商抑价收买之结果，即用迟采之法，以求产量之增加，而弥补其抑价之损失。故华茶日趋恶劣，实受迟采之影响所致。

查近来世界消费茶叶之总数量，除产茶国自种饮用不计外，约为八百一十万担。其茶叶之生产总量，不下九百万担，生产过剩，已成为显然之事实，故印、锡等茶业经营者，而有限制生产及输出之协定，借挽回价格，以维持生产。今华茶值此生产过剩之时，欲与外茶竞销，宜求其质之过人，引起需要者之嗜好，应从品质之改进，而提倡早采为尚，盖茶叶品质，以早采为佳，愈迟者则愈劣。兹录关于茶叶成分，因采摘时期迟早，所起变异之分析表以明之：

采摘月日	水分	因形物中							
		蛋白质	粗纤维	以脱浸出物	可溶无窒物	灰分	茶素	单宁	可溶分
5月15日	76.83	30.64	19.20	6.48	49.09	4.69	2.85	8.53	36.18
5月30日	75.76	34.25	17.25	6.42	47.32	4.76	2.80	9.67	37.17
6月15日	78.61	22.83	17.38	6.65	48.26	4.88	2.77	10.10	36.12
6月30日	70.85	21.02	18.69	6.83	48.50	4.96	2.59	10.25	36.06
7月15日	72.67	20.06	19.16	7.00	49.49	4.29	2.51	9.40	31.72
7月30日	70.54	19.96	17.56	8.59	49.43	4.46	2.30	10.44	33.77
8月15日	64.21	18.05	17.72	10.85	47.80	4.58	2.30	10.75	32.70
8月30日	67.75	18.58	17.95	12.14	46.35	4.98	2.22	11.09	34.00
9月15日	65.26	18.27	19.23	13.40	44.35	4.85	2.05	11.32	30.01
9月30日	64.20	18.15	19.17	14.16	43.41	5.12	2.06	10.91	33.05
10月15日	64.66	17.91	18.66	17.23	41.14	5.06	1.83	11.11	34.76
10月30日	64.11	17.98	18.40	17.50	39.05	5.07	1.79	11.27	36.80

采摘月日	水分	因形物中							
		蛋白质	粗纤维	以脱浸出物	可溶无窒物	灰分	茶素	单宁	可溶分
11月15日	59.43	17.70	18.26	20.38	38.66	5.00	1.30	11.34	38.21
11月30日	60.97	17.14	18.34	22.19	37.31	5.04	1.00	12.16	37.91
5月15日（老叶）	60.03	16.56	17.62	14.16	46.50	5.14	0.84	11.11	36.45

由上表可见，蛋白质逐渐减少，以脱浸出物、灰分及单宁，则随采摘之月日而增加。

标准采摘时期，我国各地习性，多以季节为标准，老嫩甚为悬殊，其早者在清明前后，行芽摘，称明前茶，匪特产量损失过巨，即品质亦嫌淡薄，不能视为上品，其迟者多在芒种前后，而行老摘，产量虽多，而品质恶劣矣。以红茶采制时期，不宜以季节为依据，务以茶芽发育程度为标准，凡茶园中茶芽有十分之七八以上开放一叶者，即为红茶适当采制之期，分区逐步于一定期内采完，则所制之茶，方不致有过嫩过老之嫌。

2.采摘方法。

茶叶采摘，有铁铗与手指之别，其工人甚贵之国家，多行铗采，我国因工食较廉，则全凭人工手摘，铗采较手采稍速，但颇粗放，且芽叶多受损伤，而起特殊之变化，手摘应择青年有经验之熟手，方不致损伤茶树，且采量亦多，采摘时将新枝之细嫩芽叶以敏捷之手势，用拇指与食指摘下，轻置筐中，不可紧压，免伤芽叶，待筐将满，即送至厂中摊放。

采摘方法，视各厂制何种茶为目标而异，未能一律，有行芽摘者，有行一芽一叶摘者，有行一芽二叶采者，有行一芽三叶者，又有行单片摘者，惟红茶采摘法，则以一芽二叶为最适宜，品质佳良，而收量亦不甚少，如再贪多，则品斯下矣。兹录茶叶各成分分析表以明之：

茶叶化学成分表（百分数以干物质为基）

茶叶部分	水浸出物	茶单宁	氮素量	茶素	糖分	淀粉
芽及第一叶	46.3	19.9	4.84	3.55	1.41	0.82
第二叶	44.7	14.4	4.47	2.96	0.73	2.96
第三叶	41.5	13.2	4.07	2.76	1.13	5.27
第四叶	36.4	10.8	3.42	2.09	2.46	3.53
鱼叶	42.1	12.5	3.48	—	—	—
茶梗（二叶与三叶之间）	32.1	9.2	3.33	1.10	0.49	1.49
茶梗（三叶与四叶之间）	21.5	7.1	2.19			
茶梗（四叶与五叶之间）	20.4	4.5	0.65			
硬梗	15.9	3.8	1.53	0.71	1.01	8.47
老梗	8.4	2.2	1.30	0.62	0.84	7.86

　　观上表可知茶叶化学性质，与叶之老嫩及各部分之成分变化。叶愈嫩则其含水浸出物与茶单宁愈多，茶素成分之变化亦然，但淀粉以较老部分含量为多，而糖分则为无规则之变化，鱼叶之成分，虽富于水浸出物，但单宁少，茶梗成分之比较，水浸出物与单宁俱降落甚快，故茶叶中杂有多量之茶梗，将降低其水浸出物，再较老茶之形状较大，如大叶采摘过多，亦将与茶梗同理。

　　采摘时，务须逐丛采完，不可东奔西走，发生遗漏或间断，更不可摘了半丛，留下半丛不摘，或隔日再摘，设有茶丛发育不齐之现象，亦务必将大小芽叶一同摘下，以免养成发育先后参差之习性。

　　采摘程度与茶丛发育及品质有密切关系，强大之茶丛，不妨多量采摘，弱小者则以少采为佳，凡行过度采与全不采二者，均非所宜，其影响于品质之劣变，与寿命之短促，完全相等，经营者宜留意焉。

（二）生叶之选剔与处理

工厂对于所供给之原料，必须经过选剔之手续，然后着手制造，如原料欠佳，或竟不适宜，而勉强从事制造，则万无良好之制品，可断言也。

国内各种茶叶制造，对于原料，向无红绿茶品种之别，即老嫩与优劣之选别，亦未加以注意，粗制滥造，故凡以红茶著称之地，亦有绿茶之生产，但绿茶之品质，终不若专产者之优，此为制造家所公认也。适于红茶制造之生叶，应具下列各条件：

1.生叶最好为同一之品种。

2.生叶要细嫩。

3.生叶大小要匀齐。

4.生叶组织要柔软。

5.生叶叶肉稍薄。

6.生叶颜色稍带黄绿。

7.生叶无其他损伤。

生叶在茶园中，除注意采摘外，更不可积压于筐中，而令其受热，变显明之红色，有因离茶厂遥远，常将鲜叶屯留茶园中，至数小时，懒于送厂，以为可节省人工，实为谬见，最好每日至少送三次或四次，以免囤积过久，致损品质。

凡日光剧烈之日，筐上必须用物遮盖，即在运送之途中，亦应在可能范围内择阴处行走，如生叶之运输，路程甚远，需要长时间，宜用竹篓轻轻装入，能使空气流通保持凉爽，万不可以布袋包裹运送，致发热受损。

生叶到厂后，如萎凋室无空帘，宜即薄摊于清洁凉爽之处，勿使堆积。

工厂如能在萎凋之前，进行生叶拣剔，好坏分置，老嫩别摊，老梗与废叶，则尽剔之，可免制造中管理之种种困难，且能因之提高品质，增加价格。

（三）萎凋（晾菁）

萎凋系红茶制造上之第一步重要手续，而与第二步揉捻有密切关系，其成茶之品质，亦直接或间接受其影响。

萎凋之唯一目的，即为蒸发生叶中所含有过多之水分，使之变为软缩，便于搓捻，盖因采下之生叶，普通含水有百分之七十五上下，如遇雨天或朝露未除之时，叶面附着多数水点，水分量更多矣。此项生叶若不经过萎凋作用，而立即加以搓揉，则叶汁外溢，将成为一团破碎叶浆，其所含有之主要成分，亦将全随此水分流失无余。

1.萎凋之方法。

萎凋方法大别为二，曰自然萎凋，曰促进萎凋。促进萎凋，又分为加热与通风二种。热力有直接利用太阳热及人工热两种。如蒸汽管、热气管、热风等类，即属于人工热。通风有送与抽之分，今之印度、锡兰、爪哇等处，大都利用自然萎凋，而有通风或加热之装置，以防恶变之天气。我国则均行促进萎凋法，直接利用太阳热力，如遇天气骤然恶变，间有用直接火力，促其萎凋以图补救者，此法甚危险，难望优良之制品。

2.萎凋之温度与时间。

印度孟博士对于萎凋之温度与时间之研究，结论为"以制造多香茶为目的之萎凋，在普通空气湿度，及温度为七十华氏度到八十华氏度情形下，萎凋所需之平均时间，为二十四至十八小时，若空气中湿度在饱和状态下，则时间尚可略增"。兹将温湿度与萎凋时间之长短相互之关系，列表如下：

平均温度/华氏度	风燥天	普通天	湿度饱和天
八十度	十九小时	十九小时半	二十六小时十五分钟
八十一度	十八小时	十八小时半	二十五小时
八十二度	十七小时	十七小时半	二十三小时十五分钟
八十三度	十六小时	十六小时半	二十二小时十五分钟
八十四度	十五小时	十五小时半	二十一小时十五分钟
八十五度	十四小时	十四小时半	二十小时

上表为孟博士所编著，对于锡兰之低地及次高地茶区约略可用，所列时间，系从采摘之时算起。

萎凋之温度，在空气干燥时，以不超八十五华氏度为准，在空气湿润时，可达一百华氏度，如超过一百华氏度，达一百一十华氏度以上，则茶香味将要减损。

3.生叶之摊布。

生叶摊布之厚薄，须视萎凋帘之面积，及揉茶之能力为转移，最好之萎凋，宜于薄摊，更须均匀，如有不平均之摊布，将发生不平均之萎凋，影响于成茶之品质。

摊布量在每一方丈面积，为生叶十两至十二两，如再多摊，常感表里不均，宜打翻三四次。

每批生叶，预算同时搓揉者，当须受同等之萎凋程度，有时因送来生叶过多或过少而不适合一次之搓揉量，此时制茶家，即宜斟酌萎凋之程度，及干燥力之大小，将各批生叶，分别萎凋，而仍能达到同时搓揉之萎凋程度，当有利用较厚之摊布法，以为调剂。

4.萎凋适度之观察。

生叶萎凋适度与否，匪特与揉捻工作有关，即成茶之香气滋味，亦间接受其影响，已如前述。适度之萎凋，主脉与嫩茶，力折不断，叶软似棉，以手握之，绝无反抗，嗅之而有悦鼻之清香，挤出之茶汁有黏性，能黏附于手指之间。

萎凋程度，有以水分减少量为标准，每百斤生叶萎凋到七十斤上下即为适合，但亦有萎凋达到六十斤以下为良好，总之萎凋之轻重，须视制造者制造何种茶叶而定。

萎凋过度之叶，水分缺乏，而成枯焦状时，搓揉将成破片，发酵无良好色泽，味亦淡薄。

5.萎凋室之构造。

空气流通，为自然萎凋之主要条件，故对于萎凋室之构造，应注意其方位，四周应无高大之障碍物，窗子亦须大而且多，可随时起闭，室阔以三丈至四丈为佳，门窗墙壁，须密合无缝，以便利用人工通风，当风扇扇动时无走气之弊，始有最大之效力。

萎凋床亦称萎凋帘，有用木质者，有用布质者，有用竹质者，须视当地何种材料多而且廉者用之，每帘阔二尺五寸，长五尺至六尺，搁于架上，其上下层帘之距离，须六寸至八寸，以便空气流通，而不停滞为宜。

萎凋室之摊布量，应以原料供给量及揉捻量计算之，普通萎凋室之摊布量，总大于揉捻量四分之一或三分之一，以防原料之拥挤，与天气之恶变。

（四）揉捻

揉捻之主要目的，为使茶叶中细胞组织破碎，俾茶汁外流，凝集于叶面，以沸水冲泡，容易浸出，又叶经揉捻后，叶状作卷转之形，此虽非揉捻之本意，然自古迄今，世界茶叶市场，均成为评定价格要素之一。

揉捻目的，既以破碎叶细胞之组织，挤出叶汁为主，故必须有稍大之强力搓揉，方克有济。在我国机械尚未普遍之时，对此揉捻工作，诚当今制茶中之一大问题，视为华茶失败之主要原因之所在，亦未为不可。兹将各种揉捻方法，分述于后：

1.人工揉捻。

人工揉捻，可分手揉与足踩二种，手揉是用双手，抱紧茶叶，利用上部体重与腕力，在帘子或木板上，团团搓揉，由轻而重，揉到完全成条，汁液溢出为度，当中可轻松团块二三次，揉量须视其人力大小与方法为转移，大约每人每次能揉捻萎凋叶二斤至二斤半，国内名茶全系细嫩之芽叶，均用手揉，而非足踩。

足踩乃以两脚立于揉板上或踩茶桶内，能利用脚劲与体重，故较手揉效率稍大，其法预先将双脚洗净，穿上新制之软底布套鞋（此套鞋专作踩茶用，不可落地，以保清洁），取萎凋叶四斤至五斤，置于桶内或板上，以右脚踏紧茶叶，向后揉转，以左脚耙集散开之叶，向后揉踏，如是交换揉转，至汁液流出，叶身卷拢，取出解块，如叶较粗，可踩二次至三次，但每揉一次，须分筛一次，将细嫩之芽叶筛出，先行发酵，粗大者再行踏揉。

2.机械揉捻。

机械揉捻，是用一种揉捻机，以代人工之搓揉，工作效率甚大，印、锡、日等处全利用之，其式样颇多，有双动与单动两种，揉盘上突起物多寡，各势不等，揉腔则有圆方之别，腔上附有压盘，可自由升降，揉量有二十磅、八十磅、一百五十磅及三百余磅之各种。二十磅之揉捻机可用一人之力摇动，颇适合国内茶农小规模之制造，至八十磅以上，则均需引擎发动，非有大规模之组织不可。

揉茶室须设于厂中最凉爽处，远避一切热气之来源，室内更须有广大之窗户，但忌日光之直射，地板宜光滑清洁，以重卫生，在室中应装置自来水管，便于洗刷之用。

室中空气宜流通与潮湿，以防茶叶水分之过度蒸发，而有碍次部发酵之进行，有时若觉空气异常干燥，可用喷雾器喷水于幕布之上，以增加室内之湿度。

机械揉捻法，装叶入机时间，不可长久，手术应敏捷，装茶叶宜平均，勿使过多，有伤茶之品质，且易损坏机件，装叶之多寡，应以机械揉捻之重量为标准，下列各式大小之揉茶机量：

揉茶机直径/英寸	装叶量/磅
36	325~375
32	250~280
28	180~200
24	90~100

时间。机揉时间之长短，须视气候与叶之种类，及所需茶浆之特性而定，在天气炎热时，机揉时间，可分作数次，每次二十或三十分钟，而比不分次数行时间较长之揉捻为佳，盖因分次较多，可以多透空气，保持温度之凉爽。

压力。揉茶机加压力，最应注意，因早加与迟加，或轻加与重加，对于最后之结果，关系甚大，普通在第一次揉捻中，全不加压，以防芽叶之毁损，而多生片末，又施用压力时，须不时放松，使之通气，不致生热。

轻揉。轻揉适宜于轻萎凋之叶，可使叶尖保持清洁与条索之完整，如重萎凋之叶，不宜轻揉，因叶之水分稍少，用轻揉不易卷转，汁液难出，茶浆将淡而无味。

重揉。重萎凋之叶，必须重揉，方可破碎其细胞之组织，挤出全部之茶汁，在重揉中，所用之压力，自第二次揉捻起，逐渐增加，至第三次或第四次，乃用机械全部之压力，充分揉捻，如轻萎凋之叶，而行重揉，其结果必使叶悉成碎片与叶梗及茶筋，惟茶浆之颜色颇深。

中揉。中揉系不轻不重之揉捻，如萎凋适度之叶，而行中揉，可得优美之茶叶，兹将高地及次高地之中揉标准时间列下：

第一次揉：三十分钟无压力。

第二次揉：三十分钟无压力。

第三次揉：三十分钟半压力。

第四次揉：三十分钟全压力（十分钟逐渐加压，五分钟逐渐放松）。

每次揉毕便须筛分一次。

揉茶机洗刷，每次揉捻完毕，必须将茶叶洗刷干净，不可使机中存留一片，此层虽似无关紧要，然须知茶叶制造之坏，皆从细小之事件做出的。

筛分机。在机揉中之筛分，每次不可超过十五分钟，成团之叶块，务必完全拆散，筛出之细叶，不宜夹杂老叶碎片粗梗，而使发酵不匀之现象，每次筛分完毕后，须将筛眼刷剔干净，若有细叶，粘滞于筛眼中，则叶将成过发酵，而变黑色，下次筛时，落下泥于新叶中，而有损茶之品质。

（五）发酵

茶之种类，大别之可分为发酵茶、不发酵茶及半发酵茶三种。红茶属于发酵茶，与半发酵茶之乌龙，相差甚微，仅发酵充分与不充分之别耳。故红茶制造，发酵为主要工作，关系于品质之香气滋味甚大。今之研究红茶制造者，多以全副精力，从事于发酵之研究。

茶农制茶，因系祖代相传之旧法，大概多知其然而不知其所以然，从未有加以研究改善者，即我国最著名之祁红，对于发酵一项，亦不甚注意，而有过与不及之缺憾。

1.发酵原理与条件。

发酵之科学研究，以印度茶业联合会科学部之孟博士贡献为多，兹特述其要点于下：

红茶发酵，在制造手续中特辟出一部分名曰发酵，然发酵之开始，已早在揉捻中，叶细胞破碎，茶叶流出之时，故揉捻中，勿使温度过高时间过长者，即欲减少此项先期发酵耳。

单宁在发酵中，被氧化后，由无色变为棕褐色，予茶浆以红色，此氧化物与茶素及其他成分等结合，成为茶之成分，有全不溶解于水者，有只能溶解于热水，有于冷水中溶解量甚少者，当热茶冷却后，而发生沉淀物者，即此之故。

发酵之迟速，与温度关系甚大。温度愈高，发酵愈速，但若超过八十二华氏度时，将另起一种特殊变化，此种特殊变化无关于酵母之有无，能使单宁氧化更深更褐，而不能溶于水，茶浆之质味，便急速减退，宜注意焉。

发酵之程度，视茶汁之多少而定，设无其他微菌存在，则发酵达一定限度后，虽将时间尽量延长，发酵之程度将永无进展，但普通若将发酵时间延长，每有发酵之现象，盖因有别种微菌存在故耳。

香气与发酵温度无关，在印度曾作七十及八十六华氏度发酵之香气测验，结果无大差异。

光线与发酵之影响，蓝色光线可使发酵发展略迟，其他光线无影响，直接的日光及连续的闪光照射，则必须避免。

空气对于发酵，甚为重要，良好发酵之进行，须有多量新鲜空气之供给，使单宁氧化。又供给之空气，宜甚潮湿，以免吹干叶中水分，妨碍发酵之进行。

根据上项发酵之条件，对于发酵室应特别注意，而有特殊合理之装置。

优良发酵室之主要条件：

（1）须有充分流通之温度及饱和空气。

（2）外界不好的气味不能达到室内。

（3）宜接近揉茶筛分室及烘茶室。

（4）隔绝热力的来源。

（5）禁止直射的日光或不绝的闪光。

（6）室内所有用具须极端清洁。

（7）发酵台面须平而无裂缝。

（8）有冷水管的装置。

以上各点在印、锡制茶厂中，视为重要未可稍有不适，然反视祁红之发酵，并未完全与之适合，而所制之茶叶香味，均臻上乘，为印、锡茶叶所不及，此中或另有其他关系在也。吾人于此应从事实上作实际之研求，或有更好之品质产生，亦意中事耳。

2.发酵方法。

摊叶。叶若摊放太厚，则堆中将发生热力，而促成发酵，摊放能平均，则发酵亦能平均。摊放之法，可先制一木框架放于发酵床上，将揉好筛过之叶，倾入框中，再用木棒沿框移过，则上面成为平面，厚薄一如木框，然后将木框移开，室中湿度适当时，摊叶之厚薄，普通自半时起至二时为度，超二时以上，发酵便不能平均，常有变色及发酵加速之事，在天气稍冷的地方，欲制造深色茶时，可摊放略厚。

时间。发酵时间之长短，应视其温度之高低，与叶之老嫩，及萎凋、揉捻之程度如何，以为转移，又与制造何种茶与摊放厚度，其时间长短，亦有伸缩如下表：

叶厚	发酵时间
二英寸半	三小时半
三英寸半	四小时半
五英寸	六小时

叶摊放稍厚，空气常虑不足，有使发酵停止之危险，宜于时间当中，翻拌一二次，而免有发酵不匀之弊。

如发酵室乏喷雾之装置，嫌空气干燥时，可用清洁之湿布，覆于发酵叶上，以防止叶面蒸发，兼可限制空气之过度流通。

经过重揉之叶，发酵较速，故末次揉完之叶，常可不入发酵室中，即行烘干手续，故揉捻工作可以促成发酵，凡揉捻时间长者，则发酵时间短。

轻揉之叶，因揉出之茶汁较少，故不能与普通发酵得到同样之程度，若延长时间，仅使较嫩之叶成发酵过度之现象。

3.发酵过度之观察。

发酵系一种化学的变化，其变化最剧烈时，常发生一种热力，逐渐上升，达于最高点，则又逐渐下降，成为一弧形。茶叶发酵进行，其中温度常比空间温度为高，如欲避免最高温超过八十六华氏度时，可多翻拌一二次，使内部之叶，常与空气接触，感觉凉爽。在寻常环境中，当温度达到最高点时有一阵香气发生，欲得辛爽刺激茶者，是为发酵适度之最好时期，宜即取出，若继续发酵一小时后，再行停止，则辛爽不如前，但色味较浓强，若不取出，再待发酵一小时始停止，制出之茶，虽味强色浓，但辛爽刺激之感则丧失无余，性质平淡，而有发酵过度之嫌。

发酵适度之叶色，检似新铸之铜币，而为市上所最欢迎。

良好发酵之茶，有一种悦鼻之清香，经验丰富之制茶家，常能嗅此香气，决定其发酵程度，制造香气优异之茶，即须于此香气达到最高点时，立即取出烘焙，停止发酵。

后发酵。茶叶由发酵室中取出后，高温烘焙，其目的为毁灭酵素，蒸发水分。而终止发酵之作用，但事实上细嫩之芽叶，固因急速的干燥，即行终止发酵，若粗大之叶，水分不易蒸发，反可因温度之增加，而促进发酵作用，下烘之后，犹能继续不断，惟甚为迟缓，待至二次烘焙，茶叶干燥时，始完全停止，此种发酵作用，名曰后发酵，如能利用得法，以补发酵之不足，可望收相当之效果。

倘茶叶干燥程度，未达最高限度，其中尚含有稍多之水分时，虽在茶箱中，仍能继续变化（制茶家卫德氏谓此曰后发酵），甚至能达于霉变。

（六）烘焙

烘焙为红茶粗制之最后手续，为红茶品质优劣之关键，发酵适度时，取出烘干之，其目的有二，一为借高温杀死酵素，终止发酵作用，以免发酵之过度，一为去其水分，使耐贮藏，以保香味。国内各地茶农，对于烘干一项，多不注意，竟有不经过烘干手续，而即行出售者，令精制者处理极感困难，茶品每因此发生劣变。

1.烘焙之损失。

茶叶烘焙中之损失物，最重要者，乃是最贵重茶香之母体精油，在水蒸气中，游离飞散。

茶中精油（即挥发油）遇沸点以下之水蒸气，已甚易飞散，温度愈高，则飞散更易，已经证明者，精油飞散最多的时候，为当叶在蒸发第一次百分之五十到六十的水分时，亦即水蒸气最形蓬厚的时候，由此可见叶中水分愈多，温度亦愈增高，则所得水蒸气之总数亦愈多，因此可见影响于精油之飞散之基本原因，为叶中水之总数，及烘焙温度之高低。

烘茶手法迟缓，使叶间之水分慢慢蒸发游离，不即散出，则叶中之精油，将蒸发益多，丧失愈甚，不但如此，即茶浆之质味，亦能因此而丧失不少。

茶叶在烘焙中，欲全不使之受损失，则为不可能之事实，如能烘焙得法，温度适宜，则此项损失，当可减少至最低点。

2.烘焙方法。

含着饱和水分之茶叶，如以高温行急速一次烘干法，必使茶叶成为外干而内湿之结果，因火力太强，外面直接接触热力，干燥太快，便凝成一层硬皮，障碍内面水分蒸发，俗所谓"不透心"的毛病，终久使茶品质变坏而生霉，欲免此弊，宜分作两次之烘焙。

第一次烘焙。茶叶第一次之适宜烘焙法，又宜分为两步，第一步将叶摊放极薄，厚度均一，每方尺发酵叶碎形的以四两为度，长形以半斤至十两，用一百八十华氏度内外之高温，烘焙十五分钟，翻拌二三次，毁灭酵素，使无力继续发酵，而叶面附着之水分，亦能完全蒸发矣。此时即行第二步之烘焙，将茶叶稍稍加厚，以三烘并而为二烘，用百四十华氏度以下较低之温度，平均慢慢烘焙，常常翻拌，使叶间全部之水分减少四分之三，停止烘焙，取出摊冷，俗所谓"毛火茶"是也。

第二次烘焙。茶叶经过第一次烘焙后，取出摊冷，长形者力折之无音而不断，略带软性，以手握之，亦不成团，手开而茶亦松散，此时可进行第二次烘焙，摊叶可较第一次稍厚，每方尺以二十两为度，用百十华氏度至百二十华氏度烘焙之，当中翻拌三四次，使叶平均干燥，达于九成五左右，以手折之，发声立断，则即取出，俗所谓"足火茶"。

下烘之后，立即摊冷，以待精制，不可将全部热茶或一部分热茶堆积，致引起品质之减损。

3.覆火。

覆火俗谓之"补火"，乃属制茶中之最后一步，足火茶因须经过筛分拣剔等工作，露置空中，常与空气接触，最易吸收空气中之水分，逐渐失去脆性变软，即不耐于贮藏，而茶味亦甚平淡，故宜于筛分拣剔之后，装箱以前，再行烘焙，以驱除吸收之水分，而保其干燥程度，惟覆火之温度，不可过高，应以百华氏度以下之微温，缓缓烘之，至茶叶发生优异之清香，即行取出，匀堆装箱。

（七）精制

上文所述发酵后烘干之茶叶，乃是粗制茶，俗所谓"毛茶"是也，此种粗制茶叶，因乏等别，不适于市场之销售。在印、锡之制茶厂，以大小不同之筛眼，分别等级，而便于推销，如我国因采制之不注意，老嫩混合，长短大小不一，更有老梗砂屑夹杂其间，此种毛茶，尤无法销售，故须有精制，筛分以整齐形状，风簸以驱除黄片，拣剔以去净老梗，是精制工作之重要与繁杂，并不次于粗制。

印、锡各制茶厂，以采制之得法，筛分手续较为简略，视市场之需要情形，而以筛作为分等之工具，将茶分为若干级，价格随等级而有高下，非如我国筛分之繁杂，含有精制之作用也。

茶叶经过筛分手续太多，叶面常受摩擦作用而使茶叶发生青灰颜色，失去其固有之光泽，而影响于价格。

兹将精制厂筛分步骤与拣剔手续，约略述之于下：

筛厂普通分大茶间、下身间、尾子间、拣剔处及官堆装箱各部。

大茶间即筛分毛茶为净茶之第一步手续，用二号至十号筛筛之，但得视茶之粗细，有用三号或四号起筛者，从起首之筛底，交次筛筛之，次筛之筛底交第三筛筛之，以及于十号筛，二号筛过者曰头号茶，三号筛过者曰二号茶，四号筛过者曰三号茶，五号筛过者曰四号茶，六号筛过者曰五号茶，七号筛过者曰六号茶，八号筛过者曰七号茶，九号筛过者曰八号茶，十号筛过者曰九号茶。但三号以上茶，在大茶间用风车扇过，交捞头处抖筛，三号以下茶径送下身间，过风车簸之，捞头一律用六号半筛，缓缓抖之，抖头再烘，用袋轻打，再抖。

下身间筛分大茶间之净茶，凡捞过之六号半筛底茶，一律送下身间，先用二号半筛，捞去枝梗，复将筛底茶，再筛之，其筛面曰头号茶，二号半筛底茶，用三号筛筛之，其筛面曰二号茶，余以类推，依次至九号茶。

三号以上茶，用风车扇过，再簸之，又用六号筛轻飘之，然后发拣，三号以下茶，或簸或飘，再行拣剔，三号以上茶，拣净后，用七号筛抖过，再行用二号半筛，平平筛过，以资整齐，然后复用风车扇净。

尾子间即作筛头筛底之茶，大茶间之筛底茶，以及风车扇出之轻片破叶黄片抖头，下身间之筛底茶，以及风车扇出之轻片破叶，簸出飘出之轻片破叶，皆归尾子间重做，法将轻片破叶，或抖头，分别盛于布袋内，向石上打碎，用七号筛筛之，筛不下者，再打，再筛，再扇，再飘，尾子间大茶至三茶系抖头制成，尚须发拣，四等以下则由簸片风车取出不拣。

以上大茶间制成之九号茶，下身间制成之九号茶，尾子间制成之尾仔茶，皆须清风补火，并上大堆装箱，名曰箱茶，其余不能制成茶者，曰茶末，曰茶梗。

拣剔系拣剔茶叶中夹杂之粗梗红筋，亦为精制中之重要工作，多由女工任之，以其心较男工为细也。拣剔每日由看拣工头发给应拣之茶叶若干，置于拣板上，逐次耙散少许，双手将梗片拣剔，其手术敏捷者，拣剔较为净洁，且不致带出宝贵之芽叶。

官堆。逐日制成之茶，虽在同类同级之中，其品质上形式上每有极微之差异，为求一律起见，故在装箱之前，须先搅抖混合，十分匀净，则每批之茶，箱箱当能一律，取样少许，即可代表全体，而无轩轾，此种工作，名曰官堆，在华茶制造中，尤为重要，盖以华茶无等级之分别，将各种不同筛号之茶，均拼为一大堆，任意称一牌名，实与茶之本身，不发生任何关系。

官堆混合之法，从焙上取出第一票茶，摊在预备官堆之处，以后第二票第三票来时，逐次摊于前票之上，堆成一大堆，待整批堆完，乃再从四面逐渐耙下，撒成四小堆，直待大堆耙完，乃从四小堆耙下，重复撒成一大堆，官堆手续乃毕，若察其品质，犹未平均匀齐，则可照原法多堆一二次，总期品质平均匀齐为尚。

取样送市，须从堆之中心扦取，不可就一隅或一边耙取，以免发生差异。

装箱乃系制茶厂中之最后手续，因茶叶之贮藏，与运输如无紧固之包装，或途中最易受潮，而致霉变，成为废物，故包装之手续，亦不可或缺也。

茶箱须择无特殊气味之木材制成，内面尚须放一与箱等大之锡罐，罐之内外再衬以清洁之纸，每空箱之重量，应配成全相等，然后装同量之茶，用力振动，使之盛满密封，以免搬运时，内部剧烈震动，而发生摩擦与碎末之损失，茶叶装好后，再慎密封固，勿使漏气，而避免外界之空气侵入为要。

（八）结论

红茶制造，等于雕绘之技术，其各部手续，应不厌其繁，复尤不应视某部手续为不关重要而弗为，如能足勤手快，细心服侍，则制出优异之红茶，当非难事。

反之，若不留心制造，可使上等原料，制成下等之茶叶，但是无论如何的当心，绝不能将下等之原料，制出上等之红茶。

绿茶与乌龙茶制法，因时间短促，未及编入。

第三章　茶树植物大观

一、茶树之种类及分布

吾人习惯上供饮用之茶，不论其制成品为祁红，为婺绿、九曲红袍、敬亭绿雪，商业上名称虽多，其原料终属一物，均取自茶树之叶部。茶树为常绿之乔木或灌木，与供食用之油茶，同属山茶科。

1753年，瑞典植物学家林娜氏发表其研究结果，定茶树之学名为 Thea Sinensis。其在植物学上之系统如下：

显花植物部	Division Angiospermae
双子叶门	Class Dicotyledones
离瓣花目	Order Parietales
山茶科	Family Theallae
茶属	Genus Thea
唐茶种	Species Sinensis

由这唐茶原种中，经多年栽培，及自然杂交结果，更析出为多数之种属。

依据司徒德（Cohen Stunrt）氏的意见，及印度阿萨姆农事试验场赫勒博士（Dr.C.R.Harler）研究的结果，析茶树为四大品种：

1.武夷种或中国种 Var.Bohea，为林娜氏在福建崇安武夷山发现者，中日栽培之茶种，多由此出。树身为丛状小灌木，高栽二三尺，分枝丛多而细弱，叶片椭圆细小，最长不过三寸，宽八九分，叶肉甚厚，为浓绿色，叶面有横脉纹十对至十四对，不甚显著，叶芽有白、紫、青、红之分，而以紫色者为常见，萌芽性强，开花至为繁茂。

2.阿萨姆种或印度种 Var.Assamica，原野生印度阿萨姆省深山中，为两三丈高之乔木，枝干挺直而稀疏，叶片极大，通常约六至十二英寸，叶面有横脉十对至十六对，脉纹极深，在芽之背面成为深洼，叶色淡绿而肉厚，芽性极强，常能嫩叶密生，其时叶脉柔细，短期内不易硬化，叶部含单宁多，故茶味强，至开花结实，殊形稀少。

3.大叶种或皋卢种 Var.Monophylla，发现于中国之西南部，形似中国种而小，干高至丈余，枝条粗大，叶片普通有六寸多长，叶形较为椭圆，叶肉薄，叶面呈波纹形，有横脉八对至九对，味苦，以之制茶，品质不佳。

4.南越种或暹缅型种 Var.Shan-form，原产于暹罗、缅甸等处，干高一丈五尺至三丈，与阿萨姆种极其相似，叶白，有横脉十对，突起面部，叶形较小，肉厚，色深绿，边缘锯齿甚深，叶形椭圆，较任何种为甚。

吾人栽培的茶树，在纯植物的观点上，大致上分为上述的四个品种。此外更有植物学者的意见，还不止此，不过上面四种，是尤其主要而已。

现世界上所栽培者，不外上述诸变种，除皋卢种少有栽培，及南越种仅在安南、缅甸、暹罗略有栽培者外，余如中日所植，大率为中国种，印度、锡兰、苏门答腊，则多属印度种及中印杂种，印度种因发现未久，故品种当不甚多，至中国种，经多年栽培之结果，其间品种至为繁杂，盖茶为异交植物，变异之机会种多，至现时日本栽培之品种，其品性确能比较优良者甚多，兹略揭数种如下：

1.宇治种，原种系由中国输入，加以选择而后固定者，叶形较大，叶肉厚，着生亦密，故产叶量丰，制茶之品质亦佳，可为栽培之良种。

2.静冈种，一称柳叶种，幼树之叶为圆形，成树之叶则变为细长形，有如柳叶，肉厚，萌芽性强，制茶品质甚佳，为静冈一带栽培极盛之种。

3.红花种，叶甚长，芽为淡红色，叶肉厚，分枝多，花为红色而大，结实甚稀。

4.缩叶种，叶形细长如柳叶，惟叶边有绉纹，向内翻转，上呈细波状。

以上都属日人观察之结果。至于我国茶种，则以栽培之历史既久，变异尤多，徒以缺乏系统的研究，无足征引。至习惯上所称之紫心种、白心种、鸡毛种等等，属农业上习用之称，其品性概难究诘，无固定之种型，即以祁门而言，有所谓槠树种、栗漆种者。前者叶部大，锯齿显明，枝干较粗壮，叶肉较厚，为优良之品种。后者叶部小，边缘锯齿不显，色泽青绿，分枝较密，产量品质，两不见佳，故本地茶农采选种子时，多弃而不取。然一般茶园中，犹纷见杂出，则因天然异交结果，遗传上本非纯结合，其品性初不固定也。

此外介乎二者之间，尚有所谓柳叶种者，叶片狭长，锯齿甚鲜，枝干短密，其品性介乎前述二者之间。在祁门栽培极其普遍，尤以城区诸山为多。至所谓槠树种者，才十不一耳。

前言各种茶树，均属于 Thea sinensis 一种，其原产地点曾经多数学者探究，均断为系我国云贵南部及暹罗、缅甸、印度之间。司徒德氏在此区域中，各处均发现野生茶树，且其间变种极多，可证此说之不诬。

其分布之区域亦极广，南至南美智利，北至苏俄黑海附近，遍温带各地，莫不有茶树栽培之踪迹，尤以亚洲为多。在我国境内，南至广东，北至鲁冀，西及陕西，均间有栽培，在中部诸省，以及四川、云南等处，野生者更比比皆是，则风土适应故也。

二、茶树之形态及组成

讲到茶树形态，第一先就茶花讲。茶花为离瓣花，有单瓣与复瓣两种。单瓣的，有花瓣五片到七片，瓣下有萼，也有五片到七片不等，在花梗上排成一圈。复瓣的茶花，其瓣有多至二十多片者，重叠排成两三圈，花冠里面，便是雌蕊雄蕊数目极多，普通约有一百二十个左右，花药分为二室，中藏花粉。子房中分为三四室，柱头甚长，高出雄蕊，有二裂至四裂，但以三裂为普通。茶花花瓣，普通多为白色，属红花种的，则作淡红色。花粉色黄，有蜜腺，具香气，为异花受精植物的通常现象。中国陆羽《茶经》中说："茶花如白蔷薇。"那是指普通白花单瓣种说的。

茶树的花蕊，多着生在夏季，发生在芽的腋部，单生或簇生不等。以祁门气候言，最宜在七八月时，便可在叶腋间看到花苞，以后逐渐生长，到九十月左右开花，花期甚长，大约从秋分起到小雪止，足有两个多月。盛开的期间，是在寒露霜降的一段时期，过此天气骤冷，花朵渐凋。

种实。当茶花开花时，花粉经昆虫或其他间接力传达于柱头而入子房，使胚珠受精。茶树习性，其花粉多从另一花传来，故茶籽多系杂交。胚珠受精后，子房即行发达，成为果实。在本年冬季至次年春季间，发育很慢，才有米豆大小，皮色淡绿，组织柔软，里面充满浆乳，此时采下焙制，可供饮用，就是制成品中的花蕊，至次年夏秋季，果皮组织始行硬化，约在秋分寒露左右，才达到成熟时期。

成熟之果实，为圆形、椭圆形或三角形之立体，可分为果壳及种实二部。果壳颇为坚韧，为数片合成，成熟后作棕黑色，能中裂，中分为一室至五室，含种子一至五粒不等。种子为三角形或圆形，内有子叶二片，胚种着于子叶之基端，子叶中含养分甚富，供给茶树发芽时之需要，有多量之脂油、单宁、蛋白质等。其风干之种子所含油量，依日本铃木博士分析报告，约占全重三分之一，蛋白质约占十分之一，所以我国台湾、福建多用以榨油，俾供食用。油粕可为肥料。但因原质中含单宁，味略带涩。若历时稍久，则可除去。

种子每磅在日本种有二百四十四颗，印度种约一百四十七颗。

在祁门采取之种子计数结果：

大粒者，直径一点五公分，每磅约二百一十四颗。

小粒者，直径零点八公分，每磅约三百八十三颗。

平均每磅约二百九十八颗。

茶树的根部。成熟的茶籽，经过相当的休眠时期以后，得到相当的温度、水分、空气，便能开始发芽。最初是种皮吸进水分，子叶的内部起了化学变化，种皮由胀大而开裂，由胚孔的近处，伸出一条白色的小柱体，一直向下长，这便是茶树的主根。

茶树的根系，在植物学上叫做轴根，意思就是当中有主轴，四周分枝有如车轴一般，这当中的主轴，当然就是方才说的主根了。主根又叫做命根，形体比较的粗壮，带棕黄色，尖端垂直，向下生长，钻透的力量很强，虽石缝中也能进得去，（除非遇到真正坚硬的大石），决不弯曲，其下行之深度，在适宜的环境下，可深入土内八尺至丈余。支根的发生，系由主根的周边形成层多数细胞生长，突破皮层而成，其外层较薄，根毛即附着其上。

茶树的茎，分枝甚多，大体上作丛状，枝干不明，虽为木质，但十分柔韧。其表皮在幼苗时为青绿色，逐渐变成紫黑色，至老干则为仄黑色，气孔逐渐粗大，木质亦变为硬脆，干之尖端为芽，芽孕于去年秋冬之际，外具鳞被，以御严寒，春暖后，逐渐开放，其色有紫芽、黄芽、绿芽之分，绿芽最为普遍，紫芽作淡紫色，黄芽作黄绿色，均为品种之特征。紫芽者尤利于焙制红茶。当芽部开放时，鳞被最先展开，逐渐生长，其边缘平滑无锯齿，质脆易碎，不受揉捻，不能发酵，形小椭圆谓之鱼叶，制入茶中，尽成黄片，大减制成品之品质。初生之芽，背部满被纤毛，为一种保护组织，至叶片开至三旗一枪时，乃渐脱落，此项被毛之幼芽，制入茶中，则成白毫。白毫多，足以表示茶质之细嫩。长成之茶叶，为倒卵圆形，或柳叶形，边缘有锯齿，其深浅多少视品种而异，叶脉为网状，脉纹粗大，使叶面发生微凹，此种微凹之对数，为品种之特征，通常九至十三对，叶柄甚短，基部肥大，腋芽即附着于其间，为三百六十度之互生。其幼芽组织成分，鲜叶百斤，约含水七十六斤。老片约含水六十斤，其纯粹干物质，一百分中约含有：

	幼叶	老叶
茶精	2.85	0.84
单宁	8.53	11.11
粗蛋白质	30.64	16.58
酒精浸出物	6.84	14.18
粗纤维	9.10	17.62
无氮浸出物	49.09	46.50
灰分	4.96	5.14
可溶解物质	36.18	36.45

大抵幼叶初生时之含量中，水分茶精较多，此后则灰分、纤维、单宁均形增加，故质脆易碎，且香气减而苦味增，即因此耳。

三、茶树之生理及形态

茶树既系亚热带原产的植物，其习性喜温热而畏寒冷，故著名产茶之区，多在热带及温带各地，大抵冬季低温达零下十二摄氏度时之辄有冻死之虞，据日本农场调查，东京附近茶园，某年冬夜严寒，达零下十二点五摄氏度，茶树冻死甚多。然因环境及品种之不同，其抗寒之程度，亦有差异，大约茶树生长最适宜之温度，为十五至二十摄氏度，谷雨立夏间之气候，最为相宜，故此时茶芽发育极速，茶树除温度外，对于湿度亦有同样之关系。考我国及世界著名茶产地，多为雨量较多之区，山间时有云雾，其湿度比较一般地方为大，故茶树生育旺盛，萌芽繁密，叶片柔嫩，倘若遇旱，则单宁之量增加，不惟生长不佳，制品复带苦味，品斯下矣。故产茶宜于高山，兼以云雾为美，职是故耳。

茶树对于着生之土壤，亦具有广大适应性，陆羽《茶经》有所谓上者生烂石，下者生黄土，盖茶树性喜组织轻松，排水佳良之土质，切忌卑湿黏重之区，如地下含水太多，则茶根发育不良，病虫易于猖獗，结果不佳，以片麻岩之砾质壤土，表层深厚，土中空气流通，且含有机质者，最为适宜。

茶树对于养分之吸收力极大，其最重要者，有氮磷钾硫铁钙等，其中氮为构成茶树组织之主要成分，需要之量，自属最多。如土中含氮化合物甚多，则茶树发育极佳，枝叶肥大，叶色深绿，以制绿茶，色泽极其鲜翠，香气丰富，若制红茶，则发酵困难，且具恶臭，影响品质。钾为构成枝叶内厚膜细胞之必需，且具有胶连各层组织之功，最有利植科之支持作用，吸收太多，则易生育萎减，芽叶均带黄色。磷酸为细胞之主要成分，有谓茶树吸收磷酸较多，则制成茶后，其香味均佳。石灰能中和酸性，分解养分，能促进茶树之生长，然太多则使茶味淡薄。铁质于红茶之色香，均有关系，特此种研究，尚未充分，未敢断言也。

茶树之生长视温度而定。就祁门而言，每年生长，开始于春分前后，至立夏后乃十分旺盛，迨至霜降发育始行停止，全年生长期间，约二百二十日，种子之发芽温度，约十五摄氏度。种子吸收水分后，十分膨胀，种皮裂开，其裂口多经胚部作一横纹，越十余日逐脱壳而出，出土后，子叶即变为绿色，几经生长，遂成幼株。茶苗一年生者，地上部高约五六寸，二年生者，一尺余，三年生者，高约二尺。此均就普通中国种而言。茶树萌芽性甚强，当顶芽摘去，两侧迅即发生腋芽，在生育期间，每能生之不已，乃得作数次采摘。此种作用，在初夏为最盛。

茶树为常绿植物，冬夏青青，然其叶初非不落，大抵自清明后开始落叶，入夏后，则百叶尽代以新芽，旧组织完全离矣。

茶树之寿命甚长，有谓能达数百年者，普通茶树自播种后，历一二十年，萌芽性渐见减退，此时即需加以剪刈，除去其地上之茎部，则生长恢复如初，或就根部四周，将支根掘断，令生新根，亦能恢复机能，盖茶树再发之机能甚强，即以枝条插入土内，亦能生根繁殖，惟生长初期，较通常为缓耳。普通茶树几经剪刈者，尚不为鲜，在祁门亦曾闻有明代遗下茶荈，则前说似可信也。至种子之生长期则甚短促，大约不过一百余日，至翌年清明后，其发芽率逐渐减退，至立夏后，几至无一生存，储藏不善，则生命之短促尤甚，不可不注意及之。

茶树一般生理现象，与其他植物原无大异，兹不赘述。

第二编 合作

第一章 合作原理

"合作"二字在我们中国似乎是一种新东西，其实很类似我国固有的合会。不过其组织，其内容，比较合会严密合理。论"合作"字面，在最近十四五年才统一，称为"合作"。十四五年以前，有人称之"组合"，"组合"名称来自日文；有人称之为"公社"，如同"北京大学消费公社"。近来中国的合作运动很普遍，于是名称不得不统一，所以现在到处全可以听到"合作"二字，震动我们的耳鼓。

"合作"名词因为它时髦而又普遍，往往在我们谈话之间，容易出现错误。如同说"我们要大家合作"一语，到底怎样讲呢，实在很为费解。只可按谈话的对象而测度其用意所在，"分工合作"也是合作，组织合作社也是"合作"。"分工合作"是用在工厂上最可显明之合作效用，合作社是一种社会团体，人的结合，故此它们有很大的区别。我们在这"合作"字面上讲，不得不预先划分清楚。

一、合作定义

什么叫定义呢？就是"提纲挈领"，用少数的字来讲清楚。什么叫合作定义呢？就是用少数的字，来讲清楚什么叫合作。现在我们可以举出两个定义来，能够表明合作是什么。

"合作社是集合经济上力量薄弱的人民，担任法定限制内资本，本着互助的精神，平等的原则，以谋发展生产，改良生活，不以营利为目的之一种社会组织。"（蒋院长）

"合作是一种团体形式，在此团体之中，人们以人的资格自动地结合起来，根据平等的原则，应用平和的革命手段，大公无私地去增进他们自己的经济上的利益。"（王世颖）

以上两个定义，字面虽然不同，其内容大致相似。我们可以分析来讲一讲。

1.合作社是人的结合不是资本的结合。资本的结合是商店、公司。谁有钱，谁有资本，全可开设。所以资本大的常常有操纵的行为，有时操纵本结合的团体，有时能操纵同业，甚至操纵市场。合作社不是资本的结合，有钱的可以作社员，没有钱的也可以作社员。有人的资格就可以来组织合作社。什么叫做人的资格呢？各国合作法规不同，自然有少许出入。以我国合作法来论，其大意如下：

（1）中华民国人民年满二十岁者。

（2）有正当职业者。

（3）有下列情事之一者不得为社员。

A.褫夺公权。

B.破产。

C.吸用鸦片或其他代用品。

2.什么是平等原则呢？合作社既然是人的结合，每一个人在合作社之中，全是站在很重要的地位，因为合作社的最高权力机关，就是社员大会。所以各个社员的地位是一律平等。我们可以再细细地讲一讲，社员在合作社之中不外有五种条件：

（1）义务。每个社员不是仅希望他人来帮助我，我也应当帮助他人。我加入合作社帮助他人是我的责任，是我的义务，我们社员全都站在平等的地位来互助。不是类似一个无能力的人，向着资本家乞求帮助，讨要金钱，甚至引动他的慈悲来可怜。凡是合作社社员全都有自豪的气概，为他人尽责任，尽义务。由己推人，所以造成一个同舟共济的热诚。"人人为我，我为人人"是合作社惟一的口号。

（2）权力。合作社最高的权力机关是社员大会，所以每一个社员无不享受最高的权力。我举两个例子来说明：第一是票权，这也是合作社的特色。凡是社员不论股金多少，一概"一人一票"。理事长、监事长虽然身膺重职，也是以社员的资格来论，投选一票。第二是利润的分配。普通商业的利润（花红）是按资本的多少来分配。如同有一商店，共有十股，股东三人，认股不均，甲有五股，乙有三股，丙有二股，本年赚一千元，甲应得红利五百元，乙应得红利三百元，丙应得红利二百元。合作社的利润不是如此分配，因为商店是资本的结合，按照资本分配利润，是可以的。合作社是人的结合，既不得按资本分配，自可按社员来分配。但是按社员来分配，也应当有一个标准。标准办法就是要测量社员对于合作社的交易额。什么是交易额呢？我可举一个例子：消费合作社业务年度终了时，结算赚得一百二十元红利，社员二十人，有十六人在这一年度内未曾买过一文货物，其余四个社员买的货物多少不同，甲买过五千元的货物，乙买过三千元的货物，丙买过一千五百元的货物，丁买过五百元的货物。所赚的一百二十除照例提出公积金二十元外，应当由甲乙丙丁按交易额分配。甲应得五十元，乙应得三十元，丙应得十五元，丁应得五元。其他十四个社员不得染指红利，因为他们不曾向合作社买过货物，这一百元利润之内，不含有他们的一文。甲乙丙丁有分得利润的权利，但交易额不同，所以分配利润多少不均，多买的多分，少买的少分，不买的不分。这是一件最平等的办法。可以免去资本的力量来剥削他人的利润。

（3）机会。合作社的社员不类似商店的股东，商店的股东不能够随时加入一个，或退出一个。但合作社社员自要有资格，经过社员大会表决，应许入社，即可取得社员的资格，出社也是如此，所以社员出社、入社既不受特殊的限制，自然全有同等的机会。合作社的职员是经社员大会选举出来的，他们的任期采取按年改选制，免得受一二职员的操纵，并且各个有能干的社员，全有机会被选为职员，管理社务业务。总而言之，社员出社、入社及管理社务、业务，一律有平等的机会。

（4）自动之结合。合作社的社员入社全都要甘心愿意，完全是要靠着个人的需要，为免除他人的剥削，或是要图事业的发展，自己的力量有限，不得不联合同样感觉的人，组织起来，共谋利益。其中不得有丝毫强迫，强迫的结果，是被强迫者待机而反动。不得引诱，引诱的结果，有利尚可，一旦损失，则不负责任，必定消极的破坏。所以强迫引诱来的社员，不能有健全的组织。因为他们不是自动的，没有感觉到有结合起来共同发展的必要。合作社最健全的组织，是要社员自动的结合。

（5）合作社是要建设新经济政策。我们要知道现在的经济制度，造成贫富悬殊的现象，少数的资本家，以金钱的势力，可以不劳而获得经济利益。拿我们中国来说，既然号称以农立国，但是农村不得有什么新的发展。所以现在朝野茶有之士，全都感觉到要打算富国裕民，建设新的中国，必须要整理农村，改善农民生活，提高农产经济市场，但是施行惟一的办法，要将散漫的农民组织起来。有了组织才好灌输给他们新的知识，教以改良的办法，获得经济上优越的地位。复兴农村是我们中国的惟一新经济政策，给予农民最好的组织，就是合作社。

以上所讲五条，是分析两个定义来的，也就是最重要的合作理论。下面我们再讲一讲合作原则。

二、合作原则

合作原理包括两个要素，"理"与"原"，理就是理论，原就是原则。理论与原则有很大的区别，譬如合作的定义，我们可以找到二百多种不同的说法，其所以不同，乃是因为有立场的不同、观察的不同、研究的要点不同、接受的不同，所以理论分歧，以上面所举两个定义来比较说吧。

蒋院长说经济上"力量薄的人"，含有被剥削者，损失经济上的利益而无抵抗能力，这足可明显的是受三民主义的影响很大。王世颖说"以人的合格"更是可以表现站在合作法规的立场来说的。对于此点显然不一。足可证明理论分歧的原因。原则与理论不是一致的，理论的不同，不能有害于原则的相同。简明地说，理论可以不同，原则是要一致的。理论是学者的信仰，原则是实行上的信条。我们可以将合作原则研究一下：

1. 基金。合作社是一种社会组织，不是私人的企业。所以它的经营，含有连续性，要打算巩固它的命运，保持连续性，必须有相当的基金。但是征得基金的方法，也要根据社会利益，以现在的一部分利润，作为公积金，求得将来的发展。以现在的合作社盈余，而利将来的合作社事业，使之永远长存。布舍首先发明基金原则，实为合作社原则之先声。

2. 分配。前面已经讲过合作社与股东商业分配红利的比较，不必再赘于此。简明说来，合作社分配红利以交易额为标准，商业股东分配红利以资本为标准。

3. 投票。合作社是人的结合，票权以社员为标准，采取"一人一票制"。股东商店以资本大小为标准，往往大资本者可以操纵业务，小资本者无法抵抗，有时甘受损失。合作社实行一人一票，所以免去了此种弊端。

4. 互助。合作社社员不分阶级，富者可作社员，贫者亦可作社员。社员在合作社之中，完全靠互助的精神。每人要发挥其能力，辅助他人，并同时要得他人之同情，而发生严密的连锁性，如手如足，不得间离。在此互助原则之下，不分阶级，化除一切障碍，共同谋事业上之发展。

5. 现款交易。合作社关于交易，一概现款，不赊不欠，赊欠之习，常常养成奢侈、滥用之风。甚至将来无法弥补之时，流为匪盗。合作为改良恶俗，特别约定此项原则，维护社员之高尚人格。

6. 监督用途。社员借款不得滥用，最好是用在生产方面，因为借款，将来必要还款，还款的负责者，不是债务人，是款额的本身。借款用在生产方面，必定是生息的。利用其所生之息，慢慢地可以弥补债款。与借款用途最密切的就是还款期限，我们最好先算计其用途而后规定其期限，譬如借款买种子，一年则可生息，原本自己可以从容纳还。又如为买耕牛借款，期限一年则觉太短，因为耕牛一年之内，所生之息不足抵还债款，故此必定延长还款期限至四五年。借款之用途不得超乎其预定范围，所以要加严密之监督。借款用于生产事业为最重要之原则。但有时例外，如同婚丧嫁娶需款甚殷，亦得向合作社借款，此等既不得认为生产事业，但是有两种理由来解释：（1）婚丧之事，我国之习俗，靡费甚多，合作社若不贷款，社员亦必向高利贷借用，徒增社员之负担，造成高利贷之机会，以致影响合作社之前途甚大，于己无益，于他有害，不若从权予以社员之方便。（2）虽然社员可以借款，但应遵守节俭之原则，不得靡费，借此可以改良奢侈之恶俗。以上所举不过为信用合作社借款用途之例外，若他种合作社，运销、利用、消费更不得不遵守用途之条件，几乎无一例外。

以上所举六个原则，是合作社应当有的特色，也就是办理合作社的惟一信条。

三、运销合作原理

运销合作原理是我们祁门县各合作社切身的原理，我们应当特别提出来研究。什么是运销合作社呢？就是社员的产品送到自己的合作社，加工制造，自己运到市场上去，自己来推销。简单地来说就是自产、自制、自运、自销。运销合作社含有四个要素：产、制、运、销。所以它的业务比其他合作社复杂，它的理论完全切近整个的经济学理论，所以我们不得不撮其最要者而述之：

1.免除商业机关之弊害。

现今在复杂的市场之下，从生产者到消费者，产品的流动，不知经过了多少人的手，经过一手都要增加一层的剥削，从产品上吸收一部分利益，这样层层累计起来，很有可观。他们吸取利益，最大的手段，一方面是以低价压迫农民出卖他的产品，农民不晓得市场情形，寻不到消费者，不能反抗。一面以高价卖给消费者，消费者为满足需要，寻不到生产者，不得不出高价来买。在这两方面一低一高之差，完全中饱于商业机关。以上所讲，尚不超乎商人应有之态度，可谓生财大道。其奸狡者巧立名目，增加陋规，额外收费，乱定斤两，掺假乱真，为图利益施其种种伎俩。弊害丛生，以致影响生产者之生命。在此等情形之下，生产者不得不联合起来为求本身之安全，经济上利益，组织运销合作社，避免商业机关之弊害。

2.提高产品价格。

生产者的产品集合起来成了大量的产额，在价格上可以获得种种的利益，今分析言之：

（1）产品太少，加工费大，运输费大，所以造成高的成本。大量的产品，可以降低成本这是无疑的铁律。在市场方面，有大量的产品，可以有操纵市场价格的权衡，获得良好的价格。

（2）产品共同加工制造，品质不致参差不齐，假如一百箱茶内，有十箱劣茶，足可以影响全部的价格降低。若是加工，取定一律的步骤，品质划一，所得的结果较好，价格亦可增加。

（3）大量产品贩路可以推广，以茶叶而论，我们运销合作社的茶叶，在上海市场得不到满意的价格，可以推广到英国伦敦市场去出售。若是仅有一个人的产品，就不值得贩到英国去卖，这是当然的事实。所以生产者团结起来，组织运销合作社，可以推广市场，获得满意的价格。

3.改良产品。

改良产品，这是运销合作最终的目的。以祁门的茶叶而论，祁门茶业改良场组织合作社的原因，是借合作社的组织，将改良栽培制茶技术的工作，传播出去改良品质。印度、锡兰，有大规模的茶园，大规模的工厂，所以关于栽培制造，值得雇用专门技术人才研究改良。近来成绩一日千里，以致影响华茶的出路。在这种商业竞争之下，若不急起直追，恐将自置于死地。祁门红茶要打算谋出路，根本的问题，就是提高品质，改良栽培，改良制造，以茶场的技术人才研究改良的方法，借合作社的组织而推行。以国家的资本，扶助茶农。茶场为改良的试验，推及祁门全县的大茶园。这种伟大的工作，是利国利民的工作。希望各社代表本着这种精神团结起来，接受茶场改良的工作，以保持我国茶叶在国际上之地位。

第二章　运销合作

一、什么是运销合作社？

1.农产品之商业化在昔闭关自守的时期，各地农村，比较能自给自足，所衣所食，均取诸本地甚至本人所产，惟近数十年来，因各国价廉物美之商品侵入后，不仅我国农民日常所需多取之于外，即本为自足农产亦纷纷投入商品之漩涡，换而言之，就是农民所生产的农产品不是为了"自用"而是为了"出售"。

农民一方面将日用必需品由超市购来，同时又将自己的农产品送到市场出卖，这就是农产品商品化的一种表现，如山东邹县的农民将玉米不种而种烟叶就是一个很好的例子。

农产品在完全自给自足时代，产量的增加与农民生活的改进，直接地依赖对自然界的克服（生产技术的改良，土地的充分利用），但在农产品商品化了以后，不但需要农产品收获的增加，而且要求有利的市场，有了农产品而无市场（顾客），则农产品无异废物，故自农业商品化了之后，农民生产性质的决定，即已不在对自然的依赖，转而在对于市场的斗争。

2.农民缺乏商业知识，上文我们已经讲过，现在的农业大半是商品化了，但是一般农民是否有商业的知识呢？是否知道市场真正的价格呢？农民大都缺乏商业知识，故将所有生产出卖时，往往得不到善价，每到收获之时，物产充塞市场，其价必落，然农民当下种之时，各种费用大都由移借而来，故收获登场，必须急于求售，以求归还生产费，农民新收之后，即须售其产品，更没有选择市场或价格的余地，全凭商业资本者的支配。

更有于借款之时，借主以收获物为抵押条件，故收获以后，农民必须以农产品经借主之手出卖，借主乃用种种作为手段，使之不能高价出售，而从中取利，农民为经济所迫，亦无可如何，如茶栈对茶号之放票，茶号对园户之放款都是很好的例子。

农民既乏商业知识，商人又从中剥削，那么我们忠实的农民，就永远没有出路了吗？就永远该受苦了吗？不，现在我们的救星到了，我们的救星就是"运销合作社"。

3.运销合作社是具有生产品的农民们，为了避免种种中间商人的剥削，为了要改善自己的生活，而将自有的生产，自行制造，自为运销，使生产品之企业，成有系统之经营的一种法团。

运销合作社之目的，及其利益：

（1）经济生产者之时间。

（2）便利生产者运销（单独的生产者，不能专备车辆）。

（3）使农民缺少商业知识者，亦得公平交易。

（4）免除中间人之渔利。

（5）将产物分等级，可以提高卖价。

（6）大宗出卖竞买者多，因之易得善价。

（7）可以静候时机以求善价，可以知道市价的高低。

（8）可以研究打包与运输之方法（装潢美丽，打包坚固，都足以帮助产品的推销，并且可以免去种种损失）。

（9）能给雇主以信保，并且这信保比单独的个人的强大得多，结社是有名号的，假设有坏的社员有什么欺骗行为，合作社可以给他以警告或罚款。

（10）生产工艺可以改良。

（11）合作社可以减少使用费。

（12）合作社的利益是按照社员供给生产品的量为正比例而分配的，不是按照股份而分配的。

二、运销合作社的组织及其事业之经营

1.运销合作社之组织。运销合作社的组织，是和其他合作社一样的，由多数人结合起来，征集相当资金，召集大会，选举职员，经营各种事业：

（1）合作社之发起，完全在乎社员，所以社员为合作社最重要的因素，不过社员有发起时加入的，有成立后加入的，就发起的时候说，必然有许多人对于合作社有了相当的认识与信仰，更要有迫切的需要，然后邀集同志，才来发起组织合作社，那么他是发起人之一，也就是当然的社员。

（2）社员之资格。合作社是人的结合，不是资本的结合，所以社员优良，合作社自然可以有良好的成绩，不然的话，因为少数不良分子的混入，致使大家的事业不能进行，那真可以说是危险万分呢，所以社员之入社不能不加以考虑，换句话说，就是不能不加以限制。

A.什么样的人可以加入运销合作社：

a.中华民国的国民，年龄在二十岁以上者。

b.居住在该社营业区域以内者。

c.行为端正者。

d.须有与运销合作社经营业务同一之生产品者（如养鸡合作社之社员必须为养鸡业者，如茶叶运销合作社之社员须自产茶叶）。

B.什么样的人不能加入合作社：

a.褫夺公权者。

b.禁治产者。

c.吸食鸦片或其代用品者。

d.品行不端正者。

e.不明合作之意义，希图投机者。

（3）社员之加入与退出：

A.社员之入社。社员之除发起时的当然社员外还有几种情形可以加入：

a.合作社成立后，非社员要求加入为社员时，得对合作社提出入社愿书，填具姓名、籍贯、年龄、职业、愿入股数，及介绍人姓名等，交由合作社通过，便得为合作社社员。

b.旧社员以其股份转让于他人，依照入社手续，由合作社许可时，便得为社员。

c.社员死亡时，得由其继承人承继其股份，由合作社许可亦得为社员。

B.社员之退社。合作社社员加入后，如遇有特殊情形，亦可退出，退社情形亦有几种：

a.任意退社。如社员不欲继续合作时，合作社为社务健全发展计，也不勉强从事，但声明期间须在事业年度终了三个月前经过社中许可，即可退出。

b.当然退社。如社员死亡、社员改业、社员迁移。

c.开除。凡违反合作社纪律，妨害合作社信用名誉及合作社之业务进行者，经合作社之通过得开除出社。

2.运销合作社之职务：

（1）集合农产品于当地运输中心。

（2）定为标准，分为等级。

（3）加以制造。

（4）加以包装。

（5）运输产品于目的地。

（6）推销产品。

实行分配。

中国农产品以贩卖为大宗者，有棉花、茶等，茶叶之贩卖以下再讲，先以棉花为例。

在河北省，棉花是农产大宗，农民贩卖棉花所感受的痛苦：

A.花行秤大是明的，农民的秤每斤十六两，但收买花秤则二十四两为一斤。

B.花行的价钱依市场（天津）而定，但市场价涨高了，花行还可以欺骗农民，说花价未涨，农民所得的还是有限得很。

C.花行常利用农民之竞争，减低价格，而农民不得不卖与他，所以农民种植棉花，一年辛苦到头，所获甚轻，还抵不过他所出的劳力代价——工资。

D.更有许多地方，花行为垄断棉市计，在生产地对各农民之植棉者放予借款，使作资本，同时与农民订约，明年所收之花，应尽量卖与订约之花行，在花行一方为收债款，一方为卖花，在这种情形之下，花行获利极大。

a.所放之款，万无一失。

b.利率极高，总在普通利率以上。

c.农民所产之棉花须尽量卖与债权者（即花行），花价多由花行操纵。

d.其余普通利益，如秤码上，价格上之剥削当亦不减于其他花行。

3.运销合作社之经营：

（1）征集货品方面，首先应当注意的，就是收集的手续，其程序，应先调查各社员的生产状况，能由合作社代为运销者若干，以便开始准备，调查后准备农民之贷款（使用费）即可开始征集。征集的方法：

A.使社员于一定的时期，各自将生产物品送社。

B.由社派人去向社员征集。

为了减轻使用费和种种便利计，总以第二种征集方法为优，不过在征集时，究竟对社员之生产品是由社收买呢，还是委托贩卖呢，抑或是共同贩卖呢。

A.由合作社收买的办法，适宜于资本雄厚而农产品较标准化、大量化的合作社，因为收买以后，社员领取应得之批发价后，对盈亏责任完全不负责任，或直接关系了。

B.委托贩卖的办法，适宜于资本不甚雄厚，而社员物品不甚标准化、大量化之场合，合作社的责任不过受委托，权利亦不多收受最低之手续费，至于盈亏关系直接影响社员，而与合作社之关系则间接。

C.共同贩卖的办法，则与委托贩卖相近，但委托贩卖不能共同混合地出卖，只能单独交易，其力量甚小，而共同贩卖，则可以将社员提供之物品经检查后混合之，共同加工制造，加以包装出售，卖出后，依所提供物品之多少，分配其收款，这就是一种折中的办法，可得种种便利，所以在中国农村，应以此方法为最适宜。

社员将生产品送到合作社之后，立刻想得到全部货价，是不可能的，但是全不取得一部分，或全不预借一部分款项亦是不可能的，所以合作社应使社员预借，或预支一部分货款，其限度可以由理事会商定，指导机关决定，这样既可免去社中资本通融之不便，又可免农民之困难。

（2）检查品等，征集生产品时，有一种手续是不可忽略的，就是品等的检查。检查的利益很大：

A.可以使物品的信用增加，提高货价。

B.可以改良社员的生产。

C.便利货品的混合精制。

至于检查的标准，不能一概而论，各种产品各有不同之点，如稻谷，则视其干燥之程度，夹杂物之多少，米粒之实虚，及轻重来判断，又如毛茶则以所含之水分多少，色香味等之优劣为标准；每一种货物都有不同之处，所以每种运销合作社都有每种检查的标准，都有评价委员会的组织。

（3）加工制造，品种检查以后，由评价委员会，将各社员送交之产品，估定公平价格，将社员送交产品之数量及其估定之价格，登载入册，然后将全体社员之产品混合，而行加工精制。

关于制造，是属于专门技术方面的事情，所以假如社员中缺乏此项人才时，必须向外聘请，但是中国旧式的技师陋规颇多，我们于订立契约时，要尽量设法避免，同时要有明了制造方法的人来监督技师，以免技师对生产品之粗工滥制，若合作社缺乏是项人才时，应商请指导机关，派遣人员，而杜流弊。

（4）包装，将生产品加工精造之后，就要准备包装了，包装亦是一种专门技术，如包装材料、填补货隙材料、捆束材料之类，都是讲求，尤其是包装方法，更不可不适合货品的性质，以求美观与坚固。此外包装的商标印记，也须备办，以便与他种货品区别，在合作社的场合，这一点应当特别注意，因合作社的商标如果能取得消费者的信任时，合作社的发达是很有希望的，所以这种商标格外重要，更要很谨慎地把它们保持，自己的货物既不要粗工滥制，同时也须严防商人们的中伤假冒及其他种种妨害，还有一点，就是要用文字标明重量以免剥削。

（5）运输，关于运输方面应当以迅速安全为原则：

A.当地运输，由各合作社以联运为原则，自行负责办理。

B.由交通机关负责运输。

C.请求降低运费。

D.生产品达到目的后，存入自己租定的堆栈中。

（6）保管与储藏，生产品达到目的之后，应当存入自己租定的堆栈中，这是为了避免中间商人的种种剥削和种种牵制的良法，但是在租定堆栈时应当注意堆栈的建筑是否合宜，如空气之流通与否，光线之充足与否，湿度是否太高等等，以免产品受有损失。

生产品到达堆栈之后，应当立刻编定号码登载入册，迅速出样求售，免误善价。

为了防备意外的损失，对于保险工作亦是不可忽略的。

（7）销售，关于销路及方法，也应当留意，当然销路之好坏，在初创时，总不免有些困难的，但已经取得社会上的信仰以后，交易就可以扩大了，所以在初创时非采用下列各种方法不可：

A.广告，最好是在日报上刊登。

B.接洽，派人在各公共场所，与出口商或市场接洽推销。

取得信仰之后，自然不用派人，只需广告的刊布就行了。

在推销时尚有一点，即价格应当如何决定。

大概在合作社推销货物，计算货价时，应将生产费、运输费、手续费、利益金、包装费、保管费、营业费、杂费等相加，然后以其总数额作为最低价格。

在推销时，还有一点要注意的是我们的生产品最好是直接销售于消费者，或出口商人，如有困难时得酌量委托中间人代为销售，但是我们不能单独委托一个，或少数的中间人，以免其挟制和剥削，我们要利用他们间的竞争而售于出价最高，条件最优者。

我们可以约定熟悉市场情形之捐客兼为货价之评判并推销。

（8）清算，货品卖出去以后，便须清算货款了，这种清算，大都不十分繁难，因为农产品每年不过一次或二次罢了，所以清算时期，不必一定在每年度之末，每次清算一次，也没有什么困难的。

清算之法，第一须把合作社所预支的款项扣除，必要时得加上一点很低的利息，再将代办的包装调制及一切费用扣除，此外便要按章程上所规定的分配了。

货品的运销手续到了清算时，就可以说是完结了，不过其中每一节目都有专门技术的必要，在此处不过其大纲而已。

三、运销合作社与一般商店之比较

运销合作社和一般商店都是推销货物的机关，那么他们之间究竟有什么不同之处呢？现在就看他们的目的、组织、经营和盈利的分配，不同之处，作一比较如下：

目的之不同：我们都知道商店是以"赚钱"为目的，所以只要能达到他"赚钱"的目的，不论欺骗农民也好，不论剥削农民亦好，种种不合理的事情，都可做得出来。

但是合作社，是以改良产销品，避免剥削，改善生活为目的的。

组织之不同：

（1）商店是资本的结合，合作社是人的结合。

（2）商店是有资本的人们组织，合作社是生产物的人们组织。

（3）商店的大股东可以压迫小股东，合作社的社员是人人平等的。

（4）商店是无法定组织的，合作社是有法定的组织的。

（5）商店的股东是可以随意加入或退出的，合作社社员的入社或退社是必须经过法定手续的。

经营之不同：

（1）普通商店里，往往以大股东之意见为意见，小股东是不能过问的，但是合作社是以大家的意见为意见，每个社员都有发言权。

（2）普通商店是以人情为主的，合作社是以法为主的。

（3）普通商店的经营者多是雇员，对于爱护商店之心较弱，一切使用费较大。合作社的经营者都是社员，对于爱护合作社之心较强，一切使用费可以尽力节省。

（4）商店可用种种方法来剥削农民、欺骗主顾，合作社交易是大公无私的。

（5）因为商店收买农产品时，对农民有种种的剥削，所以农民所售给的农产品多是劣质的，合作社是社员大家的，所以提供的产品多是品质极好的，因为有评价委员会来检查品质，可以促进农民生产品之改良。

（6）商店的账目大部分是不能公开的，合作社一切账目都是公开的。

分配之不同：

（1）商店之盈亏是由股东按照认股之多寡而分配的，合作社的盈亏是按照社员提供生产品之多寡而分配的。

（2）商店有盈余时由股东分配净尽，而合作社是要有公积金和公益金的。

四、我们为什么要组织茶叶运销合作社？

祁门以红茶为特产，形成国际贸易地位，已六十年，每年收入，早已近二百万金，以人口不满十万之小县，年有如许巨款收入，茶农间经济，自应充足与富裕，度其愉快生活，实际富固不足，穷且不堪，此中受若何影响，恐非身历其境者，不足洞察梗概。

茶农所以坐于贫困，而不能自拔者，缘其专有事剥削之人，以致疽成附骨，受者痛深苦极，见者触目惊心，此无他，即茶业中间商之茶号及茶栈是耳。

祁门茶号，逐年增加，已有一百八十余家，多抱不劳而获之豪夺巧取主义，每年茶季开号，收集茶农粗制毛茶，即其所用之秤，最小为二十二两，多则二十四两，甚则二十八两为一斤，无法无理，有如此者，茶价亦无定准，当开号一、二日，必放高价以广招徕，随即紧抑以事垄断，并任意扣除一部分不给价，名曰"样茶"，陋规虽为"九八"，实则"九七""九六"就不尽止，茶农以无力自制销售，致受茶号之大秤、勒价、扣样等剥削，所得利益甚微，除供给培植采摘用费外，对于本身全年生活，尚需借贷弥缝，年复一年，利上加利，故茶叶生产者，反不敌居中间贩销者有利之多。

此种茶号，资本多不甚充足，类由茶栈放款以便开设，茶栈为上海茶业中间人之一种营业，居茶商与出口洋行之间专事介绍输出贸易者，但茶栈本身资本，亦不雄厚，贷款予茶号，多转贷于银行钱庄，所谓"乞邻而与"，从中夺取厚利，并收名目繁多之栈费，每箱茶最少约合十元，凡此种种扣折直接虽茶号受茶栈盘剥，间接则茶农受茶栈茶号两重剥削，此种层层剥削，实为祁门茶业金融间之不健全现象。

处此抑压之下，欲冲破层层剥削阵网，必须用"人人为我，我为人人"之合作的方式与合作的能力，茶农大家联合起来，共同组织，一切公然剥削，不仅冀其由是免除而已，更可以之实地共谋互相之间其他利益。

五、组织茶叶运销合作社有什么好处？

现在再将茶场倡办合作社的经过，与开办茶号比较一下，当然可以看出是办茶号好，还是组织合作社好：

（1）人工。普通茶号，规模最小，至少要用职员八个人，薪金伙食每人平均以三十元计，即需二百四十元，而合作社不出庄，所以只有四人满可从事经营，即支薪给，连同伙食有九十六元就够了。

（2）资金。茶号向茶栈借款，月息一分五厘，卖了茶后，往往要经两个月才结账，这就是说，事实上要付额外的利息两个月。合作社的经营，假如资本应借入六千元，一借一还，即以两个月算，利息不过八厘，合计起来，九十六元够了，至于平时还有通融可能，便非茶栈所能及了。

茶栈借六千元，两个月即需一百八十元，再加两个月的延误，又是一百八十元，两项合计，便是三百六十元。

（3）运输。以前祁门红茶出口，多由水道而达上海，沿途耽搁，最速亦需半月，杭徽公路既通，亦有利用汽车输送者，惟以由祁门至屯溪一段，路系初辟，尚无商营车辆，故利用之者，仍不多见。本年社茶运沪，除屯溪一段，系自备汽车装运外，其他由屯至杭，由杭至沪，事先皆与输运公司厘定合同，负责办理，故结果不但运输时间缩短，而每担所省运费，亦在一元以上。

（4）堆栈。向例商人茶叶到沪，皆存于茶栈之堆栈，此种堆栈，例多阴暗，租金高昂，且以管理不周，并多偷窃之事，据云偷窃损失，每箱平均约数磅之巨，欲偷窃必须将茶箱破坏，而因破坏所遭走味受潮等损失，更不可以道里计。今年社茶到沪，皆存于自租之新式仓库，上述各弊，皆一律避免，又因茶叶既存于自租之仓库，随时提取，不受他人勒制，处理售卖上尤多便利。

（5）陋规。商人茶叶到沪，存入茶栈堆栈之后，一切售卖之事，皆由茶栈经手，货主反多无权过问，其脱售所得茶价，亦须先经茶栈之手，茶价既先经茶栈之手，茶栈因得任意割宰，遂使陋规之多，骇人听闻。今年社茶在沪销售，以有组织关系，并蒙各方协助，许多浪费，自皆避免，例如送茶车力一项，通例以人力输送，为每箱二角，而社茶以用汽车自运，每箱只费五分而已。

（6）报关。商人茶叶经杭，不论水陆运沪，皆在该处报关，此实由于商人等不明法令所致，今年社茶由杭徽公路直接运沪，在杭并未报关，故不徒报关费用，一概减免，而运输时间，亦大为缩短。杭州报关验关费为每字十六元，报关手续费为每箱七分。

（7）自由售卖。今年祁茶在沪出售，打破向来一家茶栈把持之恶例，凡甲栈兜售不得善价者，即交乙栈代卖，乙栈售卖不力，则改交丙栈，故茶栈无从把持，茶之品质之优劣，则先经数方决定，所得售价与品质相合，则脱售，否则即不售，故今年社茶所得售价，远较茶商为优。此外本年有数家洋行，本愿与合作社直接交易，后因直接交易，恐影响市面，故未大规模积极进行，直接售于洋行，大部分陋规，皆可避免。

（8）直接运英。我国祁红市场虽在伦敦，然华商经营多集中上海，从无直接运英者，今年社茶到沪之后，凡在上海可以脱售者，皆在沪脱售，其中有数茶品质颇好，而在沪讫不能获得其应得之价，不得已乃直接运英，伦敦祁红市价，较沪约高百分之十五。

（9）其他各国试销。祁门红茶市场，近年皆集中伦敦，惟伦敦外，他处是否亦有销路，颇值一试，本年曾将茶样寄往北美等处，但以祁红特质，知者甚少，非广为宣传，不易见效，故除试样外，并未运送。

（10）国内试销。此事虽经详细计划，然以事实上困难甚多，未曾实行。

第三章　合作概论

一、绪论

（一）合作社之意义

1.合作之意义。

（1）合作有广狭二义，吾人所谓之合作系广义的，系有社会意义的，即非几个人感情上友谊上的私相往还，而是七人以上的团体协约的社会关系。

（2）合作非舍己为人，更非损人利己，乃是自助与互助，我为人人，人人为我，互相平等，有损失大家分担，使各人损失变小，有利益，大家享受，使各人均获得利益。

（3）合作是自救救人，但非慈善的救济行为，合作之结果虽与慈善救济之结果相同，而其初意则不同。

（4）合作分子应是言行忠实、人格高尚的好人。

（5）合作是有共同困难和旨趣的人站在平等的原则上以共谋经济利益之行为。

2.合作的原则。

（1）人的结合。

（2）自由的组织。

（3）平等的团体。

（4）自助的机关。

3.合作社之意义。

由七个好人以上站在平等自助互相之立场，以共同困难及旨趣之故，而谋经济上之利益，所结合成的一种经济团体，叫做合作社。

合作社法第一条："本法所称合作社，谓依平等原则，在互助组织之基础上以共同经营方法谋社员经济之利益与生活之改善，而其社员人数及资本额均可变动之团体。"

（二）组织之意义

1.定义。

组织为有规则、有条理、有系统之一种团结形式。

举例：（1）生物的——人体。（2）文化的：甲、家庭组织，乙、社会组织，丙、政治组织——国家、政党，丁、经济组织。

2.组织之功用。

（1）团结统一，（2）分工合作，（3）集中力量。

3.合作社的组织。

社员——合作社基础，社员大会——议事机关，理事会——执行机关，监事会——监察机关，其他委员会——辅助机关。

4.组织合作社之意义。

（三）合作事业现状

1.外国。

（1）英国。消费合作极发达，自1844年罗虚戴尔制创始以来，八十余年间之进步甚速计，共社员五百万户，占全国人口三分之一。

（2）法国。为最初经营生产社者，1910年共有生产社五百一十所，营业为开矿、采石、五金、机器、织品、运输、刷漆、木工、玻璃、化学品、食物、纺织等。

农业合作亦发达，至1918年农业社将及千数，农民银行二千所，制酪合作社二千所，保险社八百所。分配社现有四千余所，社员二百五十万人左右。

（3）德国。1903—1922年之二十年间全国消费社：自八十万至四百五十万，达全国人口三分之一。信用社二万一千六百零二所，为全世界最发达者。

原料购买社六千八百四十二所，房屋营造社四千一百七十一所。

（4）丹麦。以人口计算，为全世界合作事业最发达国家。以农业合作为最兴盛，其批发社为一千八百个社，组成社员三十四万人，丹麦最大的合作社是哥本哈根消费合作社（Copenhager Consumors'society），有社员三万人，职工四百人，支店九十所。

（5）芬兰。除丹麦外，芬兰已被认为合作制度最完美者，1917年后发展极速，全国共有分配社七百八十七所。

农料购买社三百三十三所。

信用社七百七十五所。

规模极大的合作银行一所。

2.中国。

（1）三时期：胚胎时期（民国六年至民国十二年），私人或慈善机构提倡时期（民国十三年至民国十六年），政府提倡时期（民国十七年以后）。

（2）民国二十二年江浙等九省之统计仅有二千七百三十三社。

（3）民国二十三年六月底中央统计处报告：合作社已遍及二十一省七市，共有九千九百四十八家，社员三十八万五千一百九十八人。

省市别	社数	社员数	省市别	社数	社员数
安徽	2 444	67 215	四川	10	665
江苏	2 220	72 404	福建	5	3 160
河北	1 460	37 786	贵州	4	3 845
浙江	1 282	36 561	甘肃	3	93
江西	961	29 874	察哈尔	3	749
山东	539	15 918	青海	1	19
湖北	375	15 014	汉口	76	5 072
湖南	249	29 940	上海	31	4 800
绥远	60	11 906	青岛	15	11 481
河南	55	3 397	北平	7	612
□东	47	3 694	南京	6	2 102
陕西	32	17 965	广州	3	4 800
云南	27	2 908	天津	1	120
山西	20	1 479	总计	9 948	385 198
广西	12	1 619			

（4）又据最近中央农业实验所发表的全国合作事业之调查结果：全国共有一万四千六百四十九家社，社员达五十五万七千五百二十八人，与各国合作社的数目比较：民国二十年时，我国尚居第二十四位，至民国二十三年便进到第十二位上去了，但按社员人数比较起来，我国还非常落后，只居第五十四位，与全国人口比较，只占千分之一点三八。

（5）又据中央农业实验所民国二十三年二月就二十二省八百七十一个县调查报告，我国各种合作社之百分比如下：

信用	46.2%
生产	20.8%
运销	18.7%
消费	9.9%
利用、购买等	4.4%

（6）现时国内合作机关：

A.合作行政机关。中央的实部合作司，地方的各省农村合委会及各县市建设局科或县市政府。

B.合作指导机关。全经会，各省农合委会，各社会机关。

中央农业实验所报告各省市指导合作机关共五百二十四处：县政府占59.7%，其他政府机关（县党部、民教馆、农业推广所、合作事业委员会、市社会局、农村金融救济处等）占27.3%，华洋义赈会占7.5%，农民银行（中国农民银行、江苏省农民银行等）占1.7%，商业银行（中国银行、上海商业银行等）占6.0%，其他占3.2%。

C.中央合作技术机关。全经会合作事业委员会。

二、合作社之功用

（一）合作之功用

1.季特合作主义十二德：

生活安适；现钱交易；储蓄不苦；铲除寄生；禁戒酗酒；使妇女关心社会问题；使人人易得财产；重建集合财产；建立平价；废除利润；废除人类冲突与竞争；使人民受经济的教育。

2.合作的效用：

（1）经济方面：合作制度为充裕平民经济之捷径，打倒资本主义之工具，其功效：发展平民经济，增加生产效率，改善平民生活，鼓励平民储蓄，铲除社会寄生，废除利润榨取。

（2）政治方面：训练组织能力，熟悉使用四权，尊崇团体意志，养成自治能力，促进地方自治，明了平等意义。

（3）教育方面：灌输普通知识与公民常识，增加生产技能，建立高尚人格，涵养优美德行。

3.合作特点：

（1）均权——合作制度为人的而非资本的组织，合作者人各一权，其股额之多寡不问也。

（2）均益——分配盈利不以股金多寡为准，而以各社员合作数量为准。

（3）地位平等——无阶级，盖社员共有社，共治事，共享利，共分害。

（4）结合自助——共同需要与兴趣而自动结合之健全组织。

（二）合作社种类

1.信用合作社。资金不足，需款甚亟时，则组织信用合作社，即集合许多社员的信用，以成为社员大家的共同金融机关，凡需款者可以低利向社借款。

2.利用合作社（生产合作社）。生产事非一二人之能力财力所可办时，则组织利用合作社，如筑堤、开井、办碾米机、置水车、购置新式轧花机以及一切新式农具等，即可利用合作社来办，使社员可互相利用农具以增加农业生产。

3.运销合作社。欲产品集中运销，使不受零星卖出之亏折与中间商人之剥削，则可组运销合作社，由社将社员之产品搜集一处，集合运输销售，可以减低成本，公平价格，多得利益。

4.供给合作社（消费合作社）。大家日常生活之必需品、原料及种子等，可统一供由合作社来供给，即由大家联合一起大批购买，再按各人需要之数量分配购买用，则买入物品不致吃亏，生活用费亦因之减少。

（三）各种合作社之功用

1.合作社的效用。

（1）联络弱小者享受强大者的利益。

（2）发挥自由平等的真义。

（3）保障每个人平等的物质生活。

（4）激励勤俭，养成诚实互助的人格。

（5）增长民众智识，发达生产技能。

（6）养成自治能力，促成地方自治。

（7）铲除寄生，使民众劳动化。

（8）调剂相互利益，消灭阶级斗争。

（9）维持农民再生产力，发达国民经济。

（10）团结民众力量，巩固农村组织。

2.信用合作社之功用。信用之意义即"可靠"，以引起别人之信任。信用合作社是平民银行，低利放贷与存款。

（1）困苦农民可有借款的地方，且为低利借款。

（2）为农民之储蓄机关，使农民养成节俭习惯。

（3）流通农村金融，繁荣农村。

（4）免除高利借贷与重利盘剥。

（5）发展农业生产，改良农民生活。

（6）社员互重信用，可以提高个人道德，改良农村风俗。

3.利用合作社之功用。利用合作社之意义：利用生产上及生活上之设备。

（1）互相利用农具及生产设备，可以解除无款购置之困难。

（2）增加农业生产。

（3）利用合作社可实行共同耕种，以解决土地问题。

4.运销合作社之功用

（1）免除商人操纵渔利。

（2）增高产品价值。

（3）调节物价。

（4）容易获得资金。

（5）加工制造，增高价格。

（6）改良生产。

5.供给合作社之功用

（1）大批购买供给品，不致付高价。

（2）社员购买日常生活必需品，便利且不吃亏。

（3）直接减少社员生活费用，间接提高社员生活。

（4）免除中间人之盈利与剥削。

（5）社员养成经营业务之经验与能力。

（四）农村合作与中国农村经济（略）

（五）合作运动与民生主义

1.民生主义之经济组织之特点：

（1）生产方面：

A.生产原因是欲求（Wants），不是营利。

B.生产目的是养民不是牟利。

C.生产组织是有意识之行为，不是无政府状态。

D.生产工具与机关属于社会全体，不属于私人。

（2）分配方面：

A.分配的资格是人及能劳动的人而不是资产。

B.分配的方法是由社会公平分配而非交换行为之结果。

（3）消费方面：

A.消费足够。

B.消费正当。

民生主义之经济组织有上述特点，而合作主义之种种特点，亦与民生主义经济组织之特点处处吻合，故从事合作运动可以帮助民生主义之实现。

2.合作与民生主义之内容：

（1）合作与平均地权：

中山先生指示：第一步用政治力量规定土地法等，以平均土地分配，达到"耕者有其田"或土地社会化。而合作主义即使农民均能购置土地，其资本来源如下：

A.节省农民日常费用——消费或供给社。

B.增加农民日常收入——利用，运销，供给社。

C.辅助农民资本之借贷——信用社。

（2）合作与节制资本（节制私人资本和发达国家资本）：

中山先生主张征所得税、遗产税、独占事业归国营等，而合作办法亦与节制资本之义相合，如：

A.合作社资本为全体社员共有，资金不得分拆，盈利须提存一部分作公积金，社员认股不能超过一定股额。

B.合作社鼓励工农自动组织合作社以获得社会之财产或资本，且合作已经普遍，可经营大的实业，以发展社会或国家资本。

总之，合作运动与民生主义关系密切，彼此并行不悖，互相辅助，有民生主义之政治力量，合作事业易于推行全国，亦惟有合作事业之普遍推行，民生主义才易实现，故谓合作主义为实现民生主义之过渡办法亦无不可。

三、合作社组织方法

（一）调查

1.调查之意义。（1）用眼看（观察），（2）用口问，（3）用耳听，（4）用文件问。

2.调查之必要。（1）明了真相，（2）发现困难、缺点及优点，（3）发现问题之所在，（4）拟定解决及进行方针，（5）避免蒙蔽欺诈及误会。

3.调查之方法。（1）直接法：亲身到该地或向该人观察询问。（2）间接法：向第三者观察或询问、用信件或表询问、采用旧有之材料、其他被调查者相关之线索、用合理的判断。（3）调查所用工具：日记、表格、问答表、信件等。

4.调查时注意之点。（1）说明调查动机及目的；（2）调查时的问题不宜过多，只需切实中肯；（3）问题要简明；（4）问题须不启人怀疑或使人误会；（5）有闻必录，以免脱漏或误记；（6）拜访及谈话中多插趣味，或乱以诙谐，但同时须有严正诚恳及朴实之态度；（7）回答须力求正确，数字尤须绝对。

（二）宣传

1.组社前须宣传之理由：（1）铲除疑资，解释误会；（2）以先知先觉后知，使其彻底明了合作真义、原理、功用、目的及利益，与组织合作社对于彼等之好处；（3）为推广合作与相互观摩计，口头宣传较亲切，文字留久远，图书给人以深刻印象。

2.宣传之方法。

（1）口头：拜访、谈话、讲演、座谈会。

（2）文字：标语、传单、小册、通讯。

（3）图画。

（4）电影、幻灯。

（5）灯笼、扇子及其他。

（三）组织

1.发起。（1）联络发起人，至少七人；（2）决定要组织的合作社的名称、业务及责任；（3）赴当地指导机关接洽（有征求社员表）；（4）征求社员填表；（5）表填好送回指导机关。

2.筹备。（1）召集组社人（设立人）会议，推举三人或五人为筹备委员；（2）决定股额及缴股方法；（3）拟订社章草案；（4）填发请求指导机关，指导声请书

（如请求指导愿书）；（5）办理请求许可设立的手续（填具请求许可设立书）。

3.创立大会。（1）事前请求指导机关，派员指导；（2）开会中先推临时主席（最好推一筹备员），再由主席指定临时书记，及二三位检票员，宣布开会后按照议事日程逐项讨论议决：A.由主席指定一筹备委员报告筹备经过，B.通过社章草案为正式社章，各社员应在社章后签名盖章或捺箕斗，C.通过入社社员，社员填写入社愿书，印鉴纸，存社备查，D.社员填写股份证书，并决定缴股时间，E.选举职员：理事、监事至少各三人，组织理监事会，同时理监事宣誓就职，F.宣布闭会，G.理事开会互选理事长、书记、司库，规定会议日期、业务计划，监事会开会选监事长，规定会议日期，决定监查方法，理监事填写印鉴纸。

4.成立登记。（1）于创立会后一个月内，撰就呈文，或填具请求登记书，并附社章申请登记表（华洋会有申请登记表），及社员名单各二份，暨图记费，送呈主管机关为成立之登记，十五日内，即有准否批示。（2）领取社戳，领到后召集社员大会，议定启用社戳日期，并呈报社戳收到及启用日期。此社戳交由监事长保管。（3）另刻社名长戳，由理事长保管，又制社名牌挂于社门。（4）开始业务。

第四章　普通会计原理

一、会计学的性质及范围

（一）会计学之定义

会计学是一种科学的研究：

1.记载一个企业的主要财政状况。

2.再把这些记载，作成清晰的结论。

3.然后把这种结论加以解释。

以上三个要素，在会计学定义上的重要，可以用浅显的例子来说明。例如祁门中心学校校长胡用韶订购教科书三种，当书送到时，校长付了运费，未曾把收条保留，随时把书包打开，分给各学生。从这样的手续，可看出几种错误：

1.未曾注意所付的运费是购书成本之一，或者竟忘却了付出的金额。

2.未曾把买来的书和书店开来的发票核对，不晓得符合不符合，就分给了各学生。

3.把书分给各学生时，又无记载，不能准确地记得哪几个学生欠着款，以及欠款金额。

关于记载的时间和地位，对于将来的查考很重要，并应保留着，以备需要时的参考。所以会计上的记录，常做好一定格式的单据（可以装订成册，或放在抽屉里），就把它当作原始记录，按次排列，容易检查。而且所载事项的摘要，也很简单，总而言之，有系统、有组织的记载可以节省时间，减少危险和混乱。

并非要把各种财产事项完全记载，只需把主要的情形记载就可以了。譬如所买的书的价目和价格，以及照价目表上定价打个八折，可以从这张发票里知道。（见例一）

例一

中心小学校校长付文明书社

（民国）二十四年十二月三十一日	20	历史	$2.50	$50.00
	25	地理	$2.00	$50.00
	18	自然	$4.00	$72.00
				$172.00
			应减20%	34.40
				$137.60

按定价，书账共洋一百七十二元，但打八折后，只需付净额洋一百三十七元六角。如历史每册定价洋二元五角，按八折，每册只需付洋二元整。所应记的事项，不是定价，而是折扣后的净额。

会计还应总结地表示财政状况。如校长对于书籍买卖，已有精确的记载，在一学期终了时，还应制一个表，那么可以知道存书的数目。（见例二）

例二

中心小学校校长胡用韶书账（民国二十四年秋季）

书名	册数	净价	总额	运费	成本	销售	售价	销售总额
历史	20	$2.00	$40.00	$2.25	$42.25	19	$2.20	$41.80
地理	25	1.60	40.00	2.50	42.50	22	1.80	39.60
自然	18	3.20	57.60	3.00	60.60	18	3.40	61.20
	63		$137.60	$7.75	$145.35	59		$142.60

上表可表示买进六十三本书，成本总额是洋一百四十五元三角五分，售出总洋一百四十二元六角，按净价连运费，校长垫出洋二元七角五分，但还存书四本，如这四本书，既不能售出，又不能退回，那么他损失洋二元七角五分，下学期如仍当做课本用，可以卖出，这样可再制一表，以表示损益。（见例三）

例三

中心小学校校长胡用韶售书损益表

销售书类			$142.60
销书成本		$145.35	
购进书类	$137.60		
运　费	7.75		
减存书（照进价）			
1.历史	@$2.00	2.00	
2.地理	1.60	4.80	6.80
销书成本		$138.55	
			$ 4.05

这损益计算书是从账册上摘要记下来，表示营业的状况或发展。

会计学末了的一个要素，是从记载所得的结论内解释营业的情形，如某五金商的报告，平均存货洋四万元（按售价），每年销货洋六万元。照这样看来，可以晓得这五金商存货过剩，或销货方法不良，因五金商每年销货六万，平均只要洋二万四千元之存货就够，假使有了四万元的存货，那么就每年应该有洋十万元的营业了。

在解释营业的情形内，是包括一个企业的财政状况和经营的结果，和别个同类事业的比较，以及一个时期的财政状况和经营结果与别一个时期的比较，对于商业经理或投资家，皆有很大利益。

（二）总则

本社以维护国外贸易、改良茶叶及扶助农民发展新的企业，图谋茶叶生产之发展为宗旨，由政府提倡，农民集资组织之。

1.关于会计上之事宜，均须遵守规则办理。

2.记载各种账簿均以一元银币为本位币。

3.账簿内如有误写事情，应于误写处画两条线（如原字系红色则画蓝色），然后再从旁边改注加盖印章于其上而证明之，但不得挖洞补丁及改描涂抹。

4.每日应记载之账簿均须当日记载完结，不得延至次日。

5.关于会计一切收据及契约均应由负责人署名（理事长，司库）。

（三）会计学之功用

会计学之意义既如上述，其功用之广更难仆数。兹略举其荦荦大者如下：

1.可供商人收付之准备，因有系统之记载，商人可知欠款金额与应付时日，不致付款重叠，且可预先筹备支付。并可知存款金额与时日，以便按期收取。

2.决算表可供股东作分配盈余之标准，个人企业所有盈余，皆属资本家一人所有。合伙企业则须数人分摊，故必有赖于决算表以为标准。至于公司之性质为法人，股东众多，其营业情形未必皆加过问，此盈余分配所以必有资于决算表也。

3.决算表可供商人纳所得税或营业税之标准，盖政府于征收以上二项税则之时，率以商家余利之多寡为定，故决算表者，收纳双方之唯一根据也。

4.决算表可供调查信用之参考，商店向工厂赊货或向银行透支，工厂与银行如不明了此商店财政状况，自不敢贸然往来，于是须视其决算表以为参考。又如近来各银行之储蓄，皆将其决算表登于报端，昭示大公，俾社会人士，皆知其财政状况而乐于投资也。

5.决算表可供扩充营业者借款之根据，营业发达之商店，如需扩充营业，增加新股，必须将决算表公告，以便投资者明了财政状况而踊跃认募也。

6.决算报告表之分析可供管理营业与改良营业之借鉴，决算表详细分析，得各种比例，借知销货之快慢，放账之多寡，流动资产与固定资产之比例，费用之奢俭等，皆可了如指掌，而设法改良，以便更臻完善。

7.可减少职员之舞弊，有良善会计制度，可使各部相互监督，职员难于舞弊。

8.可比较历年营业之状况，或与其他商号财政状况比较之，根据历年之决算表，可知营业之进步若何，而为设法力求进步之标准，可与同业之商号比较，洞悉其盈利或亏损之泉源，而设法仿效或避免之。

（四）记账应注意的几件事

1.先要明白旧式记账方法。

2.次要细读会计规则。

3.应参阅各种簿记程式。

4.尤要把各种账簿看明，懂得各账互相的关系，不明白时勿起手记账。

5.入手记账之先，要学会在格子内写字，字不要写得太大，最好仅占格子三分之一，以便写错时有改正之余地。

6.要预备笔墨一副，银朱红笔一副，又二分见方的小圆章一颗，刻上自己的名字。

7.摘要以言简意赅为主，不应记之话，一字别提，应记入之话，一字别落。

8.账簿每页须依顺序记其页数。

9.账簿应注意保管，不可撕毁或污染。

10.记账时严禁谈话，以免误记，每记毕时须查对一次。

（五）学习会计学的方法

凡读书，皆望费极少的时间、劳力，得很多学问知识，俗语所说"事半功倍"。至于学习会计的也需要一种方法。他的程序是：

1.读课本应细心研究，须逐点明了。先有一定计划，如何读法，按步去读。根据个人经验去应用书上原理，把书本上所讲的手续，和商业情形去比较，把同点异点分析清楚。谈过后把要紧的地方，用自己的文字，摘要点去。一则可供将来参考，二则容易了解，时常温习，更为重要。

2.多演习题，可以很快地增加会计学的学识。

3.习题须留心细读，所问的意义，并须分析完全，然后计划答案，逐步去做。清楚也颇重要。习题做好，由教师改正，在课堂里讨论，这样进步是很快的。

4.读会计须先对簿记有相当根基，所以实习演题，与常要紧。做习题时，须把自己当为商店里的簿记员。对于各账户，须颇熟悉，把各户列成一表，以便参考，记账前先把各项交易分析完全，同时应细心和清楚地去记载。做完后要能结出各表，这样，做到普通账目，就能毫无困难了。

5.我们应该知道会计是表示商业状况和管理商业的工具，并须明白他的功用。会计在实用方面虽各有不同，但原理是一样的，只需原理清楚，就可各方去应用。记忆和理解须兼有，有记忆方可把方法和原理记牢，有理解方可去解决新问题。

二、会计科目

（一）会计科目性质

会计科目，为各企业资产负债及损益之分类项目，用以表示，及计算交易之发生，影响于财产之变动者也。着集合各项会计科目，记载之结果，即足表示企业之财政状态及损益情形焉。会计科目之设置，基于会计学之原则，必须分资产负债损益等类。但各企业之性质不同，会计科目之设置，亦因之而有异。其增减变化之标准，大抵随其业务之状况而定。合作社之业务性质，既与普通商号公司有殊，则其所用之会计科目，必有其特异点也。

（二）拟定之会计科目

我国会计科目缺乏统计之标准。本节所采取之会计科目，系编者参阅各种会计书籍，及现在合作社实际情形所拟定，但以记账处理办法之相异，实际应用时或仍须加以相当之变通也。

会计科目，可分资产、负债、损益三类：

资产：

凡具有经济上交换价值之物件及权利，设之资产，换言之，即动产与不动产之总称也。例如：胡君有现金五千元，毛茶五千担，价值五千元，房屋六间，价值三千元，贷与李君之债款一千元，前三项为有交换之价值之物件，后一项为债权，均为胡君之资产。故胡君资产总额，计为一万四千元。

兹将资产性质之类别列表如下：

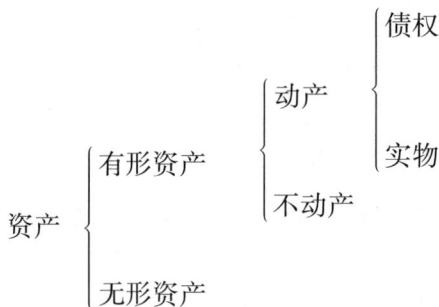

```
                                    ┌ 债权
                          ┌ 动产 ┤
                          │       └ 实物
          ┌ 有形资产 ┤
资产 ┤              └ 不动产
          │
          └ 无形资产
```

负债：

负债者，乃法律上所负他人或他企业的货币，或劳务之债务也。此种债务，有到期偿还之必要，不然，债权人可诉讼法院，以追索也。例如胡君欠人抵押借款，大洋二千元，又欠银行大洋一千元，故胡君负债总额计三千元整。

损益：

经营任何企业之目的，在获利。而利益之对方，即为损失。买贱卖贵，为经营商业之常情，亦为其唯一之条件。例如以银五百元，收买原户之茶，运上海售出时，获银五百五十元，此相差五十元，即买卖之利益，但经营商业，未必定能获利，例如五百元买入，有时因不得已之事，故以四百元卖出，此时即受一百元之损失。

1.资产类：

（1）未收股款，（2）现金，（3）联合会股，（4）银行存款，（5）应收账款，（6）预付款项，（7）应收未收款项，（8）暂记欠款，（9）政府允准的特权或财产所有人的特权，（10）商誉，（11）房产地皮和上面的装修，（12）实物财产，（13）抵押放款，（14）没收抵押品，（15）外存款。

2.负债类：

（1）股本，（2）法定公积金，（3）特别公积金，（4）股息，（5）未付股息，（6）职员酬劳金，（7）借入款，（8）备抵坏账，（9）本期损益，（10）前期损益，（11）期付款项，（12）代理收款，（13）储蓄奖励金，（14）暂时存款，（15）活期存款，（16）定期存款，（17）储蓄存款，（18）应付账款，（19）应付未付账项。

3.损益类：

（1）利息，（2）呆账，（3）开办费，（4）营业费，（5）营业用房屋折旧（摊推产业），（6）营业用器具折旧（摊提营业用具），（7）各项开支，（8）杂损益。

（三）会计科目名词分类解释

1.资产。

（1）未收股款：股东所认之股，如分期缴纳，在未缴清前，应将欠缴的数目，归入这个科目。换言之，社员在社所认之股，如分期完纳，在未纳完之前，亦应将所欠之股款数目，列入此项科目中。

（2）现金：即是现银也。存在库里，每日的余额，与每日结账后的库存是相等的。

（3）营业用具：凡购置的器具，均谓之用具。

（4）联合会股：凡合作社加入联合会，已经缴纳的会股。

（5）外存款：公积金照章须存于银行或邮政储金局，即其款项，有时也要存到相当地方，此即谓之外存。

（6）抵押放款：金钱凭人家的押品（动产或不动产），借与人，这种借出去的款子，即叫抵押放款。

（7）暂记欠款：有时付一笔款子，一时无相当科目可归，等确定归何项科目时，再行转付。

（8）没收抵押品：抵押放款到催收，借款人确无偿还能力，经理事会议决而没收其抵押品，谓之没收抵押品。

（9）银行存款：有向银行支付现金的债权。

（10）应收账款：这是人或机关来购货所欠的货价。

（11）预付款项：是预付的劳务或实物。如电话公司每月初先付本月份电话费，又如月季火车票，或按年保险费预先缴纳。

（12）应收未收款项：如未到期票据，或公司债券利息。

（13）政府允准的特权或财产所有人的债权：如专卖权、版权、注册商标特许权、租地权、政府允准的独占权。

（14）商誉：是人们营业习惯上对这个组织的价值。

（15）房屋地皮和上面的装修：如房屋阴沟等。

（16）实物财产：如家具、机器、设备、动物（牛马狗羊等）、运输用具、食料、燃料等。

2.负债。

（1）股本：所认之股金也。

（2）公积金：年终结算有盈余时，依照章程的处分，以一部分扩充公积金专为抵偿营业意外损失之用。

（3）特别公积金：年终结算得有盈余时，依照章程的处分，以一部分专作发展事业或公益事业之用。

（4）股息：年终结算按盈余分股东应得的利息。

（5）未付股息：凡上届未付股息，没有付出的时候。

（6）职员酬劳金：年终结算有盈余时，依照章程处分，以一部分备酬职员之用。

（7）借入款：向人家借来之款。

（8）备抵坏账：预备呆账之用。

（9）本期损益：本时期所发生之损益也。

（10）前期损益：在本期以前之时期所发生的损益是也。

（11）期付款项：按期付人家之款也。

（12）代理收款：代理人家委托的款项，叫做代理收款。

（13）暂时存款：有时一笔款子，一时无相当科目，可归放在暂记科目内，等到确定何项科目时，再行转付。

（14）储蓄奖励金：这也是年终结算的得有盈利，依照章程处分，以一部分专供奖励储蓄之用。

（15）活期存款：存进来的款子，存款人可随时来取。

（16）定期存款：存进来的款子，言明过了一定时候，再来提款。

（17）储蓄存款：是一种零星存款，可以随时存，也可以随时支。

（18）预收利息：是放款未到期，先将利息扣留。

（19）应付账款：因受债权人的劳务，或实物欠之账款。

（20）应付未付款项：未到期的付出利息或地租。

3.损益。

（1）利息：其种类即依性质而分别，如各种存款有各种存款利息，各种放款亦有各种放款的利息。凡付出之利息，超过于收入者，即为损失。反言之，以收入超过付出者，即为利益。无论何项收入或支出其利息一概记入。

（2）呆账：放出的钱，到时收不着，并且无法收回，即认为呆账。

（3）开办费：开办时所需的费用。

（4）营业费：因办公用的款，或其他所用之款是也。

（5）营业用房屋折旧：是将房屋规定每年百分之几应转入损益项下。

（6）营业用具折旧：是将用具按年抽百分之几，亦转入损益项下。

（7）各项开支：薪俸文具等是也。

（8）杂损益：在平时发生特别"损"或"益"的收付是也。

三、账簿之组织及记账程序

（一）账簿之组织

本章账簿之组织共分三种：

1.主要账簿：

（1）日记账。

（2）总账。

2.补助账簿：

（1）现金账。

（2）股份账。

（3）杂支账。

（4）进货账。

（5）销货账。

3.结算账簿：

（1）营业库存。

（2）试算表。

（3）损益表。

（4）资产负债表。

（5）财产目录。

（二）账簿分类解释

日记账：日记账是旧式账的流水账，为转记总账之根源，无论何项收支，均先要登入日记账，要随手写的收支不一定是现钱，有的时候是转账，但每次记账总以钱数计算。

总账：总账是旧式的誊清账，包括全部会计科目，决算时以此账为根据，是由日记账分门别类转记过来，教查账人一看，就明白各项账目，从头至尾是什么情形。

补助账簿：是扶助主要账之设备也，例如股份账、进货账是也。

现金账：办理现金收付各项事务，例如现金收付房租是也。

股份账：专记载各社员股份之设置也。

进货账：专登记所收各货之账簿。

销货簿：专登载售出各货物为标准。

结算账表：

营业库存：营业库存，是一种结算账簿，每日应将日记账结算一次，如无收支，则可不用再结日记账，结算之后，就将昨日所存之钱数，本日结存之钱数，分别记明之，以便呈经理或各社之理事长阅看，经阅后，如无错误，即当署名签字。

试算表：是第一步的结算表，每月月底作一次，在作此表之前，应先把总结算起来，而此表之意义，是要算出一月内，所记各账，有无错误。

损益表：此表是根据试算表做的，做这表之前，先得做试算表，而这表之意义，是要算得出营业到底赚了多少，或赔了多少。所赚的，谓之"利益"，所赔的，谓之"损失"。利益比损失多，那就是赚钱，损失比利益多，就是赔钱。利益总数，减去损失总数，所得的余额，即是盈余。

资产负债表：此表是结算表之一种，在作这表以前，先得做试算表及损益表，这表的意义，是要算出财产与债务相抵，尚差若干，如果财产比负债多，那就知道营业有进步，如果相差太多，那就不得了，就要破产。资产总数，减去负债总数，所得的余额即是盈余。

（三）记账程序

关于记账程序一节，应按步骤去做，不可少去一步，否则，易发生错误。无论何项收付，各科目逐一记入总账，再由总账分转于其他各补助账。

兹将记账程序，绘图说明之：

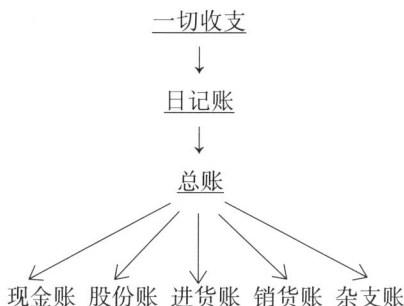

一切收支

↓

日记账

↓

总账

现金账　股份账　进货账　销货账　杂支账

四、日记账、总账簿记账之方法

（一）借贷之通则

凡营业交易之标的物，不论其为有形或无形。每一种类，应特设一账以记载之，每一账户，又应平分左右两方。左曰借方，记该物之收入，右曰贷方，记该物之付出。兹欲使学者明了借贷之应用，于每项交易发生之时，何者应入借方，何者应入贷方，则可依照下列两通则决定之：

1.凡收入银钱商品劳务功用或债务，应记入各该相当账户之借方（即收）。

2.凡付出银钱商品劳务功用或债权，应记入各该相当账户之贷方（即付）。

（二）日记账记账之方法

1.关于日记账，可分为左右两栏，左为借，右为贷，左为登记收数之用，右为登记支数之用。

2.科目一格，填所收或所支之款，应归何类，此种分类，即是科目，亦即总账中之户名。

3.因为每一笔账，均要转记总账，所以账上有总账页数一格，每笔转记总账之后，随手把总账数填入，表明这一笔账已经转入总账某页。

4.年月日都有一定填写地位，不可不留心。年份每一项只用填一项，即在民国年格内填上本年年份就是了。月份、日子二格，月格内填月，如在二月，即填"二"一个字，日子格内填日子，如在十一日，即填"十一"两个字。

5.数目都应按大洋计算，如遇其他货币，可先按市价化作大洋，然后登账，账内左右两方，都有相当地位，作填写数目之用。例如：三百五十元零九分，即从百字一格起，依次在格内填"三五〇〇九"五个字，填在五个格子之内，（1）没有错误，（2）定好格子，就不用写千百十元角分等字了。

6.每种账簿，都应编定页数，这本日记账，可从第一页编起，在首角上"页数"，写一个"一"字，第二页写一个"二"字，依此类推。

7.以上六项注意的事，均应按步骤去做，不可忽略，明白日记账的记法，用别的账时，一看就明白了。

（三）日记账结算方法

关于结算方法，可略为七条说明之：

1.日记账，每日结算一次。

2.每日事毕将收支两项总结起来，收入总数，写在借方，末一笔账内下一行，支出总数，写在贷方末一笔账内下一行，然后再将结存的现金，也写在贷方（用红笔写，写在贷方的下行）。

3.开始的这一天，（第一日）支出总数加现金，结存一定要与总数相同，由第二日起，每日支出总数，加现金结存的结数，要与收入总数，加前日结存的结数相同，不然，便是有错。

4.如果无错，即将收入相同的两个结数，内写于借贷两方，随手用红笔在两个结数的右边，画一道红细线，左边画二道红细线，表示这一天的账，已经结算，并无错误，本日共收和共付的数目，右边亦画红线一道，省得结算数目，与前过的收支账相混。

5.次日的账，即可由双红线下一行写起，头一笔务要先将上一日的结存转下来。

6.结算时收支相同两个总数，一定要写在一行内，左右一齐，不可参差。

7.年底结算的方法，也是如此，下一年开始记账时，务要先把上年结存，载收过来。

（四）总账记账之方法

1.总账分借方和贷方二项。

2.每种科目，要占一页或数页，出入多的多占些，少的时就少占些。

3.写定页数之后，就可由日记账上一笔一笔地过到总账上来，日记账中的收款，过到总账时，作为付项，换言之，借贷与日记账是相反的。

4.年月日及页数与日记账一样，毋庸赘述。

5.总账中"日记账页数"一格是与日记账中之"总账页数"相仿的。

6.总账及日记账中，均有"摘要"，可以说明借贷的情形，如收是谁付来的，他是怎样付来，以及一切应写的话，都得在摘要格子内说明。

7.日记账与总账两账收付相反的理由，日记账以现金为主体，是我们自己的账。总账以科目为主体，是我们代人家写的账。故所以在日记账上说"吾们收"多少，在总账中可说"他付我们"多少。

第五章　专家讲演

第一讲　祁门茶叶改良场目前事业及其意义

（一）目前事业

1.机械制茶实验场。祁红以难得之香味，于世界茶市中，独负盛誉，其销路原不应退落，然以成规墨守，不事改进，经营不善，成本奇高，致今日出产，不足当昔日三分之一，而犹历年亏折，尚有退落之势，可慨也。目前改进之法，非止一端，但若改用机械制造而实验成功，则目前所遭替局，或可挽救。

祁红向以人工制造，说者谓改用机械之后，则原有香味，恐将不保。此事目前既尚无实验，自无法臆断。然就事实论，祁红之香味，恐在茶叶之本身，因祁东北两乡之茶，虽制之以祁西南两乡之法，而仍无西南两乡之香味也。倘机械制造之祁红，香味不亚于人工制造之祁红，不但成本减轻，而品质划一，亦易推销。

全部由德定做之制茶机械，业经安徽建设厅，特拨卡车十二辆，由沪运祁。工厂厂址，在来龙山。该处交通便利，地点适中，去水极近，而地亦高爽，全县之中，无出其右者。

2.茶农模范工厂。祁门民间所用制茶工厂，建筑布置，大有改进余地。此项茶农模范工厂，即本此意，以当地之材料，当地普通建筑之计划，及其所需之费用，而建一改良之工厂，以作示范者。此厂厂址在西乡历口之梅殿下。历口为四乡产茶中心，该厂握二水之交，对岸即有茶号十一家，必可收其示范之效。

3.凤凰山新场。即目前正式经营之新场。其迁徙理由，及选择经过，业如他处论及，兹不赘。平里茶场，当初以诸事迁就，办理未周，既未实地测量，而亦未详细调查，致场地之内，每夹杂小片段许多的民间茶荈，荒坟废冢，随处皆是，其妨碍试验研究工作之大，莫此为甚。兹次新场场址既定，首先详细实地测量，举凡平里场目前所感受之困难，皆一致避免。至于新场之布置，拟完全按照公园计划，庶使此大片荒山废冢，除供本场研究试验改良外，且可供祁门人士，春秋早夕游息疏壤之地。

4.茶农模范茶园。政府改良，志在推广，而推广善策，当推示范。盖农民习于实物，空谈不易领解，而每年收入本微，全家衣食所系，更不敢轻作试尝也。模范茶园之意，在将近代新式茶园之管理，作成模型，庶茶农见而易学，以减少其试验错误之危险性。此项模范茶园工程现已大部完成。

5.西南分场。科学研究，尤贵实验，实验无差，方称完善，盖必须此地所得结果，用之彼处，仍无差异，则此项改良，方称完成也。茶业改良场，自改组以来，研究结果，成绩优异者为数颇多，其所以尚未发表者，以尚未经实验故也。盖农民信仰，难得而易失，一种新的改良，倘无万分把握，决不应轻易推广。推广而成功，固属大佳，推广而失败，农民一经受创，以后虽有良法，亦不易推广也。实验亦非易事，有地域的实验，有时间的实验，西南两分场，所以供地域之实验者。南乡分场，设于平里，西乡分场，设于历口。

6.长期茶贷。祁红受近年惨败影响，所有茶园，大都败落，不整理则恢复尤属无望，欲整理则农村金融又确属枯竭。茶园整理，短期亦不易见效。长期贷款，国内行之者复少。此长期茶贷之所以产生也。此项长期茶贷，利息甚低，长者可至七年，短者亦有二年。

7.冬期训练。茶业改良，必须茶农自动，欲茶农自动，必于奖励提倡之外，更用学校训练方式，授以新式思想，此展览竞赛及本班设置之所由来也。此班额定六十名，所有课程，除专家由他处聘请外，皆由本场各部技术人员担任。其制茶一项，除本场技师外，原拟请当地特精于此道之人，前来讲解，但以事先接洽未成，致未实现。

8.学徒式的练习员。练习生的宗旨，一为训练当地改良领袖，庶将来本场大部人员他调，本地所办各项事业，有人继续发扬光大，一为训练基本人才，备本场将来向外处发展推广之用。其所以称为学徒式者，此项练习员，皆半工半读，早晨上课，晚间自习，而终日须实地工作也。训练科目，分基本训练，如国文、珠算、救急、卫生等；技术训练，如茶叶栽培、制造、运销、合作等；工作训练，如开山种茶等；公民训练，如团体辩论运动等；专门训练，如分级化验、选种、病虫害防治等。此项练习员计共十九名。

9.合作运动。增加茶叶出口，以减轻成本、提高品质，为基本工作，此商场所谓之价廉物美也。改良品质，须经专家长期研究试验，所费甚巨，非目前茶农经济能力所能及，可由政府任之。至于减轻成本，则须生产者及制造者，自己努力，方为有效。此茶场所以提倡合作重大理由之一也。截至目前止，已成及新成各社四十余家，所制茶箱，可当全县三分之一。惟本场对于茶农非提倡合作而已，至于合作社茶叶之如何运输，如何销售，亦有详细计划。以事在祁门之外，故不具论。

10.祁门医院。祁门死亡率极高，而孩童尤甚，家有三子，即为繁衍，可见一斑。普通民众，无传染病者少，无病者亦多呈病容，而欲求一体格健壮、精神饱满者，实不多得，此实我祁人应认为严重者。祁门医院之设，固愿为祁人略效诊治微劳，但最大使命，则在调查研究此死亡率至高之由，庶可知预防之道。此院现假饶家坞饶氏宗祠为院址，该处环境清幽，山水如画，近经修改，更觉宜人。吾侪于此，实当为祁门全体人民，深谢饶氏之高义也。

11.游行电影。社会为一极复杂之有机体，每一现象之产生，常含多数之积因，非若一加二为三之若斯简单也。明乎此，即知吾人从事改进，决不能单顾一方事实，而置其他于不问。若但从一方努力，虽幸而一时成功，亦难期久远。游行电影，意在利用教育影片，以启迪民众思想。苟人民教育程度提高，生活较为合理化，则一切改革，皆易从事，岂徒茶业而已哉。二十世纪之文化，必须达到二十世纪之人民程度，方能接受，方能维持，方能进步。以今日之文化，授之于十五世纪之人民，将拟斥为异端，而群起反对，自保尚不能，又为能冀其日趋改善耶，此游行电影意义之一。将来并拟将一切茶业栽制改良，制成影片，以便宣传。

12.分级化验。真进步必须以科学为后盾，无科学基础之进步，皆不可信赖。分级化验，原以祁红市场为主，祁红牌子过多，品质不一，不合近代商业经营，致销路日见缩小，故急需研究分级，以资补救。惟因分级工作而采集之世界各国之红茶样本，及因化验而备置之各项仪器药品，使祁人见所未见，闻所未闻，其对当地科学教育之影响，远在商业意义之上也。

13.包装改良试验。祁红以包装不善，据今年实际调查，每年损失不下十余万元。茶场有鉴及此，特由专家就当地实际情形，而加以改良。

14.大苗圃。祁门红茶最使人注意者，即一园之内，茶种不一，而发芽先后，亦迟早不同。此种情形，不但关系品质甚大，而于管理上亦极感不便。茶场欲利用大规模苗圃，从事选择，先求茶种一致，再研究育种基本工作。

15.出口检验。祁红由祁运沪，费用甚大，而包装税捐，数亦惊人。茶佳，运沪可得善价，自可装载运沪；如茶不佳，则运输愈远，亏折愈大，实以就地另行设法为上。惟出口检验，事属创举，事虽急需，而仍多考虑，故今年拟先行试办。

16.展览竞赛。此事拟来春举行，意在借观摩而促进改良。展览计划及竞赛规则，皆经拟定，以事过繁屑，特从略。

以上各项，皆为茶场已定计划，或已举办，或正进行，或时尚未至者。

（二）祁门事业之意义

1.对于茶业前途之关系。茶为吾国大宗出口之一。四十年前，年约二百万担，二十年前，亦在百万担以上，而近十余年，则不过数十万担。不徒此也，外茶之输入，亦与日俱增。外茶之输入，漏卮固为可虑，而授人口实，使人假之以破坏我华茶之国际名誉，尤属堪忧。故由出口言，须早设法，由入口言，亦急宜努力，此事实昭著，无可讳言者。

全国经济委员会，有鉴及此，因于年前拟定全国茶业复兴计划，而以皖居全国各省产茶之首，祁门为祁红之主，因即以祁门为此项计划之出发点，用商业眼光，由栽制推销，分别改进，祁门成功，即此全国复兴计划之成功，祁门失败，此整个计划，亦必受重大打击，故祁门事业，关系吾国茶业前途，不言可喻。

2.对于安徽祁门之关系。茶为皖省大宗出产，而祁门庶政及社会经济，完全以茶为中心，改良茶业，与皖祁关系甚大，固无待言。前述茶场在祁各项事业，造福皖祁，亦不言可喻。然尚有较此尤大者，目前祁门茶场，有留学生四人，有大学毕业者十四人，专科毕业者十二人，受中等教育者十人，初级教育者六人，人才之盛，在皖全省各县中，恐不易多得，此大批同仁，皆能放弃都市生活，深入乡间，与农民同起居，同饮食，其对于农民生活思想之无形改进，曷可以里道计，盖茶场对于茶农方面之茶业问题，欲以生活方式求之也。

3.对于银行农村投资之关系。农业改良，不但需款，而尤需时，故长期农贷，欧美极为盛行，吾国银行对于农村投资，目前多限于短期贷款，然农业改良，决非短期所能完成者，茶为尤甚，今祁门试行之长期茶贷，苟结果完满，则为银行农村投资辟一新径，而吾国急需之长期农贷，亦或有实行之日。

4.对于吾国农村合作运动之关系。祁门之茶业产销合作运动，所以使茶场与当地打成一片，则茶场之改良，庶可即为当地之急需，不致蹈空，而当地之急需，亦即可由茶场改良，而不致忽视，二者相辅而行，必可跻茶业于复兴之道，此茶场对于合作运动之见解也。此种见解，若得成功，则于吾国合作运动，及农事改良，或不无小补。

5.对于吾国农村复兴及社会改进之关系。吾国农村败落殊甚，然复兴由何处入手？吾国社会病态实多，然改进究由何始，见仁见智，然问题之复杂恍惚而不易捉摸，无标准以绳进步之缓速，殆为从事者所同感之烦闷。今祁门事业，以茶为主，茶为祁门社会之生命线，为祁门农村经济之命脉，故进步与否，可以茶为准，此种无社会改进及农村复兴之名，而有改进及复兴之实之办法，或亦可供国人之参考。

第二讲　合作运动与茶业改良

（一）茶场为什么要提倡合作?

茶场即经济委员会实业部及皖省府三方就原有之安徽茶业试验场改组而成之祁门茶业改良场，其目的在以技术研究而谋祁门茶业之改良。合作即根据合作原理与合作法规而自动正式成立之民众团体，即通常号称之合作社，其目的在以团结之力，以谋解决个别不能解决之困难。以技术机关，而提倡民众团体组织之事，似风马牛不相及矣，不知者不曰救济茶农，即曰于茶商不利，皆非也。茶场之提倡合作，非救济茶农，非不利茶商，而自有其特殊重大之意义在焉。

1.国际贸易。我国出口物品，向以茶丝为主，丝无论矣，茶之出口，最多者年达二百万担，通常亦在百万担以上，近年则不过数十万担，茶种犹是也，栽培犹是也，而制造推销亦犹是也，前盛而今衰，故果安在，他人日求精进，而我仍墨守成规也。他人（印度、锡兰等）本无茶，而今日自亦产茶，不徒自产，而经营贸易，则完全商业化，栽培制造则完全科学化，以雄厚之资本，怀企业之野心，品质日益改进，销路日益扩充，而我则一仍旧贯，又焉得不败。岂败而已，倘不急起直追，非至完全灭绝不止，此目前之实情也。挽救之法，固须改良品质，而亦赖集合产销，以减轻成本，改良品质，须有专门技术，充分时间及宽裕经费，此非目前民力所能及，可由政府任之，此改良场制造厂之所以设立也。集合产销，须由人民自动，所谓集合产销，即一人之力所不能者，以十人之力任之，推而至于百人千人万人，一人之资本虽微，若集万人之资本，而共同经营之，亦可收企业之效矣，此茶场之所以提倡合作者一也。

2.改良推广。今日之改良场，已非昔日之农商部，农商部即本地所以称昔日之茶场者。今日之改良场，一切改良，完全用商业眼光，分级试验，包装试验，即其例也。而同时并就当地实际情形，在不影响茶农收入，及为一般经济能力所能达到之原则下，以谋民间茶叶之提高，及其产量之增加，然以惯于僻居之茶农，类皆零散之茶园，如何能使其实际困难，及其目前急需，得达于茶场，俾供茶场技术改良之研究，茶场之各种改良成绩，又如何而能于最短期间，推之于全县各地，非当地有健全普遍之团体组织，则不易为功。此茶场所以提倡合作者二也。

3.联络当地。祁门茶业改良场，所以为改良祁门红茶而设者，此政府之意也。茶为祁门之生命线，然必祁门之人无老无幼，无男无女，皆曰此我祁门之场，此我及我之子孙衣食所关也，方可谓达到政府措施所以为祁民之意。祁人视茶场而为己物而爱护之，而促进之，而督责之，则场务发达，殆可预期，而茶叶改良，亦可实现。然欲使茶场成为祁人生活之一部分而不可一日或无，必祁人久急盼而不能得者，而茶场为之致之，因其生活之所需，而茶场一一为之解决之，方足使祁人不能与场离，茶场之附设医院即此意，而茶场之提倡合作亦即此意也，此其三。

4.社会教育。改良茶业，固当以茶业为主，然促进社会改良，须由各方入手，畸形发展，决难持久。兹次茶场分派大学毕业生分居四乡，与农民同饮食，同甘苦，朝夕接触，随事讲解，其启迪民智，影响必大，民智启而一切改革，皆易推行，岂独茶业而已，此亦茶场之所以提倡合作者四也。

（二）至于救济茶农，不利茶商之说，全属误会

茶场提倡合作，所以促进茶农改良，虽可收救济之效，而实无救济之意。救济为慈善事业，且祁门茶农虽苦，然较之两湖温宁，尤胜一着。本济人先济危之意，政府倘施救济，亦先应由他处入手，改良为商业竞争获胜之秘诀。茶场提倡合作，欲借团体互励互勉之意，以求栽培采摘制造之合理化，以增加茶农之收入，然必须茶农先能自起团结，而后茶场从而辅助之，宣导之，训练之，方能期改良之功，救济何有。祁门今日之茶园，管理则过于放任，零乱荒芜，不堪入目，采摘则例皆粗野，老嫩枝叶，掺杂无分，制造则未干即售，以上各端，皆急宜设法纠正者。纠正之道，军事政治不为功，解说劝勉不为功，而惟有利用社会经济两方督促引诱之力以导之，方可达到改良之目的。故茶场之提倡合作，志在改良，而非救济，救济属消极的，改良为积极的，二者不可同日而语。

此种改良政策，有识者当知其正所以为救济茶商，商业功用，为人群生活必需之要素，而商业合理之经营，尤为繁荣社会必需之条件。今日祁门红茶商务，几完全为投机事业，置身其中者，例存侥幸之望，以茶栈之资本，购茶农之毛胚（即毛茶），成者坐取其利，败者于己无损，不知由技术贸易改进上用功夫，而徒知贬人以自肥，虽其中不乏明达之士，然以俗风所尚，亦莫之如何，此非正当经营之道也。倘不严加纠正，将使商业之功用不显，而祁红永陷于万劫不复之地，正当商人反受其害，此茶场之提倡合作，所谓救济商业，而非于商人不利也。

总之，改良茶业与合作运动，一为提高品质，一为减轻成本，二者相辅而行，非可偏废者，必价廉而物美，方足与人争胜于市场，否则不易也。

第三讲　迁场之理由及其经过

（一）选场经过

平里茶场，即当地所称之农商部，既已成立二十余年，历史可谓久矣，一旦迁徙，自非经万分详细考虑周妥之后，断不致轻举妄动，故未改组以前，即派专家二人来祁，费时半月，实地勘察，然以事业过大，未敢轻易决定，改组之后，由改良场以充裕时间，就地继续详细勘察，费时数月，方始竣事，然以各方问题过多，尤须慎重考虑。今春另派专家来祁，根据以往报告，遍历全县，不但往返斟酌，作详细比较之研究，而又费时月余，仍不敢定。今年夏七月，祁门茶业改良场委员会，为慎重计，各常委复亲至祁门，当时刘贻燕厅长，以防泛正紧，无法抽身，乃派该厅重要职员代理，各常委不辞辛苦，于溽暑烈日之下，奔走于万山榛荒之间，勘察会商结果，觉城区最宜。

理由：（1）历口去公路过远，且亦偏处一隅，情形与平里同，不适用，小路口水源不易，东北两乡无适当地点；（2）来龙山左公路而右阊江，作为工厂厂址最宜，全县无出其右者；（3）县城为本县一切事业中心，凤凰山为本县名胜之一，推广示范，均可收最大效果；（4）新场内现有民间茶秼，发育极佳，土质当无问题；（5）改良既属方法问题，城乡方法无异，设城设乡，并无大碍；（6）为便利互相参考起见，平里茶场，仍予保存，同时西乡历口，亦另设分场。

至是而新场场址乃定，然费时已将一年矣，决定之后，即由安徽建设厅令饬祁门公路处，先行实地测量，总计全场不过一千三百市亩，而测量时间，即费去两月有余，此亦慎重之又一证也，测量既竣，乃由建设厅令饬县政府布告登记，以便于业主商洽租买，此改良场选场之经过情形也。

（二）迁场理由

迁场经过既如上述，若原场实无迁移必要，必不致迁移，盖可断言，迁移理由甚多，兹择要分述于下：

1.推广示范。政府改良，志在推广，而有效推广，端赖示范，平里偏处一隅，交通不便，推广示范，两均不便，为推广示范计，必须迁徙。

二十年前，景德镇为徽属经济中心，阊江为往来要道，而正拟兴筑之铁路，亦绕平里而过，总场自应设于平里，今日则不然，公路大开，徽属经济中心，已渐有由景德镇而移入屯溪之势，拟建之铁路，亦不知何日方建，平里时效已完全丧失，自不宜作为总场之用，此其一。

2.事业扩充。为事业扩充计，亦必须迁移，目前平里作为分场则可，作为总场则不可，平里可用之地，已完全用尽，欲事扩充，实属无法，茶场自改组以后，规模计划之大，远非昔日可比，技术工作之扩充，姑不具论，而合作茶贷冬训医院之类，由全县着想，平里亦非其地，政府工作既以全体民众为目标，自不能偏于一隅，此其二。

3.工厂厂址。为工厂及茶场研究贯串及管理便利计，亦必须迁移，茶场之机械制茶实验厂厂址，祁门全县，无有较现定之来龙山为佳者，工厂厂址，必须交通方便，地势高爽，水源无虞，来龙山则完全符合，工厂既设在城区，则为便利计，总场自不能迁移他处，此其三。

以上所述，均系普通理由，而为常人所易解者，至于技术方面，以过于专门，特从略。

县城为全县政治、经济、建设、教育一切庶政之中心，根据上述理由，总场既须迁此，然迁移后于改良研究工作，有无妨碍，此亦读者所急欲知者，亦请述之：

1.改良方法。祁红以西南两乡为佳，此妇孺所知，茶场自当知之熟矣，然此与总场场址所在，并无重大关系，茶场之改良，在改良栽培方法，在改良制造方法，所改良者方法也，栽培方法，制造方法，城区所用者，与西南两乡所用者，完全一致，改良者既为方法，而方法城乡既无不同，则设乡设城，又有何关。

2.西南分场。而何况南乡平里茶场，固仍予保存，而西乡历口分场，亦即拟恢复，则总场迁城，于改良研究工作，自属无碍。

附　录

一、祁门冬期茶业合作训练班办法大纲

1.宗旨。本处为提高茶农制茶技术、增进产销知识并普及合作教育起见，特设祁门冬期合作制茶训练班。

2.名额。本班名额暂定为六十名。

3.期限。训练期限暂定为半月，于不妨碍农事时举行之。

4.课程。课程分合作、茶业、农村、会计、专家讲演及实习五项，其详细科目及分配由主管人员另订之。

5.费用。凡参加受训者，除课本及讲义费暂免外，并得酌供膳宿。

6.资格。凡茶农之文理清通、品端体健而于改良茶业特具兴趣者，经本处许

可，皆得加入本训练班。

7.讲员。训练班之讲员除专家得给川资外，皆由本处及祁门茶业改良场技术工作人员分任，不另支薪。

8.时间及地点。地点定在祁门县城内中心女子小学校内，时间自民国二十五年一月二日开始，同月十五日终了。

二、课程表

课程项目担任人及时间

课程	担任人	全期时数	时间	日期						
				一	二	三	四	五	六	日
合作原理	吴志铎	12	上午	8—10		8—10		8—10		
茶树栽培	胡浩川	12		10—11		10—11		10—11		
合作社组织方法	苏汝江	6		11—12		11—12		11—12		
茶树植物大观	张承春	6			8—9		8—9		8—9	
普通会计原理	祁曾培	12			9—11		9—11		9—11	
茶业贸易	吴觉农	6			11—12		11—12		11—12	
茶叶制造	冯绍裘	6	下午	1—2		1—2		1—2	1—3	
会计文件及其应用	王文济	14		2—4						
茶叶栽培实习	胡浩川	12			1—4					
合作法规	吴观甫	4				2—3		2—3		
运销合作	王义儒	4				3—4		3—4		
会计应用实习	王文济						1—4			

课程	担任人	全期时数	时间	日期						
				一	二	三	四	五	六	日
茶叶装运法	张承春	2							3—4	
专家讲演					7—9		7—9		7—9	
实习参观										全日

三、学员姓名一览表（以年龄为序）

姓名	年龄	籍贯	职业	现住	通讯处	备考
俞雨浓	40	婺源	商	祁西淑里	闪里源和酱坊转	
黄有伦	40	祁门	学	祁西淑里	历口汪大成转	
何星如	38	祁门	学	祁南何家村	城内文星堂转	
谢鹤峰	37	祁门	商	祁南岭西	城外双和号转	
刘建新	35	贵池	商	贵池阴家会	石埭香口书对面转交陈羽仪代收	
黄维道	35	祁门	农	祁西石门桥	城外裕泰号转	
陈宗颐	33	祁门	农	祁西流源	箬坑协兴号	
胡韵田	33	祁门	商	祁城内	城内北街	
方履平	33	祁门	商	祁城内	城内西街	
方汉威	33	祁门	商	祁西庚峰	城内隆太号转	
汪占鳌	31	祁门	学	祁西石潭	渚口倪德祥号	
李高禄	29	祁门	农	祁西流源	箬坑协兴号转	
倪世经	29	祁门	商	祁西伊川街	伊川阜通油厂	

姓名	年龄	籍贯	职业	现住	通讯处	备考
胡仲儒	29	祁门	商	祁西殿下	祁城华丰布店转	
胡永泰	28	祁门	商	祁西殿下	祁城华丰布店转	
吴鑫璋	28	祁门	农	祁西石迹源	伊川街协利祥号	
陈兆丰	26	祁门	商	祁西双河口	城内开源布厂转	
胡应列	25	潜山	学	祁东小魁源	祁城六邑同乡会	
吴克家	24	祁门	农	祁西石迹源	伊川街协利祥号	
胡伟忠	24	祁门	商	祁南梨坑	城内开源布厂转	
陈月华	24	贵池	商	贵池阴家会	石埭香口书对面转交陈羽仪代收	
廖少云	23	祁门	商	祁西石门桥	城外裕泰号转	
章仁陵	22	祁门	学	祁南坳里	程村碣乾大转	
陈之俊	21	祁门	学	祁西双河口	城内开源布厂转	
胡记文	21	祁门	学	祁南车田	城内开源布厂转	
胡开仕	21	祁门	学	祁南郭溪	祁南虎跳石同福生号	
方绍铎	20	祁门	商	祁西庚峰	城内上桥头鸿益祥转	
程春林	20	祁门	商	祁南岭西	城外双和号转	
朱宗佑	20	祁门	学	城内	塔坊朱立成号	
戴光辉	20	祁门	学	祁南拜塘石	程村碣勤大号	
饶曰校	20	祁门	学	城内	城内西街	
叶露珍	20	祁门	学	祁西汪坑	伊川阜通油厂	

姓名	年龄	籍贯	职业	现住	通讯处	备考
汪哲源	20	祁门	学	祁西石潭	渚口倪德祥号	
谢德仁	20	祁门	学	祁南张坑坞	塔坊合康祥转	
汪家声	17	祁门	学	祁南湘潭	塔坊合康祥转	
陈荫臣	15	祁门	学	城内	城内陈天泰号	

四、工作报告

本年本处开办祁门冬期茶业合作训练班，由专员指定张承春主持，负责计划，并派练习员章善渔、汪洋、黄□中、高超、葛廷栋五人协助，自十一月十五日起即开始先期筹备，十二月二日正式开学，十七日完毕，兹谨将一应经通情形详述如下：

（一）筹备经过

十一月十五日起根据办法大纲，先后商洽决定课程项目、招生办法、开办地点及举行时间等项，嗣即商请聘定各科担任讲师，决定课程时间表，及接洽聘请专家来祁讲演，同时通告各社派选人员来班受训，至开课前，各项应行手续，均次第按期完成。

（二）筹备事项

1.聘定讲师。

2.购置用品。

3.变更地址。查本班原定地址系借用祁城中心女小，后因该校寄宿教员一时不及迁出，乃改借中心男校，开课前均经督饬工役妥为布置，并借该校校务室为本班临时办事处，以便就近处理各项事项及登记手续。

4.报名登记。计各社报名参加者共三十八人，连本处练习员，合计五十三人，其祁门、至德及浮梁三县，因时间短促，均未及派人前来。

（三）开班期内逐日工作日记

1月2日：办理报到学员及分配宿舍讲席事项，须发文具、讲义及其他有关事项。

1月3日：正式上课，课程详见冬训班"课程、担任人及时间表"，晚八时在中心小学校大礼堂放映教育电影，招待本班学员参观，至十时三十分完毕。

1月4日：茶业贸易担任讲师吴觉农先生未及来祁，此课暂缺，其他各课仍照常进行。

1月5日：照常上课。

1月6日：专家杨性存来祁，商定本晚七时至九时作专门讲演，讲题为"农村合作实际问题的研究"，到会者除全体学员外，办公处全体人员亦一律参加，当晚因题目过长未及讲完，而杨先生又急于返京，乃移至翌晨八时至十时续讲。

1月7日：杨性存先生继续讲演"农村合作实际问题的研究"，上午课程改至晚间。

1月8日：照常上课。

1月9日：决议印行同学录，由学员中推定胡润田、倪世经、方履平负责办理。

1月10日：照常上课。

1月11日：本日为星期日，偕全体学员参观在祁举办之各项事业，首至办公办参观组社调查各种图表，并由干事吴志铎先生——解释。继至茶叶分级室，由冯先生说明分级检验之意义，讲解各项仪器之使用方法，及中外茶叶品质比较等。并参观医院，由院长说明该院使命及设备等。此后复往参观正在开辟中之模范茶园，由张承春加以解释。

1月12日：本期冬训班学员为谋将来联络感情、互通信息起见，学员陈兆丰、俞雨浓、方履平、胡韵田等发起组织同学会，请求指导，学员推定陈兆丰、俞雨浓、胡韵田等三人为筹备委员，负责办理学员登记，起草会章，筹备关于该会一切以筹备应办事宜，由章善渔负责指导。

1月13日：冬训班同学会晚间开成立大会，当由大会选举胡韵田、俞雨浓、陈兆丰、方履平、谢鹤峰等五人为负责人。

1月14日：照常上课。

1月15日：罗虔英先生到祁，当即商定下午二时至四时演讲，讲题为"农村合作的几个实际问题"。

1月16日：本期冬训班今日期满，上午八时在中心小学大礼堂举行毕业典礼，先后由罗虔英先生、吴志铎先生、胡场长、冯绍裘先生及来宾演讲，次由学员陈兆丰答词，十时在校前摄影，晚间七时本班学员举行话别会，十二时散。

1月17日：冬训班结束。

祁红茶品分级试验报告

全国经济委员会农业处农业专刊第七种

第一章　绪言

茶叶系属国际贸易品，处此商业竞争之候，须有超人之质，方可操必胜之权，有固定商标，乃可维商业之信誉，尤应有级别以供各级人士之需要，始有推广之可能。今华茶以采制不一，品杂名繁，既乏超人之质，更无级别、商标之规定，国际信誉早丧失无余，即原有销路尚难保持，犹言推广，诚等空谈。

本处有鉴于此，乃从详规划，以谋复兴，除创设大规模茶园工厂作合理之经营，改良制品，改善生产，以期本身之健全外，更从事茶品分级之研究，别等级，定商标，以利推销。

查茶品分级研究，国内尚属创举，乏成例之可援，国外亦无已定之法，以作参考，然以事关华茶外销之基本事业，实急不容缓，爰于可能范围之内，试从祁门红茶分级研究着手，俟其有成，再推及全国。两年来采集红茶样品，凡二百余种，购置各种仪器，积极进行茶品个别之比较，根据市场实际情形，作理化因子之检讨，而试拟红茶品级分类初步之标准方法，聊供华茶外销之参考，或生产者之试用，但未可视为不易之定论也。

第二章　采集红茶样品

因茶叶种类异常复杂，范围甚广，茶品分级试验不易全部举行，民国二十三年茶品分级初步计划，即先就外销之红茶着手，至民国二十四年仍限于经济、人力之不足，以外销之红茶，包括两湖、宁州、福州、温州、祁门、至德、浮梁等处，范围犹觉广大，恐难有成效，乃再行缩小而仅以祁红为限。

一、红茶品质分级试验采样原则与注意之事项

茶品分级试验采样为首要之工作，关系于分级之成效至切，兹将采样应有之原则与注意事项条举于下：

（一）采样原则

1.足以代表一部分或全部产地者（如省、县、乡镇）。

2.足以代表某一种者。

3.足以代表采制之时期者（如春、夏、秋）。

4.产量在数十箱以上者。

5.系外销者。

除以上各原则范围外，如有优异之品亦得采集之以供研究。

（二）采样应注意之事项

1.须已制成之精茶。

2.凡掺杂假茶者不要。

3.凡有烟熏或花熏者不要。

4.系当年出产者，陈茶与霉坏者不要。

5.于某一产地须将春茶、夏茶、秋茶（如该地向无秋茶出产，秋茶即可不采），各采集十数种，能多采者愈多愈善。

6.采集某种茶样，须即按表格详细记载（表式附后）。

7.每种茶样须两市斤或两磅。

8.装置茶样，切勿使有香、臭等气味之夹杂物混入，或共同置放一处。

9.茶叶样罐或瓶须用条签注明品名、产地，粘于罐之一旁或底（不可粘于盖上）。

10.采集后即须用罐或瓶密装，勿令受潮。（罐、箱等亦不宜有特殊之气味）

（附）采集红茶样品表式

1	品名		2	产地	
3	采制时期 （或帮别）		4	箱额	
5	售价（能注明售出日期更好）		6	销售地	
7	需要国别		8	采集者	
9	采集地		10	采集量	
11	采集年月		12	包装物	
备考					

二、供试茶样

二十三年度所采集各种红茶样品，以不仅限于祁门，较为普遍，故祁红样品无多，以供分级试验之用，殊嫌不足，民国二十四年度复赴上海茶叶市场，采集百余种，先后两年，计祁门一百六十七种，浮梁八种，至德七种，共计一百八十二种，浮梁、至德两处，本非属于祁门，惟以所产之红茶，近似祁红，市场上亦以祁红称之。

三、参考茶样

国内外既乏茶品分级之研究，无成法可援，只得就茶叶市场实际需要情形从事研究，而觅分级之途径，兹采购锡兰产之利普顿（Liptons）红茶，绿、黄、红三种，该茶制造精致，销路甚广，年输入我国亦达数千担以上；又采有日本等地红茶三种，及国内汪裕泰茶号罐售红茶，玫瑰、卢仝、虎牌、鹤牌四种；及华茶公司牡丹、花篮、孔雀、荷花四种。其各种品质颇有显著差异，以供分级试验之参考，借察世界之需要。

采集各种茶样产地与价格一览表

号次	品名	产地	采制时期			价格/元	附注
			年别	季别	帮别		
1	贡贡	祁门	民国二十三年	春	头帮	220.00	
2	诗液	同	同	同	同	120.00	
3	贡尖	同	同	同	同	150.00	
4	贡哉	同	同	同	同	200.00	
5	贡茶	同	同	同	同	210.00	
6	恒品	同	同	同	同	140.00	
7	明明	同	同	同	同	90.00	
8	真真	同	同	同	二帮	70.00	
9	蕙兰	同	同	同	同	100.00	
10	贡王	同	同	同	同	90.00	
11	露贡	同	同	同	同	80.00	

号次	品名	产地	采制时期			价格/元	附注
			年别	季别	帮别		
12	芽芽	同	同	同	同	80.00	
13	祁贡	同	同	同	同	75.00	
14	和霭	同	同	同	同	75.00	
15	源丰	同	同	同	同	90.00	
16	源香	同	同	同	三帮	85.00	
17	源利	同	同	夏	仔茶	55.00	
18	瑶华	同	民国二十四年	春	头帮	120.00	其中一部分售价为132元
19	华珍	同	同	同	同	45.00	
20	宝珍	同	同	同	同	85.00	
21	薰薰	同	同	同	同	120.00	
22	锋针	同	同	同	同	76.00	
23	同安	同	同	同	同	65.00	
24	鲜春	同	同	同	同	95.00	其中一部分售价为78元
25	龙潭	同	同	同	同	120.00	
26	鲁峰	同	同	同	同	115.00	
27	贡品	同	同	同	同	82.00	
28	赛芽	同	同	同	同	115.00	
29	宗魁	同	同	同	同	64.00	
30	华宝	同	同	同	同	119.00	
31	云峰	同	同	同	同	—	因采集时此茶尚未售出,故无价格
32	国色	同	同	同	同	73.00	
33	义昌	同	同	同	同	66.00	
34	敌群	同	同	同	同	90.00	

号次	品名	产地	采制时期			价格/元	附注
			年别	季别	帮别		
35	祁霞	同	同	同	同	75.00	
36	瑶光	同	同	同	二帮	74.00	其中一部分售价为70元
37	赛珍	同	同	同	同	67.00	
38	声声	同	同	同	同	62.00	
39	美珍	同	同	同	同	48.00	
40	薰仙	同	同	同	同	58.00	
41	针锐	同	同	同	同	54.00	
42	同兰	同	同	同	同	—	因采集时此茶尚未售出,故无价格
43	春春	同	同	同	同	52.00	
44	合作	同	同	同	同	56.00	
45	松岐	同	同	同	同	65.00	
46	贡贡	同	同	同	同	55.00	
47	赛蕊	同	同	同	同	58.00	
48	赛魁	同	同	同	同	46.00	
49	霞峰	同	同	同	同	47.00	
50	天香	同	同	同	同	63.00	
51	祁珍	同	同	同	同	50.00	
52	祁贡	同	同	同	同	50.00	
53	达球	同	同	同	同	52.00	
54	晴霞	同	同	同	同	50.00	
55	瑶英	同	同	同	三帮	55.00	
56	华王	同	同	同	同	40.00	
57	同同	同	同	同	同	38.00	

号次	品名	产地	采制时期			价格/元	附注
			年别	季别	帮别		
58	锐峰	同	同	同	同	38.00	
59	美美	同	同	同	同	37.00	
60	宝魁	同	同	同	同	—	因采集时此茶尚未售出，故无价格
61	祁昌	同	同	同	同	34.00	
62	源源	同	同	同		0.80	左列价格系以磅计
63	魁魁	同	同	同		0.70	同上
64	骏骏	同	同	同		105.00	
65	国精	同	同	同		115.00	
66	康健牌	同	同	同		1.40	左列价格系以磅计
67	上上乌龙	同	同	同		1.20	同上
68	上乌龙	同	同	同		1.00	同上
69	乌龙	同	同	同		0.80	同上
70	祁红	同	同	同		0.60	同上
71	信和	同	同	同		0.90	同上
72	龙姿	同	同	同		0.72	同上
73	飞仙	同	同	同		1.35	同上
74	赛宝	浮梁	民国二十三年	春	头帮	105.00	
75	春芽	同	同	同	同	100.00	
76	兰馨	同	同	同	二帮	75.00	
77	赛贡	同	同	同	同	75.00	
78	佼佼	同	同	同	三帮	50.00	
79	宝魁	同	民国二十四年	同		0.60	左列价格系以磅计
80	春芽	同	同	同		0.60	同上

号次	品名	产地	采制时期			价格/元	附注
			年别	季别	帮别		
81	源源	同	同	同		0.60	同上
82	森茂	至德	民国二十三年	春	头帮	75.00	
83	森林	同	同	同	同	75.00	
84	贡王	同	同	同	二帮	50.00	
85	宝珍	同	同	同	三帮	50.00	
86	锦福	同	同	同	同	55.00	
87	珍珍	同	同	同		0.50	左列价格系以磅计
88	贡品	同	同	同		0.50	同上

注：自八十九号至一百八十二号之茶样，系采自上海商品检验局之检验茶样品，制造时期与价格难于查考，故未列入表内。

上表排列次序，系按照采集之先后，及制造之时期而编制。

上表祁门茶价较至德、浮梁两处为高，又民国二十三年较民国二十四年之价格高出百分之二十以上，此系中外茶市之变迁，与受银价上涨影响之故。

查民国二十年祁红在上海最高售价为五百零四元，民国二十一年为三百一十元，民国二十二年为二百四十元，至民国二十三年最高价格为二百二十元，最低为五十元，民国二十四年最高价格为一百八十元，其最低为三十四元，逐年降低，打破祁红数十年来之昂贵市面，向以祁红为奇货之茶商，乃大失所望矣。

第三章　关于茶品分级之各项问题

红茶系农产工艺品，经种种必要之阶段，始达于消费者，经过阶段愈多，则变化愈大，影响于品质优劣之因子亦愈复杂矣，今将有关于红茶品质之各项问题，先作概括之说明：

一、关于原料方面

红茶品质之高下，首决于原料之优劣，而影响于原料之优劣者，又有下列数端：

1. 茶树品种是否优良。茶树种类不下数十百种，树势叶态各殊，发芽亦有迟早之分，适于绿茶者，未必适于红茶。查国内各产茶区之茶树，树势有大小疏密之分，叶态有长阔厚薄之别，形形色色，良莠不齐，优异而纯系之品种，当更无论矣。故同一地所产之红茶，品质亦异常复杂，优劣不分，今欲优美而单纯之茶叶，宜力从品种之研求着手。

2. 茶树所处地势是否同一。生物每因所处之环境而起变异，茶树受环境之变迁尤大，虽同一品种，植于平地者，与植于高山者，发育组织，常相去甚远，制品几有天壤之别，中外茶市，对于高山茶与平地茶之价格，有显然之等级，不稍混淆。

3. 原料是否整齐纯一。工厂制速有划一标准之制法，采用科学之管理，设因原料种类不一，或老嫩悬殊，或粗细不等，以性状迥异而受同一之制造，则必有过或不及之现象，劣者固劣，而优者亦随之劣矣。在精细之制茶厂，常将不同种类之原料，或老嫩之茶叶，分别各个制造，其所出制品，当较为整齐纯一，我国无大规模之种制茶厂，对于此种问题，尚无法避免，故制品终有参差不齐之憾。

二、关于采制方面

虽有同一之品种与纯一之原料，然以采制之不同，所得产品仍异，我国各地采制法之不划一，诚为华茶品质参差不齐之主因。

1. 采摘是否适时。采摘时期之迟早，可以左右茶之品质，茶叶迟采，其重要成分逐渐减退，组织硬化，品质则因之劣变，如采之过早而行芽摘者，除生产方面甚不经济外，制品且有味淡之嫌，亦非所宜也。最好以茶芽发育之状况为准，视芽之左右已伸出两叶者，即行采制，是为适时，国内红绿茶之采制不失之过早，则失之过迟，鲜有行一芽两叶摘者，故制品未能臻于至善。

2. 制造是否得法。我国红茶制造法，各地不同，其各茶品质之高下，全视各地采制法之优劣以为断，如祁门以制法较佳，品质甲于全国，两湖与温州以制法之不善，制品相去甚远，未可与之比伦，但祁门茶有时发现低级之湖红气味，安化、宁州亦会制出类似祁红之品质，以此观之，红茶品质之优劣，并不全限于地域，而可从制法中求得之矣。

三、关于夹杂物方面

茶叶品质优劣，本基于本身先天之好坏，似与夹杂物之含量无关，然细察沪汉茶市价格大小，而与茶叶所含夹杂物适成反比，盖因夹杂物有碍茶叶形状之观瞻，而令消费者起厌恶之心理，倘含量过多，且影响于茶叶之香味，以致恶化，华茶品质之欠善，夹杂物含量过多，亦其一因也。

兹将茶叶中各项夹杂物分述于下：

1.粗梗之含量。粗梗可影响茶之外观及其香味，华茶以采制粗放，含量颇多，尤以老茶为甚。

2.老片之含量。老片影响茶之品质与粗梗同，甚或过之，盖老片有特殊之青臭，令人起不快之感，华茶以采集粗放，含量颇多。

3.碎末之含量。碎末之成因，起于精制之欠善，其影响于茶之品质，不若梗片之甚，如含量极少，则无伤品质，且有加深水色之效。

4.杂屑之量。杂屑完全起于管理粗放与制造用具之不洁，其影响于茶之外观殊甚。

5.砂土之含量。砂土之含有，多起于采摘之不慎，尤以鲜茶论重量计值或工资者特甚，其影响于茶之品质甚大。

四、关于包装贮藏方面

包装贮藏，对红茶品质本无直接关系，然间接影响品质之劣变甚大。盖以品质优美之茶叶，因包装贮藏之不得法，可一变而为废物，当今之经营茶叶者均虑及之，而力求妥善以期无变。

1.包装是否得法。干燥红茶吸收水分之力甚强，能于一二日之中充分润湿，香味每因润湿而低减，而消灭，甚至霉烂不堪，改红茶于精制干燥以后，务求择坚韧避潮之箱罐，慎密包装，以避潮湿侵入，而保香味，如市面零售而用美丽之装潢，兼可增进消费者之美感，而于无形之中提高茶叶之价值，华茶对于包装一层，少有注意，故外商常有提出改良包装之请求。

2.储藏之久暂。茶叶系最易变化之物，耐储藏之力不及他种商品，而以红茶为尤甚，盖红茶为发酵之茶叶，虽在十分妥善条件之下，与周密储藏之中，终难避免其继续发酵之作用，不过发酵进行甚为迟缓耳。常察储藏一二年或三数年之红茶，香味逐年减退，以至于全无，他若叶底，更有显著之变化，每由鲜艳而达于暗黑，是储藏时间之久暂与品质之变化，适成正比，故中外茶商最忌陈茶之并混，又如茶市陈茶之价格常低于新茶数倍者，非无因也。

第四章　茶品分级研究方针及步骤之拟定

茶品分级试验，国内外尚缺乏先例，以供参考，只得暂就产销之实际情形，找出产地与采制时期天然品级之种种理化因子，而作初步之研究。

茶品分级进行方针，除首先采用茶商品评方式作普通审查外，更将相关之各项因子，分为物理及化学二种，采用统计法，以求最高、最低及平均之各数字，而为分级之依据。

一、茶样品质个别审查

华茶采制均操于农工之手，采制之法不一，老嫩混合，粗细不齐，制品繁杂，尤有茶商巧立名目，以图蒙混，每有名不副实，而相去悬殊者，又在同一产地，因采摘时期略有早迟，而发生绝大差异者。是故研究茶叶之品级，对于品质之个别审查，比较优劣，实为首要之工作。

审查法，系根据国内商品检验局茶叶出口检验之规程，并参照普通茶商品评茶叶之方式，为求精密起见，更预选一种色香味适中之茶样，以作固定标准，比较高下，免前后相互矛盾，而发生绝大之差误，如是一再审查，各种样品之形状、色泽、香气、滋味、水色五项之优劣，各给分数，而计其总和，以定高下。除上五项审查外，更详察其叶底，以判明茶叶之老嫩与制法之良窳，为品质审查比较之助，凡叶底优嫩匀齐者，其品质亦优，叶底老劣而花暗者，其品质亦劣，兹将茶样品质个别审查列表于后：

（附）1.茶叶审查法：

A.外形审查：以正方茶盘盛各种茶样，置于光线充分之台上，先审查各个形状之粗细、伸缩、整碎、松紧、轻重、梗片等夹杂物多寡及有无，次视其色泽之深浅、匀齐、枯润、鲜暗与否。

B.泡水审查：以等量（2.5克）之茶泡以同量（200毫升）纯洁之沸水，经过五分钟或六分钟后，而嗅其香气之高低、清浊、纯正与否，尝其滋味浓淡、浮燥、清快、浊锐，察其水色之浓淡、鲜明、深暗、浊涸。

2.审查给分之规定。茶叶品质以香气滋味为最主要，水色次之，形状、色泽又次之，其分数亦应有参差之分，兹定形状、色泽各为十分，香气、滋味各为三十分，水色二十分，五项满点为百分。至叶底优劣审查不计分数，而以A、A'、B、B'、C、C'、D、D'、E等九级示之。

茶叶品质审查表

号次	形状	色泽	香气	滋味	水色	合计	叶底	备考
1	9	8.5	28	30	17	92.5	B	滋味浓厚
2	9	9	26	28	18	90	B'	
3	8.5	8.5	28	26	17	88	B	滋味稍淡
4	9	9	29	29	18	94	A'	香清味醇,为祁红之上品
5	8.5	9	28.5	27	17	90	A'	香气颇佳,味欠浓,水色淡
6	9	9	24	26	18	86	C	
7	9	8.5	20	20	18	75.5	C'	
8	9	8	26	28	18	89	C	
9	8.5	9	26	26	17	86.5	C'	
10	8.5	8	24	26	17.5	84	C'	
11	8	8	24	23	17.5	80.5	C'	
12	8	8	24	22	17.5	79.5	C	
14	8.5	9	24	24	17	82.5	C'	
15	8	8	22	22	18	78	C'	
16	8	8	22	22	17.5	77.5	D	
17	7	7	20	18	18	70.0	C'	形状稍粗,色微黄,欠光润,水色鲜明
18	9	9	24	24	17	83	A'	
19	7.5	7.5	22	22	16	75	B	此茶原有酸味,经一次补火后酸味全减
20	8	8	24	23	17	80	B	
21	8.5	8.5	22	22	16	77	B'	
22	8.5	8.5	23	24	16	80	B'	
23	8.5	8.5	22	22	17	78	C'	焦气颇高,有焦味

号次	形状	色泽	香气	滋味	水色	合计	叶底	备考
24	8.5	8.5	23	23	16	79	B	
25	8.5	9	22	22	17	78.5	B'	颇纯净,香气劣变
26	8.5	8	25	24	17	82.5	B	
27	8	8	22	24	17	79	B'	味微苦
28	8	8	24	23	17	80	A'	
29	8	8.5	21	20	16	73.5	C	焦气及焦味太重,叶不开展
30	8	8.5	26	24	17	83.5	A'	
31	8	8	21	21	16	74	C'	香气及滋味劣变,水色微暗,叶不开展
32	8.5	8	20	20	16	72.5	D	
33	8	8.5	24	24	17	81.5	B'	微有火气及焦味
34	8.5	8.5	22	22	16	77	B'	
35	8	8	24	23	16	79	B	
36	8	8	23	23	16	78	B	
37	7	7	23	23	18	78	A'	
38	7	7	22	23	17	76	A'	
39	7	7	22	24	17	77	B'	
40	7.5	7.5	22	23	16	76	B	
41	7.5	7	23	23	17	77.5	B'	
42	7.5	7.5	20	20	16	71	C'	梗片颇多,水色微暗
43	7	7	24	24	16	78	B	
44	8	8.5	25	23	16	80.5	B'	
45	7.5	7.5	23	23	16	77	A'	
46	7.5	7	21	22	16	73.5	C	

号次	形状	色泽	香气	滋味	水色	合计	叶底	备考
47	6.5	6.5	22	22	16	73	A'	有焦气及焦味
48	7.5	7.5	22	23	17	77	B'	微有焦味
49	7	7	23	24	18	79	B	
50	7.5	7.5	22	22	17	76	A'	
51	8.5	8.5	23	24	17	81	C	
52	8	8	23	24	17	80	B'	
53	8	8	23	23	16	78	C'	
54	7	7	22	22	17	75	B'	
55	7.5	7.5	20	22	16	73	C	
56	6.5	6.5	19	20	16	68	B	梗颇多
57	6	6.5	20	20	17.5	70	B'	
58	6.5	6.5	21	22	16	72	C'	
59	6.5	7	20	20	16.5	70	C	黄片太多
60	6	6	18	18	16	64	C'	多黄片
61	6	7	18	18	17	66	B'	水色微暗,形状类似珠茶,梗片颇多
62	7.5	7.5	20	20	16	71	D	梗片颇多微劣变
63	7	7	18	20	16	68	D	
64	8.5	8.5	26	25	16	84	B'	
65	8.5	8.5	26	23	16	82	C	
66	8.5	9	24	23	16	80.5	A'	微有焦气及焦味
67	8	8.5	22	22	16	76.5	C	水色暗
68	8	8	23	21	16	76	C	
69	8	8	23	20	16	75	B	滋味欠纯
70	6.5	6.5	18	18	16	65	D'	叶底及水色均暗

号次	形状	色泽	香气	滋味	水色	合计	叶底	备考
71	8	8	22	22	16.5	76.5	B	叶底鲜明,香气稍燥,味欠纯
72	8.5	8.5	21	22	16	76	B'	叶底鲜明
73	8	8	22	23	16	77	A'	香气劣变
74	8.5	8	24	22	17	79.5	D	
75	8	8	22	22	18	78	D	
76	8	8	24	24	17	81	C	
77	8	7.5	24	24	17	80.5	C'	
78	8	8	22	24	18	80	D	
79	7	7	20	21	16	71	C	
80	7.5	7.5	20	20	16	71	D'	
81	7.5	7.5	22	20	16	73	C	
82	8	8.5	20	20	18	74.5	D'	
83	8	8.5	19	19	18	72.5	D'	
84	7.5	7.5	23	24	18.5	80.5	D	
85	7.5	7.5	22	22	18	77	D'	
86	7.5	8	22	20	17	74.5	D'	
87	7.5	8	20	20	16	71.5	D	
88	7	7.5	18	18	15	65.5	D	水色暗
89	7.5	7.5	24	24	19	82	A'	
90	7.5	8	23	23	16	77.5	B'	
91	8	8	22	21	16	75	B	
92	8.5	8.5	24	24	16	81	B	微有焦味及焦气
93	8.5	9	24	24	16	81.5	B	
94	7.5	8	20	20	16	71.5	D	

号次	形状	色泽	香气	滋味	水色	合计	叶底	备考
95	8.5	8.5	22	24	16	79	B'	
96	8	8.5	21	22	16	75.5	C'	梗稍多,香气微变
97	7.5	7.5	20	22	15	72	D	
98	7	7	18	20	16	68	B'	
99	6	6.5	22	22	15.5	72	C'	
100	8	8	24	23	16	79	B'	
101	7.5	7.5	24	24	16	79	B'	
102	7.5	7.5	24	23	16	78	D	
103	8	8	26	24	16	82	B	
104	8	8	24	23	16	79	C'	
105	7.5	8	20	20	16	71.5	C'	
106	6.5	6.5	18	18	15	64	D	
107	8	8	23	22	16	77	B'	
108	6.5	6.5	20	20	16	69	D	
109	7.5	7.5	25	24	16	80	A'	
110	8.5	8.5	22	22	16	77	B'	
111	8	8	24	22	16	78	C	
112	8	8	23	24	16	79	B'	
113	8	7.5	22	24	16	77.5	C'	
114	8	7.5	22	22	17	76.5	B	
115	7.5	7.5	20	22	17	74	C'	
116	7	7	18	20	17	69	B'	
117	8.5	8.5	25	24	16	82	B	
118	8.5	8.5	26	24	16	83	A'	
119	8	8	24	23	16	79	C	

号次	形状	色泽	香气	滋味	水色	合计	叶底	备考
120	8	8	23	22	16	77	C	
121	7.5	9	16	16	16	64.5	E	
122	7.5	7.5	20	20	16	71	D	
123	7	7	22	22	16	74	B'	
124	7.5	7	26	24	16	80.5	C	
125	6.5	6.5	18	18	16	65	D'	
126	7.5	7.5	20	20	16	71	C'	
127	7	7.5	20	20	16	70.5	B	
128	6.5	7.5	21	22	17	74	C	
129	8	8	24	24	16	80	B'	
130	9	9	28	28	17	91	C	
131	7.5	7.5	24	24	16	79	C	
132	8	9	16	16	15	64	E	
133	8	8	23	22	16	77	C	
134	7	7	24	24	16	78	B	
135	6.5	6.5	18	18	16	65	C	
136	7.5	8	21	20	16	72.5	C'	
137	8	8	22	20	15	73	D	
138	8	8	20	22	16	74	B	
139	8	8	24	22	16	78	B	
140	6.5	6	20	20	16	68.5	C'	
141	6.5	6.5	20	20	15	68	B'	
142	8.5	8.5	23	22	17	79	B'	
143	7.5	7.5	22	22	16	75	B'	
144	8.5	8	26	24	17	83.5	B	

号次	形状	色泽	香气	滋味	水色	合计	叶底	备考
145	8	8	25	24	16	81	B'	
146	7.5	7.5	21	22	17	75	B	
147	7	7	22	24	16	76	A'	
148	8	8.5	23	22	16	77.5	B'	
149	8.5	8.5	25	23	16	81	B'	
150	7	7	20	22	16.5	72.5	B	
151	8	8	24	23	18	81	B'	
152	7	7.5	23	24	16	77.5	B	
153	7.5	7.5	24	23	16	78	A'	
154	7.5	7.5	22	23	16	76	A'	
155	6.5	7.5	22	20	16	72	B	
156	6	6	16	18	15.5	61.5	C'	
157	7.5	8	20	21	16.5	73	C'	
158	7	7.5	22	23	16	75.5	C'	
159	8	8	20	20	15.5	71.5	C	
160	6	6	18	18	15.5	63.5	C	
161	7.5	8	22	21	16	74.5	C	
162	7.5	7.5	20	20	16	71	C	
163	8	8	26	24	17	83	B'	
164	8	8	24	22	16	78	C	
165	7.5	7	20	20	15	69.5	C	
166	6	6	18	20	18	68	E	多系片梗末
167	8	8	28	28	17	89	A'	
168	8.5	8.5	24	24	16	81	B	
169	8	8	25	24	16	81	B	

号次	形状	色泽	香气	滋味	水色	合计	叶底	备考
170	9	9	25	25	17	85	A'	
171	9	9	26	24	18	86	A'	
172	8	8	18	18	15	67	D	
173	7.5	8	23	22	16	76.5	B'	
174	6.5	6.5	20	20	16	69	C	
175	8	8	22	22	17	77	B	
176	7.5	7.5	22	22	18	77	C	
177	7	7	24	24	17	79	B	
178	8	8	22	22	16	76	B'	
179	8	8	20	20	16	72	C'	
180	7.5	7.5	18	20	15	68	D'	
181	8	8.5	23	24	18	81.5	C	
182	7.5	7.5	23	24	16	78	B	

　　观上表祁红以得天独厚之故，且采制较为得法，其品质优良，在国内堪称独步，至浮梁、至德两处之茶，市场上虽均以祁红目之，但品质终不如上等祁红之优，而与次等相伯仲耳。

　　茶叶品质因采制时期之不同而有差异，兹将民国二十三年及民国二十四年之头、二、三帮茶叶，各提出数种，列表比较，以明时期对于品质之影响：

制茶时期与品质比较（民国二十三年）

号次	形状	色泽	香气	滋味	水色	合计	叶底	附注
4	9	9	29	29	18	94	A'	
1	9	8.5	28	30	17	92.5	B	
6	9	9	24	26	18	86	C	
7	9	8.5	20	20	18	75.5	C'	以上系头帮茶
合计	36	35	101	105	71	348		

平均	9	8.75	25.25	26.25	17.75	87		
号次	形状	色泽	香气	滋味	水色	合计	叶底	附注
8	9	8	26	28	18	89	C	
9	8.5	9	26	26	17	86.5	C'	
12	8	8	24	22	17.5	79.5	C	
15	8	8	22	22	18	78	C'	以上系二帮茶
合计	33.5	33	98	98	70.5	333		
平均	8.38	8.25	24.5	24.5	17.6	83.23		
号次	形状	色泽	香气	滋味	水色	合计	叶底	附注
16	8	8	22	22	17.5	77.5	D	三帮茶
17	7	7	20	18	18	70	C'	仔茶
合计	15	15	42	40	35.5	147.5		
平均	7.5	7.5	21	20	17.75	73.75		

制茶时期与品质比较(民国二十四年)

号次	形状	色泽	香气	滋味	水色	合计	叶底	附注
30	8	8.5	26	24	17	83.5	A'	
18	9	9	24	24	17	83	A'	
31	8	8	21	21	16	74	C'	
32	8.5	8	20	20	16	72.5	D	以上系头帮茶
合计	33.5	33.5	91	89	66	313		
平均	8.38	8.38	22.75	22.25	16.5	78.25		
号次	形状	色泽	香气	滋味	水色	合计	叶底	附注
51	8.5	8.5	23	24	17	81	C	
44	8	8.5	25	23	16	80.5	B'	
47	6.5	6.5	22	22	16	73	A'	
42	7.5	7.5	20	20	15	70	C'	以上系二帮茶
合计	30.5	31	90	89	64	304.5		
平均	7.63	7.75	22.5	22.25	16	76.13		

号次	形状	色泽	香气	滋味	水色	合计	叶底	附注
55	7.5	7.5	20	22	16	73	C	
58	6.5	6.5	21	22	16	72	B	
60	6	6	18	18	16	64	C'	
61	6	7	18	18	17	66	B'	以上系三帮茶
合计	26	27	77	80	65	275		
平均	6.5	6.75	19.25	20	16.25	68.75		

观上列二表，头、二、三帮茶之品质有显著之差异，如头帮茶之形色特别细嫩匀齐，高于一切，二帮茶形色较次，但香味以制造关系，平均与头帮相差甚微，至三帮茶之形色香味均逊矣。

每年茶市估价之高低，除有特殊情形外，均依茶之品质高下而定，尤以形状之好坏为显著，兹列举民国二十三年、民国二十四年两年茶价与品质之关系如下表：

号次	形状	色泽	品质审查总分	价格/元	附注
1	9	8.5	92.5	220	
2	9	9	90	120	
3	8.5	8.5	88	150	
4	9	9	94	200	
5	8.5	9	90	210	
6	9	9	86	140	
7	9	8.5	75.5	90	
8	9	8	89	70	
9	8.5	9	86.5	100	
10	8.5	8	84	90	
11	8	8	80.5	80	
12	8	8	79.5	80	

号次	形状	色泽	品质审查总分	价格/元	附注
14	8.5	9	82.5	75	
15	8	8	78	90	
16	8	8	77.5	85	
17	7	7	70.5	55	
18	9	9	83	120	民国二十四年五月十日售出
19	7.5	7.5	75	45	民国二十四年七月二十九日售出
20	8	8	80	85	
21	8.5	8.5	77	120	民国二十四年五月十七日售出
22	8.5	8.5	80	76	民国二十四年五月三十一日售出
23	8.5	8.5	78	65	民国二十四年五月三十一日售出
24	8.5	8.5	79	95	
25	8.5	9	78.5	120	
26	8.5	8	82.5	115	
27	8	8	79	82	
28	8	8	80	115	
29	8	8.5	73.5	64	
30	8	8.5	83.5	119	
32	8.5	8	72.5	73	
33	8	8.5	81.5	66	民国二十四年六月六日售出
34	8.5	8.5	77	90	
35	8	8	79	75	
36	8	8	78	74	
37	7	7	78	67	
38	7	7	76	62	

号次	形状	色泽	品质审查总分	价格/元	附注
39	7	7	77	48	
40	7.5	7.5	76	58	
41	7.5	7	77.5	54	
42	7.5	7.5	71	46	
43	7	7	78	52	
44	8	8.5	80.5	56	
45	7.5	7.5	77	65	
46	7.5	7	73.5	55	
47	6.5	6.5	73	58	
48	7.5	7.5	77	46	
49	7	7	79	47	
50	7.5	7.5	76	63	
51	8.5	8.5	81	50	民国二十四年七月十一日售出
52	8	8	80	50	民国二十四年七月十一日售出
53	8	8	78	52	
54	7	7	75	50	
55	7.5	7.5	73	55	
56	6.5	6.5	68	40	
57	6	6.5	70	38	
58	6.5	6.5	72	38	
59	6.5	7	70	37	
61	6	7	66	34	民国二十四年七月三十日售出
62	7.5	7.5	71	0.8	以磅计
63	7	7	68	0.7	民国二十四年七月三十日售出,以磅计

号次	形状	色泽	品质审查总分	价格/元	附注
64	8.5	8.5	84	105	
65	8.5	8.5	82	115	
66	8.5	9	80.5	1.4	以磅计
67	8	8.5	75.5	1.2	民国二十四年七月三十日售出，以磅计
68	8	8	77	1.0	以磅计
69	8	8	77	0.8	民国二十四年七月三十日售出，以磅计
70	6.5	6.5	65	0.6	以磅计
71	8	8	76.5	0.9	民国二十四年七月三十日售出，以磅计
72	8.5	8.5	76	0.72	以磅计
73	8	7.5	76.5	1.35	民国二十四年七月三十日售出，以磅计
74	8.5	8	79.5	105	
75	8	8	78	100	
76	8	8	81	75	
77	8	7.5	80.5	75	
78	8	8	80	50	
79	7	7	71	0.6	以磅计
80	7.5	7.5	71	0.6	以磅计
81	7.5	7.5	73	0.6	以磅计
82	8	8.5	74.5	75	
83	8	8.5	72.5	75	
84	7.5	7.5	80.5	50	
85	7.5	7.5	77	50	
86	7.5	8	74.5	55	
87	7.5	8	71.5	0.5	以磅计

号次	形状	色泽	品质审查总分	价格/元	附注
88	7	7.5	65.5	0.5	以磅计

观表中有形状色泽较佳者估价反低，系受出售时期迟早之影响，查沪汉茶市茶价，大都以早为贵，愈迟者则售价愈低。

二、关于物理各种因子之检讨

（一）夹杂物个别统计

红茶中夹杂物影响品质之劣变甚大，故分级试验亦视为重要之一部分，而作个别之统计，相互比较，判定其优劣。

夹杂物个别检出法。将每种茶样称取二十克，首先用草末筛（一英寸一五六·二五方眼）筛去其碎末，次用簸盘簸去老片，以玻璃皿分盛之，即各称其量，复将剩余之样品，用铜铗细心拣出粗梗、杂屑、砂土，分衡之，详细记载，以求各个所含之百分率，而为分级之标准。

夹杂物统计表（%）

号次	夹杂物					合计	形状	附注
	梗	片	末	砂	屑			
1	4.55	3.4	0.45			8.4	9	
2	5.1	2.95	1.75			9.8	9	
3	5.15	4.6	1.5			11.25	8.5	
4	4.9	2.45	1.15			8.5	9	
5	4.98	4.05	0.25			9.28	8.5	
6	3.6	4.25	1.45			9.3	9	
7	4.85	3.4	1.55			9.8	9	
8	5.85	2.7	1.7			10.25	9	
9	5.45	4.05	0.65			10.15	8.5	
10	4.1	4.6	1.8			10.5	8.5	

号次	夹杂物					合计	形状	附注
	梗	片	末	砂	屑			
11	6.2	5.85	1.05			13.1	8	
12	6.85	6.2	1.15			14.2	8	
14	4.45	4.65	1.95			11.05	8.5	
15	6.45	5.65	0.65			12.75	8	
16	6.25	5.2	1.15			12.6	8	
17	7.85	6.85	1.1			15.8	7	
18	4.1	4.75	0.15			9	9	
19	8.35	4.65	0.65			13.65	7.5	
20	5.45	4.25	0.55			10.25	8	
21	4.45	4.65	0.75			9.85	8.5	
22	5.65	4	1.2			10.85	8.5	
23	5.6	3.55	1.55			10.7	8.5	
24	4.65	5.25	0.65			10.55	8.5	
25	3.35	2.35	0.15			5.85	8.5	
26	4.35	5.25	0.65			10.25	8.5	
27	4.3	4.85	1.25			10.4	8	
28	4.3	4.15	0.75			9.2	8	
29	4.7	3.86	1.25			9.81	8	
30	4.45	2.45	0.86			7.76	8	
31	4.45	5.7	1.05			11.2	8	
32	3.95	4.65	1.95			10.55	8.5	
33	4.55	4.15	1.14			9.84	8	
34	4.45	5.6	1.15			11.2	8.5	
35	6.25	2.35	1.85			10.45	8	

号次	夹杂物					合计	形状	附注
	梗	片	末	砂	屑			
36	6.05	4.1	1.35			11.5	8	
37	8.2	4.95	1.05			14.2	7	
38	8.55	6.14	1.05			15.74	7	
39	8.35	6.05	1.85			16.25	7	
40	7.75	4.15	1.15			13.05	7.5	
41	7.85	4.75	1.95			14.55	7.5	
42	8.26	7.65	1.8			17.71	7.5	
43	7.3	6.9	1.4			15.6	7	
44	5	4.2	0.85			10.05	8	
45	6.4	6.2	0.8			13.4	7.5	
46	6.85	5.25	2.65			14.75	7.5	
47	8.7	7.35	1.65			17.7	6.5	
48	5.95	5.2	1.15			12.3	7.5	
49	6.75	5.9	1.45			14.1	7	
50	6.25	4.7	1.95			12.9	7.5	
51	4.75	3.6	0.95			9.3	8.5	
52	5.25	3.15	1.15			9.55	8	
53	5.35	3.55	1.15			10.05	8	
54	7.2	5.25	1.3			13.75	7	
55	6.45	5.15	2.1			13.7	7.5	
56	8.65	7.85	2.4			18.9	6.5	
57	9.6	8.2	2.05			19.85	6	
58	8.8	7.95	1.65	0.35		18.75	6.5	
59	8.65	10.15	1.45			20.25	6.5	

号次	夹杂物					合计	形状	附注
	梗	片	末	砂	屑			
60	9.9	9.15	1.65			20.7	6	
61	8.8	8.55	2.85	0.15		20.35	6	
62	8.65	7.15	1.05			16.85	7.5	
63	7.95	7.45	1.55			16.95	7	
64	5.1	3.1	2.2			10.4	8.5	
65	5.4	4.95	1			11.35	8.5	
66	4.65	3.25	1.35			9.25	8.5	
67	5.25	4.25	0.85			10.35	8	
68	5.45	4.15	1.5			11.1	8	
69	5.85	4.95	1.25			12.05	8	
70	8.85	6.65	1.35	微有		16.85	6.5	
71	5.35	4.05	1.43			10.83	8	
72	5.15	4.55	0.65			10.35	8.5	
73	6.35	3.35	1.95			11.65	8	
74	6.25	4.55	0.45			11.25	8.5	
75	5.65	4.65	1.55			11.85	8	
76	7.5	4.45	0.8			12.75	8	
77	4.95	5.4	1.45			11.8	8	
78	6.35	3.6	0.15			10.1	8	
79	7.5	6.65	0.85			15	7	
80	7.4	5.9	1.75	0.05		15.1	7.5	
81	7.2	4.55	1.25			13	7.5	
82	5.8	5.55	0.7			12.05	8	
83	9.35	1.65	1.30			12.3	8	

号次	夹杂物					合计	形状	附注
	梗	片	末	砂	屑			
84	7.5	7.15	微有			14.65	7.5	
85	4.65	11.2	1.15			17	7.5	
86	6.9	7.65	1.25			15.8	7.5	
87	7.2	4.15	1.35			12.7	7.5	
88	7.4	6.75	1.45			15.6	7	
89	7.55	7.15	1.55			16.25	7.5	
90	8.5	7.4	0.65			16.55	7.5	
91	6.75	3.12	1.3			11.17	8	
92	5.2	3.45	0.4			9.05	8.5	
93	5.6	3.9	0.3			9.8	8.5	
94	7.35	6.85	2.35			16.55	7.5	
95	5.65	4.35	2.4			12.4	8.5	
96	7.9	4.95	0.9			13.75	8	
97	6.75	6.6	2.05			15.4	7.5	
98	7.9	5.6	2			15.5	7	
99	8.65	7.5	2.9			19.05	6	
100	7.55	3.85	0.55			11.95	8	
101	7.95	4.05	0.15			12.15	7.5	
102	8	5.15	2.05			15.2	7.5	
103	7.5	3.6	1.5			12.6	8	
104	7.85	3.6	1.6	1.6		14.65	8	
105	8.1	4.05	0.3			12.45	7.5	
106	9.55	6.05	1.6			17.2	6.5	
107	6.5	2.85	1.6			10.95	8	

号次	夹杂物					合计	形状	附注
	梗	片	末	砂	屑			
108	9.15	7.9	1			18.05	6.5	
109	6.8	6.5	2.6			15.9	7.5	
110	6.35	1.9	0.3			8.55	8.5	
111	7.6	4.65	0.55			12.8	8	
112	7.85	3.55	1.05			12.45	8	
113	7.1	3.75	0.4			11.25	8	
114	6.9	4.15	1.85			12.9	8	
115	7.55	4.9	1.85			14.3	7.5	
116	8.75	6.5	1.1			16.35	7	
117	4.4	5.6	1.15			11.15	8.5	
118	4	3.8	1.1			8.9	8.5	
119	5.6	6.85	1.55			14	8	
120	7.8	6.7	0.35			14.85	8	
121	7.15	6.2	3			16.35	7.5	
122	7.8	6.1	0.5			14.4	7.5	
123	8.75	4.05	1.9			14.7	7	
124	6.55	5.75	2.85			15.15	7.5	
125	9.35	6.3	1.45			17.1	6.5	
126	7.55	5.65	0.9			14.1	7.5	
127	8.5	4.9	3.4			16.8	7	
128	9.75	8.65	2.4			20.8	6.5	
129	6.5	4.15	0.6			11.25	8	
130	5.2	3.7	0.65			9.55	9	
131	8.05	3.55	1.8			13.4	7.5	

号次	夹杂物					合计	形状	附注
	梗	片	末	砂	屑			
132	7.1	3.55	1.95			12.6	8	
133	7.4	3.55	2.05			13	8	
134	8.5	4.35	2.75		0.3	15.9	7	
135	9.05	8.95	2.9			20.9	6.5	
136	7.6	5.5	2.85			15.95	7.5	
137	5.85	7.35	0.45			13.65	8	
138	6.25	5.5	1.15			12.9	8	
139	5.65	4.9	1.35			11.9	8	
140	9.65	7.3	1.55			18.5	6.5	
141	8.05	7.6	1.65			17.3	6.5	
142	5.5	4.85	1.25			11.6	8.5	
143	6.6	5.4	2.7			14.7	7.5	
144	5.6	4.25	1.25			11.1	8.5	
145	6.35	5.75	0.25			12.35	8	
146	7.55	5.65	1.75			14.95	7.5	
147	7.95	6.65	2.55			17.15	7	
148	5.75	4.25	1.85			11.85	8	
149	6.4	4.3	0.25			10.95	8.5	
150	8.4	6.25	1.3			15.95	7	
151	7.35	4.85	1			13.2	8	
152	7.6	7.55	1.25			16.4	7	
153	7.35	7.7	1.25			16.3	7.5	
154	8.65	4.6	1.75			15	7.5	
155	8.45	8.55	2.6			19.6	6.5	

号次	夹杂物					合计	形状	附注
	梗	片	末	砂	屑			
156	9.55	8.95	1.95			20.45	6	
157	7.55	6.15	0.55			14.25	7.5	
158	8.5	6.55	1.03			16.08	7	
159	6.4	4.6	0.65			11.65	8	
160	10.35	7.1	1.4			18.85	6	
161	7.6	7.1	1.75			16.45	7.5	
162	7.7	7.5	1.6			16.8	7.5	
163	7.15	4.9	0.45			12.5	8	
164	6.6	5.45	1.75			13.8	8	
165	7.75	6.45	1.6			15.8	7.5	
166	9.1	9.95	1.8			20.85	6	
167	7.85	5.75	1.05			14.65	8	
168	7.4	3.6	0.5			11.5	8.5	
169	7.55	5.75	0.85			14.15	8	
170	3.4	3.75	0.35			7.5	9	
171	4.2	2.4	0.65			7.25	9	
172	4.6	5.5	0.6			10.7	8	
173	8.75	7.25	1.75			17.75	7.5	
174	9.7	8.3	2.4			20.4	6.5	
175	6.05	6.55	1			13.6	8	
176	8.4	6.9	0.45			15.75	7.5	
177	7.6	8.75	1.15			17.5	7	
178	6.4	4	1.05			11.45	8	
179	7.6	4.6	0.55			12.75	8	

号次	夹杂物					合计	形状	附注
	梗	片	末	砂	屑			
180	8.1	6.75	0.6			15.45	7.5	
181	7.7	8.85	0.15			1.67	7.5	
182	6.9	4.45	0.48			11.83	8	
183	6.8	5.37	1.33	微有	微有	13.5		

观上表茶叶含有夹杂物之多寡影响于形状及品质甚巨，如夹杂物之含有量在百分之十八以上者，其形状概劣，而品质低下，含量在百分之十一以下者，形状多佳，品质亦属优良。

兹就上表夹杂物之含量与茶价之关系摘录于下（%）

号次	梗	片	末	砂	屑	合计	价格/元	附注
1	4.55	3.4	0.45			8.4	220	
2	5.1	2.95	1.75			9.8	120	
4	4.9	2.45	1.15			8.5	200	
5	4.98	4.05	0.25			9.28	210	
6	3.6	4.25	1.45			9.3	140	
18	4.1	4.75	0.15			9	120	
21	4.45	4.65	0.75			9.85	120	
25	3.35	2.35	0.15			5.85	120	
28	4.3	4.15	0.75			9.2	115	
30	4.45	2.45	0.86			7.76	119	
合计	43.78	35.45	7.71			86.94	1484	
平均	4.38	3.55	0.77			8.7	148.4	
14	4.45	4.65	1.95			11.05	75	
9	5.45	4.05	0.65			10.15	100	
50	6.25	4.7	1.95			12.9	63	

号次	梗	片	末	砂	屑	合计	价格/元	附注
20	5.45	4.25	0.55			10.25	85	
22	5.65	4	1.2			10.85	76	
23	5.6	3.55	1.55			10.7	65	
24	4.65	5.25	0.65			10.55	95	
76	7.5	4.45	0.8			12.75	75	
77	4.95	5.4	1.45			11.8	75	
82	5.8	5.55	0.7			12.05	75	
合计	55.75	45.85	11.45			113.05	784	
平均	5.58	4.59	1.15			11.32	78.4	
39	8.35	6.05	1.85			16.25	48	
38	8.55	6.14	1.05			15.74	63	
47	8.7	7.35	1.65			17.7	58	
56	8.65	7.85	2.4			18.9	40	
57	9.6	8.2	2.05			19.85	38	
58	8.8	7.95	1.65	0.35		18.75	38	
59	8.65	10.15	1.45			20.25	37	
61	8.8	8.55	2.85	0.15		20.35	34	
84	7.5	7.15	微有			14.65	50	
85	4.65	11.2	1.15			17	50	
合计	82.25	80.59	16.1	0.5		179.44	456	
平均	8.23	8.06	1.61	0.05		17.95	45.6	

　　观上表茶叶含有夹杂物之多寡，其价格有显著之差异，即夹杂物多者价低，夹杂物少者价高。

　　又观售价较高之茶叶，梗之含量平均为百分之四点三八，黄片之含量为百分之三点五五，碎末之含量为百分之零点七七，售价中等之茶，其各项平均数，梗为五点五八，黄片为四点五九，碎末为一点一五，至售价最低者梗为八点二三，黄片为八点零六，碎末为一点六一，且尚含有少量砂土。

（二）白毫统计

白毫在内销茶中占优越地位，价格较普通茶为高，但察其实际之品质，并非超于一切，如滋味不及一芽二叶之浓厚，水色亦嫌清淡，然沪汉茶市之红绿茶叶，凡含白毫较多，价格均较为昂贵，盖以身被绒毛放金属异彩，颇为美观，而能引起需要者之美感，更以含量多寡，可以表示茶之细嫩，而提高茶之品质，他如印、锡红茶对于白毫，亦颇为重视，且用作分类之标准，以判等级，而有橙黄碎白毫、碎白毫等称，兹将白毫提出列表统计，以资参证。

白毫统计表（％）

号次	白毫	形状	品质审查总分	附注
1	2.85	9	92.5	
2	1.8	9	90	
3	4.3	8.5	88	
4	1.75	9	94	
5	3.55	8.5	90	
6	1.45	9	86	
7	微有	9	75.5	
8	1.65	9	89	
9	0.85	8.5	86.5	
10	1.05	8.5	84	
11	2.65	8	80.5	
12	1.05	8	79.5	
14	3.2	8.5	82.5	
15	微有	8	78	
16	微有	8	77.5	
17	微有	7	70.5	
18	2.3	9	83	

号次	白毫	形状	品质审查总分	附注
19	0.97	7.5	75	
20	1.5	8	80	
21	2.45	8.5	77	
22	1.25	8.5	80	
23	1.2	8.5	78	
24	1.25	8.5	79	
25	1.2	8.5	78.5	
26	1.35	8.5	82.5	
27	1.68	8	79	
28	1.08	8	80	
29	1.3	8	73.5	
30	1.9	8	83.5	
31	1.7	8	74	
32	1.6	8.5	72.5	
33	1.95	8	81.5	
34	1.55	8.5	77	
35	1.6	8	79	
36	1.6	8	78	
37	0.5	7	78	
38	0.85	7	76	
39	0.65	7	77	
40	1.25	7.5	76	
41	1.2	7.5	77.5	
42	0.7	7.5	71	
43	1.15	7	78	

号次	白毫	形状	品质审查总分	附注
44	0.85	8	80.5	
45	1.4	7.5	77	
46	1	7.5	73.5	
47	微有	6.5	73	
48	1.45	7.5	77	
49	1.1	7	79	
50	0.85	7.5	76	
51	1.65	8.5	81	
52	2.05	8	80	
53	1.5	8	78	
54	1.1	7	75	
55	0.7	7.5	73	
56	微有	6.5	68	
57	无	6	70	
58	0.95	6.5	72	
59	微有	6.5	70	
60	无	6	64	
61	无	6	66	
62	0.55	7.5	71	
63	1.05	7	68	
64	1.25	8.5	84	
65	1.15	8.5	82	
66	3.75	8.5	80.5	
67	1.95	8	76.5	
68	1.85	8	76	

号次	白毫	形状	品质审查总分	附注
69	1.55	8	75	
70	微有	6.5	65	
71	0.65	8	76.5	
72	2.15	8.5	76	
73	3.45	8	77	
74	1.8	8.5	79.5	
75	1.45	8	78	
76	微有	8	81	
77	0.95	8	80.5	
78	1.25	8	80	
79	0.5	7	71	
80	0.25	7.5	69	
81	0.65	7.5	73	
82	微有	8	74.5	
83	微有	8	72.5	
84	微有	7.5	80.5	
85	微有	7.5	77	
86	微有	7.5	74.5	
87	0.45	7.5	71.5	
88	0.35	7	65.5	
89	微有	7.5	82	
90	微有	7.5	77.5	
91	1.75	8	75	
92	2.15	8.5	81	
93	2.6	8.5	81.5	

号次	白毫	形状	品质审查总分	附注
94	微有	7.5	71.5	
95	0.95	8.5	79	
96	1.25	8	75.5	
97	微有	7.5	72	
98	微有	7	68	
99	无	6	72	
100	微有	8	79	
101	微有	7.5	79	
102	微有	7.5	78	
103	0.55	8	82	
104	微有	8	79	
105	0.45	7.5	71.5	
106	微有	6.5	64	
107	0.5	8	77	
108	微有	6.5	69	
109	0.55	7.5	80	
110	1.5	8.5	77	
111	微有	8	78	
112	微有	8	79	
113	微有	8	77.5	
114	微有	8	76.5	
115	微有	7.5	74	
116	微有	7	69	
117	1.1	8.5	82	
118	1.4	8.5	83	

号次	白毫	形状	品质审查总分	附注
119	微有	8	79	
120	0.6	8	77	
121	1.05	7.5	64.5	
122	微有	7.5	71	
123	微有	7	74	
124	0.3	7.5	80.5	
125	微有	6.5	65	
126	0.25	7.5	71	
127	微有	7	70.5	
128	微有	6.5	74	
129	微有	8	80	
130	2.15	9	91	
131	微有	7.5	79	
132	微有	8	64	
133	微有	8	77	
134	0.48	7	78	
135	微有	6.5	65	
136	0.4	7.5	72.5	
137	微有	8	73	
138	微有	8	74	
139	微有	8	78	
140	微有	6.5	68.5	
141	微有	6.5	68	
142	微有	8.5	79	
143	微有	7.5	75	

号次	白毫	形状	品质审查总分	附注
144	微有	8.5	83.5	
145	微有	8	81	
146	微有	7.5	75	
147	微有	7	76	
148	微有	8	77.5	
149	1.05	8.5	81	
150	微有	7	72.5	
151	0.95	8	81	
152	微有	7	77.5	
153	微有	7.5	78	
154	微有	7.5	76	
155	微有	6.5	72	
156	微有	6	61.5	
157	微有	7.5	73	
158	微有	7	75.5	
159	微有	8	71.5	
160	无	6	63.5	
161	微有	7.5	74.5	
162	微有	7.5	71	
163	微有	8	83	
164	微有	8	78	
165	微有	7.5	69.5	
166	微有	6	68	
167	2.45	8	68	
168	微有	8.5	81	

号次	白毫	形状	品质审查总分	附注
169	微有	8	81	
170	4.05	9	85	
171	3.75	9	86	
172	微有	8	67	
173	微有	7.5	76.5	
174	无	6.5	69	
175	0.9	8	77	
176	微有	7.5	77	
177	微有	7	79	
178	1	8	76	
179	微有	8	72	
180	微有	7.5	68	
181	2.35	8	81.5	
182	微有	7.5	78	

观上表白毫之含有量，对于茶叶之品质及形状虽不能作正常之别，但茶叶中如无白毫之存在，其形状恒较粗老而品质多属低下，反之如含有白毫及含量多者，形状概属优良品质亦佳。

（三）暗片及青片统计

叶底可判别红茶之优劣，已于品质审查节中详述之，惟叶底之良否，又以暗片及青片有无多寡为断，考暗片与青片之成因，基于原料不齐者十之七八，属于制造技术之欠善者十之二三，红茶制造欲使发酵适度，叶底完全红变，而毫无青暗片之存留，在目前茶农粗制之下，诚属难能，所谓茶之优劣，仅暗片含量多寡之分耳，故品质高下之评判，其可靠之成分或较他种为多，兹将各种茶样暗片、青片统计，并与叶底互相对照，列表于后：

暗片及青片与叶底相互对照表（2.5克茶中含有暗片之数）

号次	暗片/青片	叶底	附注
18	16	A'	
19	18	B	
20	17	B	
21	26	B'	
22	26	B'	
23	25	C'	
24	16	B	
25	24	B'	
26	21	B	
27	22	B'	
28	18	A'	
29	24	C	
30	19	A'	
31	31	C'	
32	39	D	
33	19	B'	
34	19	B'	
35	17	B	
36	26	B	
37	22	A'	
38	21	A'	
39	27	B'	
40	21	B	
41	28	B'	
42	37	C'	

号次	暗片/青片	叶底	附注
43	30	B	
44	24	B'	
45	19	A'	
46	25/3	C	
47	19	A'	
48	26	B'	
49	18	B	
50	20	A'	
51	29	C	
52	30	B'	
53	27	C'	
54	29	B'	
55	29	C	
56	19	B	
57	32	B'	
58	34	C'	
59	37	C'	
60	35	C'	
61	27	B'	
62	38	D	
63	42	D	
64	24	B'	
65	27	C	
66	20/3	A'	
67	28	C	

号次	暗片/青片	叶底	附注
68	28	C	
69	18	B	
70	45	D'	
71	18	B	
72	27/1	B'	
73	21	A'	
79	33	C	
80	50	D'	
81	27	C	
87	39	D	
88	40	D	
89	21	A'	
90	28	B'	
91	22/2	B	
92	20	B	
93	24	B	
94	36	D	
95	31	B'	
96	32	C'	
97	29	D	
98	29	B'	
99	27	C'	
100	30	B'	
101	32	B'	
102	42	D	

号次	暗片/青片	叶底	附注
103	24	B	
104	33	C'	
105	28	C'	
106	41	D	
107	23	B'	
108	44	D	
109	22	A'	
110	22	B'	
111	28/1	C	
112	30	B'	
113	29	C'	
114	27	B	
115	38	C'	
116	17/2	B	
117	16/3	B	
118	21/1	A'	
119	30	C	
120	24	C	
121	50	E	
122	41	D	
123	32	B'	
124	16/6	C	
125	46	D'	
126	22	C'	
127	18	B	

号次	暗片/青片	叶底	附注
128	22/1	C	
129	20	B'	
130	22	C	
131	38	C	
132	40	E	
133	30	C	
134	25	B	
135	33	C	
136	25	C'	
137	38	D	
138	20	B	
139	20	B	
140	37	C'	
141	30	B'	
142	26	B'	
143	30	B'	
144	26	B	
145	22	B'	
146	18	B	
147	22	A'	
148	26	B'	
149	17	B'	
150	18	B	
151	26	B'	
152	20	B	

祁门红茶史料丛刊续编　第五辑（1936）

号次	暗片/青片	叶底	附注
153	22	A'	
154	19	A'	
155	31/2	B	
156	32	C'	
157	29	C'	
158	29	C'	
159	30/4	C	
160	27	C	
161	28	C	
162	27	C	
163	22	B'	
164	28	C	
165	29	C	
166	57	E	
167	19	A'	
168	23	B	
169	28	B	
170	18	A'	
171	16	A'	
172	38	D	
173	32	B'	
174	37	C	

号次	暗片/青片	叶底	附注
175	22	B	
176	29	C	
177	22	B	
178	25	B'	
179	33	C'	
180	37	D'	
181	26	C	
182	22	B	

查上表叶底良否与含有暗片多寡甚有关系，如叶底审查之标记为A'者，其暗片之数量大概自十六至二十二；为B与B'者，自十七至三十二；为C与C'者，自二十二至三十八；D与D'，自三十七至五十；至叶底为E者，则由四十至五十七，此外叶底之优劣，尚有色泽鲜暗与枯润之分。

注：上表含有暗片及青片多少之统计，系以数量表之，当不如重量之较为精确，今为便于商业实用，而省手续上之繁琐起见，故暂采用数量。

（四）红茶以温汤及重量鉴别法试验

华茶以采制粗放，叶之老嫩粗细常混合不分，品质因之而有高低，换言之，茶叶混合粗老之叶愈多，则品质愈低，今欲知某种茶叶中老嫩粗细混合之比率，本可利用形状大小及体积轻重之不同，而以筛簸风车分离之，但终因事实上之困难，不能达于吾人之理想，殊为憾事。

民国二十四年夏，祁门茶场场长胡浩川君，曾试用古法饮茶，先将茶叶用凉水洗涤附着之尘土及不洁之物，发现碗中茶叶有沉有浮，分别用沸水泡之，觉沉者味佳，浮者香劣，当时从事茶品级试验，正苦乏品质鉴别之法，乃即将茶叶沉浮之现象，经过种种试验，以求茶叶沉浮与水温之关系；更测其比重对于沉浮茶叶品质之相互性质，择一标准水温，而测茶叶老嫩粗细之比率，结果异常圆满，且与市面所估之茶叶品质符合而不稍有差异也。

茶叶品质采用温汤鉴别法，尚未之前闻，故在应用此法以前，不能不作种种详细之试验，以求适用而达于科学化，兹分水之密度及温度二项试验：

（试验一）水之密度大小，与茶叶沉浮及其品质之关系。

水温在四摄氏度时，体积最小，大于此或小于此者，则体积均逐渐膨大，而密度当随之降低，今以同一温度而不同密度之三种水，作茶叶沉浮之比较试验。

1.食盐水密度为一点零四。

2.纯洁之河水密度为一点零。

3.蒸馏水密度为零点九六六。

用同种茶叶比较之结果，密度大于一者浮量较多，低于一者浮量较少，三者适成为一比二比三之比数，但察其沉浮茶叶，均非茶叶真正优劣之品质，盖茶叶本身之比重甚小，仅用比重测验，其不可靠性太大，不如稻麦之比重较大，用密度即可判断其优劣也，故除密度外再作一种温度的试验。

（试验二）水之温度大小，与茶叶沉浮及其品质之关系。

水对于茶叶有理化两种作用，而以温水为尤甚，因温度可促进水对于茶之理化变化，溶解力与渗透力，均以温度愈高则愈显。

茶叶因老嫩之关系，茶汁多寡悬殊，嫩茶表面所附着之茶汁较老叶为多，且最易被温水溶解渗透，其初被温水渗透时，体积立即增重而沉于水中，如老叶以茶汁较少之故，感受水温之作用，当不如嫩茶之速，体积较轻而浮于水面。

又老叶体积常较为庞大而轻飘，因有水之表面张力及其上压力之种种关系，而被浮于水上者亦不鲜。

今以同一品质之茶叶浸于不同温度之河水中（试得水之密度在40℃时为0.996，50℃时为0.992，60℃时为0.988，70℃时为0.984，80℃时为0.978，90℃时为0.972，100℃时为0.970），反复察其沉浮百分率，更比较其品质优劣，结果水温在80℃以下者，茶叶浮者甚多，其中犹夹有细嫩之芽叶不少，至90℃以上之水温，沉量虽多，然尚有老叶暗片之存在，亦非所宜，故以水温80℃至90℃间之85℃（密度为零点九七四）最适宜，察其浮者悉为老叶暗片，沉者则全属细嫩茶叶矣。

茶叶温水鉴别法。称取茶样10克，置于能容400毫升之广口皿中，以85℃之纯洁河水蒸馏300毫升冲于皿中，用玻璃棒充分搅拌之，约经一分钟，而用铜丝匙捞取浮水面之茶叶，盛于玻璃皿，编号置于蒸气干燥箱内，以80℃常温充分干燥之，取出置于硫酸干燥器中，待冷却而称其量，计以百分率。

又茶之优劣可用体积与重量比较测之，例如同一容量或数量之某物质，而有不同等之重量，则可测某物质之优劣，在茶叶亦难逃此通例，作者故采用此原理而鉴别茶之优劣，用200毫升容量之圆形瓷杯，量取类似同量之茶叶，每种四次，各称其量，而较其平均数字，凡体积较重者优，较轻者劣。

兹将茶叶温汤鉴别与体重鉴别之试验结果，列表比较于下：

	号次	18	21	25	28	30	26	24	34	20	27	合计	平均	备考
头帮茶	浮量/%	11.2	17.5	17.3	15.2	18.7	16.3	14.2	17.1	20.5	16.9	164.9	16.49	
	重量	68.92	63.8	64.17	64.57	65.86	66.88	63.27	64.34	63.67	65.71	651.19	65.12	
	品质审查总分	83	77	78.5	80	83.5	82.5	79	77	80	79	799.5	80	
二帮茶	号次	37	36	45	50	38	47	40	44	46	43	合计	平均	以上所用之供试茶样均系民国二十四年祁门茶业合作社所产者
	浮量/%	22.7	20.5	21.5	22.5	25.1	22.9	30.3	22	32.9	23.9	24.33	24.3	
	重量	63.84	63.61	63.21	64.73	60.78	61.38	62.29	64.25	60.65	63.89	628.63	62.86	
	品质审查总分	78	78	77	76	76	73	76	80.5	73.5	78	766	76.6	
三帮茶	号次	56	58	57	59	55	60	61				合计	平均	
	浮量/%	26.5	24.9	30.4	31	24.9	34.7	28.9				201.3	28.75	
	重量	57.73	62.25	57.14	58.24	63.13	57.77	60.6				416.9	59.55	
	品质审查总分	68	72	70	70	73	64	66				483	69	

观上表试验所得：（1）头帮茶之浮量最高达百分之二十点五，最低达百分之十一点二，平均十六点四九，二帮茶最高达百分之三十二点九，最低达百分之二十点五，平均二十四点三，三帮茶浮量最高达百分之三十四点七，最低达百分之二十四点九，平均二十八点七五。（2）茶叶在200毫升容量中之重量，头帮茶最重者达六十八点九二，最轻者达六十三点二七，平均六十五点一二，二帮茶最重者达六十四点七三，最轻者达六十点六五，平均六十二点八六，三帮茶最高达六十三点一三，最低达五十七点一四，平均为五十九点五五。

根据以上试验结果，浮量之多寡，与茶之品质悉成反比，而重量之大小，与茶之品质则成正比，换言之，浮量少而重量大，多系优茶，浮量多而重量小者，多属次品。

最粗老之茶叶与细嫩之茶叶浮量之比较(%)

品名	产地	白毫	浮量	备考
湘魁	湖南湘潭	无	57.8	秋茶
萃华	湖南安化	无	52.8	仔茶
芙蓉	湖南蓝田	无	57.05	秋茶
蓝玉	湖南蓝田	无	56.1	春茶
仙香	湖南桃源	无	55.2	三帮茶
贡贡	祁门	2.85	13.2	春茶
贡尖	祁门	4.13	11.5	春茶
祁场春茶	祁门	1.35	1.34	
祁场夏茶	祁门	1.9	12.9	
祁场秋茶	祁门	6.4	7.85	

观上表可得下列之结论：凡老茶之浮量，均在百分之五十以上；嫩茶之浮量尚不逮百分之二十。

（五）水分统计

红茶中含有水分之多寡，可以影响品质之变劣，盖以水分过多之红茶，不耐久藏，易于生霉，甚至发热腐败，香味损失无余，反之含水过少，而又有枯焦之气味，亦非所宜，据泰洛克（Tallock）氏等分析中国茶叶之水分，在百分之六点一二至九点七之间，又培尔（J.Boll）氏分析，在百分之六点六三至九点三六之间，中外茶叶分析记录，绝少有在百分之四以下者，而最高竟有达百分之十六者，普通以百分之七至八左右为多，上海商品检验局茶叶课，屠祥麟君所拟检验红茶暂行标准，水分最高不能超过百分之十一，最低在百分之四点五，作者此次祁红水分统计，其最高为百分之九点二五，最低者为百分之四点五，均适于红茶检验暂行标准。

红茶水分试验法。系采用霍夫门（Hoffmann）氏水分定量法，将茶样称取20克置玻璃烧瓶中，加入20毫升木油，充分混合，瓶口连以冷凝管而达于刻度之量筒，徐徐加热，瓶中温度升至百度左右，茶叶所含有水分与木油共同蒸发，经冷凝管而达于量筒，待瓶中木油将完全蒸出时，即行停止，量筒加以振动，逾十分钟，使水分与木油分离而沉下，察其量筒内水分之多寡，计以百分率。

水分统计表(%)

号次	水分	号次	水分	号次	水分
18	6.75	27	6.75	44	9.25
21	8.1	37	7.85	43	8.95
25	4.5	36	8.85	56	7.2
28	8.9	45	8.8	58	7.38
30	8.9	50	8.9	57	8.89
26	8.1	38	8.55	59	7.87
24	5.4	47	8.12	55	6.75
34	7.65	40	7.83	60	7.87
20	8.9	46	8.1	61	7.2

查上表所记之水分统计，茶叶含水分最高者达百分之九点二五，最低百分之四点五，普通多在百分之八左右，查此次水分试验，其含量有较通常为略高，想系采样后受不良贮藏之影响所致，似与采制时期之原有品质无关。

三、关于化学各种因子之化验

茶叶品质之优劣，一向凭茶业专家及茶师之视觉、嗅觉及味觉加以鉴别，鲜有用化学分析法分析成分之含量，而行判断者，最近虽有以分析研究茶之品质，其结果考知茶叶之各种含量，如全淡量、水浸出物、茶单宁、茶素、粗纤维、及以脱浸出物等成分，仅能表示其大概，本篇研究之意，亦聊以供参考而已。

（一）灰分统计

从茶叶灰分之含量，而鉴别茶叶之老嫩及夹杂物尘土之多寡，中外科学家及检验研究机关行之久矣，毋庸详述。

考茶叶灰分之多少，各种大有出入，即同一品种、同一产地、同一采制法之茶叶，亦未能全同者，盖因有试验、手术、器械、环境种种之差误，非仅茶之灰分如是，即其他之物质亦莫不皆然，此为科学家所公认者也。

又左右茶灰分之最大因子，为供试品含有水分之多寡，换言之，水分高则灰分低，水分寡则灰分高，此消彼长，相互为因，而非某种茶叶纯正之灰分也，为欲得纯正之灰分，应先求某种茶叶之水分，而于灰分加以改算，即得，惟此种水分与灰分相关之差误，在普通分析上，并未加以注意而多忽略之。

茶叶灰分检验方法，与普通灰分定量分析法同，故从略。

据培尔氏分析各种茶叶灰分，其中以中国茶叶为多，或因采制粗放之故欤。普通中外茶叶分析记录之灰分总量多在百分之五至百分七点五之间，此次祁红灰分统计数字，亦均适合于红茶检验出口标准，而与茶之品质成反比，兹录之于下以供参考：

头帮茶		二帮茶		三帮茶	
号次	灰分/%	号次	灰分/%	号次	灰分/%
18	5.8	37	5.78	56	5.98
21	5.96	36	5.79	58	6.07
25	6.07	45	5.96	57	6.26
28	6.2	50	5.82	55	6.05
30	5.91	38	6.12	60	6.04
26	5.92	47	6.05	61	6.28
24	5.9	40	6.26		
34	5.71	46	6.23		
20	6.11	44	6.06		
27	5.92	43	6.17		
合计	59.5	合计	60.24	合计	36.68
平均	5.95	平均	6.02	平均	6.11

观上表头帮茶之灰分最高达百分之六点二，最低为百分之五点七一，平均为五点九五，二帮茶最高为百分之六点二六，最低为百分之五点七八，平均为六点零二，三帮茶最高达百分之六点二八，最低为百分之五点九八，平均为六点一一，是茶叶灰分确依采制之时期以增进，而与品质优劣相关。

（二）水浸出物量统计

茶之饮用法分两种，一为烹食，将茶投入茶罐，用水沸煮使浓厚，而食其汁，此种烹用法，多限于老茶，一为泡饮，将叶茶置于茶壶或碗中，用沸水冲下泡之，越数分钟而饮其液，此种饮用法，多系细嫩茶叶，然二者之作用均不外以水浸出茶叶所含之茶素、单宁、香味等成分以为饮料，饮用者之最大希望，当以浸出物量多为贵，而不失饮料之价值，但人类之欲望无穷，不尽在希望水浸出物量之多，尤需要水浸出物质性之优，故茶师品评杯茶之高下，皆以香味美恶为转移，其浓淡与否，则视为次要之条件，倘二者兼而有之，即称上品矣。

水浸出物之多寡，与茶叶之制法及形状之整碎有关，又因水之用量、水之性质及泡浸时间之久暂而有差异。

茶叶之水浸出物全量，化学分析多用此，有将茶叶浸煮一小时，而求浸出量者，有用沸水浸十分，或五分，或三分钟，而求浸出量者，要之其各个之目的不同，浸出方法亦随之而异，作者对于外销红茶之浸出物，系采取有效成分，依据西人饮茶之习性，行五分钟浸泡，以视浸出物之多寡而定优劣。某种茶叶浸出物全量之多寡，实无关茶之品质（内销茶应属例外），盖未浸出者已成为无效成分，而为饮者所弃也。

据泰洛克及汤麦逊二氏之各种茶叶分析结果，三分钟及五分钟之浸出物，为全浸出物之百分数于下：

	三分钟浸出物量			五分钟浸出物量		
	最高	最低	平均	最高	最低	平均
中国	77%	54%	64.5%	81%	65%	73%
锡兰	72%	60%	66%	89%	75%	82%
印度	83%	60%	71.5%	90%	70%	80%

兹将祁红五分钟之浸出物列表于下：

头帮菜			二帮菜			三帮菜		
号次	浸出量/%	水色	号次	浸出量/%	水色	号次	浸出量/%	水色
18	18.78	17	37	18.92	18	56	15.5	16
21	14.54	16	36	16.06	16	58	14.42	16
25	16.43	17	45	15.11	16	57	16.64	17.5
28	16.27	17	50	16.42	17	59	15.74	16.5
30	18.16	17	38	16.36	17	55	14.78	16
26	16.43	17	47	14.38	16	60	16.42	16

头帮菜			二帮菜			三帮菜		
号次	浸出量/%	水色	号次	浸出量/%	水色	号次	浸出量/%	水色
24	14.75	16	40	14.72	16	61	16.61	17
20	17.14	17	46	14.98	16			
34	16.37	16	44	17.01	16			
27	18.38	17	43	14.26	16			
合计	167.25	167	合计	158.22	164	合计	110.11	115
平均	16.73	16.7	平均	15.82	16.4	平均	15.73	16.43

观上表各帮茶之水浸出物量，差异颇微，如头帮茶之浸出物量最高达百分之十八点七八，最低百分之十四点五四，平均十六点七三，二帮茶最高达百分之十八点九二，最低十四点二六，平均十五点八二，三帮茶最高达百分之十六点六四，最低为十四点四二，平均为百分之十五点七三。

浸出物与浸泡时间及其次数之关系(%)

品名	沸水浸泡五分钟		沸水浸泡十分钟	水浸出全量
	第一次浸液	第二次浸液		
祁场春茶	18.55	6.43	21.72	39.84
祁场秋茶	22.6	7.52	24.5	47.64

观上表祁场春茶及祁场秋茶两种茶样，第一次五分钟之浸出物量一为百分之十八点五五，一为百分之二十二点六，而第二次五分钟之浸出物量，一为百分之六点四三，一为百分之七点五二，二者相较，第一次五分钟之浸出物约可为第二次者之三倍，又两次五分钟之浸出物量多于一次十分钟所浸出者，第一次五分钟浸出物量，约为全浸出量百分之四十七。

（三）其他

关于其他之化学因子，如以脱浸出物、茶素、单宁、粗蛋白质及粗纤维等成分，以研究之立场，应从详化验，求得确切之数字，而证明品质之高下，今仅限于商业上之实际应用，则因各种成分化验手续之烦琐，且不能于最短时间内求得，而于商业经营上，反多生障碍难行，故暂从略。

参考茶样试验统计表

品名	品质审查						暗片或青片	黄白毫/%	夹杂物/%					浮量/%	重量	水分/%	灰分/%	五分钟浸出量/%	每磅价格	制造者
	形状	色泽	香气	滋味	水色	叶底			梗	片	末	砂	屑							
玫瑰牌	8.5	8	23	22	16	C	27	2.2	4.9	4.5	0.75			22.1	65.09		5.53	18.48	$2.1	汪裕泰
卢全牌	8	8	22	21	16	B'	28	1.9	5.4	5.2	1.25			24.0	65.07		5.53	16.99	$1.6	汪裕泰
虎牌	7.5	7.5	20	20	16	D	34	微有	7.35	6.75	0.6			26.2	63.14		5.57	16.76	$1.25	汪裕泰
鹤牌	7	6	18	18	15	E	50	微有	8.6	8.4	2.4			37.9	60.48		5.45	16.70	$0.9	汪裕泰
牡丹牌	8	7.5	22	23	17	B'		0.85		4.6	0.55			10.7			5.96	16.75	$1.55	华茶公司
花篮牌	7.5	7	20	20	17	C'		0.35	5.85	4.65	0.6			12.1			6.24	16.36	$1.35	华茶公司
孔雀牌	7	7	16	18	16.5	D'		—	7.65	6.25	1.15			24.45			6.17	15.72	$0.8	华茶公司
荷花牌	6.5	6.5	16	18	16	E		—	8.35	7.05	2.65			26.4			6.05	15.15	$0.5	华茶公司
绿色Lip-tons	9	10	30	30	20	A		3.25	3.2	2.9	2.1			8.7			4.37	24.35	$3.5	利普顿氏
黄色Lip-tons	10	9.5	29	29	19	A'		2.95	3.4	3.65	3.14			3.1			4.23	25.01	$3.0	利普顿氏
红色Lip-tons	10	8.5	28	28	18	B		2.65	4.6	4.1	5.02			9.0			4.94	24.04	$2.6	利普顿氏
日东红茶	9.5	8.5	29	28	19	A'		1.35	4.2	3.9	0.95			12.6			5.36	20.38		日本三井茶园
中等红茶	7.5	8.5	20	20	18.5	D		—	4.7	4.3	2.6			34.9			5.71	17.40		日本
下等红茶	7	7.5	16	16	18	E		—	6.6	5.6	2.75			43.9			5.86	15.41		日本
祁场春茶	8.5	8.5	20	21	18	C	29	1.35	3.85	3.65	1.1			13.4	68.83		5.63	18.55		祁门茶场
祁场夏茶	8.5	9	22	20	19	A'	20	1.9	2.95		0.95			12.9	66.25		5.85	18.8		祁门茶场
祁场秋茶	9.5	9.5	22	20	19	B	24	6.4	2.75	2.1	0.45			7.85			4.7	22.6		祁门茶场

第五章　红茶分级法之研究

国内红绿茶之种类不下数十百种，名称之多更令人无法统计，且花样新奇、年出不穷，不独使需要者无所识择，即生产之者，亦常自笑名目之新颖，便于蒙混而存侥幸之心理，影响于茶叶正当之营业，损失信誉，反减少固有之销路，华茶失败，其在斯乎。

国内红茶种类，除以产地及时期分别外，关于品质仅有箱茶与花香二种，查箱茶之内容，长短大小则混合为一体，品质优劣多概括不分。虽同一产地，同一时期之箱茶，品质亦难期一致，市价因而悬殊，又有同一"官堆"（注一）分出之二"大面"（注二），品质完全相等，但以牌名之不同，而市价相差甚巨，此固属于外商之操纵，然华茶本身品质因无上中下等级之分，更乏价格之规定，而有以致之也。

红茶之分级法，中外尚无正确之标准，作者为适于商场实际应用起见，特从红茶市场采集各种样品，作研究材料，找出关于红茶品质中之各项理化因子，而与商场茶师评茶之各点，及饮用者之习好，反复比较，以定茶品之高下，而作分级之标准。兹根据以上各项试验，红茶分级法约可分三种：（1）以体积轻重分；（2）以形状粗细分；（3）以夹杂物含量分。兹分述如下：

（1）以体积轻重分。茶之体积沉重者质优，轻飘者质劣，已详于前，故不多赘。轻重分级之法，系利用风车风扇之力，将茶分为若干级，最轻者飘于前，最重者落于后，其次轻与次重者，则分居其中，骤视之，此法似觉精细可行，惟实际应用时而有困难之处，因茶叶体积有大小不一之关系，常老嫩混合不分，影响于真正之品质，非如实稻与不实稻之体积相等，而易于以风力分之也。

（2）以形状粗细分。红茶形状之粗细对于品质有密切关系，粗大者为老叶，细小者多为嫩叶，以嫩叶较老叶之香味恒佳，而为饮用者之所公认。今更就茶叶之化学成分，老叶与嫩叶显有差别，录之于下以明之（百分数以干物质为基数）：

茶叶部分	水浸出物	茶单宁	氮质全量	茶素	糖分	淀粉
茶芽及第一叶	46.3	19.9	4.84	3.55	1.41	0.82
第二叶	44.7	14.4	4.47	2.96	0.73	2.96
第三叶	41.5	13.2	4.07	2.76	1.13	5.27

茶叶部分	水浸出物	茶单宁	氮质全量	茶素	糖分	淀粉
第四叶	36.4	10.8	3.42	2.09	2.46	3.53
鱼鳞叶	42.1	12.5	3.48	——	——	
茶梗（二叶与三叶之间）	32.1	9.2	3.33			
茶梗（三叶与四叶之间）	21.5	7.1	2.19	1.10	0.49	1.49
茶梗（四叶与五叶之间）	20.4	4.5	0.65			
老梗	15.9	3.8	1.53	0.71	1.01	8.47

观上表可知茶叶老嫩成分相差之大，叶愈嫩则水浸出物与单宁、茶素亦愈多，鱼鳞叶虽富于水浸出物，然贫于单宁，故在茶中多成暗片，茶梗之各种成分，尤有规则之低降，故茶叶中杂有多量之茶梗与老叶，匪特形状粗大，而品质亦大受其影响也。

粗细分级之法。根据茶叶原身之粗细，而利用大小不同之筛眼分别筛分之，使粗细分离，如经过某一号筛眼以下者为一级，筛上为一级，经过二种大小不同之筛眼则可别为三级，是多经过一次筛，则可多别为一级，粗细鲜有混杂。民国二十二、二十三两年，实业部三机关合办之修水茶场，曾以筛眼大小为茶叶分级之工具，将宁红分为特超优三级，试销沪汉，经沪汉两商品检验局之审查，及各洋行茶栈之品评认为圆满，惟因产量太少之关系，不足以影响市面耳，此次祁红分级试验，其分级方法亦采用筛分，试分三级如下：

祁红一级。茶叶以细嫩为上，宜以较细之筛眼筛之，一级祁红必须经过"八号筛"（筛系方眼每边为 $\frac{1.2}{16}$ 英寸，详见附表），或"八号半筛"（每边为 $\frac{1}{16}$ 英寸），抖下者，再以"六号筛""七号筛""八号筛""九号筛""十号筛"平筛筛分为五号，以便去其粗梗、老片、碎末，使为净茶，然后并为一堆，成为一级祁红。

祁红二级。较一级略粗，故以较大之筛眼筛之，必须经过"七号半筛"（每边

为 $\frac{1.3}{16}$ 英寸）抖下者，再以"五号筛""六号筛"以至"十号筛"平筛筛为六号，以便去其粗梗、老片、碎末，然后并为一堆，成为二级。

祁红三级。较二级略粗，须经过"六号半筛"（每边为 $\frac{1.5}{16}$ 英寸）抖下者，其制法一如二级，惟梗片含量较多耳。

以上三种分级法，系按祁红原有之采制茶叶分为头、二、三三帮，择形状之类似者并合之，而加以再制，将不同质之茶叶提出另做，例如一级八号筛面之抖头，并入二级再制，二级七号筛面之抖头则并入三级再制，至于大规模之制茶工厂，从原料分类制造之毛茶分类法，则又当别论，未可概括言之也。

查印、锡、爪红茶之分类法，各制茶工厂乃大同小异，亦均用茶筛眼分之，但有碎叶（Broken grades）与整叶（Leaf grades）二类，又各分四等如下：

碎叶类 {
橙黄碎白毫(Broken Orange Pekoe)

碎白毫(Broken Pekoe)

花香(Fannings)

茶粉(Dust)
}

整叶类 {
橙黄白毫(Orange Pekoe)

白毫(Pekoe)

白毫小种(Pekoe Souchong)

小种(Souchong)
}

祁门红茶概整碎混合不分，然在国际市场，既有特殊地位，为供给固有之销路，应保持原有之征状，不必与人强同也。

(附)婺源茶筛之筛眼尺寸表

项别	筛别		
	五号	五号半	九号
筛眼大小/英寸	$\dfrac{3}{16}$	$\dfrac{2.5}{16}$	$\dfrac{0.8}{16}$
每方寸筛眼数/个	20.25	25.00	81.00

项别	筛别		
	六号	六号半	九号半
筛眼大小/英寸	$\dfrac{2}{16}$	$\dfrac{1.5}{16}$	$\dfrac{0.7}{16}$
每方寸筛眼数/个	30.25	36.00	90.25

项别	筛别		
	七号	七号半	十号
筛眼大小/英寸	$\dfrac{1.4}{16}$	$\dfrac{1.3}{16}$	$\dfrac{0.6}{16}$
每方寸筛眼数/个	42.25	49.00	132.25

项别	筛别		
	八号	八号半	草末
筛眼大小/英寸	$\dfrac{1.2}{16}$	$\dfrac{1}{16}$	$\dfrac{0.5}{16}$
每方寸筛眼数/个	56.25	64.00	156.00

（3）以夹杂物含量分。查米、麦、棉各种分级法，对于夹杂物之含量极为重视，占级别条件之重要部位。茶叶含有夹杂物能降低茶之品质，一如米、棉。如独以夹杂物含量之多寡，而为分级之标准，似觉过当，不若以之作鉴定等级之重要条件，较为适宜。

注：（1）官堆：系毛茶经过各种筛拣及烘焙后再行并合为一堆之谓。

（2）大面：系精制茶均堆装箱箱面所定之牌名。

第六章　试订祁红等级之条件

祁门红茶品质，根据以上种种试验结果，试订等级之条件如下：

试拟祁红等级条件表

项别		等级			备注
		第一级	第二级	第三级	备注
形状		细嫩匀齐，经过八号筛眼抖下者	条索紧细，经过七号半筛眼抖下者	条索稍粗，经过六号半筛眼抖下者	
色泽		鲜润调和	深浅调和	深浅失调或色略枯	
香气		清高或醇厚	纯正	平和	各种茶如有酸、焦枯、烟臭等不正之气应不列等
滋味		醇厚	纯正	平和	各种茶如有酸、焦枯、烟臭等不正之味应不列等
水色		甚鲜明	鲜明	暗或淡	
叶底		红艳匀齐	匀齐	略花暗	
物理的因子	青片及暗片	在2.5克茶内青片、暗片不得超过25片或12%	在2.5克茶内青片、暗片不得超过35片或18%	在2.5克茶内青片、暗片不得超过45片或24%	
	黄白毫/%	不得低于1.5	不得低于0.5	微有	
	200毫升容量之重/克	不得低于65	不得低于62	不得低于59	
	85℃温水中之浮量/%	不得高于15	不得高于20	不得高于25	

项别			等级			备注
			第一级	第二级	第三级	
物理的因子	夹杂物之最高限度/%	粗梗	3.5	5.5	8.0	
		老片	2.5	4.0	6.0	
		碎末	0.8	1.2	1.6	
		砂土	无	无	微有	
		杂屑	无	微有	微有	
化学的因子	水分/%		不得高于6	不得高于7	不得高于8	
	灰分/%		不得高于6	不得高于6.2	不得高于6.5	
	水浸出物量	五分钟浸出量/%	不得低于16.5	不得低于16	不得低于15	
		全浸出量/%	不得低于40	不得低于38	不得低于35	

附注一：上列各级所具之条件，不过举其大概，实际分级，仍须视红茶之品质如何而定，例如茶之形状极为细嫩，本可列为一级，但色泽枯暗，即不能列为一级，应降而为二级，又如含有夹杂物极少，堪称一级，但香味欠佳，即不能列为一级，应降为二级或三级，又如茶之夹杂物甚多，本为三级，但茶香味甚佳，则别除一部分夹杂物即可升为二级，或更别除殆尽，直可升为一级矣。

附注二：如祁红之品质有低于第三级之条件者，可降为宁红或湖红之次等。

祁红试行分级茶样品质审查表

项别	等级			备注
	第一级	第二级	第三级	
形状	细嫩匀齐(9.5)	形状颇匀齐(8.5)	条索稍粗而欠匀(7.5)	
色泽	鲜润(9)	色泽尚调和(8)	色调和微枯(7)	

项别			等级			备注
			第一级	第二级	第三级	
香气			纯正(26)	纯正微低(24)	不甚纯正(22)	
滋味			正甚纯(24)	纯正(23)	颇强,性略带刺激(24)	
水色			鲜明(17)	微淡(16.5)	微深暗(16)	
叶底			红艳(A)	颇匀(B)	欠匀(C)	
物理的因子	青片及暗片		暗片20片(7.84%)	暗片31片(16.48%)	暗片44片(21.76%)	
	200毫升容量之重/克		74.51	68.73	61.45	
	85℃温水之浮量/%		7.7	15.27	21.43	
	黄白毫/%		1.75	0.90	微有	
	夹杂物之最高限度/%	粗梗	2.65	5.1	7.5	
		老片	1.35	1.6	4.8	
		碎末	0.40	0.45	1.00	
		砂土	—	—	—	
		杂屑	—	—	—	
	水分/%					试验茶样经过储藏时期颇长,含有水分,当非原有水分,故未加以审查
化学的因子	灰分/%		5.39	5.40	5.59	
	水浸出物量/%	五分钟浸出量	17.696	17.04	16.87	
		全浸出量	40.340	39.77	37.93	

以上分级三种试验茶样，系由祁红头、二、三帮茶之相类似者加以并合，经过

再制之手续，故较原来祁红为纯净，其品质亦略高。

（附）试拟全国红茶品级研究项目及其等级

考全国红茶以产地及采制法之不同，品质相差殊甚，当以祁红为最佳，超于各种之上，宁红次之，湖红又次之（但湖红中有产自宜昌者，品质几与祁红相近，而高于宁红），温红最劣（按照沪汉茶市，实际情形，亦无甚轩轾），如从各地红茶之上中下级，互相比较其优劣，当有近似之者，即可列为同等，或并为一级，使全国红茶成为有系统之级第，而便于对外推销，兹将全国红茶试分为三等九级，并列举应研究之各项目，以供研究者之参考。

项别		等级									备注
		一等(宝红)			二等(云红)			三等(锦红)			
		一级	二级	三级	一级	二级	三级	一级	二级	三级	
形状											
色泽											
香气											
滋味											
水色											
叶底											
物理的因子	暗片及青片/%										
	黄白毫/%										
	200毫升容量之重/克										
	85℃温水中之浮量/%										

项别			等级									备注
			一等（宝红）			二等（云红）			三等（锦红）			
			一级	二级	三级	一级	二级	三级	一级	二级	三级	
物理的因子	夹杂物最高限度%	粗梗										
		老片										
		碎末										
		砂土										
		杂屑										
	水分/%											
化学的因子	灰分	灰分总量/%										
		水可溶灰分/%										
		水不溶灰分/%										
	水浸出物量	五分钟浸出量/%										
		全浸出量/%										
	以脱浸出物/%											
	粗纤维/%											

项别		等级									备注
		一等(宝红)			二等(云红)			三等(锦红)			
		一级	二级	三级	一级	二级	三级	一级	二级	三级	
化学的因子	粗蛋白质/%										
	茶素/%										
	单宁/%										

第七章　结论

茶品分级关于华茶复兴之重要，已于绪言中述其梗概，惟以其性质之重要，且范围广阔，技术繁难，除理化之科学因子外，更富有艺术之意味，当未可求其速效。此次从事茶品分级工作，虽已一年有半，然以其事属草创，半耗于筹划采样等预备工作，至实际之研究，为时甚短，不无遗漏错误之处，所得结果，仅可作为工作经过之报告，如视以为研究之成绩则未可也。故此项工作，尤有待于继续之努力，及其多方面之研究，以期尽善尽美，而适于实际之用。

1936年6月出版

（民国）二十五年祁红茶检验报告书

序

　　当六十年前，各国茶业尚未发达，世界之茶业市场，几全为我国所独占，当时出口最多者为红茶，红茶行销最广者，厥惟湖红与宁红，迨后祁红因得天独厚，制成之茶具有馥郁之香气，醇厚之滋味，鲜艳之水色，故于我国各种红茶中，得独树一帜。嗣湖红、宁红，外受国际茶业之竞争，内因产制运输之窳陋，出口锐减，而祁红则仍能保持昔日之地位，且享盛名者已垂四十余年，此无他，优良独到之品质，有以致之也。

　　祁红茶不仅为外销茶名贵之品，即在国内亦已惹起饮茶者不少之注目，盖近年以来，国人因习于欧化，每年在饮料中除咖啡、可可等以外，又尝有大量印度、锡兰红茶入口。夫以我国茶业历史之悠久，反有此种逆输入之畸形状态，宁非憾事。故改良祁红产制，发展内外行销，实为当务之急。无忌自受命办理检政以来，数年之间，兢业从事，今幸能于出口检验方面，收相当成效，惟尝以不能兼事产地检验实施茶农产制之指导为憾。本年春，实业部国产检验委员会在京开设计会议，讨论国产检验进行方针，适皖赣两省有统一红茶运销之举，电请实业部尽先举办。部长以茶产重要，允如所请，并命沪局主筹茶叶产地检验事宜，派员兼程赶往筹备，大部分经费，亦由沪局撙节开支。虽以时间仓促，及产区辽阔等关系，检验工作未能充分发挥；但与皖赣红茶运销委员会充分合作，已获相当成效。其办理经过，已详《祁红区茶叶产地检验工作报告》，于七月间印行问世。近复就产地所得样品，予以各别之品质审查及化学检验等之研究，连同产制销售等之统计，汇编成册。使业茶者，知其制造、运销等各过程中利弊之所在，为各自之改善，不仅使此次产地检验工作为不虚，对于祁红茶业之将来，亦必有不少之裨补，想亦国人之所乐睹欤？是为序。

实业部上海商品检验局局长蔡无忌

1936年11月1日

一、绪言

祁红为祁门、浮梁、至德及贵池所产红茶之总称，世称祁、浮、至而略贵池者，乃以贵池茶产过少之故也。祁红得天然环境之独厚，色香味不仅为国产红茶之翘楚，而且驰誉于世界红茶市场。价格高、销路广，祁红之生产，虽仅有六十余年之历史，然已深印中外人士之脑中矣。

祁红得享盛誉，固由于天然环境之适宜，惟产制之精到，要亦为主要原因之一。当民初祁红全盛时代，出口箱额，年在十二万箱以上，重逾六万担，内销且不与焉。时至今日，祁红对外输出，不仅不能扩充销路，且其固有之市场，亦有江河日下之势，其故何耶？简言之，外受国际茶业之激剧竞争，内则产制运输之不合时宜，以致茶价日跌，由此反应而使制造粗放，相互为因，相成为果，故祁红茶业之衰颓，自有其复杂之原因焉。

本年皖赣两省，为谋复兴两省红茶业起见，乃有统一运销之举，并电请实业部派员举办产地检验，以防杜劣茶，适实业部国产检验委员会有举办国产检验之议，因允所请，爰由部训令上海商品检验局派员兼程前往筹办。其工作经过情形，已于七月结束时编制报告，供诸国人，至对于祁红区茶品质之详细情形，则以时间仓促，研究整理，在需时，故未克同时刊印，兹研究整理，告一段落，爰汇编付样，此本报告书所由成也。

研究祁红之品质，对于祁红生产之自然环境，及制造之手续，应有连带申述之必要。祁红茶品质之优劣，影响及于对外之销路；反之，国际红茶供需之消长，又与祁红之产量及价格，有密切之关系。苟吾人研究祁红之品质，而不涉及影响祁红品质优劣之相关因素，则仅知其然而不知其所以然；况祁红品质之优劣，尤应研究其原因，始能进而谋祁红品质之改进，与茶业制度之完善。爰本斯旨，除对祁红品质作系统之试验报告外，并一述祁红茶业之情形，以为改进之参考。

祁红品质试验之介绍，此次尚属创举，试验办法，悉照茶叶检验规程办理。第以限于时间，自难免遗漏错误之处，斯则有望于各界之指导，则幸甚矣。

二、祁红区之天然环境

祁红品质之优良，自然环境为其主因之一，盖茶树之生长，需要适当之地势、土壤及气候，缺一即不适于茶树之栽培。即自然环境之优劣，对于生产茶叶之品质，亦有上下之分。兹将祁红区地势、土壤及气候，分述于下：

（一）地势

祁红区位于皖赣交界地带，以安徽祁门之西南乡，江西浮梁之北乡，及安徽至德之东南乡，为产茶中心，而贵池南乡与祁门、至德毗连处，有一小部分亦产红茶，归入祁红区范围之内。祁红区地势高峻，境内丘陵触目皆是，除河流两岸及山谷间有平原外，余皆山地。兹为明了祁红区各地之海拔，爰将实地测量结果，列为第一表：

第一表　祁红区地势高度表

地名	海拔/米
祁门城内	160
祁门南乡小岭脚	280
祁门南乡将军桥高岭	400
祁门南乡将军桥	205
祁门南乡塔坊高岭	330
祁门南乡平里	150
祁门南乡老榨里岭	715
祁门北乡大洪岭脚	350
祁门北乡大洪岭顶	750
祁门西乡石门桥	170
祁门西乡小路口	200
祁门西乡石谷里	230
祁门西乡历口	290
祁门西乡箬坑	200
祁门西乡文堂	180
祁门西乡闪里	180
祁门西乡高塘	200
浮梁北乡磻村	220

地名	海拔/米
浮梁北乡大湖山	260
浮梁北乡桃墅	210
至德上乡木塔口	160
至德上乡黎坑	150
至德中乡陈家衖	150
至德中乡尧渡街	130
至德下乡葛公□	130

综观该区海拔，普遍在一百米以上，峻岭之区，且达七百米有奇。以地势论，实以祁门西南两乡为最高，而祁红品质，亦以该地所产者为最佳。可知高山茶之品质，恒较低区为愈也。

茶区之内，更有河流贯通其间，湿度及运输，胥获其利，境内河流之著者，祁门有大洪、大北及小北等水，大洪及大北，南流至祁南之倒湖，汇合而入浮梁，至浮梁之杨村，又与小北汇合而为昌江，经鄱阳县而入鄱阳湖。至德南部，则有饶江，南出鄱阳湖，北入长江。除水流外，又多山林，故气候温和，四时云雾不绝，茶树栽培之适宜，无过于此矣。

（二）土壤

祁红区之土壤，多属砂质壤土，磷、氮、钾、碳酸及铁质等，含量均富，对于茶树栽培，颇为适宜。民国六年，前北京农商部模范种茶场，曾将祁门西乡历口绕丝坞茶山土壤，送交北京中央农事试验场化验，兹将其化验结果，摘录如下，以示名茶产地土壤之成分。

第二表　祁门历口绕丝坞土壤化学分析成分表

物质	成分	备注
水分	2.4100	
灼热后消失物	6.5800	
不溶于盐酸之物质	80.4530	

物质	成分	备注
硅酸	1.002 0	溶于盐酸
酸化铁	4.480 0	溶于盐酸
酸化铝	6.220 0	溶于盐酸
酸化钙	0.200 0	溶于盐酸
酸化镁	0.221 0	溶于盐酸
酸化钾	0.161 0	溶于盐酸
酸化钠	0.123 6	溶于盐酸
硫酸	0.117 0	溶于盐酸
磷酸	0.203 5	
碳酸	4.330 0	
盐素	0.027 0	
窒素	0.135 6	
腐植质	2.041 0	
总成分	99.973 5	

注：上表百分率，略有错误，无宗卷可查，容待他日更正。

　　近据实业部地质调查所与金陵大学农学院农业经济系合作进行之土地分类调查结果，祁红区土壤，分为山丘土壤及山谷土壤两大类。山谷土壤，面积有限，仅限于河流沿岸各地，且与茶树栽培，关系较少，盖此系土壤，或为河流冲积而成之砂质壤土，或为山谷中之黏性壤土，要皆地势低洼，不适于茶树栽培。山丘土壤则不然，在祁红区所占之面积甚广，茶产地均属之。山丘土壤中，又分为祁门与挹泉岭两系，祁门系为黄褐色之砾石黏土，挹泉岭系则为浅橘黄褐色砂砾黏质壤土，皆有多量之腐殖质，表土与心土，均可透水。结合力既不过于坚紧，亦不十分松散，两种土壤之性质，虽属大同小异，要皆为宜茶之土壤也。

（三）气候

祁红茶区之气候，颇属温和，既无炎暑，复少严寒。据祁门茶业改良场（在祁门南乡平里）五年来之气温记录，即可知矣。

第三表　祁门南乡平里各月平均气温表

单位：℃

年份	月别												
	1月	2月	3月	4月	5月	6月	7月	8月	9月	10月	11月	12月	平均
民国二十一年	4.1	4.2	10.8	16.3	21.5	23.6	28.2	28.4	22.0	12.2	—	5.6	16.1
民国二十二年	0.3	2.7	3.2	15.4	20.2	23.0	26.8	27.4	18.4	18.0	13.3	8.6	14.8
民国二十三年	5.8	9.5	13.2	15.8	23.7	24.2	30.8	28.0	23.1	16.0	13.3	9.9	17.8
民国二十四年	6.7	9.4	14.7	17.4	22.8	26.7	31.0	28.0	23.5	20.6	13.7	4.3	18.2
民国二十五年	3.1	5.6	7.8	16.2	23.6	27.0							
平均	4.0	6.3	9.9	16.2	22.3	24.9	29.2	28.0	21.5	16.7	13.4	7.1	16.7

注：民国二十一年十一月因茶场无记录故缺，又民国二十五年七月以后尚未得该场报告故缺。

祁门气温，每年以一月为最低，七月为最高。一月温度最低时，有降至零下数摄氏度者，惟平均气温，常在零摄氏度之上。民国二十二年一月，为五年来温度最低之一年，然平均温度，尚有0.3摄氏度。民国二十四年一月之平均气温，且高至6.7摄氏度，可知祁门茶区，气温尚属温和。考茶树生长，最忌严寒，大寒之年，不仅茶树有冻死之虞，且必影响茶叶之产量。如茶树正当发芽之时，寒威骤至，影响尤大。祁门有天时之胜，宜其为植茶之良区，至于浮梁、至德等县，本与祁门毗连，气候当亦相若也。

茶树栽培，需要适当之雨量，且须适度之分布，以免过旱过雨。祁红区全年雨量，约在1700毫米至1900毫米，足适茶树栽培之条件。雨量分布，以四月至八月特多，尤以四、五、六月，占全年雨量百分之六十。该时期适值茶叶采摘，茶农每以阴雨，无法产制为苦，此殆我国科学不发达之原因，固与祁红区天时无关。苟能倡行室内萎凋及发酵，虽淫雨亦不足为病矣。兹将祁门茶业改良场五年来之雨量记录，摘录于下，以供参考。

第四表　祁门红茶区域各月平均雨量及全年总雨量表

单位：毫米

年份	月别												
	1月	2月	3月	4月	5月	6月	7月	8月	9月	10月	11月	12月	全年
民国二十一年	13.0	89.0	74.0	168.0	397.0	371.0	270.0	189.0	30.0	48.0	—	14.0	1 663.0
民国二十二年	18.0	23.5	32.3	351.0	223.0	354.0	29.1	175.0	131.0	146.3	73.1	18.3	1 574.6
民国二十三年	39.4	103.4	163.9	246.8	199.5	144.2	72.5	159.5	136.0	61.8	34.0	43.3	1 404.0
民国二十四年	52.8	103.6	183.7	122.7	460.3	567.7	34.5	72.1	23.9	76.6	80.9	60.7	1 839.5
民国二十五年	54.1	109.0	183.6	309.0	124.0	272.7							
平均	35.5	85.7	127.5	239.5	280.8	341.9	101.5	148.9	80.2	83.2	62.7	34.1	1 620.4

注：民国二十一年十一月因茶场无记录故缺，又民国二十五年七月以后尚未得该场报告故缺。

茶树除需适当之雨量外，犹须湿润空气之滋润。祁红区森林，所在皆有，湿度甚高，茶树生长，常得云雾之滋润，茶叶品质之优良，不为无因。据祁门茶业改良场之报告，该区每日湿度，在夜间及早晨九点钟前，无论晴雨，湿度均在百分之九十以上。即在中午，亦在百分之七十至九十间。祁场每日记录，以下午一时之湿度为标准，近年每月平均湿度，可见第五表：

第五表　祁门红茶区域之各月平均湿度表(%)

年份	月别												
	1月	2月	3月	4月	5月	6月	7月	8月	9月	10月	11月	12月	平均
民国二十三年	86.5	83.1	76.5	89.3	88.0	85.1	79.6	78.1	83.4	76.1	86.9	89.7	83.5
民国二十四年	86.6	89.6	91.0	92.9	87.9	90.3	84.3	89.0	84.4	88.6	92.0	90.5	88.9
民国二十五年	87.0	96.0	87.0	90.9	88.0	91.0							
平均	86.7	89.6	84.8	91.0	88.0	88.8	82.0	83.6	83.9	82.4	89.5	90.1	86.2

綜观祁红区之自然环境，无一不适于茶树栽培，宜其所产之红茶，以香气馥郁、浓厚见长，驰名于中外也。

三、祁红茶之产制销

祁红之生产、制造及推销，代表三种不同阶段。生产，茶农司之；精制，茶号为之；推销，由茶栈介绍售与洋行，本年则由皖赣红茶总运销处庖代茶栈之职。至于洋行办茶，大抵乃受国外茶商之委托，居代理商之地位，故最后推销之责，实由国外茶商负之。查祁红区初非生产红茶者也，距今六十年前，以产绿茶闻名，运销两广，颇负盛誉，以制法与六安茶相似，故又名安茶。至光绪二年，有黟县余某，来自至德，在历口设庄，劝诱茶农制造红茶，高价收买。继又行于闪里，利之所趋，相率改制，蔚为今日世界驰名之祁红。然六十年来，祁红之产销，亦已由盛而衰，此则深值吾人警惕者也。

（一）祁红茶之产制

祁红区植茶面积，究有若干，以向无统计，不能确实报告。植茶之区，大抵在山坡土壤肥沃之区，平地间亦植茶，类由茶农零星开辟，七零八落，无从统计。据金大农业经济系按照产量之估计，祁红全区，共有茶地面积八万一千五百余市亩。

茶农以自耕农居多，其户数惜无统计可考。茶农除从事植茶外，并兼栽他种作物，以裕收入。

祁红茶之产制，已于《祁红区茶叶产地检验工作报告》（第十页）中说明，兹不再赘。总之，采摘鲜叶，制为毛茶，茶农为之；加工精制，包装成箱，茶号负之，分工合作，乃完成祁红之产制。

祁红区之茶号，昔日数目甚少，资本雄厚，有制茶数千箱者。后因茶价挺俏，茶栈竞相放款，以资吸收茶箱，于是茶号滥设，数目激增，制茶箱额日见减少，成本日高，开粗制之渐。自祁门历年茶号数目及制茶箱额观之，可知一般矣。

第六表　祁门全县历年茶号数目及制造红茶箱数表

年份	茶号数目	红茶箱数	每茶号平均箱数
民国十七年	119	54 321	456
民国十八年	133	53 950	406
民国十九年	158	42 142	267
民国二十年	137	34 047	249
民国二十一年	194	39 850	205
民国二十二年	156	33 150	213
民国二十三年	149	34 034	228
民国二十四年	167	35 232	211
民国二十五年	130	32 087	246

祁门茶号制茶平均箱数，民国十七年每号尚有四百五十六箱，至民国二十一年，茶号骤增至一百九十四家，每号平均制茶箱数，反跌至二百零五箱，较民国十七年减少一半以上。是年茶号骤增之原因，乃由于民国二十年茶价特高之故，于是投机商人，群相设号，以图厚利。此后茶价年低，茶号亦呈减少之趋势，惟每号制茶，尚只二百余箱，故其制造费用，仍不经济也。

至于浮梁及至德等县，亦具同样之趋势，茶产年减，而茶号反增。民国二十三年浮梁有茶号六十三家，产茶约一万五千箱，平均每号制茶二百三十八箱；本年茶号增至六十八家，产茶亦仅一万七千八百七十六箱。又如至德，民国二十三年仅有茶号三十四家，产茶约一万箱；本年茶号增至四十七家，只产茶一万一千零四十五箱。茶号与产量，既不能同比例之增加，结果各号制茶箱数，平均减少。而茶号一切开支，并不随制茶箱数同比例之减少，结果祁红之成本，因之日高矣。

且也，茶号广设分庄，竞收毛茶，亦为成本提高原因之一，以祁门而言，茶区在西南一隅，毋须有茶号一百三十家，施行精制；各号更毋须广设分庄，竞收毛茶，既增制造成本，又费周折，而茶农东投西奔，反无实惠。有时辗转跋涉，至良好毛茶，过度发酵而劣变。故茶号之多及分庄之滥设，均有碍于祁红茶叶之发展也。

合作运动，在祁红区内之祁门，自民国二十二年，开始由祁门茶业改良场，提倡指导，风云乍展，开茶农合作制茶之先声。当时以指导有方，成绩尚著。于是茶农闻风景从，相继组织茶叶运销信用合作社，以达自有生产，自行制造，自为运销之目的。合作社之利益，消极而言，足以免除中间商人之剥削，积极方面，且足提高茶农生活之向上。宗旨纯洁，故克在三数年中，蓬勃发展。合作社数，民国二十二年仅有一家，至民国二十五年，已增至三十六家。社员数目，随之亦增。四年来合作运动发展之迅速，可于下表见之。

第七表　四年来祁门红茶产销合作社数表

年份	合作社数	社员数目	制茶箱数
民国二十二年	1		59
民国二十三年	4	107	642
民国二十四年	18	619	3 206
民国二十五年	36	1 300	7 644

合作运动之发展，确为良好之现象，惟权衡合作运动之成功，不重量而重质，合作社如能组织健全，卓有实效，则茶农不待鼓吹而自合。故提倡合作运动者，不必期求量之增加，当以质为前提，合作运动之前途，其有豸乎。

（二）祁红茶之贸易

祁红茶精制装箱以后，向由茶号水运至九江转沪，经茶栈之手，售与洋行。本年皖赣两省当局，实行统一运销，改由陆运上海，不经茶栈而由皖赣红茶总运销处售与各洋行，此实八十年来，祁红国内贸易未有之改革。茶栈业对于内地茶号之联系，虽已间断，然洋行之势力，仍难遏制也。

购办祁红数量最多者，当推英商怡和洋行，约占祁红产额五分之二。锦隆、协和、天裕、保昌、兴成等洋行次之，华茶、同孚、天祥等又次之。据本局四年来之检验统计，祁红出口，每年以怡和洋行为最多，年在七八千公担。其他洋行，少则数十公担，多则亦仅三四千公担。综观下表，即可知各商行祁红贸易之情形矣。

第八表　近四年来各主要茶叶输出商输出祁门红茶之数量表

单位：公担

	民国二十一年	民国二十二年	民国二十三年	民国二十四年
怡和洋行	9 772.77	9 294.56	7 977.60	6 662.30
锦隆洋行	3 652.51	3 352.70	161.36	3 652.60
华茶公司	1 957.59	2 445.81	2 042.21	638.38
协和洋行	1 743.42	1 912.64	993.36	1 851.02
天裕洋行	1 577.26	1 003.61	1 670.44	1 884.03
兴成洋行	1 434.60	1 154.13	1 528.69	1 073.57
杜德洋行	976.79	608.68	1 362.03	506.09
保昌洋行	918.91	523.67	54.92	0.60
仁记洋行	250.71	602.68	1 632.83	1 691.86
天祥洋行	477.94	556.54	1 300.02	291.56
同孚洋行	1 069.51	799.20	972.66	404.94
协助会洋行	528.63	3 212.58	764.24	950.02
合中企业公司	30.88	394.11	428.58	76.28
永兴洋行	133.48	62.80		259.44
其他商行	350.85	263.74	476.74	122.22
总计	24 875.85	26 187.45	21 365.68	20 064.91

祁红为高级茶类，较普通红茶，往往倍其价格。品质优良，虽价值昂贵，西人嗜之。尤以英国人民，最嗜祁红。祁红在国内消费，数量甚微，每年生产，几全输出。以往英国占总输出额百分之五十以上，法、德次之，其他如苏联、荷兰等更次之。据本局茶叶检验输出口统计，四年来祁红输往各国和地区之情形，列如下表：

第九表　近四年来祁红茶输往各国和地区之数量表

单位：公担

	民国二十一年	民国二十二年	民国二十三年	民国二十四年
英国	15 498.19	14 686.17	21 529.96	14 945.64
美国	2 865.16	3 177.39	1 283.25	1 428.92

	民国二十一年	民国二十二年	民国二十三年	民国二十四年
法国	1 212.92	791.42	930.68	1 226.30
苏联	518.63	3 213.56	764.68	950.02
德国	338.47	368.70	604.06	840.89
荷兰	269.09	169.64	106.51	160.45
坎拿大	43.85	207.74	85.25	99.83
非洲	3 523.35	2 099.69	84.52	136.82
印度	62.50	27.94	63.21	26.08
香港地区	346.16	920.37	870.07	67.36
澳大利亚	32.09	162.99	6.44	63.32
其他各国和地区	165.44	351.85	249.93	119.28
总计	24 875.85	26 177.46	26 578.56	20 064.91

祁红输出数量，按月不同。每年新茶上市，大抵在五月中旬，而祁红出口，以六月为最盛。每年六月出口之祁红，常在七千公担之谱，七月以后，即日渐减少，兹列表如下，以示各月输出之趋势。

第十表　近四年来祁红茶每月输出数量表

单位：公担

	民国二十一年	民国二十二年	民国二十三年	民国二十四年
1月	316.55	822.82	114.63	158.38
2月	713.19	931.18	64.35	18.01
3月	422.97	654.10	34.00	84.68
4月	50.07	347.67	62.90	15.66
5月	5 007.07	2 455.38	1 178.22	6 017.44
6月	9 140.41	8 339.50	13 441.57	7 060.72
7月	4 138.50	6 258.54	7 029.43	2 688.77

	民国二十一年	民国二十二年	民国二十三年	民国二十四年
8月	2 067.78	1 110.23	2 486.92	2 327.48
9月	689.59	4 744.25	1 776.73	442.24
10月	429.05	303.93	263.34	552.70
11月	782.24	109.22	76.65	560.88
12月	1 118.43	110.63	40.82	137.95
总计	24 875.85	26 187.45	26 569.56	20 064.91

以上三表，有一共同点，读者须注意者，即祁红出口数量，实际恐无如是其多，盖间有出口洋行，以少量其他红茶，并入祁红，美其名称，本局以其祁红之成分，实较他茶为多，是亦难以其他茶称之，故特志之，以释群疑。

祁红为吾国出口茶之一种，除祁红外，出口红茶，尚有湖南、湖北所产之湖红，江西修水等县之宁红，浙江永嘉一带之温红，闽省所产之福红等。祁红输出数量，在出口红茶中之地位如何，颇有研究之价值。

第十一表　祁红在输出红茶中之百分率表

年份	红茶输出总额/公担	祁红输出数额/公担	祁红所占百分率
民国二十一年	88 917	24 876	27.98
民国二十二年	98 154	26 187	26.67
民国二十三年	149 730	26 579	17.75
民国二十四年	104 752	20 065	19.16

自上表观之，祁红出口数量，仅及红茶总额百分之二十左右，尚不及其他低级红茶为多。至就价值言，祁红出口价值，向无单独统计，惟祁红品优价高，其价值自较昂贵，故占出口红茶价值百分率，当较数量百分率为高，可断言也。

世界各产茶国红茶输出数量，年约八万万磅，合三百六十万公担。祁红输出，年约二万公担，仅及千分之六，亦可见祁红所占地位之微弱。国人耳振于祁红之名，而不知祁红之产销，诚未足与印、锡红茶等量齐观，相较之下，不啻小巫之见大巫。国人对之，固应知所警惕；然祁红茶之前途，自亦大有发展之余地。

四、祁红茶之品质

祁红得天时地理之宜，人工制造之精，香气馥郁，滋味醇和，在国产红茶中，不失为至高之品，即在国际市场中，亦不失为高级茶类。名闻中外，价格昂贵，西人嗜茶者，每以得之为快，国人素嗜绿茶，惟慕名而饮祁红者，近亦不乏其人矣。

祁红品质之审定，中外茶业界，恒以泡看为论据，盖普通审查茶叶之品质，以其色香味为断。茶叶品质之优劣，泡看审查，固占重要之地位，惟为研究影响茶质之各种因子，犹需借助化验或其他物质检验。如测定水分，以明茶叶之干湿，决定其是否耐藏；定求灰分，以检夹杂物之有无；检验粉末，决定茶叶灰末之多寡；化验水浸出物之高低，以测茶质之强弱；其他如茶素、茶单宁及全氮素等分析，皆有助于品质优劣之决定，故祁红茶之品质，应有多方面之试验与观察。祁红茶之高贵，乃因具有特殊之香气，由于茶叶中之香油所造成。吾人固可用化验方法，分析香油之多寡，定其品质之优劣，惟茶中香油，成分复杂，含量太少（约百分之零点零零六），定求非易，且非耗费大量之茶叶，不能为也。故为顾全事实及时间起见，茶叶品质之审查，常以泡看为主。

国人对于祁红，向无整个品质试验，历年所以无试验者，乃以产地真样，殊不易得。适本年初次举办祁红产地检验，得在祁红区各地，实地采样，爰照茶检规程，逐一审查其品质，检验其水分、灰分及粉末，并抽验水浸出物，自信或足供各界之参考也。

（一）品质审查

评定茶叶之优劣，以品质审查为最难，既无一定之仪器可用，又无一定之标准可循，全凭个人经验，闻其香气，尝其滋味，审其外表水色及叶底，以为总评之根据，故品质审查，纯为一种艺术。茶叶色香味之优劣，只能意会而不易以言传，故品质之评定，难免随个人主观而转移。苟能处处以客观之眼光，从各种方面加以观察，多作探讨，则审查结果，庶乎可告翔实。

茶叶品质检验，又可别为干法检验及湿法检验两种。干法检验，仅施于外表之观察；湿法检验，包括色香味及叶底之审查，当以湿法较为重要，且亦足为品质审查结果之根据。良以外表虽佳，色香味并不同臻上乘，往往外表制工甚为精良，而内在品质已属劣变。此种茶叶，数见不鲜，故单独施行干法检验，殊未完全。反之，以湿法检验评其品质，其真确性虽较干法检验为大，唯茶叶品质佳者，外表未必优良，往往品质极佳之茶，以外表欠佳，不足吸引商人或顾客之购买，亦比比皆是。故质佳之茶，应外表及内质并全，而茶叶之品质检查，自应同施两种之检验也。

综观两种检验方法之要点，不外审查茶叶之外表，及与内质有关之香气、滋味、水色及叶底。兹将此次审查祁红各种方法，分别说明之。

（1）外表。外表审查，包括形状及色泽两种。以茶叶放置于白色之检验盘中，以目光检定之。关于形状者：视其茶叶之粗细、松紧、整碎、轻重、是否均匀、有无嫩芽、拣工之优劣及有无其他夹杂物等；关于色泽者：察其色泽之深浅、鲜暗、是否调和、有无污叶及劣变等情。形状以嫩芽多、条子紧细、分重、整齐、均匀、拣工佳者为上，条子粗松、茶叶碎琐不匀、拣工不佳而带夹杂者为劣。色泽以深浅适宜，光泽明鉴而调和者为上；深浅过度光暗而有劣变茶条者为下。茶叶外表之优劣，不外以此而分，至于检验之实施，尤赖于检验者平日之经验，心领神会而评其优劣也。

（2）香气。香气为湿法检验之一种，在未检验之先，以茶秤称茶二点五公分，置于小号茶钵中，泡以一百五十公撮纯洁之沸水，加盖经五或六分钟，将茶钵搁于前列茶杯之上，使茶液由钵中滤下。液尽后，再用钵内泡过之茶叶倒入小盘，作审视叶底之用，至此检验员即可运用其嗅觉，闻茶钵内存之香气，辨其优劣。辨别香气之优劣，以高低、清浊、纯正与否、火候如何及有无劣变等为断。祁红以香气清高而纯正者为上品，以香气低浊不纯者为次，以劣变者为最劣。至于火候如何，与香气亦有重大关系。如烘焙过度，俗谓火工过老之茶，难免产生焦气，香虽高而不纯，所谓焦香是也。此种焦气之茶，难获善价。又如火工不足之茶，香气难求馥郁，亦足以减损茶叶之品质。且火工不足之茶，难于久藏，易致酸霉劣变之虞。是以香高之祁红，其火工必确到好处。至于香气劣变之茶，有酸、霉、烟味及其他等等。酸霉之茶，大抵由于原料及毛茶处理之失宜，烟味则由于烘焙之不当，其他异味有侵自外来者，有发于内在者，要之，由于处理之不慎则一也。祁红茶最易感受外来气味之影响，故从香气上辨别祁红茶之优劣，尤较其他检验为重要也。

（3）滋味。辨别茶叶滋味之优劣，为一种应用味觉之艺术。尝其滋味，不外别其浓淡、强弱、清浊、醇涩、火候及其他有关滋味之事项。祁红茶之滋味，以浓淡适度，清快醇和为上；以浓淡过度，浊涩为次。至于火候对于滋味之影响，亦若香气。火工过老，则滋味变焦，饮之不快；火候不足，香气不高，味亦随之减损。故滋味良好之祁红，其火候必甚适度。染有烟味之茶，尝其味不难知之，往往良好之茶，因染烟味，而乏其质。最忌者，酸霉劣变之茶，毫无滋味可言，虽贬价亦难脱售也。

（4）水色。茶叶浸泡五或六分钟后，其滤出水色之浓淡，与茶叶之品质，亦有关系。祁红茶之水色，以浓艳清澈而透明者为佳，以暗浊淡薄者为次，纯净之祁红，鲜有沉淀物，亦无漂浮之叶片等，质次者即反是。

（5）叶底。祁红浸过叶之鲜暗，与茶质之关系至大。叶底鲜红者，乃发酵充分之象征，因之香气浓厚，滋味醇和，而水色明艳。叶底黑暗者，或因发酵过度，或由于毛茶处置之不善，因之香气不高，滋味不鲜，水色暗浊。又如叶底青花，则发酵不足，香气及滋味均不纯正，水色亦形淡薄。故有谓审查红茶，仅视叶底鲜暗，即可评定红茶之品质，良有以也。由此观之，叶底之重要亦可知矣。

综之，审查红茶之品质，以色香味三者为最重要，叶底次之，外表更次之。此次审查祁、浮、至、贵四县之红茶，即本上述之检验方法，逐一试验而决定者也。

此次祁红区产地报验之茶叶，多凡一千一百九十二批。其中祁门茶号报验者，占五百三十七批，祁门各合作社一百零四批，浮梁三百二十批，至德二百一十九批及贵池十二批。以批别言，则头批有三百一十三号，二批有三百三十七号，三批二百六十一号，四批七十七号，茶籽、茶梗十一号，及花香一百九十三号，兹为简明起见，立表如下：

第十二表　祁红区茶号及合作社茶叶产地检验报验批数及箱数表

报验者	茶号数	头批		二批		三批		四批		花香		茶籽、茶梗等		总数		备注
		批数	箱数	批数	箱数	批数	箱数	批数	箱数	批数	箱数	批数	箱数	批数	箱数	
祁门茶号	130	150	11 018	175	12 621	127	7 532	25	837	60	3 059			537	35 067	祁门报验第448号有四批茶及花香两种
祁门合作社	36	41	3 171	32	2 129	23	1 395	8	363					104	7 058	
浮梁茶号	68	69	6 026	75	6 347	65	4 013	31	724	70	4 131	10	49	320	21 290	

报验者	茶号数	头批		二批		三批		四批		花香		茶籽、茶梗等		总数		备注
		批数	箱数	批数	箱数	批数	箱数	批数	箱数	批数	箱数	批数	箱数	批数	箱数	
至德茶号	47	51	4 249	52	4 173	44	2 256	12	399	59	3 319	1	2	219	14 398	至德报验第1 600号有四批茶及花香两种
贵池茶号	2	2	204	3	214	2	120	1	13	4	194			12	745	贵地之茶均在至德报验
总计	283	313	24 668	337	25 484	261	15 316	77	2 236	193	10 703	11	51	1 192	78 558	
百分数		26.26%	31.40%	28.27%	32.44%	21.90%	19.53%	6.48%	2.97%	16.19%	13.62%	0.90%	0.10%	100.00%	100.00%	

除上表所列箱数外，本年因产地检验成立较迟，祁、浮、至各地之头茶，有已先期运出者，约有一千五百余箱。此外花香因自由装运，故亦有数千箱未行报验，又夏茶运出，有在产地检验结束后者。总计本年祁红茶产，约有七万箱，如连花香合计，当有八万五千箱之数。

祁红区制茶习惯，春红夏绿，而不采制秋茶。红茶又以采制时期之早迟，分为头批、二批、三批及四批等，副产之品，尚有花香、花乳（即茶籽）及茶梗等。因采摘制造之迟早，品质乃有极大之差异。以采制最早之头批茶，品质最佳。头批茶之采制，约在谷雨前后五日内，继以二、三、四批茶之采制，约一月左右，制造完毕。以时间论，相隔不可谓久，然就品质、成本及价格言，则有天壤之别。头批祁红各号均加工精制，务期尽善尽美，故品质大体均较二、三批茶为高，成本亦常倍于二批茶，盖不仅毛茶价格甚高，即精制费用及折耗亦巨也。至于茶价，除品质有缺憾者外，其相差亦甚巨，关于此点，容俟后章再详，兹姑不赘。总之，祁红头批茶，乃祁红中之精华，其他各批之品质，大抵二批优于三批，三批则又优于四批，然茶叶品质劣变者，又当例外也。

头批茶既为祁红之精华，吾人试观上表，则知头批茶仅占祁红总数百分之三十一点四，如以花香、茶梗等除外，亦仅占百分之三十六点四，可知祁红之大部，尚属中下级茶。此乃依常例推测，并非按照整个品质试验而分，欲对祁红有正确之认识，犹赖有精详之品质试验，不为功也。

此次品质试验，共计一千一百九十二批，内有花香一百九十三批及茶籽、茶梗等十一批。花香、茶籽等，为祁红之副产，其品质无关整个之祁红，故拟另为论列。至于祁红区各县红茶，首就各县批别分论，再总论整个祁红之优劣。又以祁门尚有合作社之设立，为研究合作社制茶品质起见，故祁门茶号之制茶，又与合作社者分论之。

祁红区红茶品质审查，即按上述外表、香气、滋味、水色及叶底详定之。各分六级，总评中又以甲乙丙丁及劣表示之，前四者又分上中下三小级，此记述优劣之大较也。

第十三表　祁红区茶叶品质审查统计表

			甲上	甲	甲下	甲等总数	乙上	乙	乙下	乙等总数	丙上	丙	丙下	丙等总数	丁上	丁	丁下	丁等总数	劣	总计
祁门茶号	第一批	批数	3	2	12	17	48	22	23	93	20	9	4	33	2	3		5	2	150
		箱数	132	96	809	1 037	3 444	1 576	1 776	6 796	1 622	725	324	2 671	148	192		340	174	11 018
	第二批	批数			1	1	6	8	17	31	44	36	29	109	16	6	1	23	11	175
		箱数			22	22	371	611	1 195	2 177	3 265	2 708	2 135	8 108	1 068	481	70	1 619	695	12 621
	第三批	批数							2	2	12	25	36	73	30	7	2	39	13	127
		箱数							93	93	884	1 653	2 318	4 855	1 543	368	22	1 933	651	7 532
	第四批	批数							1	1			3	3	4	11	3	18	3	25
		箱数							39	39			183	183	146	308	44	498	117	837
祁门合作社	第一批	批数		1	1	2	6	5	8	19	7	6	3	16	1	1		2	2	41
		箱数		37	86	123	446	398	662	1 506	466	480	221	1 167	93	100		293	182	3 171
	第二批	批数					1			1	2	2	12	16	7	2		9	6	32
		箱数					90			90	95	103	908	1 106	316	171		487	446	2 129
	第三批	批数									1	5		6	10	1	1	12	5	23
		箱数									98	331		429	616	55	90	761	205	1 395
	第四批	批数													1	2	2	5	3	8
		箱数													70	115	127	312	51	363

			甲上	甲	甲下	甲等总数	乙上	乙	乙下	乙等总数	丙上	丙	丙下	丙等总数	丁上	丁	丁下	丁等总数	劣	总计
浮梁茶号	第一批	批数			2	2	1	7	12	20	13	19	5	37	4	3	1	8	2	69
		箱数			142	142	96	557	1 153	1 806	1 168	1 618	465	3 251	340	298	90	728	99	6 026
	第二批	批数					1	2		3	17	18	17	52	10	7		17	3	75
		箱数					82	228		310	1 601	1 487	1 307	4 395	770	562		1 332	310	6 347
	第三批	批数									2	7	12	21	18	14	4	36	8	65
		箱数									188	355	982	1 525	1 126	754	151	2 031	457	4 013
	第四批	批数											2	2	11	8	3	22	7	31
		箱数											208	208	332	59	36	427	89	724
至德茶号	第一批	批数					1		7	8	10	12	8	30	8	3	1	12	1	51
		箱数					82		587	669	826	953	684	2 463	674	277	90	1 041	76	4 249
	第二批	批数							1	1	1	4	14	19	14	8	2	24	8	52
		箱数							67	67	78	297	1 054	1 429	1 309	685	148	2 142	535	4 173
	第三批	批数									3			3	13	14	8	35	6	44
		箱数									161			161	708	844	295	1 847	248	2 256
	第四批	批数									2			2	1	5	2	8	2	12
		箱数									27			27	39	148	20	207	165	399
贵池茶号	第一批	批数							1	1	1			1						2
		箱数							24	24	90			90						114
	第二批	批数									2			2					1	3
		箱数									126			126					88	214
	第三批	批数																	2	2
		箱数																	120	120
	第四批	批数																	1	1
		箱数																	13	13

		甲上	甲	甲下	甲等总数	乙上	乙	乙下	乙等总数	丙上	丙	丙下	丙等总数	丁上	丁	丁下	丁等总数	劣	总计
总计	第一批 批数	3	3	15	21	56	34	51	141	51	46	20	117	15	10	2	27	7	313
	第一批 箱数	132	133	1 037	1 302	4 068	2 531	4 292	10 891	4 172	3 776	1 694	9 642	1 255	867	180	2 302	531	24 668
	第二批 批数			1	1	7	9	20	36	64	60	74	198	47	23	3	73	29	337
	第二批 箱数			22	22	461	693	1 490	2 644	5 029	4 595	5 530	15 164	3 463	1 899	218	5 580	2 074	25 484
	第三批 批数					2	2	14	33	56	103	71	36	15			122	34	261
	第三批 箱数					93	93	1 072	2 106	3 792	6 970	3 993	2 021	558			6 572	1 681	15 316
	第四批 批数					1	1		7	7			17	26	10		53	16	77
	第四批 箱数					39	39		418	418			587	630	227		1 444	435	2 336
	合计 批数	3	3	16	22	63	43	74	180	129	139	157	425	151	96	31	275	86	988
	合计 箱数	132	133	1 059	1 324	4 529	3 224	5 914	13 667	10 283	10 477	11 434	32 194	9 298	5 417	1 183	15 898	4 721	67 804

			上	中	下	总计
祁门茶号	花香	批数	30	21	9	60
		箱数	1 525	1 160	364	3 049
	茶籽、茶梗等	批数				
		箱数				
祁门合作社	花香	批数				
		箱数				
	茶籽、茶梗等	批数				
		箱数				
浮梁茶号	花香	批数	48	20	2	70
		箱数	2 875	1 166	90	4 131
	茶籽、茶梗等	批数	10			10
		箱数	49			49

			上	中	下	总计
至德茶号	花香	批数	40	16	3	59
		箱数	2 371	818	130	3 319
	茶籽、茶梗等	批数	1			1
		箱数	2			2
贵池茶号	花香	批数	2	2		4
		箱数	125	69		194
	茶籽、茶梗等	批数				
		箱数				
总计	花香	批数	120	59	14	193
		箱数	6 896	3 213	584	10 693
	茶籽、茶梗等	批数	11			11
		箱数	51			51
	合计	批数	131	59	14	204
		箱数	6 947	3 213	584	10 744

　　祁门头批红茶，仅有一万一千零一十八箱，品质列入甲等者，只一千零三十七箱，约占头批茶百分之九；乙等六千七百九十六箱，约占百分之六十二；丙等二千六百七十一箱，约占百分之二十四；丁等三百四十箱，占百分之三；劣等茶亦有一百七十四箱，约占百分之二。合作社头批红茶，计共三千一百七十一箱，计甲等一百二十三箱，约占百分之四；乙等一千五百零六箱，约占百分之四十七；丙等一千一百六十七箱，约占百分之三十七；丁等二百九十三箱，占百分之九；列入劣等者，有一百八十二箱，约占百分之六。浮梁首批红茶，共有六千零二十六箱，内计甲等一百四十二箱，约占百分之二；乙等一千八百零六箱，约占百分之三十；丙等三千二百五十一箱，约占百分之五十四；丁等七百二十八箱，约占百分之十二；劣等九十九箱，约占百分之二。至德首批红茶共有四千二百四十九箱，品质不及祁、浮，列入甲等者绝无仅有，乙等亦仅六百六十九箱，约占百分之十六；丙等最多，计二千四百六十三箱，约占百分之五十八；丁等一千零四十一箱，约占百分之二十四；劣等七十六箱，约占百分之二。贵池首批茶质，均属乙丙之中等茶。总之，以

祁红精华所集之头批茶论，品质上乘者犹属不多，其他二、三批茶之品质无论矣。

综计祁红茶经产地检验者，本年共计六万七千八百零四箱，其中品质列入甲等者，仅一千三百二十四箱，约占总数百分之二；乙等一万三千六百六十七箱，约占百分之二十；丙等三万二千一百九十四箱，约占百分之四十八；丁等一万五千八百九十八箱，约占百分之二十三；而劣等之茶，反有四千七百二十一箱，约占百分之七。可见祁红茶之大部，尚以中等茶为多，因人事不臧，劣变者亦复不少。

以各县分论，祁门之红茶，较浮、至、贵三县所产为佳。不仅外表优美，即色香味亦较隽永，而且叶底尤胜于浮、至所产，此盖由于采摘期早，制造精工所致。浮梁红茶，品质次于祁门，但优于至德。至德及贵池红茶，采摘较迟，制造亦较粗放，故无论外表、叶底及色香味，均逊于祁、浮所产之红茶。

以各个制造单位论，茶叶之品质，随各茶号及合作社制茶经验而变迁。有制茶经验之茶号，其毛茶之品质，如无劣变等情，成茶品质，亦决不过劣。盖其对于制茶之烘筛等手续，指挥得当，管理周密，劣茶自难产生。反之，苟茶号经理，为一毫无制茶经验之人，其所收之毛茶，品质难期优良，对于制茶之管理，自难望其圆满。故劣变之茶，虽由于烘制工人处理之不善，要亦茶号当局之管理无方。即烘司技术之优劣与制茶之品质，亦有重大关系。苟烘司经验丰富，技术高明，则制茶即不致有焦烟等味，损及茶叶之品质。反之，如烘司毫无经验，虽有良好之毛茶原料，亦难制成精良之茶。故祁红之品质，其优劣虽与自然环境有关，惟人事处置之适宜与否，亦与有关也。

自前表观之，吾人可知头批茶与二、三批茶之品质，大有区别，查头批茶与二批茶之制造时间，相隔仅有十日，然生叶嫩老悬殊，制造又有精粗之不同，致二批茶之品质，远逊于头批红茶。推而论之，三批逊于二批，四批又逊于三批，盖属显然者也。

至于花香、茶籽及茶梗等副产，品质自难与红茶并论，且远非所及。无论其外表、叶底及色香味，均在五、六等间。惟为辨别优劣起见，爰将六等分为一、二、三、四四级，借志识别，而以上、中、下为其总评。综观祁末之品质，优劣参半，大抵而言，较宁末及湖末，品质为优也。

本年祁红茶劣变甚多之原因，除上述人事管理之失宜外，由于天时之关系，不无原因。查本年茶季，阴雨连绵，故不仅延误采摘，妨害萎凋，延长发酵，且发酵完毕之毛茶，因无法日光摊晒，常致毛茶发酵过度而劣变。即在精制期间，毛茶收进以后，以天时阴雨，茶号不及举行打毛火手续，亦足以造成劣变之原因。本年劣变茶多，天时之失调，与有关也。

总之，祁红茶之品质，在国产红茶中，自不失为高级茶类。惟细究祁红之品质，良者甚稀，而中下级茶，居其大半。反观印、锡红茶，日谋品质之改进，我则故步自封，随自然环境而演变，揆诸优胜劣败之原则，其不衰落也几希。苟不再求改进之道，祁红茶之前途，实堪隐忧者也。

（二）水分

农产品之水分，不宜过高，盖农产品水分过多之后，不仅难以久藏，且易生霉腐劣变之虞，茶叶其一也。茶叶水分过多，即难久藏，且香气走失，色泽变暗，而茶质劣变，故茶叶之水分，不宜过高。

据民国二十五年度茶叶检验最低标准第二条之规定，茶叶水分，以不得超过百分之八点五为标准，但本年度除绿茶依据标准外，红茶以百分之十点五为合格，其他茶叶以百分之十二为合格，故祁红之水分，应不超过百分之十点五。又茶梗、茶籽及花香等之水分，不能超过百分之十二。

此次祁红区茶叶产地检验水分之方法，实基于霍夫门氏（Hoffmann）水分定量法，稍加修改，以检验手续简捷正确、时间经济为原则。法秤取茶样十公分，置于二百五十公撮之锥形蒸馏瓶中，加以十公撮甲苯及十公撮松节油，充分混合，置于如下图之装置上。最初徐缓加热，温度渐升至八十摄氏度左右，即渐起气泡而沸腾，迨达一百摄氏度左右，蒸馏瓶中水分与甲苯，共同蒸出，而凝集于刻度接受器，同时温度仍渐渐上升，至一百二三十摄氏度，水分与甲苯，殆已全部蒸出，而松节油亦渐起沸化。迨达一百五十摄氏度左右，保持一二分钟，即停止蒸馏，将接受器不时振荡，使水分与油层分离而沉降。最初为混浊油层，渐次透明，如欲油层中游离水滴，急速下降，可用羽毛细心拂下，俟油层透明，即可读取接受器细管底部之水分容量，此所得之容量公撮，即为水分之公分数（假定水之密度为一），以十倍之，即得水分百分率。

本年祁红区产检茶叶之水分，依照上法检验之结果，统计如下表：

第十四表　祁红区茶叶水分检验统计表

水分率			4.01—4.50	4.51—5.00	5.01—5.50	5.51—6.00	6.01—6.50	6.51—7.00	7.01—7.50	7.51—8.00	8.01—8.50	8.51—9.00	9.01—9.50	9.51—10.00	10.01—10.50	10.51—11.00	11.01—11.50	11.51—12.00	12.51—13.00	16.01—16.50	总计
祁门茶号	第一批	批数	3	11	12	19	5	20	16	18	9	19	7	11							150
		箱数	237	653	907	1 377	343	1 579	1 254	1 340	630	1 502	510	686							11 018
	第二批	批数			4	11	14	30	15	26	14	28	13	11	6	1	2				175
		箱数			277	905	1 062	2 119	1 088	1 962	1 047	1 911	902	764	375	66	143				12 621
	第三批	批数		1	2	5	12	5	17	21	17	13	10	8	3		1	1			117
		箱数		37	114	370	724	830	1 115	1 121	1 196	767	490	456	103	125	31	53			7 532
	第四批	批数			1	2	3	1	1	1	3	4	2	1	5		1				25
		箱数			6	22	252	39	133	16	105	66	18	83	90		7				837
	花香	批数						2	3	3	1	1	10	15	13	8	1	2		1	60
		箱数						117	125	122	60	100	645	705	650	369	37	81		48	3 059

水分率			4.01—4.50	4.51—5.00	5.01—5.50	5.51—6.00	6.01—6.50	6.51—7.00	7.01—7.50	7.51—8.00	8.01—8.50	8.51—9.00	9.01—9.50	9.51—10.00	10.01—10.50	10.51—11.00	11.01—11.50	11.51—12.00	12.51—13.00	16.01—16.50	总计
祁门合作社	第一批	批数				2		9	5	7	4	5	2	4	1	1	1				41
		箱数				178		691	472	495	235	377	177	339	96	56	55				3 171
	第二批	批数					2	2		5	3	5	6	4	5						32
		箱数					150	113		354	284	379	347	282	220						2 129
	第三批	批数			2		2	1		4	3	1	3	1	4	2					23
		箱数			77		176	98		305	126	57	178	31	222	125					1 395
	第四批	批数					1		2	1	1		1			1	1				8
		箱数					31		91	40	94		29			87	9				381
	花香	批数																			
		箱数																			
浮梁茶号	第一批	批数	2	2	5	2	8	10	7	8	11	3	7	2	2						69
		箱数	138	167	375	216	600	968	659	783	999	257	520	179	165						6 026
	第二批	批数	1		3	5	10	6	10	7	11	8	6	4	1	1	2				75
		箱数	88		264	347	856	547	861	505	979	797	539	285	96	64	212				6 440
	第三批	批数	3	1	4	4	6	6	8	9	8	4	5	6		1					65
		箱数	120	19	264	227	435	440	469	394	585	290	315	397		58					4 013
	第四批	批数					2	4	4	1	3	4	4	3	2	2	1	1			31
		箱数					100	253	124	42	23	76	29	39	12	9	12	5			724
	茶籽、茶梗等	批数								1	1		1	4	2	1					10
		箱数								5	3		1	34	5	1					49
	花香	批数						2	3	11	5	11	7	10	7	8	5		1		70
		箱数						153	124	724	300	635	492	530	418	443	252		60		4 131

水分率			4.01—4.50	4.51—5.00	5.01—5.50	5.51—6.00	6.01—6.50	6.51—7.00	7.01—7.50	7.51—8.00	8.01—8.50	8.51—9.00	9.01—9.50	9.51—10.00	10.01—10.50	10.51—11.00	11.01—11.50	11.51—12.00	12.51—13.00	16.01—16.50	总计
至德茶号	第一批	批数		1		3		3	4	7	2	13	6	10	2						51
		箱数		106		281		209	381	591	165	1 073	466	793	184						4 249
	第二批	批数		1				3	2	12	8	8	4	9	3	1		1			52
		箱数		64				187	132	1 091	618	810	355	675	266	113		62			4 373
	第三批	批数			1	1	1	7	1	5	3	9	3	7	1	4	1				44
		箱数			37	44	54	383	54	206	137	532	124	444	26	162	53				2 256
	第四批	批数			1			1		1	3	1	2	1	1		1				12
		箱数			11			39		160	110	35	28	3	8		5				399
	茶籽、茶梗等	批数									1										1
		箱数									2										2
	花香	批数					1		1	3	3	14	7	11	9	6		3	1		59
		箱数					100		20	141	189	812	419	725	489	257		122	45		3 319
贵池茶号	第一批	批数												1	1						2
		箱数												114	90						204
	第二批	批数									2			1							3
		箱数									151			63							214
	第三批	批数												1	1						2
		箱数												82	38						120
	第四批	批数												1							1
		箱数												13							13
	花香	批数														2	1	1			4
		箱数														125	46	23			194

续表

水分率			4.01—4.50	4.51—5.00	5.01—5.50	5.51—6.00	6.01—6.50	6.51—7.00	7.01—7.50	7.51—8.00	8.01—8.50	8.51—9.00	9.01—9.50	9.51—10.00	10.01—10.50	10.51—11.00	11.01—11.50	11.51—12.00	12.51—13.00	16.01—16.50	总计
总计	第一批	批数	3	14	14	29	7	40	35	39	23	48	18	33	6	3	1				313
		箱数	237	897	1 074	2 211	559	3 079	3 075	3 085	1 813	3 951	1 410	2 452	549	221	55				24 668
	第二批	批数		2	4	14	21	45	23	53	34	52	31	31	18	3	3	3			337
		箱数		152	277	1 169	1 559	3 275	1 767	4 268	2 605	4 079	2 401	2 323	1 146	275	207	274			25 777
	第三批	批数		4	6	10	19	19	28	37	30	33	18	25	13	5	3	1			251
		箱数		157	247	678	1 181	1 746	1 914	1 922	1 784	2 062	935	1 519	689	287	142	53			15 316
	第四批	批数				2	5	7	8	3	6	10	10	8	4	9	2	3			77
		箱数				17	135	505	293	215	293	291	159	98	98	194	21	17			2 336
	茶籽、茶梗等	批数								1	2		1	4	2	1					11
		箱数								5	5		1	34	5	1					51
	花香	批数					1	4	7	17	9	26	24	36	31	23	7	5	2	1	193
		箱数					100	270	269	987	549	1 547	1 556	1 960	1 682	1 115	312	203	105	48	10 703
	合计	批数	3	20	24	55	53	115	101	150	104	169	102	137	74	44	16	12	2	1	1 182
		箱数	237	1 206	1 598	4 075	3 534	8 875	7 318	10 482	7 049	11 930	6 462	8 386	4 169	2 093	737	547	105	48	78 851

各县祁红茶之水分，在百分之十点五以内者，居绝对多数，占百分之九十七点四二；超过百分之十点五者，有三十六批，计共一千七百四十六箱，仅占百分之二点五八。花香水分在百分之十二以内者，有一万零五百五十箱，占百分之九十八点五七；超过百分之十二者，计一百五十三箱，占百分之一点四三。茶叶水分最少者，尚不及百分之四点五，在百分之八点五以内者，共有四万二千一百五十箱，占全数百分之六十二，可见祁红之水分，犹尚嫌高。至于各批茶叶之间，尚无显著之差异，不若品质之有头、二批等之别也。

查水分超过合格规定之祁红三十六批，品质显呈低劣。又凡甲级之红茶，其水分鲜有超过百分之十者，普通均在百分之八以内，可知品质优良之茶叶，水分必不高。

以一般祁红水分之现状而观，尚嫌太高，在集散地之上海，其水分含量，已若是其多，再经海洋之运输，最后至消费市场，水分尚有增加之可能。故往往经一二月之时间，茶叶即起变化，或不耐贮藏，或香气走失，或甚至劣变，故对于水分之检验，应有严格施行之必要，不仅足以防止茶叶之劣化，且亦直接所以保障茶商也。

（三）灰分

各种纯洁制茶之灰分，除因品种、土壤、气候等环境之不同，成分稍有变迁外，总量大致相仿，要在百分之五至百分之七之间。如超过此种数字，则多系外界矿物杂质之影响。茶灰为茶叶中之无机物质，成分以碳酸钾及磷酸为首要，次为镁、钙、钠、铁等质，而锰之含量亦颇显著。是以茶灰可溶于水中之部分，常有一规范之量，碱性及磷酸等成分，亦复如是。此外不溶于酸中之灰分，亦有一定之限度，应不得超过百分之一。凡此种种分析检验，皆足以指出制茶之纯洁与否，此检验灰分之目的也。检验制茶灰分时，如制茶不纯洁或掺入矿物杂质，或着色粉饰者（指绿茶之着色粉饰言），灰分总量，必形较高，超出百分之七之标准，应禁止以制造技术之粗率，并取缔故意掺伪之劣品。如灰分总量，检验不足证明时，尚须施行茶灰之分析，如上举之可溶灰分与可溶灰分中之碱性磷酸等成分，及酸中不溶灰分，以佐证之。至于着色或粉饰茶之灰分，总量大抵超过标准，惟经商人正当声请着色或粉饰物无害者，应作别论。将来为节制着色或粉饰物数量起见，亦须规定一最高标准以限制之。

制茶灰分总量检验法，称茶样二公分，置于白金锅中，先举微火焙焦（火不得过旺），至炭质尽去后，用高热渐渐烧灼，得白色或灰色灰分为止。移入干燥器中，冷约十分钟称之，再如前烧灼，称之至重量不变为止。所得者为灰分总量，并计百分数。

欲求检验结果之正确，检验时尤须注重下列手续：

（1）样品处理法：将扦得茶样（不论多少），应用分样器及四分均分法，匀取检验样品，庶充分代茶样货品。但检验结果，以扦得茶样为凭。

（2）检验茶样研细后，必须经过第四十筛目之筛筛过，并充分和匀，烧灼必求完成。

（3）炭质如用此法不能尽去，则取焙焦之茶灰，稍冷以热水溶解，过滤于滤纸（无灰）上，移入原锅中，灼成白色灰分，俟冷再取滤液倾入，蒸发干涸后，再灼如上。（此法周折费时，不若谨慎先用微火烧灼为当。）

（4）茶叶灰分，不易烧灼，如应用煤气灯烧灼，则火力不免过高而过急，不易节制，炭成焦炭，即不易烧灼完成。如用煤气灯火焰烧灼时，向上有引力，可使灰分飞扬，故烧灼灰分，应细心行之。

此次灰分检验，悉照上法逐一试验，其结果如下：

第十五表　祁红茶灰分检验统计表

		灰分率	5.01—5.50	5.51—6.00	6.01—6.50	6.51—7.00	总计
祁门茶号	第一批	批数	7	108	33	2	150
		箱数	500	8 064	2 310	144	11 018
	第二批	批数	8	127	39	1	175
		箱数	570	9 310	2 631	110	12 621
	第三批	批数	1	106	19	1	127
		箱数	33	6 426	1 021	52	7 532
	第四批	批数		21	4		25
		箱数		689	148		837
	花香	批数		47		13	60
		箱数		2 482		577	3 059
祁门合作社	第一批	批数		38	2	1	41
		箱数		2 969	151	51	3 171
	第二批	批数		28	3	1	32
		箱数		1 901	155	73	2 129
	第三批	批数		20	3		23
		箱数		1 054	341		1 395
	第四批	批数		6	2		8
		箱数		260	103		363

灰分率			5.01—5.50	5.51—6.00	6.01—6.50	6.51—7.00	总计
浮梁茶号	第一批	批数		58	11		69
		箱数		4 993	1 033		6 026
	第二批	批数		65	9	1	75
		箱数		5 330	934	83	6 347
	第三批	批数	3	54	8		65
		箱数	155	3 385	473		4 013
	第四批	批数		30	1		31
		箱数		720	4		724
	茶籽及茶梗	批数		8	1	1	10
		箱数		45	3	1	49
	花香	批数		47	23		70
		箱数		2 918	1 213		4 131
至德茶号	第一批	批数	8	35	8		51
		箱数	673	2 919	657		4 249
	第二批	批数	5	41	6		52
		箱数	356	3 374	443		4 173
	第三批	批数	2	39	3		44
		箱数	165	1 967	124		2 256
	第四批	批数	1	7	4		12
		箱数	62	274	63		399
	茶籽及茶梗	批数			1		1
		箱数			2		2
	花香	批数		39	20		59
		箱数		2 163	1 156		3 319

灰分率			5.01—5.50	5.51—6.00	6.01—6.50	6.51—7.00	总计
贵池茶号	第一批	批数		2			2
		箱数		204			204
	第二批	批数		3			3
		箱数		214			214
	第三批	批数		1	1		2
		箱数		38	82		120
	第四批	批数			1		1
		箱数			13		13
	花香	批数		3	1		4
		箱数		137	57		194
总计	第一批	批数	15	241	54	3	313
		箱数	1 173	19 149	4 151	195	24 668
	第二批	批数	13	264	57	3	337
		箱数	926	20 129	4 163	266	25 484
	第三批	批数	6	220	34	1	261
		箱数	353	12 870	2 041	52	15 316
	第四批	批数	1	64	12		77
		箱数	62	1 943	331		2 336
	茶籽及茶梗	批数		8	2	1	11
		箱数		45	5	1	51
	花香	批数		136	44	13	193
		箱数		7 700	2 426	577	10 703

　　观乎上表，祁红茶之灰分，数量大致相仿，要在百分之五至百分之七间，显无超过百分之七之标准者，可知祁红茶叶，尚属纯洁。

（四）粉末

粉末检验之目的，在防止过度之茶末，掺于茶内，以谋不正常之额外利益。按部颁标准，红绿茶用一公寸具六十三网眼之筛，筛出粉末不得超过百分之五。祁红之粉末，此次应用上法试验，每一样品，用天秤称一百公分，以规定之网筛筛之，筛下者称为粉末，权其重量，除一百即得百分率。检验结果，均能及格，且全体粉末，可谓均在百分之一以内。在百分之一至百分之二者，仅有一批，数仅七箱，至于茶梗、茶籽及花香，例不检验粉末，兹从略。

（五）水浸出物

茶叶之化学成分，殊为复杂。纤维素及纤维，为组成茶叶之骨骼结构，与一部分蛋白质、淀粉等为茶叶之水中不溶质，水浸出物则包括茶叶中之水溶物质，如茶素、茶单宁、蛋白质体、胶质物、糖分等，为茶中可溶物质之主要成分，其次则为微量之矿物质、叶绿素、颜色物、松香质、树胶质、果蔬熟胶、没食子酸、茶素类生物碱、茶单宁类有机酸等；红茶经过发酵，尚含有茶单宁之氧化物或凝集物，及微量之香油。绿茶之成分与鲜叶者大致相仿，而红茶在制造程序中，经过复杂化学作用，与鲜叶之成分颇多相异。水浸出物在饮料价值上论之，从质量言，则以水浸出物愈高者为愈优，但欲评茶之优劣，则尚须视水浸出物之成分性质，如茶素、茶单宁、香油等主要成分，或杯茶品质之色香味三要素如何而定夺。此外茶叶之嫩老、外表状态、叶之完碎等情形，皆与有关。水浸出物之高下，对于高贵之茶叶，无若何特殊之指示，当为吾人所预卜，因评茶之优劣，杯茶之色香味诸项，均为评茶优劣之最大关键，而茶香水色，不独为非水浸出物试验所能识别，即茶味之质性如何，亦非水浸出物所能表示。换言之，水浸出物之高下，仅能指示茶性之强度，以测知茶之一般优劣耳。

通常茶师品评杯茶之优劣，惯取一定量之茶叶，用一定量之沸水，于白瓷杯中冲泡五六分钟，倾取浸液，观尝评定之，要以色、香、味、叶底、叶之嫩老、形状完碎等情形，为评定优劣之最主要条件；然则茶师个人之嗜好不同，容有失之主观者。综之，评定茶叶之优劣或价格之因子，极为复杂。大概言之，以水浸出物一项论，茶之优者，水浸出物较高；次者则较低。但水浸出物高者，未可即视为优品，亦殊明显。水浸出物之高下，对于水浸时间之久暂，水之用量，水之性质，亦皆有相当之关系。此外机制茶与手制茶，亦大有关系，其最大原因，在制造过程中搓卷一步，因搓卷工作，乃压碎茶叶细胞组织，使其汁液溢出叶面而干之，除在制造过程中促使茶叶中各成分接触，发生化学或发酵作用外，可使茶叶中水溶物质成分增高，并易于浸出。换言之，制造方法不同及技术精粗之异殊，皆可影响水浸出物之成分。

红茶之水浸出物，常较绿茶为低，因茶单宁占茶中可溶成分之大部分，在制造过程中经过化学作用，亦最为复杂，其中一部分茶单宁，经氧化或凝集作用，变为水中不溶物质，及其他化学作用等，使水溶物质，因之减低，又为生成红茶之色泽及香味之主要因子。故茶单宁等为杯茶品质之主要因子，亦即水浸出物成分变化之主要因子也。至于茶叶之成分（或水浸出物之成分），对于环境等之影响殊形复杂，如茶树品种，所在地之土壤性质，雨量与气候之变迁，栽培管理方法之异殊，采摘时期及方法，以及制造等技术之不同，皆有关系。（请参考本局研究丛刊《中国茶叶分拆及化学检验暂行标准之研究》）

茶叶水浸出物之定量法，系称茶样二公分（茶样约二两，应先用磨茶机研末，均用第四十筛目筛过之，妥慎盛于锡罐，密封保藏，以备分析之用），置于五百公撮锥形瓶（浸渍瓶）中，瓶口装置橡皮塞，塞贯以约二三寸之玻璃管（内径0.5cm）以为空气冷凝管，加入二百公撮正告热沸之蒸馏水，加塞及冷凝管后，置电热炉上，温煮一小时，随时摇动（但毋使茶样离浸于水），节制电炉开关，使温度常恒，瓶中温缓煮沸，而水分不由冷凝管溢出，浸渍既竟一小时，移去浸渍瓶，即速滤过玻璃棉（置普通玻璃漏斗中），滤液集入于五百公撮之量瓶中，继用水冲洗浸渍瓶及玻璃棉，俟滤液洗液之容积，约至五百公撮标记为止。俟冷至室温（或一定之温度，可置于温水盛器中冷却之），复加水至量瓶容量标记，充分混和后，复用干滤纸过滤之。

以移液管吸取五十公撮滤液，置于一已称重之玻璃蒸发皿中，安置水浴锅上，蒸发至干涸，复移至蒸汽烘箱，或百度恒温烘箱中，烘燥之，约一小时取出，置干燥器中冷却，再称其重量，此所得重量，代表所取试样十分之一之水浸出物，故茶之水浸出物百分数，应如下式计算：

$$水浸出物百分数 = \frac{水浸出物重量 \times 10}{试样重量} \times 100$$

本分析之目的，前已略及，水浸出物总量之高下，不过指示茶性之强度，以测知茶叶一般之优劣耳。祁红区包括祁门、浮梁、至德等三县所产红茶，大概论之，以祁门产者最优，浮梁、至德等次之，但三县之红茶，以与国内其他红茶比较，皆不愧为高级红茶。本分析择取样品各县分列，每县之产，复分为头、二、三三批，并从各批中择取售价较高足资研究者，加以分析，末另择劣变或次等茶及花香，此外其他各类优次等第样品，同加分析，以资比较，样品计共二百三十种。

仅凭水浸出物之高低，不能评定茶之优劣，已数言之矣。良以水浸出物之质性，或成分之如何组合，以及香气、水色等为较重要。然水浸出物一项，与杯茶品质、价格、产地等各项并列，亦有足多吾人比较讨论者焉。

第十六表　祁红茶水浸出物分析表

分析号次	产地号次	品名	茶号名称	产地	批别	价格每市担	成交日期	水浸出物(平均百分数)	品质检验结果						水分(产检结果)	备注
									外表	水色	香气	滋味	叶底	总评		
1	3	贡源	源利祥	祁南	首批	240元	5月29日	34.13%	2	3	2	2	3	乙(上)	8.8%	
2	4	红叶	常信祥	祁西	首批	260元	5月29日	34.00%	3	2	2	2	1	甲(下)	5.2%	
3	11	悟通	日隆	祁南	首批	260元	5月29日	34.25%	2	2	2	2	2	甲(下)	8.0%	
4	13	仙芽	同薪昌	祁南	首批	200元	5月29日	32.75%	2	2	2	2	2	甲(下)	9.0%	
5	15	隆华	永和昌	祁南	首批	192元	5月29日	33.88%	2	2	2	2	4	乙(上)	6.0%	
6	21	祁贡	同馨昌	祁西	首批	260元	5月29日	34.00%	2	1	1	1	1	甲(上)	5.0%	
7	22	奇贡	同馨昌	祁西	首批	235元	5月29日	34.20%	2	3	2	3	2	乙(上)	5.0%	
8	24	明星	景昌隆	祁南	首批	200元	5月29日	34.25%	2	2	2	2	1	甲(下)	5.0%	
9	25	花贡	胡怡丰	祁南	首批	260元	5月29日	34.50%	1	2	2	2	2	甲(下)	6.8%	
10	36	同馨	同华祥	祁西	首批	200元	5月29日	34.25%	2	3	2	2	3	乙(上)	7.0%	
11	50	特贡	成德隆	祁南	首批	210元	5月29日	34.00%	1	3	2	3	3	乙(上)	9.6%	
12	72	黄山	聚和昌	祁西	首批	270元	5月30日	36.88%	1	1	1	1	1	甲(上)	5.0%	
13	92	裕馨	裕馨成	祁西	首批	210元	6月2日	34.25%	1	2	1	1	2	甲	7.6%	
14	151	贡哉	恒泰昌	祁南	首批	225元	5月29日	34.98%	2	2	2	2	2	甲(下)	8.2%	火工稍嫩
15	152	祁红	改良场	祁南	首批	275元	5月30日	38.68%	1	1	1	1	1	甲(上)	6.5%	
16	559	明星	石坑合作社	祁西	首批	225元	5月29日	34.50%	2	3	2	2	2	乙(上)	6.8%	

分析号次	产地号次	品名	茶号名称	产地	批别	价格每市担	成交日期	水浸出物（平均百分数）	品质检验结果						水分（产检结果）	备注
									外表	水色	香气	滋味	叶底	总评		
17	607	薰春	仙源合作社	祁南	首批	210元	5月29日	33.68%	3	3	3	3	5	丙（上）	6.5%	
18	615	龙龙	龙潭合作社	祁西	首批	260元	5月29日	34.99%	1	2	2	2	1	甲	7.8%	
19	617	馨馨	石谷里合作社	祁西	首批	240元	5月29日	34.38%	3	3	2	3	2	乙	6.7%	
20	655	菁华	苑和祥	祁西	首批	190元	6月1日	34.25%	3	2	2	2	1	甲（下）	6.0%	
最高数						275元		38.68%							9.6%	
最低数						190元		32.75%							5.0%	
平均数								34.54%							6.83%	
21	1 301	永昌	永源昌	浮北	首批	95元	6月9日	33.25%	3	4	3	3	4	丙（上）	9.2%	
22	1 308	华珍	英和祥	浮北	首批	138元	6月2日	32.75%	3	3	3	3	4	丙（上）	9.0%	
23	1 311	源源	源春祥	浮北	首批	100元	6月10日	32.50%	3	3	3	3	3	乙（下）	8.5%	
24	1 312	精采	和同昌	浮北	首批	105元	6月10日	32.25%	5	4	6	6	5	劣	9.6%	酸霉
25	1 313	贡贡	复兴昌	浮北	首批	105元	6月9日	32.25%	3	4	4	4	3	丙	9.0%	
26	1 320	恒德	恒丰祥	浮北	首批	100元	6月9日	32.25%	3	3	3	3	5	丙（上）	7.3%	
27	1 321	恒胜	恒丰祥	浮北	首批	100元	6月9日	32.50%	3	3	3	4	4	丙	7.0%	微酸
28	7 322	龙芽	德昌祥	浮北	首批	120元	6月5日	32.38%	3	4	4	4	4	丙	9.0%	
29	1 323	宝记	仁馨昌	浮北	首批	95元	6月8日	32.25%	2	3	3	3	4	乙（下）	8.6%	
30	1 324	济美	同春华	浮北	首批	96元	6月8日	35.50%	3	4	4	4	4	丙	5.0%	
31	1 351	广善	永和昌	浮北	首批	125元	6月4日	35.63%	2	3	2	2	4	乙（上）	7.5%	
32	1 352	仙品	瑞馨	浮北	首批	97元	6月9日	34.25%	3	4	4	4	4	丙	7.0%	
33	1 353	兰馨	同德昌	浮北	首批	100元	6月8日	36.13%	2	2	2	2	2	甲（下）	8.6%	
34	1 354	华品	协口昌	浮北	首批	96元	6月8日	33.88%	3	3	3	3	5	丙（上）	8.2%	

分析号次	产地号次	品名	茶号名称	产地	批别	价格每市担	成交日期	水浸出物(平均百分数)	品质检验结果						水分(产检结果)	备注
									外表	水色	香气	滋味	叶底	总评		
35	1 355	敏记	新华	浮北	首批	142元	6月2日	33.50%	3	3	2	2	4	乙	6.0%	
36	1 356	啸记	新华	浮北	首批	140元	6月2日	33.38%	3	3	2	2	3	乙	5.0%	
37	1 357	蕙英	人和昌	浮北	首批	105元	6月10日	33.50%	3	3	3	3	3	乙(下)	7.5%	
38	1 361	茂记	万成隆	浮北	首批	130元	6月1日	34.63%	2	2	2	2	2	甲(下)	5.5%	
39	1 367	积善	谦和祥	浮北	首批	135元	6月3日	33.58%	2	4	2	2	3	乙	7.5%	
最高数						142元		36.13%							9.6%	
最低数						95元		32.25%							5.0%	
平均数								33.49%							7.63%	
40	1 003	森森	张森森	至德下乡	首批	80元	6月3日	32.38%	4	3	3	3	4	丙(上)	8.8%	
41	1 005	卓卓	立春祥	至德下乡	首批	80元	6月3日	32.23%	3	2	3	3	4	乙(下)	10.0%	
42	1 006	贡芽	忠盛昌	至德上乡	首批	92元	6月3日	33.50%	2	3	3	3	3	乙(下)	8.0%	
43	1 010	文记	聚昌祥	至德下乡	首批	95元	6月2日	33.25%	4	4	3	3	3	丙	8.5%	老火、苦
44	1 011	文记	天顺祥	至德下乡	首批	117元	6月8日	33.75%	3	2	2	2	2	乙(上)	8.5%	
45	1 014	晋和	长源	至德中乡	首批	82元	6月2日	33.50%	3	3	3	3	5	丙	9.2%	
46	1 016	国珍	国泰祥	至德中乡	首批	82元	6月2日	33.75%	4	3	3	3	6	丙(下)	9.6%	老火
47	1 022	龙锦	鸿茂昌	至德中乡	首批	82元	6月2日	35.01%	4	3	2	2	3	乙(下)	7.2%	鲜香
48	1 024	珍珠	德兴隆	至德上乡	首批	82元	6月2日	33.38%	4	3	3	3	6	丙(下)	7.2%	

分析号次	产地号次	品名	茶号名称	产地	批别	价格每市担	成交日期	水浸出物（平均百分数）	品质检验结果						水分（产检结果）	备注
									外表	水色	香气	滋味	叶底	总评		
49	1 025	贡兴	复兴祥	至德上乡	首批	80元	6月2日	33.53%	4	3	5	5	5	丁（上）	7.5%	有油味
50	1 027	华华	恒信昌	贵池源头	首批	87元	6月8日	34.05%	3	3	3	3	3	乙（下）	9.8%	
51	1 031	苍记	满园春	至德下乡	首批	80元	6月3日	34.13%	3	3	3	3	3	乙（下）	8.0%	
52	1 034	贡珍	恒兴昌	至德上乡	首批	80元	6月2日	33.25%	4	4	5	5	6	丁（上）	7.8%	
53	1 035	国王	国民	至德下乡	首批	95元	6月2日	33.75%	4	4	5	5	6	丁（上）	6.0%	鲜香
54	1 042	宝珍	美利馨	浮梁北乡	首批	86元	6月19日	32.13%	4	4	4	4	6	丁（上）	9.1%	火工不足
55	1 044	新新	竞生	至德中乡	首批	100元	6月1日	34.38%	4	2	3	3	4	丙（上）	6.0%	
56	1 045	华宝	景升祥	至德中乡	首批	80元	6月2日	35.25%	4	3	3	3	5	丙	5.0%	
最高数						117元		35.25%							10.0%	
最低数						80元		32.13%							5.0%	
平均数								33.58%							7.95%	
58	123	同大	同大昌	祁南	二批	110元	6月4日	33.25%	2	4	4	4	5	丙（下）	8.0%	有霉味
59	143	隆大	永和昌	祁南	二批	100元	6月9日	33.83%	3	3	3	3	3	乙（下）	9.0%	有霉味
60	145	同昌	同馨昌	祁西	二批	106元	6月8日	34.50%	3	3	2	2	4	乙（上）	7.2%	
61	147	哥哥	成德隆	祁南	二批	101元	6月9日	34.75%	3	3	3	3	3	乙	9.0%	
62	159	飞熊	裕昌祥	祁西	二批	94元	6月16日	34.25%	3	3	2	2	2	乙（上）	6.8%	
63	161	振振	怡怡	祁西	二批	90元	6月6日	34.25%	4	3	3	3	2	乙（下）	7.0%	
64	166	龙翔	裕馨祥	祁西	二批	90元	6月16日	33.63%	2	3	3	2	3	乙	7.5%	

分析号次	产地号次	品名	茶号名称	产地	批别	价格每市担	成交日期	水浸出物（平均百分数）	品质检验结果						水分（产检结果）	备注
									外表	水色	香气	滋味	叶底	总评		
65	202	同达	同志祥	祁西	二批	95元	6月16日	34.83%	3	3	2	2	3	乙	7.0%	
66	210	浮丘	善和祥	祁西	二批	96元	6月11日	34.63%	3	4	2	3	3	乙（下）	6.6%	
67	220	菁芽	苑和祥	祁西	二批	95元	6月10日	34.38%	3	2	2	2	3	乙（上）	6.0%	
68	228	同春	怡同春	祁西	二批	100元	6月12日	34.50%	3	3	2	3	4	乙（下）	8.0%	
69	245	祁芽	裕馨成	祁西	二批	92元	6月12日	34.00%	2	2	2	2	4	乙	6.5%	
70	249	元红	胡怡丰	祁南	二批	90元	6月11日	34.63%	3	3	3	3	4	丙（上）	7.8%	
71	251	大康	大同康	祁南	二批	92元	6月11日	35.55%	4	3	3	3	5	丙	7.0%	
72	280	仙子	聚和昌	祁西	二批	80元	7月2日	33.75%	3	4	3	3	5	丙	7.3%	
73	281	聚峰	集义昌	祁西	二批	89元	6月12日	34.63%	4	4	5	5	5	丁	7.0%	
74	286	红锦	常信祥	祁西	二批	105元	6月10日	32.88%	4	4	6	6	5	劣	6.0%	酸
75	296	祁红	改良场	祁南	二批	240元	6月9日	35.13%	2	2	2	2	2	甲（下）	7.0%	烘,火工不足
76	839	花花	同福康	祁南	二批	93元	6月12日	32.75%	3	3	3	3	3	乙（下）	8.0%	
最高数						240元		35.55%							9.0%	
最低数						80元		32.75%							6.0%	
平均数								34.22%							7.30%	
77	1 208	奇宝	德润祥	浮北	二批	78元	7月9日	33.75%	3	5	4	4	5	丙（下）	8.9%	
78	1 209	魁魁	恒德昌	浮北	二批	85元	6月12日	35.13%	3	3	3	3	3	乙（下）	7.0%	
79	1 212	卓卓	源春祥	浮北	二批	76元	7月15日	34.38%	4	3	3	3	4	丙（上）	10.5%	
80	1 213	赛珍	永兴昌	浮北	二批	85元	6月12日	33.88%	3	3	3	3	4	丙（上）	11.9%	
81	1 215	源贡	源兴昌	浮北	二批	82元	6月6日	34.13%	3	3	3	3	3	乙（下）	6.7%	
82	1 218	新英	新华	浮北	二批	89元	6月5日	34.38%	3	4	3	3	5	丙	6.9%	
83	1 219	华英	公正昌	浮北	二批	79元	6月6日	34.00%	4	4	4	4	3	丙	6.5%	
84	1 337	恒兴	恒兴祥	浮北	二批	85元	6月17日	33.38%	3	3	4	4	6	丙（下）	8.5%	
85	1 342	永福	永馨福	浮北	二批	79元	6月9日	33.25%	3	4	4	4	3	丙	6.0%	

分析号次	产地号次	品名	茶号名称	产地	批别	价格每市担	成交日期	水浸出物(平均百分数)	品质检验结果						水分(产检结果)	备注
									外表	水色	香气	滋味	叶底	总评		
86	1 350	裕生	民生裕	浮北	二批	75元	6月19日	31.88%	3	4	4	4	5	丙(下)	9.2%	
87	1 385	华珍	协益昌	浮北	二批	80元	6月15日	34.25%	3	4	3	3	3	丙(上)	6.2%	
88	1 387	贡馨	万成隆	浮北	二批	93元	6月12日	36.00%	5	3	3	3	5	丙	8.0%	
89	1 389	吉仙	瑞馨	浮北	二批	79元	6月6日	35.00%	3	4	3	3	4	丙(上)	7.0%	
90	1 395	地利	天利和	浮北	二批	82元	6月12日	34.25%	3	4	4	4	5	丙(下)	7.6%	
91	1 405	华英	昌华	浮北	二批	78元	6月27日	35.00%	3	3	4	4	6	丙(下)	9.3%	
92	1 906	益寿	大馨	浮北	二批	87元	6月12日	35.13%	3	4	3	3	5	丙	6.0%	
最高数						93元		36.00%							11.9%	
最低数						75元		31.88%							6.0%	
平均数								34.24%							7.89%	
93	1 051	龙记	聚昌福	至德下乡	二批	65元	6月5日	33.63%	3	2	3	3	6	丙(上)	9.6%	
94	1 052	文馨	天顺祥	至德下乡	二批	70元	6月16日	33.75%	4	3	4	4	4	丙(下)	5.0%	
95	1 053	仙雨	同泰祥	至德下乡	二批	65元	6月9日	32.38%	4	3	4	5	6	丁(上)	9.0%	
96	1 057	珍珍	德兴隆	至德上乡	二批	75元	6月9日	32.63%	4	3	3	3	5	丙	8.0%	
57	1 058	贡芽	永盛昌	至德中乡	二批	40元	9月1日	35.13%	4	4	5	5	6	丁(上)	7.4%	
97	1 068	复贡	复兴祥	至德上乡	二批	70元	6月9日	33.63%	4	4	4	4	5	丙(下)	8.0%	
98	1 069	贡芽	春福祥	至德中乡	二批	70元	6月9日	33.50%	4	3	4	4	5	丙(下)	8.2%	
99	1 076	天记	聚昌祥	至德下乡	二批	60元	6月12日	33.50%	4	4	4	4	4	丙(下)	8.8%	

一九三六

分析号次	产地号次	品名	茶号名称	产地	批别	价格每市担	成交日期	水浸出物(平均百分数)	品质检验结果						水分(产检结果)	备注
									外表	水色	香气	滋味	叶底	总评		
100	1 083	奇春	同元兴	至德下乡	二批	68元	6月10日	32.63%	4	4	5	6	6	丁(下)	7.8%	
101	1 087	公记	公利祥	至德中乡	二批	60元	6月12日	32.88%	4	4	4	4	6	丁(上)	9.4%	
102	1 088	晋记	长源	至德中乡	二批	57元	6月12日	32.75%	4	4	5	5	5	丁(上)	10.5%	烟味
103	1 094	最美	恒信昌	贵池	二批	65元	7月2日	32.88%	4	4	4	4	5	丙(下)	8.4%	
104	1 096	露芽	景升祥	至德中乡	二批	57元	6月12日	30.63%	5	4	4	4	6	丁(上)	8.5%	
105	1 122	贡茗	恒晋昌	贵池	二批	73元	6月19日	31.63%	4	6	6	6	5	劣	8.8%	
106	1 124	贡茶	同德祥	至德下乡	二批	63元	6月19日	33.25%	4	4	5	5	5	丁(上)	10.0%	
最高数						75元		35.13%							10.5%	
最低数						57元		30.63%							5.0%	
平均数								32.99%							8.49%	
107	205	奇红	瑞春祥	祁南	三批	61元	6月24日	32.38%	5	4	4	4	5	丙(下)	8.0%	鲜香
108	234	采禄	成德隆	祁南	三批	72元	6月27日	33.88%	4	3	3	3	3	丙(上)	8.0%	鲜香
109	342	贡蕊	慎余	祁城	三批	75元	6月24日	33.63%	4	3	4	3	5	丙	8.2%	
110	258	兼善	至善祥	祁西	三批	70元	6月26日	32.25%	3	3	4	3	4	丙(上)	6.0%	
111	259	宝宝	泰和昌	祁西	三批	64元	6月12日	30.88%	4	4	4	3	4	丙	12.0%	
112	261	津津	德和昌	祁南	三批	65元	6月24日	31.63%	4	4	3	3	4	丙	7.2%	老火、味苦
113	269	精精	隆懋昌	祁西	三批	66元	6月11日	31.38%	5	4	5	6	5	丁	7.0%	火工不足
114	276	威贡	裕馨祥	祁西	三批	70元	6月18日	33.00%	4	4	3	3	5	丙	7.0%	

分析号次	产地号次	品名	茶号名称	产地	批别	价格每市担	成交日期	水浸出物(平均百分数)	外表	水色	香气	滋味	叶底	总评	水分(产检结果)	备注
									品质检验结果							
115	283	皇后	景新隆	祁南	三批	75元	6月16日	33.38%	4	3	3	3	5	丙	10.0%	木气
116	288	吉昌	同和昌	祁西	三批	78元	6月18日	32.25%	4	3	3	4	5	丙	10.5%	
117	291	金堂	益馨祥	祁南	三批	67元	6月29日	32.13%	4	3	3	3	5	丙	10.0%	鲜香
118	302	美昌	同馨昌	祁西	三批	67元	7月5日	33.75%	4	3	3	3	4	丙(上)	6.5%	
119	315	仙芝	善和祥	祁西	三批	67元	6月26日	32.88%	5	3	4	4	5	丙(下)	8.2%	
120	332	同德	同人和	祁西	三批	70元	6月29日	32.50%	4	4	3	3	4	丙	5.8%	
121	390	祁红	改良场	祁南	三批	90元	6月29日	33.63%	3	3	3	4	4	丙(上)	9.5%	
122	623	凤芽	环砂合作社	祁西	三批	75元	6月11日	32.75%	4	3	4	4	5	丙(下)	8.0%	
123	834	同昌	同大昌	祁南	三批	90元	6月4日	33.50%	3	3	3	3	3	乙(下)	8.0%	
最高数						90元		33.88%							12.0%	
最低数						61元		30.88%							5.8%	
平均数								32.70%							8.23%	
124	1 114	森记	张森森	至德下乡	三批	45元	6月15日	31.00%	4	3	4	4	5	丙(下)	9.0%	鲜香
125	1 125	贡珍	荣盛昌	至德中乡	三批	45元	6月15日	32.25%	4	4	5	5	5	丁(上)	9.6%	火工不足
126	1 130	锦标	正和祥	至德中乡	三批	50元	6月10日	33.00%	5	4	4	4	6	丁(上)	7.0%	
127	1 131	贡椿	复兴祥	至德上乡	三批	48元	6月10日	33.38%	5	5	5	5	5	丁(下)	7.6%	有霉条、霉味
128	1 134	珍贡	冠芳园	至德上乡	三批	43元	6月17日	32.00%	5	4	6	5	5	丁(下)	9.8%	有霉酸味
129	1 137	彩华	忠盛昌	至德上乡	三批	48元	6月15日	31.75%	4	5	5	5	6	丁	8.8%	有烟味

分析号次	产地号次	品名	茶号名称	产地	批别	价格每市担	成交日期	水浸出物(平均百分数)	品质检验结果						水分(产检结果)	备注
									外表	水色	香气	滋味	叶底	总评		
130	1 143	国品	国民	至德下乡	三批	45元	6月17日	32.63%	4	4	5	5	5	丁(上)	8.0%	
131	1 147	云记	万昌祥	至德下乡	三批	45元	6月17日	33.00%	4	4	4	4	5	丙(下)	7.0%	
132	1 148	莱记	锦源	至德中乡	三批	48元	6月13日	32.25%	4	4	5	5	6	丁(上)	6.3%	
133	1 149	霖记	锦源	至德中乡	三批	48元	6月13日	32.88%	5	5	5	5	6	丁	7.4%	
134	1 553	源记	聚昌祥	至德中乡	三批	45元	6月17日	33.25%	4	3	5	5	5	丁(上)	8.5%	
135	1 555	山珍	国太祥	至德中乡	三批	45元	6月17日	33.00%	4	4	6	6	5	丁	11.5%	
136	1 560	芝馨	义和祥	至德上乡	三批	46元	6月18日	31.75%	4	5	5	5	6	丁	9.7%	
137	1 561	美美	恒信昌	贵池	三批	47元	6月29日	33.00%	4	5	6	6	6	劣	10.2%	霉酸
138	1 563	贡芽	恒晋信	贵池	三批	43元	6月22日	31.88%	5	4	6	6	6	劣	7.3%	酸
139	1 567	贡贡	同德祥	至德中乡	三批	45元	7月16日	31.88%	5	5	6	6	6	劣	10.9%	酸
140	1 572	贡贡	春福祥	至德中乡	三批	47元	6月12日	32.00%	4	4	5	5	5	丁(上)	8.3%	
141	1 578	品珍	恒兴昌	至德上乡	三批	57元	6月12日	32.25%	5	5	5	5	5	丁	6.6%	火工不足
142	1 585	美记	顺昌祥	至德中乡	三批	43元	6月17日	29.25%	5	6	6	6	6	丁(下)	10.5%	火工不足
143	1 588	彩彩	忠盛昌	至德上乡	三批	45元	6月17日	32.50%	5	6	6	6	5	劣	8.5%	焦味苦、微酸
最高数						48元		33.38%							11.5%	

分析号次	产地号次	品名	茶号名称	产地	批别	价格每市担	成交日期	水浸出物（平均百分数）	外表	水色	香气	滋味	叶底	总评	水分（产检结果）	备注
最低数						43元		31.00%							6.6%	
平均数								32.40%							8.63%	
144	1 390	贡馨	瑞馨	浮北	三批	72元	6月16日	32.63%	5	5	3	4	4	丙(下)	8.2%	鲜香
145	1 391	谦宝	谦和祥	浮北	三批	75元	6月20日	32.75%	3	4	3	3	5	丙	7.8%	油味
146	1 393	贡宝	万成隆	浮北	三批	75元	6月17日	33.13%	4	4	4	4	5	丙(下)	6.5%	
147	1 397	贡尖	德昌祥	浮北	三批	70元	6月17日	33.75%	3	4	5	5	5	丁(上)	7.0%	幼老火、烟味
148	1 400	春馨	同德昌	浮北	三批	77元	6月19日	32.88%	3	4	4	4	5	丙(下)	8.0%	
149	1 402	华瑞	昌华	浮北	三批	75元	6月20日	32.75%	5	4	4	4	5	丁(上)	9.2%	
150	1 403	滋丰	萃丰	浮北	三批	68元	6月22日	33.50%	4	3	4	4	4	丙	8.0%	
151	1 509	珍彩	德和祥	浮北	三批	60元	6月17日	34.63%	5	4	5	5	5	丁(上)	6.5%	
152	1 907	精英	英和祥	浮北	三批	65元	6月19日	32.88%	4	4	4	4	4	丙(下)	6.0%	微酸
153	1 909	仙采	复昌泰	浮北	三批	69元	6月17日	33.00%	3	4	4	4	4	丙	5.9%	
154	1 911	魁馨	恒德昌	浮北	四批	67元	6月17日	33.00%	4	3	4	4	4	丙(下)	6.7%	
155	1 912	贡珍	永馨福	浮北	三批	80元	6月17日	32.75%	4	3	3	4	6	丙	7.0%	鲜香
156	1 913	华胜	恒馨昌	浮北	三批	60元	6月17日	32.88%	4	4	4	4	4	丙(下)	6.6%	
157	1 914	赛魁	余庆祥	浮北	三批	59元	6月22日	33.88%	4	4	5	5	4	丁(上)	7.2%	
158	1 924	祁珍	源兴祥	浮北	三批	65元	7月15日	32.75%	5	4	4	4	6	丁(上)	7.5%	
159	1 929	仙珍	复兴昌	浮北	三批	70元	6月19日	32.25%	5	3	3	3	4	丙	7.6%	
最高数						80元		34.63%							9.2%	
最低数						59元		32.25%							5.9%	
平均数								33.09%							7.24%	
160	96	联芳	联大	祁南	二批	75元	7月3日	33.68%	4	5	4	5	5	丁	8.5%	有霉条、味酸

分析号次	产地号次	品名	茶号名称	产地	批别	价格每市担	成交日期	水浸出物(平均百分数)	外表	水色	香气	滋味	叶底	总评	水分(产检结果)	备注
161	150	仙金	同芳	祁城	二批			33.88%	4	4	6	6	4	劣	9.2%	酸
162	188	茗芽	吉和长	祁城	二批	60元	7月5日	33.13%	5	4	4	5	5	丁	7.0%	霉焦烟味
163	555	华华	西坑合作社	祁西	首批			33.50%	3	3	6	6	3	劣	8.8%	霉、味酸
164	587	国华	伊坑合作社	祁西	二批	40元	8月27日	33.38%	5	5	6	6	5	劣	10.3%	酸霉
165	1 070	春春	同泰祥	至德下乡	三批	51元	6月12日	33.68%	4	5	5	5	6	劣	9.0%	霉
166	1 095	最华	恒信昌	贵池	二批			33.00%	4	4	4	4	5	丙(下)	9.8%	有霉味
167	1 099	仙芽	同德祥	至德中乡	二批	40元	9月3日	32.88%	4	6	6	6	4	劣	10.0%	酸
168	1 118	宝珍	恒兴昌	至德上乡	二批	52元	6月17日	32.75%	4	5	6	6	6	劣	8.1%	酸
169	1 247	珍芽	美利源	浮北	三批			32.88%	4	4	6	6	6	劣	10.1%	酸
170	1 561	美美	恒信昌	贵池	三批	47元	6月29日	32.38%	4	5	6	6	6	劣	10.2%	酸霉
171	1 921	生生	民生裕	浮北	四批	30元	8月3日	30.88%	5	4	6	6	6	劣	10.1%	酸、焦、浊、暗
172	1 922	园园	永馨园	浮北	三批			33.13%	5	4	6	6	6	劣	8.0%	酸、霉
173	1 926	奇记	德润祥	浮北	二批			33.13%	5	4	6	6	6	劣	9.7%	酸
174	446	花香	同和昌	祁西	花香	16元2角	9月10日	28.88%	6(3)	6(4)	6(4)	6(4)	6(4)	下	10.8%	
175	451	芽芽	善和祥	祁西	花香	30元	8月7日	33.13%	6(1)	6(1)	6(2)	6(2)	6(2)	中	10.5%	
176	454	花香	公顺昌	祁西	花香	42元	6月25日	32.50%	6(1)	6	5	5	6(1)	上	9.3%	
177	964	品香	恒晋昌	贵池	花香	41元	6月25日	32.00%	6(3)	6(1)	6(2)	6(2)	6(3)	中	11.2%	
178	971	菜香	锦源	至德中乡	花香	42元	6月26日	32.63%	6(1)	6(3)	6(2)	6(2)	6(1)	中	9.5%	

分析号次	产地号次	品名	茶号名称	产地	批别	价格每市担	成交日期	水浸出物(平均百分数)	品质检验结果						水分(产检结果)	备注
									外表	水色	香气	滋味	叶底	总评		
179	980	香香春香	义和祥	至德上乡	花香			30.75%	6(2)	6(4)	6(4)	6(4)	6(2)	下	11.0%	
180	1 111	文牲	天顺祥	至德下乡	花香	29元	6月6日	31.88%	6(3)	6(2)	6(1)	6(1)	6(4)	中	7.4%	
181	1 945	奇美	恒德祥	浮北	花香	42元	6月25日	32.25%	6(1)	6(3)	6(3)	6(3)	6(1)	中	9.0%	

分析号次	品名	水浸出物(平均百分数)	品质审查					
			外表	水色	香气	滋味	叶底	总评
182	锡兰红茶(一)	39.88%	1	2	2	2	1	甲
183	锡兰红茶(二)	40.88%	1	2	2	2	2	甲下
184	锡兰红茶(三)	36.63%	2	2	2	2	1	甲下
185	玫瑰牌红茶(汪裕泰茶号)	34.25%	2	2	2	2	2	甲下
186	卢仝牌红茶(汪裕泰茶号)	34.13%	3	2	2	2	3	乙
187	虎牌红茶(汪裕泰茶号)	34.13%	3	3	3	3	4	乙下
188	鹤牌红茶(汪裕泰茶号)	33.88%	4	4	4	4	4	丙下
189	祁门改良场春茶(筛本五)	36.00%	1	1	1	1	1	甲上
190	祁门改良场春茶(筛本六)	35.05%	1	1	1	1	1	甲上
191	祁门改良场春茶(筛本七)	35.08%	1	1	1	1	1	甲上
192	祁门改良场春茶(筛本八)	34.50%	2	1	1	1	1	甲上
193	祁门改良场春茶(筛本九)	34.88%	2	2	1	1	1	甲
194	祁门改良场春茶(筛本十)	35.63%	2	2	1	1	1	甲
195	祁门改良场春茶(官堆)	33.75%	1	1	1	1	1	甲上
196	祁门改良场茶梗	33.13%	6	6	6	6	6	上
197	祁门改良场香片	34.13%	6	3	3	3	3	丙
198	祁门改良场花乳	28.38%	6	6	6	6	6	上

分析号次	品名	水浸出物(平均百分数)	品质审查					
			外表	水色	香气	滋味	叶底	总评
199	祁门改良场茶毫末	13.63%	6	6	6	6	6	中
200	祁门改良场夏茶	35.75%	3	2	3	3	2	乙
201	祁门改良场试制茶	35.45%	2	1	1	1	1	甲上
202	祁门改良场玉屏山茶	40.13%	1	1	1	1	1	甲上
203	祁门改良场仿制大吉岭茶	35.25%	1	2	1	1	2	甲
204	祁门改良场三番茶	38.38%	5	2	3	3	1	乙下
205	白毫(出口检验号次25 747)	40.50%	1	1	2	2	1	甲
206	福红(一)♡TT三二	33.38%	3	3	3	3	4	丙上
207	福红(二)✡三三	31.88%	3	3	3	3	4	丙上
208	福红(三)二CROWNS三四	30.50%	3	3	3	3	4	丙上
209	福红(四)二MANDARINS三五	32.13%	3	3	3	3	3	乙下
210	宁红(一)祥贡(50件)	34.13%	3	3	3	3	4	丙上
211	宁红(二)武彝(102件)	34.00%	5	4	5	6	5	丁
212	宁红(三)日暄(102件)	33.25%	3	3	4	4	4	丙
213	宁红(四)祁贡(188件)	33.25%	4	3	4	4	5	丙下
214	宁红(五)贡品(189件)	32.25%	4	3	4	4	5	丙下
215	宁红(六)特贡(234件)	32.25%	5	4	4	4	5	丁上
216	修水改良场红茶	34.88%	1	2	2	2	2	甲下
217	温红(一)(出口检验号次24 149)	32.88%	4	6	6	6	6	丁下
218	温红(二)(出口检验号次24 459)	32.67%	4	4	5	5	5	丁上
219	温红(三)(出口检验号次25 367)	34.50%	5	4	5	5	6	丁

分析号次	品名	水浸出物(平均百分数)	品质审查					
			外表	水色	香气	滋味	叶底	总评
220	湖红(一)(出口检验号次23 329)	32.13%	5	4	4	5	5	丁上
221	湖红(二)(出口检验号次25 272)	31.25%	5	5	5	5	6	丁
222	湖红(三)(出口检验号次25 297)	32.50%	5	4	5	5	6	丁
223	湖红(四)(出口检验号次25 304)	32.50%	5	4	5	5	6	丁
224	湖红(五)(湖红茶事改良场制)	37.63%	2	3	4	4	1	乙
225	湖红(六)(湖红茶事改良场制)	33.88%	3	3	4	4	2	乙下
226	民国二十五年最低标准红茶(湖南次红)	28.00%						
227	民国二十四年最低标准红茶(湖南次红)	29.00%						
228	民国二十三年最低标准红茶(湖南次红)	29.25%						
229	民国二十二年最低标准红茶(湖南次红)	28.75%						
230	民国二十一年最低标准红茶(湖南次红)	28.00%						
231	民国二十年最低标准红茶（湖南次红)	26.02%						

观上表结果，先以售价与产地论，则以祁门产者售价特高，远非浮梁与至德产者所能望其项背。次以各县批别论，则以头批货价高，二批次之，三批更次之。乃试观水浸出物分析结果，以产地论，亦适以祁门产者平均为高，浮梁、至德次之，更以批别论，亦以头批茶之水浸出物较高，二批三批等次之，虽然其间尚有不少例

外。由此观之，水浸出物一项，与茶之品质及售价，似有一相当之关系在焉。兹列三县各批水浸出物之最高、最低及平均数，如下表，以资比较。

第十七表　祁红各区各批茶水浸出物分析比较表

		水浸出物			水分
		最高数	最低数	平均数	平均数
祁门	头批茶	38.68%	32.75%	34.54%	6.83%
	二批茶	35.55%	32.75%	32.22%	7.30%
	三批茶	33.88%	30.88%	32.70%	8.23%
浮梁	头批茶	36.13%	32.25%	33.49%	7.63%
	二批茶	36.00%	31.88%	34.24%	7.89%
	三批茶	34.63%	32.25%	33.09%	7.34%
至德	头批茶	35.25%	32.13%	33.58%	7.95%
	二批茶	35.13%	30.63%	33.99%	8.49%
	三批茶	33.38%	31.00%	32.40%	8.63%
总平均数					7.81%

本年祁红售价最高者，为祁门茶业改良场出品之祁红，与此售价相埒者，祁门西乡聚和昌茶号之黄山，二者水浸出物之成分，亦适为最高。前者为祁门改良场之机制茶，后者则为茶号手制茶，足堪注意者也。其他售价高者，水浸出物亦皆比较为高，可为本表分析结果增色不少。此亦非偶然之事，试观总表中其他红茶水浸出物之分析结果，亦无不皆然。三种锡兰红茶皆系机制茶，品质均列上等，每磅售价在三元以上，水浸出物均甚高，而且次者比较为低。再以汪裕泰茶号四种市茶论，以玫瑰牌红茶最优，卢仝虎牌次之，鹤牌最次，而其水浸出物，亦依次降低。祁门茶业改良场之试制茶，玉屏山茶，仿制大吉岭茶，品质皆臻上选，水浸出物亦显特高，玉屏山茶最优，而其水浸出物亦最高，足证祁门改良场机制茶之成功，前途不可限量。其他如修水茶业改良场、湖南茶业改良场等机制茶出品，水浸出物亦皆比较当地手制者为高，颇堪寻思。此外祁红以与国内其他红茶，如宁红、福红、湖红、温红等比较，亦以祁红之水浸出物比较为高。是以祁红为国内高级红茶，实当之无愧。虽然，此中原因复杂，水浸出物为评茶因子之一，实不足据为定论。故其

他各产地红茶中栽培制造等，若加以改良，亦未尝不可与祁红并驾齐驱也。

再祁门、浮梁、至德三县头批茶比较之，水浸出物虽以祁门产地比较为高，实际上亦相差无几，而价格相形见绌，其故安在，此殆以茶香为主要之原因乎？其他头、二、三批茶之比较，亦殆可作如是观。总之，评定茶之优劣或市价之上下，因子极为复杂，非可以区区之水浸出物一项分析所能为力者也。

本表中水分百分数，系产地检验之结果，不能代表分析时样品之水分，故不能将水浸出物百分率，用干样基改算。是水分百分数较高之样品，将稍降低水浸出物百分率，欲比较准确者，应将水浸出物百分率，改算至干样基，此有待异日之报告也。

（六）结言

此次祁红区茶叶产地检验之结果，已汇报如上。综之，祁红茶乃国产红茶中高级茶类，各国认为红茶中之佳品，所惜该地对于制茶，历来尚少改进，且有日渐退步之势，其茶业之衰落，不为无因。自上述之试验，当亦知祁红茶之品质，并不若理想之佳。祁红茶之大部品质，独属中下级茶，而劣变之茶，因人事不臧，亦复不少。夷考祁红茶品质所以日趋低劣之原因，乃由于茶号之滥设，每有毫无制茶经验之人，为利所动，从事茶业，因之茶号日多，良莠不齐，而茶质亦有优劣之分。昔日从事于茶业者，均富有经验，每家制额，总在千箱以上，故成本低廉；今日从事于茶业者，虽不乏具有经验之人，然投机取巧者，比比皆是，因之，每家制额日少，成本加高。故限止茶号之滥设，既可以减轻成本，亦足以提高品质也。

以祁红区天然环境之佳，加以人事之努力，制茶之质，不难臻于上乘，事在人为，祁红茶业之前途，全在国人之努力与否耳。

五、祁红茶之市价

祁红茶产量不多，茶质甚佳，素为英、美等国人士所嗜饮，故价格甚高。内销甚少，向以外销为主。因之祁红市价，一方面受世界红茶供需之影响，他方面更因对外汇价而变迁。于是茶叶价格，上下靡定，尤以祁红之市价，变化无常，忽高忽低，难以捉摸。所幸去年十一月起，政府改行法币政策以来，对外汇价，顿形稳定，茶价既无倏高倏低之危险，茶商亦不致遭受意外之损失。汇价问题既已解决，茶价仍可稳定，但事实则又不然。茶价虽因优劣不同而悬殊，然往往同批茶叶，同一品质，因成交日期之先后及供需情形之不同，大异其价格，尤以祁红茶变化最大。新茶开盘日之市价，与第二日市价，差达数十元，故经营茶业，危险性殊大。运销适时，固可获利倍增，反之，足以倾家荡产。以是茶价增高，茶号乃林立争利；茶价低落，茶商则奄息仅存。推原其故，茶价不能稳定，实其主因。考世界茶叶消费，红茶居多；生产国家，除我国外，有印度、锡兰等；后来居上，我国红茶对外贸易，已屈居出口国之第四位。既不能控制供需，更不能左右世界红茶之市价，于是价格上下，随世界红茶供需而变趋。供过于求，则价格下跌；反之，求过于供，则市价上涨。归纳言之，造成祁红茶价变动之主因有二：一即国际红茶供需之变迁，二即汇价之上落。回溯以往数年之情形，更可了然矣。

（一）近十余年来祁红茶之市价

祁红茶价，素属甚高，市价随品质而异。上等祁红，每市担价在百元以上，有时且达四百余元；中等祁红，价约七八十元，即次等祁红，亦须四五十元。不但每年价格，时有上落，即一年之内，各时不同，要视供需情形及汇价而变迁耳。

祁红茶以运销国外为主，故全部箱茶，均运沪售与洋行；销于店装者，实属甚少。本节所言，祁红茶价，即指上海市价而言。据财政部国定税则委员会出版之上海货价季刊及月刊，祁红市价，系凭每月十五日上海售市价记载，兹录近十二年来上等祁门红茶之每日躉售价格如下：

第十八表　近十二年来上海每担祁门红茶每月躉售价格表

单位：元

	1月	2月	3月	4月	5月	6月	7月	8月	9月	10月	11月	12月	全年平均	指数（以民国十五年作100）
民国十四年	92.64	107.34	90.47	93.79	94.39	167.34	141.38	134.48	118.62	113.10	112.95	100.97	113.96	89.9
民国十五年	101.67	103.35	109.09	101.81	157.12	172.03	149.72	135.10	131.94	135.73	106.16	117.73	126.79	100.0
民国十六年	105.34	117.08	115.86	112.02	91.41	162.53	142.07	143.65	135.17	133.06	117.81	129.12	125.43	98.9
民国十七年	106.80	103.33	106.50	108.67	115.86	116.87	115.65	105.70	101.39	99.45	81.60	81.25	103.59	81.7
民国十八年	96.10	96.10	84.84	91.23	154.81	129.89	108.64	102.37	100.69	92.93	88.99	78.04	102.05	80.5
民国十九年	97.28	88.32	86.81	82.52	78.47	247.21	221.15	211.25	167.81	120.36	94.35	88.97	132.04	103.0
民国二十年	72.71	74.10	79.53	82.42	438.96	337.00	289.66	279.31	268.97	233.84	210.06	207.47	214.50	169.2

	1月	2月	3月	4月	5月	6月	7月	8月	9月	10月	11月	12月	全年平均	指数(以民国十五年作100)
民国二十一年	198.74	—	153.42	165.72	356.13	266.96	202.31	196.22	177.02	145.18	102.11	105.04	188.08	145.8
民国二十二年	99.57	99.44	96.52	91.61	210.00	130.00	120.00	132.50	127.50	117.50	119.00	112.50	121.35	95.7
民国二十三年	108.00	115.00	110.00	106.00	105.00	205.63	169.34	163.30	151.20	145.15	145.15	139.10	138.57	109.3
民国二十四年	107.00	107.00	102.00	98.00	160.00	130.00	130.00	115.00	102.00	92.00	88.00	80.00	109.25	86.2
民国二十五年	75.00	75.00	70.00	70.00	70.00	180.00	140.00	115.00	—	—	—	—	99.38	78.4

注：根据国定税则委员会物价季刊及月刊编制。

自上表而观，祁红茶之市价，以五、六两月为最高，盖适值新茶上市，输出商争相购买之故。此后价格，即呈降落之趋势。以年别而言，民国二十年价格最高，以民国十七年为最低，此盖由于银价倏高倏低之影响。各年平均价格，亦以民国二十年为最高，以民国十八年为最低，然是年价格每担亦平均在一百元以上。此盖专指上等祁红而言，故不足代表一般祁红每月整售市价也。

兹又根据近五年来中行月刊所载之祁红每市担趸售市价，立表如下：

第十九表　近五年来祁红趸售市价表

单位：元/市担

	最高					最低					平均				
	民国二十年	民国二十一年	民国二十二年	民国二十三年	民国二十四年	民国二十年	民国二十一年	民国二十二年	民国二十三年	民国二十四年	民国二十年	民国二十一年	民国二十二年	民国二十三年	民国二十四年
1月	57.81	—	—	—	50.00	31.80	—	—	—	50.00	42.70	—	—	—	50.00
2月	53.11	—	—	—		36.99					41.13				
3月	—														
4月	—														
5月	416.26	254.37	181.88	165.34	180.00	86.71	98.28	24.80	82.67	48.00	23.47	156.73	110.95	126.63	95.83
6月	300.63	256.69	161.21	181.88	113.00	34.69	46.25	24.80	23.98	19.00	124.46	118.73	66.55	79.67	53.94

	最高					最低					平均				
	民国二十年	民国二十一年	民国二十二年	民国二十三年	民国二十四年	民国二十年	民国二十一年	民国二十二年	民国二十三年	民国二十四年	民国二十年	民国二十一年	民国二十二年	民国二十三年	民国二十四年
7月	150.32	138.75	186.01	112.00	82.50	34.69	32.37	33.07	36.00	24.00	82.74	82.67	61.61	65.48	41.30
8月	92.50	113.31	89.22	112.00	52.00	23.12	32.37	47.12	40.00	28.00	51.05	72.84	62.14	59.52	38.03
9月	63.59	63.59	80.19	60.00	68.00	46.25	30.06	49.60	30.00	39.00	50.44	41.91	58.85	44.66	51.13
10月	127.19	98.28	74.41	—	60.00	45.10	28.91	67.79	—	37.50	59.30	56.51	70.68	—	48.75
11月	67.06	70.53	—	—	64.00	—	40.47	—	—	64.00	67.06	58.30	—	—	64.00
12月	115.63	98.28	47.95	—	—	52.03	38.15	—	—	—	87.58	63.21	47.95	—	—

注：此表根据中行月刊编制。

上表祁红市价涨落之趋势，与上海物价月刊所载相似，所不同者中行根据全月成交数值而编制，物价月刊则以每月十五日市价为编制之标准，且只及上等祁红，中下级茶不与焉，此两表不同之点也。

茶价涨落靡定，乃由于对外汇价之变动，前已言之，我国为用银国家，而红茶消费国家，以用金国为多。祁红以输英最多，故银元与英镑间汇兑率之涨落，直接足以影响茶价。近十年来银价涨落无定，致茶价变动无穷。银价愈跌，茶价愈涨；反之，银价愈高，茶价愈跌。祁红以英销为主，故市价上落与伦敦汇价有密切之关系，爰据上海物价月刊近十一年来对伦敦平均汇兑率指数及倒数，立表如下：

第二十表　近十一年来对伦敦平均汇兑率指数及其倒数表（民国十五年=100）

年别	汇兑率指数	汇兑率指数之倒数
民国十四年	106.8	93.6
民国十五年	100.0	100.0
民国十六年	86.1	116.1
民国十七年	88.7	112.7
民国十八年	80.2	124.7
民国十九年	57.8	173.0

年别	汇兑率指数	汇兑率指数之倒数
民国二十年	46.9	213.2
民国二十一年	57.7	173.3
民国二十二年	58.0	172.4
民国二十三年	63.0	158.7
民国二十四年	69.5	143.9

自上表观之，民国十五年后，呈金贵银贱之势；至民国二十年，达于极点，故对伦敦汇兑率指数，亦自民国十五年之一百，跌至民国二十年之四十六点九，换言之，英镑昂而中币廉，故在英伦市场之华茶，虽市价相同，然民国二十年伦敦与上海汇价，较民国十五年跌落一半以上，故茶价亦陡增一倍以上。吾人试观伦敦汇兑率倒数之升降，与茶价几完全步趋一致，可知汇价与茶价关系之深切矣。

茶价之变动，自难逃供需律之支配，惟近数年来，世界红茶之供需，早呈生产过剩之趋势，红茶价格，一般趋跌，至1933年，跌落尤甚。存积过多，于是印、锡、荷三主要红茶国家，为救济红茶之劫运，维持茶价起见，同意订立产销限制协定，期观效于五年之内。实行以来，瞬已四载，红茶存积，虽形稍减，但茶价仍难望提高。华红茶乃世界红茶中之一环，市价上落，受国际市价之支配，故祁红茶之国际市价，近年不致有过度之变动。近年国内市价变迁急剧之原因，实为汇价所左右也。

自去年十一月四日，政府实行改革币制以还，汇价稳定，迄今一年，除对法、瑞等国，汇价因各该国币制政策更改外，余如英、美汇率，均能维持不变。故昔日汇价上落影响茶价之痛苦，今后或可不致发生。茶叶市价，全视供需情形及品质为转移矣。

（二）本年之茶价

往年祁红新茶上市，约在五月中旬，本年以皖、赣两省当局，实施统制祁、宁红茶之运销，上海茶栈，群起反对，因之新茶虽已到沪，洋行因纠纷未息，迄未购办，迟至五月二十九日，始行议价开盘，正式成交录簿，始自三十日。本年祁红头批茶价，最高每市担达二百七十五元，余则价在二百七十元以下，最低价仅四十二元。二批茶最高价为二百四十元，最低价仅二十八点五元。三批茶最高价达一百七十五元，最低价为二十三元。四批茶最高价为九十元，最低价十八元。花香最高价为四十二元，最低价为十二元。价格相差之巨，实堪惊人。兹为明了祁红区各茶号制茶成绩之实情，爰将逐日成交价格列表如下，以供关心茶业者之参考。

（因数字无法辨认故第二十一表略）。

以茶价论，无论何批红茶，以祁门茶业改良场之改良红茶，得价最高。其他具有制茶经验之茶商，所制之茶，得价亦称不恶。以区域论，祁门茶之价格，较浮、至为高，如祁红之头批茶，最高价售至二百七十五元，浮梁为二百二十元，至德仅一百一十七元，相差之巨，可以概见。其他二、三批茶，售价差额，较头批茶为少，惟趋势则同。换言之，即至德及贵池红茶价格最低，浮梁次之，而祁门茶价最高。证以茶叶之品质，所感亦同。此盖由于至德及浮梁采摘较迟，故无论茶叶之外表、色、香、味及叶底，均逊于祁门也。

然祁门境内所产之茶，并非均能优于浮、至，且有次于浮、至茶者。故上述仅为一般而言，至于制茶品质之优劣，及市价之高低，全恃茶号制茶经验以为断。故防杜劣茶之发生，不再提倡某一茶区之生产，应重视茶号之资本及经验，防止滥设。至于浮、至两县，尤应提倡嫩制，即社会人士及购买者，对于浮、至之茶，似不应固执成见，当以品质为前提，出价竞买。则浮、至之茶业，庶可有所发展，祁红茶之品质，亦可随竞争而改进矣。

一般而言，高山茶之品质较优于低山茶，祁红区各地红茶品质之不同，故有谓乃受天然环境之影响。查祁红区之气温、湿度及雨量，仅祁门南乡平里茶业改良场历年有所记载，至于浮、至各县，则无此项记录，未敢据为推测。至于各区海拔（地势高度），本年就调查经过区域，稍加测量，祁门西南乡产茶最多处之海拔，通常在一百六十米至三百米间。北乡高岭，且达七百五十米，然产茶不多。至浮梁北乡与祁县毗连之处，海拔亦在二百米以上。至德上、中、下三乡，海拔较低，约在一百五十米。至德茶之品质，其较次之原因，是否全属于此，在未研究之前，不能断定。惟高山之茶，常得云雾之滋泽，似较低山茶香气为高。至德茶质较为低下者，殆为此欤，此则更有待于继续研究也。

总之，海拔高处，虽可产生良好之原料，但未必即能制造优良之红茶，此点已于上文言之。查良好之毛茶原料，每因耽搁过久或茶号精制不慎而劣变，故海拔虽高，成茶之品质，并不一律良好。试就品质审查表（详见附录一）及售价表而观，即可知矣。

本年祁红外销甚速，迄至本报告付印时，仅有数百箱尚未脱售，未售祁红，类均次等，非贬价不足引起商行之购买。闻皖赣红茶总运销处即将结束，预料祁红存货，年内当能廓清也。

（三）茶号盈亏概况

本年祁红价格之高，为民国二十年后之第一年，夷考祁红茶价所以转好之原因，不外有二：

（1）对外汇价，自实行法币政策后，约缩百分之三十，因之华茶市价，有增加百分之三十之可能。

（2）由于统一运销之收效。

上列二端，实为祁红价格好转之原因，而后者尤有助于茶价之提高。何以言之？本年汇价既缩，按理茶价当可一般提高，惟揆诸事实，则有所不然。红茶除祁、宁茶外，市价未见上涨，即各种绿茶价格，亦几与去岁相若，故祁、宁红茶价格之独高，非全为汇价减缩之关系，而由于统一运销之功。苟无皖、赣两省之统一运销，则洋商对于茶栈，仍可施行各个击破之政策，遂其压抑价格之目的。茶栈乃代内地茶号售茶之机关，得失无关痛痒，然内地茶商苦矣。茶栈反对统制，虽属不该，然由争存而言，亦情有可原；乃少数茶号，盲目景从，破坏政府之统制，诚不知是何居心。

本年祁红茶价虽高，但获善价者不多，余均价在七八十元，少则四五十元。惟本年祁红区毛茶山价，因各号压价之故，较历年为低。头批成茶之成本，约在一百元至一百二十元，二批茶约六七十元，三批茶四五十元，四批茶仅三四十元，平均精茶成本，每市担约为六十元。此仅就祁门而言，至于浮、至红茶，成本自更为廉，盖毛茶山价，不若祁门为高也。

祁红成本低而售价高，故祁红区茶号，除少数因制茶劣变，间有亏蚀外，大抵均有利可图，此实近年来稀有之佳音也。兹为明了祁、浮、至三县各茶号售茶情形，爰将十月份前成交数值，列表如下，借以推测各号之概况。

第二十二表 祁红区各茶号售茶数值表

茶号名称	售茶净重/市担	总值/元	平均价格/元	最高价格/元	最低价格/元	备注
恒馨祥	842.58	54 892.98	65.15	270	38	
同德祥	158.74	13 037.10	82.13	178	41	
恒信昌	57.68	5 876.10	101.87	152	28	

茶号名称	售茶净重/市担	总值/元	平均价格/元	最高价格/元	最低价格/元	备注
隆裕昌	55.04	6 636.34	120.56	169	30	
源丰永	125.15	11 254.41	89.93	130	61	
源利祥	67.94	8 619.23	126.87	240	39.5	
常信祥	118.20	13 155.00	111.30	260	28	
同兴昌	126.41	8 477.12	67.06	105	40	
公昌	132.66	10 293.83	77.59	140	41	
同大新	161.62	12 594.36	74.31	140	41	
恒德昌	47.26	5 173.78	109.49	130	60	内奇奇34件售95元,奇芽30件售63元,60件售60元,未计在内
同德祥	339.32	31 918.98	94.07	260	39.5	
同春安	120.15	6 632.14	55.19	72	40	
日隆	177.69	20 830.04	117.22	260	40	内泰和24件售38元,未计在内
慎昌	206.78	16 217.93	78.33	146	42	
益馨祥	119.54	11 040.97	92.35	140	42	
泰和昌	163.60	13 037.25	79.69	120	38	
同裕昌	55.47	4 180.37	75.36	90	41	
瑞馨祥	158.36	16 169.43	102.10	185	40	
恒大	87.52	7 231.00	82.59	100	42	
永和昌	116.83	11 921.83	102.40	192	41	
恒泰昌	168.48	12 915.41	76.96	125	40	
公大	160.41	12 401.83	77.31	105	41	
同大	159.00	14 505.92	91.23	185	41	
润和祥	171.33	13 886.53	81.50	190	41	

茶号名称	售茶净重/市担	总值/元	平均价格/元	最高价格/元	最低价格/元	备注
同新昌	128.30	12 459.02	97.11	200	37.5	
吉和长	211.89	11 892.45	56.13	73	31	
怡昌	125.67	7 648.37	60.86	105	41	
同馨昌	246.04	28 378.71	115.34	235	39	
永华昌	142.76	13 331.84	93.39	170	42	
慎余	247.51	23 963.72	96.89	140	75	
元兴永	116.61	12 501.03	107.20	167	39	内明明64件售45元,未计在内
永生祥	48.16	4 182.99	86.85	105	42	
同茂昌	134.75	12 378.79	91.86	142	40	
德和昌	144.55	16 106.64	111.42	185	42	
同华祥	106.60	13 794.39	129.31	200	41	
树德	101.36	9 337.07	82.45	125	33.5	
成德隆	52.51	8 370.69	159.39	210	101	
公顺昌	114.58	11 045.35	96.35	152	41	
恒信昌	255.07	17 328.55	67.94	130	80	内恒吉50件售54元,未计在内
大有恒	150.51	12 672.37	84.20	141	40	
吉善长	154.55	10 789.20	69.81	110	40	内花贡77件售55元,华贡80件售54元,未计在内
大同康	175.38	12 345.04	70.39	87	67	
同芳	29.40	1 381.80	47.00	47	47	
共和昌	133.09	11 111.32	83.49	110	39.5	
公和永	129.31	6 172.73	47.74	110	40	内87件售30元,未计在内

茶号名称	售茶净重/市担	总值/元	平均价格/元	最高价格/元	最低价格/元	备注
同春昌	100.93	8 068.50	79.94	105	40	
瑞春祥	99.92	9 401.30	94.07	140	60	内魁香75件售16.2元,未计在内
同大昌	99.41	7 019.67	70.61	90	41	
大华丰	76.72	6 478.20	84.44	100	55	内春茗44件售16.7元,未计在内
胡怡丰	97.98	14 403.70	146.80	90	35	
同和昌	186.83	16 858.70	90.24	172	35	
同和祥	98.80	8 497.95	80.95	115	39	
丰大昌	127.10	10 628.62	83.62	140	41	
怡大	165.71	8 535.04	51.51	76	41	
万山春	78.37	5 918.60	75.51	90	40	
同和昌	71.72	7 670.60	106.95	135	41	
汇丰祥	194.09	10 887.55	56.09	93	34	
同福康	90.48	7 110.94	78.59	90	39.5	
裕福隆	69.56	6 945.40	92.22	140	42	
永同春	73.12	7 305.41	99.93	140	41	内雨芽71件售42元,未计在内
益大	81.75	4 590.53	56.14	68	40	
同泰昌	108.12	11 832.88	109.44	140	41	内袋末35件售34元,未计在内
隆懋昌	117.17	7 981.22	68.11	80	35	内国宝63件售61元,未计在内
致和祥	189.98	13 591.32	71.52	100	41	内珍贡130件售61元,和璧40件售45元,未计在内
信和昌	43.98	1 677.34	38.14	42	35	

茶号名称	售茶净重/市担	总值/元	平均价格/元	最高价格/元	最低价格/元	备注
景昌隆	148.56	12 606.10	84.85	200	40	
华大春	130.25	12 511.92	96.06	180	41	
大成茂	125.14	7 592.16	60.67	100	39	
日升	101.25	7 469.25	73.77	85	35	
德昌祥	437.01	27 383.00	62.34	150	28	内花香80件售17.2元，又70件售17.2元，未计在内
豫盛昌	150.28	13 584.87	90.39	150	39.5	
大德昌	101.36	8 565.25	84.50	155	40	
恒昌祥	302.66	25 758.23	85.11	172	39.5	内祥昌65件售50元，未计在内
景新隆	147.97	17 268.99	116.71	150	26.5	
源丰祥	99.28	9 678.40	92.45	150	20	
致大祥	110.17	7 962.71	72.28	93	28	
同德昌	142.12	11 683.71	82.22	138	35	
元吉利	122.72	9 246.03	75.34	110	41	
慎昌祥	127.02	10 631.83	83.70	160	30	
永馨祥	91.29	6 242.70	68.38	95	41	内生苏25件售43元，未计在内
时利和	219.16	14 261.74	65.08	120	28	
永益昌	127.12	9 367.61	73.69	120	41	
均益昌	130.04	9 606.70	73.88	145	26.5	内奇华5件售33元，未计在内
裕馨祥	136.68	11 690.60	85.53	120	40	
志成祥	130.85	9 051.59	69.18	90	41	
聚和昌	235.51	23 965.30	101.76	270	35	

茶号名称	售茶净重/市担	总值/元	平均价格/元	最高价格/元	最低价格/元	备注
诚信祥	107.67	7 751.03	71.99	115	41	
合和昌	150.71	10 326.33	68.52	90	30	
怡怡	154.79	11 326.01	73.17	145	41	
裕春祥	301.99	23 611.72	78.18	150	41	
同昌	58.40	3 312.98	56.68	77	40	
裕昌祥	134.08	11 143.34	83.06	175	39.5	内飞鹏86件售60元,未计在内
公益昌	145.97	7 668.64	52.53	63	41	
裕盛祥	230.24	16 942.42	69.24	140	35	
至善祥	233.98	16 804.27	71.81	125	41	
洪馨永	200.70	14 734.43	73.42	105	41	
同和昌	100.73	7 826.19	77.69	92	45	内花香34件售16.2元,未计在内
怡同昌	101.14	7 841.98	77.54	92	40	
善和祥	149.00	14 817.40	99.45	150	30	
利利	177.73	11 671.67	65.67	132	38.5	
苑和祥	93.31	9 034.40	97.87	190	30	内菁英42件售78元,未计在内
同志昌	75.53	7 151.87	94.64	125	28	
成春祥	137.18	8 954.55	61.29	90	35	
义和昌	59.06	3 480.55	58.93	74	35	
同顺安	187.06	13 180.12	70.45	93	30	
笃敬昌	117.26	9 433.05	80.44	100	25.5	
大同昌	104.21	7 967.08	66.86	78	36	内大生37件售45元,未计在内
同志祥	130.53	10 553.15	80.85	115	39	

茶号名称	售茶净重/市担	总值/元	平均价格/元	最高价格/元	最低价格/元	备注
同人和	271.60	16 193.62	96.44	180	45	
恒发祥	60.06	4 071.20	67.79	105	35	
共和祥	108.42	5 499.50	50.72	63	41	
恒新祥	55.90	5 031.00	90.00	90	90	
鼎和祥	98.38	6 015.42	61.15	68	35	
均和昌	216.32	16 988.29	78.99	185	35	
裕馨成	320.44	31 019.66	96.86	210	55	
公馨	154.47	15 552.41	100.68	160	41	
益馨和	46.60	1 398.00	30.00	30	30	
永昌	163.80	12 384.01	75.60	115	41	
大同康	131.06	12 395.20	94.58	120	40	
恒德祥	84.92	7 657.20	90.17	95	85	
集义昌	108.16	11 883.69	109.87	160	50	
一枝春	152.23	11 061.09	72.19	100	41	
懋昌祥	73.19	5 126.49	70.04	77	63	内□芽23件售16.2元,贡8件售20元,未计在内
玉成	14.93	671.85	45.00	45	45	内香香8件售20元,未计在内
仁和安	33.65	1 394.80	41.66	42	40	
春和永	6.29	370.00	41.00	41	41	内晶晶48件售40元,未计在内
恒丰祥	26.79	709.93	26.50	26.5	26.5	内贡魁81件售51元,未计在内
志和昌	34.64	1 732.00	50.00	50	50	内国安68件售97元,未计在内
汇丰祥	157.64	10 616.25	67.34	93	40	

第二十三表 祁门各合作社售茶数值表

合作社名称	售茶净重/市担	总值/元	平均价格/元	最高价格/元	最低价格/元	备注
岭西	129.57	11 344.88	87.56	200.00	35.00	
龙潭	122.17	12 224.82	100.06	260.00	51.00	
石谷	181.32	19 306.33	106.48	240.00	39.00	
石墅	73.23	5 530.67	75.52	85.00	22.00	
殿下	67.46	7 641.83	113.28	140.00	70.00	
□砂	124.25	11 080.70	89.18	130.00	43.00	
仙源	73.10	6 982.16	95.52	210.00	18.00	
改良场	115.88	17 808.59	153.68	275.00	80.00	
塔坊	112.70	10 452.32	92.74	135.00	46.00	二批贡珍100件,迄未售出
庚峰	108.38	7 079.99	65.33	75.00	47.00	
里村	71.04	3 416.76	48.10	50.00	46.00	二批祁馨沾老嘉泰,迄未过磅
桃溪	76.00	5 107.19	67.20	70.00	32.00	三批赛蕊,迄未过磅
金山	70.16	3 789.74	54.02	58.00	47.00	
溶源	70.99	4 951.58	69.75	80.00	40.00	
三步塔	107.21	7 155.88	66.75	88.00	38.00	
流源	125.94	8 833.74	70.14	80.00	58.00	
南汉	51.92	2 247.31	43.28	53.50	40.00	头批华芽沾拈子治,迄未过磅
潭湘	56.45	6 345.96	112.42	140.00	70.00	
西坑	71.15	3 388.17	47.62	50.00	33.00	头批拈子治折66件,未过磅

合作社名称	售茶净重/市担	总值/元	平均价格/元	最高价格/元	最低价格/元	备注
坳里	81.85	5 923.66	72.37	88.00	26.00	
小魁源	82.44	3 530.82	42.83	48.00	38.00	头批样品，迄未过磅
石坑	90.62	11 857.89	130.85	225.00	18.00	
郭溪	89.07	11 647.22	130.76	200.00	50.00	
马山	107.58	9 632.31	89.54	135.00	53.00	
张闪	134.59	6 867.30	51.02	55.00	44.00	头批贡春，迄未过磅
磻村	162.50	13 304.42	81.87	133.00	35.00	
双溪	114.43	10 727.38	93.75	130.00	18.00	
下文堂	134.74	9 414.22	69.87	115.00	38.00	
淑里	125.88	8 835.28	70.19	86.00	42.00	
查家	112.32	7 385.94	65.76	82.00	48.00	四批珍珍，客人提去自售
滩下	146.26	10 454.19	71.48	120.00	18.00	
萃园	92.74	6 831.25	73.66	83.00	31.00	
双河口	205.79	15 678.98	76.19	145.00	42.00	
寺前	101.95	7 001.57	68.68	85.00	40.00	
伊坑	80.00	5 277.05	65.96	96.00	18.00	
宋许村	126.59	9 110.76	71.97	90.00	50.00	
石潭	142.83	7 721.07	54.06	80.00	42.00	
合坑	14.91	773.37	51.87	60.00	48.00	

第二十四表　浮梁各茶号售茶数值表

茶号名称	售茶净重/市担	总值/元	平均价格/元	最高价格/元	最低价格/元	备注
恒德昌	487.22	42 761.92	89.64	220.00	40.00	
公同昌	131.95	9 369.92	70.90	95.00	34.00	
恒兴祥	220.41	16 701.00	71.19	115.00	55.00	
永顺昌	111.51	9 004.42	80.75	105.00	41.00	
同泰昌	222.92	14 867.14	66.69	90.00	34.00	
恒馨昌	225.51	14 463.55	64.38	80.00	30.00	
义和祥	141.28	8 556.68	60.56	78.00	35.00	
同德昌	88.17	6 296.16	71.40	100.00	20.00	
永和昌	114.65	9 163.00	79.10	125.00	30.00	二批元珍96件售75元,未计在内
协益昌	116.61	9 066.82	77.75	96.00	32.00	
人和昌	155.17	11 653.50	74.91	105.00	31.00	
大馨昌	154.86	8 736.96	56.42	93.00	30.00	
广源祥	245.66	13 770.54	56.05	85.00	41.00	
道和祥	72.77	5 464.38	75.09	78.00	42.00	
仁馨昌	224.93	15 219.49	67.66	95.00	41.00	
永泰亨	103.28	4 501.28	43.68	90.00	41.00	
恒兴昌	185.09	10 962.70	59.77	90.00	40.00	
同福昌	70.31	4 561.50	64.83	80.00	41.00	
源兴昌	197.80	13 442.00	65.98	90.00	41.00	四批馨美7件售41元,未计在内
英和祥	184.81	14 320.80	77.49	138.00	41.00	
瑞馨昌	185.36	13 468.40	72.66	97.00	39.00	

茶号名称	售茶净重/市担	总值/元	平均价格/元	最高价格/元	最低价格/元	备注
瑞元祥	126.88	8 030.74	63.29	85.00	30.00	
德昌祥	136.88	10 898.20	79.62	120.00	30.00	
德和祥	177.05	10 670.33	60.26	89.00	31.00	
同春华	149.20	10 799.90	72.38	96.00	34.00	
永兴昌	124.06	12 546.00	101.12	120.00	50.00	
聚春祥	200.06	14 944.74	74.70	100.00	40.00	
贞元祥	103.54	6 015.40	58.09	90.00	34.00	四批怡和7件售41元，未计在内
万利昌	158.12	10 727.64	67.89	88.00	41.00	
恒丰祥	241.17	16 821.45	69.70	100.00	35.00	
永源昌	169.11	11 647.10	68.87	95.00	40.00	
天利和	165.64	11 560.20	69.79	90.00	41.00	
亿昌隆	141.14	7 070.00	50.08	68.00	35.00	
大馨	183.45	13 157.00	71.72	90.00	41.00	
恒德祥	293.72	16 712.99	55.06	90.00	37.00	
万成隆	156.92	12 847.01	81.87	130.00	35.00	
新华	200.43	17 042.80	85.03	142.00	34.00	
福利昌	182.37	11 550.57	63.30	110.00	25.00	
谦和祥	145.22	11 964.00	81.97	135.00	30.00	
公正昌	182.54	12 844.94	70.36	87.00	35.00	
和同昌	149.39	10 701.58	73.64	105.00	40.00	
永馨福	272.17	17 597.17	64.65	78.00	41.00	四批宝宝4件售42元，未计在内

茶号名称	售茶净重/市担	总值/元	平均价格/元	最高价格/元	最低价格/元	备注
大同昌	98.60	5 564.00	56.44	80.00	30.00	
赛春园	102.61	6 277.20	61.16	78.00	40.00	四批春春3件售40元,未计在内
聚春和	67.20	4 657.37	69.30	85.00	35.00	
萃丰	161.49	10 083.80	62.44	90.00	26.50	
昌华	108.99	8 956.90	82.18	90.00	75.00	
天泰昌	89.98	5 621.20	62.47	78.00	33.00	
如兰馨	43.95	1 230.60	85.00	41.00	28.00	三批华美11件售41元,未计在内
美利源	93.16	5 232.48	56.16	78.00	28.00	
德润祥	136.22	7 415.60	54.44	78.00	35.00	
复昌泰	108.59	7 413.20	68.27	93.00	40.00	
永和昌	90.23	5 421.31	60.00	77.00	38.50	
美利馨	178.81	11 507.73	64.35	86.00	32.00	
裕馨祥	107.46	9 063.90	84.35	125.00	33.00	
永馨园	76.40	3 010.48	39.40	45.00	37.00	
公利和	152.80	10 706.40	70.00	87.00	41.00	
同馨祥	120.55	6 963.86	57.76	78.00	30.00	
元康	150.25	8 698.78	57.89	83.00	30.00	
余庆祥	168.39	10 554.20	62.67	89.00	35.00	
民生裕	172.76	11 719.80	67.84	90.00	30.00	
复兴昌	207.89	14 817.75	71.53	105.00	35.00	
裕源隆	191.24	11 639.80	60.86	90.00	35.00	

茶号名称	售茶净重/市担	总值/元	平均价格/元	最高价格/元	最低价格/元	备注
万维怀	213.94	13 722.40	64.30	90.00	36.00	

第二十五表 至德各茶号售茶数值表

茶号名称	售茶净重/市担	总值/元	平均价格/元	最高价格/元	最低价格/元	备注
协昌祥	111.50	7 408.24	66.50	100	48	
锦源春	198.93	11 315.84	56.90	80	35	
荣盛昌	264.76	10 880.59	41.10	66	22	
同泰祥	148.54	9 174.15	61.70	80	35	
锦源	390.28	18 026.86	46.20	79	35	
忠盛昌	540.51	27 597.47	51.30	92	37	
天顺祥	160.58	11 121.69	69.30	51	29	
森森	329.29	17 766.20	53.95	80	35	
立春祥	172.16	9 245.92	53.70	80	33	
正和祥	572.25	25 929.63	45.30	80	25	仔茶40件未售
满园春	141.98	8 827.22	62.16	80	35	
长源	152.72	8 246.61	54.00	82	35	
永顺昌	111.85	6 243.79	55.80	81	40	三批芝芝39件售43元,未计在内
春福祥	160.86	8 906.61	55.36	70	20	
义盛祥	139.84	9 179.97	65.65	70	35	
冠芳园	143.54	7 233.36	50.39	70	40	
永丰	143.05	7 730.11	54.00	78	35	
国泰祥	152.90	9 076.26	59.23	82	23	

茶号名称	售茶净重/市担	总值/元	平均价格/元	最高价格/元	最低价格/元	备注
万昌祥	402.88	16 732.10	41.53	77	23	四批贡芽62件售40元,未计在内
聚昌祥	146.41	9 554.30	65.30	95	35	
德兴祥	167.87	10 551.54	62.90	82	40	
聚昌福	157.79	9 415.53	59.70	78	35	
鼎新	184.06	10 157.72	55.20	77	35	
鸿茂昌	261.07	16 804.81	64.39	82	35	
同源兴	157.41	9 859.15	62.63	82	35	
恒信昌	215.02	12 179.58	56.70	78	35	
同吉祥	76.63	3 055.39	43.94	58	35	
集群	179.84	9 869.78	54.90	70	35	
景升祥	133.33	7 801.78	58.60	80	35	
恒吉昌	168.10	8 833.22	52.60	70	38	
同兴祥	161.60	8 557.70	53.00	78	35	
恒兴昌	215.55	11 605.40	53.90	70	30	
复兴祥	123.82	8 453.79	68.30	80	35	
国民	156.28	9 642.01	61.80	95	34	
顺昌祥	162.17	8 874.63	54.70	79	35	
振泰祥	170.02	9 478.15	55.80	80	35	
公利祥	217.34	11 062.99	50.90	80	30	
天生祥	64.62	4 396.05	68.00	80	53	
荣利生	115.89	6 215.43	53.60	70	41	三批芝芝36件售41元,未计在内

茶号名称	售茶净重/市担	总值/元	平均价格/元	最高价格/元	最低价格/元	备注
恒晋昌	168.48	7 034.44	41.80	74	28	四批贡品4件售42元,9件售28元,未计在内
国安祥	118.19	7 252.50	61.40	70	38	
竞生	87.23	6 680.86	76.60	100	35	
义和祥	142.14	5 816.56	40.90	46	35	二批贡芽98件售46元,未计在内
益盛	109.31	4 922.37	45.10	52	38	
同春祥	74.34	3 229.55	43.44	45	40	
正源祥	212.64	9 963.56	47.00	80	23	
钰记	18.89	661.15	35.00	35	23	首批仙芽90件售43元,未计在内
公兴祥	43.11	3 103.92	72.00	72	72	至兴109件售40元,未计在内
联合会	10.91	545.50	50.00	50	50	
同德祥	83.48	4 533.80	54.31	68	23	三批贡贡52件售45元,瑞梾34件售40元,花香23件售23元,未计在内

注：凡已成交而未计在内之茶因尚未过磅。

综观上列四表，各区茶号及合作社，除制茶劣变而亏折外，其他均稍有盈余，惟多寡不等。浮、至各号之平均价格，较祁门为低，因本低廉，故亦盈多亏少，且各号平均售价，相差不多，不若祁门售价高低悬殊也。大抵而言，本年至德红茶，以走销迅速，营业最佳；祁门次之，浮梁又次之。至于各号之盈亏确数，因未知正确成本，颇难论断，即表中平均价格，凡有备注之茶号，或因茶叶成交而未过磅，或因茶叶尚未脱售，致统计未能完全。惟大体而言，固亦足示祁红茶业之概况矣。

又上表所列平均价格，系指毛售价格而言，洋行一切规费，尚未除去，故茶号实得货价，并无如是其多。

六、结论

祁红茶之生产环境，产、制、销之经过，与其品质及市价等之关系，已综如上述。论其生产环境，以占自然之胜，天赋极厚；但以产制方法尚不脱手工业时代之范畴，品质之优劣，胥决于人事；运销方面，亦尚需各种仲买商人，居间介绍，且市价高低过巨，易启投机之门。再论品质，虽享有盛誉，亦仍未达理想之境；故祁红茶叶衰落之症结，及其改进之方法，尚有待于今后之努力也。

由检政之立场言之，吾人希望祁红品质，均能名副其实，长居国产红茶之冠，使劣变者，减至最低限度。就本年检验之经历而观，品质佳胜者，固亦不少，然祁红茶大部分之品质，仅为中下等级，且劣变者甚多，此有待于品质上之改进者至深且切。以水分言，一般均嫌过高，足以妨碍储藏之时间并有损于品质，亦大有注意之必要也。

推销国产之前提，为"价廉质美"，茶叶已非我国独占之农产，印、锡、荷产销之红茶，且较我国为多；故我国茶叶前途之生机，尤赖于价廉质美之品，以图存于世界市场。顾祁红茶之品质，犹未达预期之佳美，而价格之昂，且有在印、锡红茶以上者。是欲引起欧美人士之注意，以增加销路，已难乎其难。值兹不景气之狂潮，弥漫全球，出高价以购茶者，本属不多。然人类无不祈求生活之改良，即饮用茶叶亦希出最低之代价，而获相当美满之品质。故祁红茶如欲推广销路，则减低价格，实与改善品质同关重要也。国产红茶之在英国市场者，只祁红茶可以单独销售，如两湖红茶，仅能拼混于印、锡茶内出售，故祁红茶之销路，较能独立而有前途。苟就品质、成本、售价及推销各方面，加以改善，固不难恢复昔日祁红茶之盛况而上之也。

附录（一）：

民国二十五年祁红茶检验结果总表

| 产地号码 | 茶号名称 | 大面 | 件数 | 产地 | 批别 | 品质检验 | | | | | | 水分/% | 灰分/% | 粉末/% | 备注 |
						外表	水色	香气	滋味	叶底	总评				
1	春馨	贡王	65	祁南	首批	3	3	2	2	2	乙上	8.0	5.84	0.50	碎片多
2	同兴昌	贡贡	82	祁南	首批	2	3	2	3	5	乙下	7.0	5.75	0.20	

产地号码	茶号名称	大面	件数	产地	批别	品质检验						水分/%	灰分/%	粉末/%	备注
						外表	水色	香气	滋味	叶底	总评				
3	源利祥	贡源	52	祁南	首批	2	3	2	2	3	乙上	8.8	5.92	0.60	
4	常信祥	红叶	30	祁西	首批	3	2	2	2	1	甲下	5.2	5.78	0.20	
5	益馨祥	堂堂	67	祁南	首批	3	2	2	2	3	乙上	7.0	5.83	0.60	
6	公大	大有	110	祁南	首批	2	3	3	3	4	乙下	8.9	5.96	0.50	有烟味
7	恒大	赛贡	110	祁南	首批	2	3	2	2	5	乙下	8.9	5.82	0.40	老火
8	瑞馨祥	贡拂	98	祁南	首批	2	2	2	2	3	乙上	7.4	6.17	0.40	老火、焦
9	同裕昌	贡贡	69	祁南	首批	3	3	3	3	4	丙上	9.2	6.13	0.20	
10	大同康	提贡	84	祁南	首批	3	3	3	3	4	丙上	8.0	5.95	0.18	
11	日隆	悟通	60	祁南	首批	2	2	2	2	2	甲下	8.0	6.34	0.40	
12	同春安	锦标	91	祁南	首批	3	3	3	4	2	乙下	8.7	5.82	0.20	焦、老火
13	同薪昌	仙芽	60	祁南	首批	2	2	2	2	2	甲下	9.0	5.89	0.60	
14	泰和昌	泰宝	81	祁西	首批	2	2	2	2	3	乙上	6.0	5.88	0.38	
15	永和昌	隆华	55	祁南	首批	2	2	2	2	4	乙上	6.0	6.02	0.40	
16	润和祥	赛贡	74	祁西	首批	2	2	2	2	3	乙上	8.0	6.17	0.40	
17	公顺昌	永昌	68	祁西	首批	2	3	2	2	4	乙	5.6	5.74	0.40	
18	同芳	仙品	99	祁城	首批	3	3	3	3	6	丙上	5.5	5.71	0.25	
19	吉和长	仙芽	102	祁城	首批	3	3	3	5	3	丙上	7.2	5.66	0.40	产样花香太多,且有细粉
20	元兴永	光光	97	祁西	首批	3	2	2	2	1	甲下	9.0	6.13	0.40	
21	同馨昌	祁贡	56	祁西	首批	2	1	1	1	1	甲上	5.0	5.91	0.50	鲜香
22	同馨昌	奇贡	64	祁西	首批	2	3	2	2	2	乙上	5.0	6.25	0.30	
23	景兴隆	至尊	66	祁南	首批	2	3	2	2	3	乙上	8.6	5.59	0.30	
24	景昌隆	明星	44	祁南	首批	2	2	2	2	1	甲下	4.9	6.19	0.40	
25	胡怡丰	花贡	70	祁南	首批	1	2	2	2	2	甲下	6.8	6.35	0.30	

产地号码	茶号名称	大面	件数	产地	批别	品质检验							水分/%	灰分/%	粉末/%	备注
						外表	水色	香气	滋味	叶底	总评					
26	万山春	春瑞	94	祁南	首批	2	3	2	2	5	乙下	9.2	5.73	0.25	
27	树德	天香	75	祁南	首批	2	3	2	2	5	乙下	9.5	6.45	0.50	
28	吉善长	贡贡	113	祁城	首批	2	2	2	2	5	乙	5.6	5.91	0.50	
29	永生祥	赛赛	64	祁南	首批	2	3	2	3	5	丙上	10.0	5.80	0.30	
30	同大昌	贡芽	97	祁南	首批	3	3	2	2	5	丙上	8.0	6.06	0.20	
31	同和昌	贡茗	87	祁南	首批	2	3	2	2	4	乙	4.8	5.72	0.50	
32	慎余	贡尖	81	祁城	首批	2	3	2	2	3	乙上	7.2	5.77	0.40	幼老火、焦、不开叶
33	汇丰祥	露贡	97	祁西	首批	2	4	2	3	6	丙	3.5	5.95	0.30	略苦
34	慎余	贡芽	60	祁城	首批	2	2	2	2	4	乙上	7.5	5.95	0.50	
35	德和昌	景星	90	祁南	首批	3	2	2	2	4	乙	9.0	6.13	0.40	火工略嫩、略苦
36	同华祥	同馨	75	祁西	首批	2	3	2	2	3	乙上	7.0	6.30	0.50	
37	恒新昌	恒昌	103	祁西	首批	2	3	2	2	2	乙上	6.0	5.69	0.30	
38	德昌祥	贡针	52	祁西	首批	2	2	2	3	2	乙上	4.6	5.92	0.40	老火、焦香
39	德昌祥	萃英	70	祁西	首批	2	2	2	3	3	乙	4.5	5.45	0.40	幼老火、略苦
40	同泰昌	贡茗	58	祁南	首批	3	2	2	3	3	乙	8.7	6.21	0.60	
41	同泰昌	贡珍	54	祁南	首批	3	2	2	3	3	乙	8.7	6.10	0.30	
42	同大	贡茶	84	祁南	首批	2	2	2	2	4	乙上	8.5	6.09	0.30	
43	怡昌	贡贡	60	祁南	首批	3	2	3	3	5	丙上	7.2	5.82	0.20	
44	丰大昌	贡茶	75	祁南	首批	3	2	2	2	4	乙	5.0	5.96	0.40	
45	瑞春祥	明星	65	祁南	首批	3	2	2	2	4	乙	9.0	5.92	0.40	
46	共和昌	华华	95	祁西	首批	2	3	2	3	4	乙下	6.8	5.96	0.20	老火、略苦
47	华大春	华华	60	祁西	首批	1	3	2	2	3	乙上	6.5	6.08	0.20	
48	致和祥	赛贡	86	祁西	首批	2	2	3	3	2	乙上	7.3	5.97	0.30	老火
49	致和祥	顶贡	84	祁西	首批	2	2	3	3	2	乙上	8.8	5.50	0.30	

产地号码	茶号名称	大面	件数	产地	批别	品质检验							水分/%	灰分/%	粉末/%	备注
						外表	水色	香气	滋味	叶底	总评					
50	成德隆	特贡	54	祁南	首批	1	3	2	3	3	乙上	9.6	6.52	0.40	
51	大华丰	大丰	63	祁南	首批	2	2	2	3	4	乙下	10.0	5.92	0.20	
52	同志昌	珍珍	87	祁西	首批	3	2	2	3	2	乙上	7.5	5.76	0.40	
53	公和永	国光	94	祁西	首批	2	3	3	3	5	丙上	6.8	5.97	0.20	老火、味苦
54	裕馨祥	威威	72	祁西	首批	2	3	2	2	4	乙	8.4	5.87	0.50	
55	恒德昌	奇奇	54	祁西	首批	3	2	2	2	4	乙	8.6	5.54		
56	恒德昌	奇贡	56	祁西	首批	3	2	2	2	4	乙	7.8	6.20	0.30	
57	同和昌	贡贡	59	祁西	首批	2	2	2	3	3	乙上	9.6	5.98	0.40	
58	元吉利	光明	60	祁南	首批	3	3	2	3	3	乙下	7.0	6.05	0.30	老火
59	永益昌	永寿	61	祁南	首批	3	3	2	3	4	乙下	4.9	5.59	0.40	老火
60	慎昌祥	花贡	60	祁南	首批	2	3	2	2	3	乙上	4.7	6.19	0.40	
61	同和昌	爵爵	87	祁南	首批	3	3	3	4	5	丙	8.3	5.71	0.40	略过火、略苦
62	信和昌	贡茶	86	祁南	首批	4	5	6	6	6	劣	7.0	5.87	0.28	霉酸
63	公益昌	华英	73	祁南	首批	2	3	2	3	3	乙	5.2	5.84	0.60	老火、略苦
64	常信祥	鹤顶	69	祁西	首批	3	4	5	5	3	丁	7.0	5.78	0.30	酸、霉臭
65	隆懋昌	天精	58	祁西	首批	2	3	2	3	4	乙下	8.5	5.72	0.40	
66	隆懋昌	地精	57	祁西	首批	2	3	2	3	5	乙下	7.6	5.64	0.20	
67	志和昌	国安	68	祁西	首批	2	4	2	3	5	乙下	6.0	5.76	0.50	
68	大成茂	优品	70	祁西	首批	2	2	2	2	4	乙下	5.7	5.70	0.30	老火、苦
69	益大	超超	58	祁南	首批	3	3	3	3	6	丙	6.0	5.77	0.40	老火、略苦
70	永同春	贡芽	80	祁北	首批	3	3	2	2	3	乙	5.6	5.50	0.40	
71	一枝春	英英	70	祁西	首批	3	3	2	2	3	乙	4.2	6.09	0.50	稍老火、略苦
72	聚和昌	黄山	30	祁西	首批	1	1	1	1	1	甲上	5.0	6.28	0.40	
73	怡大	怡怡	72	祁南	首批	3	4	4	5	6	丁上	7.8	6.06	0.32	微霉

产地号码	茶号名称	大面	件数	产地	批别	品质检验						水分/%	灰分/%	粉末/%	备注
						外表	水色	香气	滋味	叶底	总评				
74	聚源昌 聚宝	80		祁西	首批	2	2	2	2	3	乙上	6.0	6.07	0.30	
75	聚和昌 太子	49		祁西	首批	2	2	2	2	3	乙上	6.0	6.01	0.40	
76	集义昌 飞仙	80		祁西	首批	2	2	2	2	3	乙上	5.6	5.39	0.40	
77	同福康 坤瑞	66		祁南	首批	2	5	2	3	5	丙上	6.8	6.13	0.15	味淡
78	时利和 顺吉	90		祁西	首批	3	2	2	3	2	乙上	6.0	5.73	0.40	
79	裕盛祥 保昌	110		祁南	首批	2	2	2	2	3	乙上	7.0	5.84	0.50	
80	源丰祥 源源	66		祁西	首批	2	3	2	2	3	乙上	5.5	5.83	0.40	
81	至善祥 至善	96		祁西	首批	2	2	2	2	2	乙上	5.5	5.88	0.40	
82	豫盛昌 彩彩	80		祁西	首批	1	3	1	2	3	甲下	5.5	5.89	0.30	鲜香
83	裕昌祥 飞龙	58		祁西	首批	2	1	2	2	4	乙上	5.2	5.66	0.40	
84	裕昌祥 飞虎	58		祁西	首批	3	2	2	2	2	乙上	6.8	5.96	0.50	
85	恒昌祥 同福	72		祁西	首批	3	3	3	3	4	丙上	7.0	5.69	0.40	
86	恒昌祥 福美	72		祁西	首批	2	3	2	2	4	乙	5.5	6.21	0.20	焦香、老火
87	大德昌 仙品	67		祁南	首批	2	2	2	2	3	乙上	5.2	5.95	0.50	
88	义和昌 最优	78		祁西	首批	2	3	2	2	5	乙下	5.0	5.97	0.30	
89	利利 金矿	58		祁西	首批	2	2	2	2	4	乙上	5.2	5.68	0.50	
90	善和祥 洪崖	92		祁西	首批	2	2	2	3	5	乙下	7.2	6.17	0.30	
91	裕馨成 龙芽	61		祁西	首批	2	2	2	2	3	乙上	10.0	5.78	0.30	
92	裕馨成 裕馨	59		祁西	首批	1	2	1	1	2	甲	7.6	5.63	0.40	
93	同和昌 王香	88		祁西	首批	2	5	2	3	5	丙上	10.0	5.52	0.20	
94	志成祥 提贡	87		祁南	首批	2	2	2	2	3	乙上	8.8	5.78	0.30	鲜
95	永馨祥 饮苏	62		祁南	首批	2	5	2	2	5	丙上	10.0	5.56	0.30	
96	联大 联芳	66		祁南	二批	4	5	4	5	5	丁	8.5	5.65	0.40	味酸、有霉味
97	公馨 公馨	66		祁西	首批	2	2	2	3	3	乙上	6.0	5.68	0.30	

产地号码	茶号名称	大面	件数	产地	批别	品质检验						水分/%	灰分/%	粉末/%	备注
						外表	水色	香气	滋味	叶底	总评				
98	同馨昌	祁昌	60	祁西	二批	2	2	2	3	3	乙上	6.5	5.85	0.40	送样形较细
99	均益昌	菁菁	57	祁南	首批	2	2	2	2	3	乙上	7.5	5.96	0.40	鲜香
100	洪馨永	祁祁	82	祁西	首批	3	5	3	3	5	丙下	7.8	5.57	0.30	
101	洪馨永	馨馨	82	祁西	首批	3	2	2	2	5	乙下	7.0	5.72	0.30	
102	恒德祥	魁馨	82	祁西	首批	2	4	3	3	5	丙上	7.5	5.67	0.40	
103	永昌	威贡	81	祁西	首批	2	2	2	2	2	甲下	10.0	5.62	0.20	
104	怡同昌	春芽	74	祁西	首批	2	3	2	3	4	乙下	8.5	6.28	0.40	老火
105	同德昌	贡贡	74	祁南	首批	2	2	2	2	3	乙上	6.0	5.75	0.40	
106	日升	怡红	92	祁城	首批	3	4	3	4	3	丙	8.6	5.62	0.20	火工不足、微酸
107	大同昌	大同	100	祁西	首批	3	3	4	4	4	丙	6.5	5.97	0.35	略有霉
108	豫盛昌	彩贡	60	祁西	二批	2	3	2	3	4	乙下	5.5	5.68	0.20	
109	大同康	大同	90	祁南	首批	3	3	2	2	5	乙下	7.0	5.59	0.30	
110	裕春祥	裕春	93	祁南	首批	3	2	2	2	4	乙	7.0	5.93	0.50	
111	诚信祥	贡贡	72	祁南	首批	2	3	2	3	3	乙	9.2	5.80	0.40	
112	合和昌	真宝	90	祁西	首批	3	3	2	2	5	乙下	7.5	5.70	0.20	
113	源利祥	瑞源	80	祁南	二批	3	4	3	4	6	丙下	8.6	5.73	0.15	老火、略苦
114	日隆	红日	66	祁南	二批	3	2	2	2	4	乙	6.5	6.20	0.50	
115	同顺安	倍倍	64	祁西	首批	3	4	3	3	5	丙	7.5	5.93	0.30	
116	同顺安	同倍	63	祁西	首批	3	4	3	3	5	丙	6.0	5.94	0.50	
117	笃敬昌	精英	49	祁西	首批	3	3	3	3	1	乙	8.5	5.76	0.32	
118	笃敬昌	精华	49	祁西	首批	2	4	3	3	3	乙下	8.6	5.95	0.20	
119	鼎和祥	鼎元	104	祁西	首批	2	2	3	4	5	丙上	5.2	5.99	0.40	略有老火、略苦
120	恒新祥	时红	104	祁西	首批	2	4	3	4	5	丙	5.5	5.57	0.15	老火
121	致大祥	华华	77	祁西	首批	3	3	3	3	3	乙下	6.5	5.69	0.25	

产地号码	茶号名称	大面	件数	产地	批别	品质检验						水分/%	灰分/%	粉末/%	备注
						外表	水色	香气	滋味	叶底	总评				
122	成春祥	赛春	75	祁西	首批	3	4	3	3	3	丙上	7.3	5.76	0.40	
123	同大昌	同大	75	祁南	二批	3	4	4	4	5	丙下	9.7	5.71	0.30	霉味、有霉
124	公昌	味真	60	祁南	首批	3	4	3	4	4	丙	7.3	5.16	0.50	老火、略苦
125	同大新	贡茶	60	祁南	首批	3	1	2	2	4	乙上	6.5	5.40	0.50	
126	改良场	祁红	30	祁南	首批										毛茶,篓篓装,未验
127	同志祥	达达	60	祁西	首批	3	4	3	3	2	乙下	8.2	5.59	0.40	
128	共和祥	贡茶	84	祁西	首批	4	4	3	4	4	丙下	6.6	5.90	0.40	老火
129	恒发祥	飞龙	53	祁西	首批	3	3	3	3	3	乙下	7.2	5.77	0.40	
130	同昌	贡贡	63	祁南	首批	2	4	3	4	4	丙上	10.0	5.83	0.28	
131	同和昌	贡王	86	祁西	二批	3	5	4	4	6	丁上	7.8	5.82	0.40	
132	恒馨祥	奇奇	107	祁西	首批	3	4	3	3	3	丙上	7.2	5.71	0.40	
133	恒馨祥	真真	107	祁西	首批	3	3	3	3	4	丙上	7.6	5.87	0.40	幼老火
134	泰和昌	和宝	57	祁西	二批	3	4	3	3	3	丙上	7.2	6.11	0.60	
135	景昌隆	景昌	75	祁南	二批	3	3	3	3	5	丙上	8.0	5.95	0.20	
136	景兴隆	名贵	56	祁南	二批	3	4	3	3	5	丙上	9.6	5.92	0.40	微酸
137	公馨	珍珍	54	祁西	二批	3	3	3	3	5	丙上	8.0	5.90	0.50	
138	恒泰昌	祁英	101	祁南	二批	4	3	3	3	4	丙上	9.0	5.78	0.50	老火
139	吉善长	珍珍	93	祁城	二批	4	3	3	3	5	丙	6.5	6.04	0.60	老火、苦
140	懋昌祥	赛英	67	祁南	首批	3	3	4	3	4	丙上	9.8	5.67	0.40	
141	华大春	美美	60	祁西	二批	4	3	3	3	2	乙下	6.5	5.69	0.20	
142	洪馨永	新新	60	祁西	二批	2	4	3	3	2	乙下	8.5	5.78	0.30	苦
143	永和昌	隆大	57	祁南	二批	3	3	3	3	3	乙下	9.0	5.37	0.30	有霉
144	同人和	精精	82	祁西	首批	2	2	2	1	2	甲下	5.8	6.03	0.40	鲜香
145	同馨昌	同昌	60	祁西	二批	3	3	2	2	2	乙上	7.2	5.40	0.40	

祁门红茶史料丛刊续编 第五辑（1936）

产地号码	茶号名称	大面	件数	产地	批别	品质检验						水分/%	灰分/%	粉末/%	备注
						外表	水色	香气	滋味	叶底	总评				
146	裕春祥	美珍	105	祁西	二批	3	4	3	3	2	乙下	5.8	5.63	0.40	老火、苦
147	成德隆	哥哥	46	祁南	二批	3	3	2	2	3	乙	9.0	5.72	0.40	
148	怡昌	赛贡	64	祁南	二批	3	3	3	4	4	丙上	7.5	6.04	0.18	味苦、老火
149	树德	芝香	46	祁南	二批	3	4	3	4	3	丙	10.5	6.09	0.30	
150	同芳	仙金	61	祁城	二批	4	4	6	6	4	劣	9.2	6.80	0.15	酸霉
151	恒泰昌	贡哉	90	祁南	头批	2	2	2	2	2	甲下	8.0	6.52	0.30	火工稍嫩
152	改良场	祁红	46	祁南	头批	1	1	1	1	1	甲上	6.5	5.91	0.40	
153	同人和	芽芽	83	祁西	二批	3	3	2	2	3	乙	5.5	5.40	0.30	
154	裕馨成	祁贡	60	祁西	二批	2	4	2	2	3	乙	6.0	6.01	0.40	
155	隆懋昌	国宝	63	祁西	二批	3	4	4	4	2	丙	8.8	5.72	0.30	有霉条
156	同德祥	同福	120	祁西	二批	3	3	3	3	4	丙上	6.5	6.09	0.30	老火
157	恒馨祥	芳芳	98	祁西	二批	3	3	3	3	5	丙上	7.0	5.74	0.40	老火
158	公益昌	祁霞	87	祁南	二批	3	3	3	3	5	丙上	6.7	5.92	0.20	老火、味酸
159	裕昌祥	飞态	60	祁西	二批	3	3	2	2	2	乙上	6.8	5.98	0.20	
160	同茂昌	超贡	70	祁南	二批	4	4	4	4	3	丙下	10.2	5.97	0.40	微酸
161	怡怡	振振	51	祁西	二批	4	3	3	3	2	乙下	7.0	5.68	0.30	
162	致和祥	珍贡	130	祁西	二批	4	3	3	3	4	丙	8.0	5.85	0.20	微老火
163	同馨昌	春芽	60	祁西	三批	4	3	3	3	2	乙下	9.2	5.77	0.20	幼老火、微苦
164	至善祥	元善	60	祁西	二批	3	4	3	3	3	丙上	7.0	5.75	0.35	
165	裕盛祥	华华	60	祁西	二批	3	3	3	3	3	乙下	9.0	6.09	0.40	
166	裕馨祥	龙翔	82	祁西	二批	2	3	3	2	3	乙	7.5	5.73	0.20	
167	笃敬昌	福增	78	祁西	二批	4	4	3	3	4	丙	8.8	5.85	0.30	
168	怡昌	华贡	60	祁南	三批	4	4	4	4	6	丁上	8.0	5.71	0.20	老火、苦
169	联大	联宝	60	祁南	三批	4	3	4	4	6	丁上	10.0	6.10	0.40	

产地号码	茶号名称	大面件数	产地	批别	品质检验						水分/%	灰分/%	粉末/%	备注
					外表	水色	香气	滋味	叶底	总评				
170	永同春	春芽 82	祁北	二批	4	4	6	6	6	劣	9.3	5.88	0.12	有霉酸味
171	同和昌	云雾 65	祁西	二批	3	3	3	4	4	丙上	6.8	5.79	0.30	
172	均和昌	宝宝 84	祁西	二批	5	3	3	3	4	丙	9.0	5.47	0.20	鲜香
173	慎余	贡品 90	祁城	二批	3	4	4	5	4	丙下	10.0	5.97	0.20	略酸
174	慎余	贡珍 90	祁城	二批	3	4	5	6	5	丁	9.5	6.11	0.35	微酸
175	致大祥	春春 60	祁西	二批	4	2	2	3	3	乙下	7.6	6.23	0.50	
176	共和昌	特色 80	祁西	二批	3	3	3	3	5	丙上	8.6	5.87	0.32	
177	公顺昌	顺昌 85	祁西	二批	4	2	2	3	3	乙下	6.0	5.54	0.42	
178	公和永	国花 99	祁西	二批	4	3	3	3	3	丙上	8.3	5.87	0.30	微老火、味苦
179	同和昌	祁王 71	祁西	二批	3	3	3	3	4	丙上	9.5	5.81	0.35	
180	元吉利	光吉 83	祁南	二批	4	3	3	3	4	丙上	7.5	5.93	0.30	老火、味苦
181	时利和	顺利 86	祁西	二批	3	4	4	4	4	丙	8.3	5.79	0.40	碎片多、老火
182	永益昌	永益 82	祁南	二批	4	4	3	4	4	丙下	8.0	6.19	0.32	碎片多、老火
183	永昌	威龙 90	祁西	二批	4	4	3	3	4	丙	7.3	5.61	0.40	
184	恒德祥	贡馨 90	祁西	二批	4	4	3	3	4	丙	8.4	5.94	0.40	
185	大同昌	大鹏 64	祁西	二批	4	4	4	4	4	丙下	7.2	5.88	0.50	微酸、烟味
186	恒信昌	恒吉 50	祁西	二批	3	4	3	3	3	丙上	6.0	5.81	0.35	
187	恒信昌	恒信 70	祁西	二批	4	4	3	4	5	丙下	7.1	5.69	0.25	味苦、老火
188	吉和长	茗芽 107	祁城	二批	5	4	4	5	5	丁	7.0	5.79	0.60	霉焦、烟味
189	恒德昌	奇芽 99	祁西	二批	4	3	3	3	4	丙上	9.2	5.85	0.40	
190	润和祥	美芽 60	祁西	二批	4	3	4	4	6	丁上	9.8	5.90	0.40	微酸
191	润和祥	润香 60	祁西	二批	3	4	4	5	6	丁上	9.6	6.07	0.20	微酸
192	利利	金城 70	祁西	二批	3	3	3	3	5	丙上	7.0	5.63	0.25	
193	永生祥	顶顶 84	祁西	二批	5	3	4	4	5	丁上	7.0	5.91	0.20	老火、拣工不精

产地号码	茶号名称	大面	件数	产地	批别	品质检验						水分/%	灰分/%	粉末/%	备注
						外表	水色	香气	滋味	叶底	总评				
194	源丰永	祁贡	84	祁南	三批	5	3	3	3	4	丙	7.7	5.94	0.50	
195	鼎和祥	鼎新	76	祁西	二批	3	4	3	4	5	丙下	8.0	6.65	0.20	老火、味苦
196	恒新祥	时新	75	祁西	二批	3	4	4	5	6	丁上	8.2	5.68	0.28	微酸、苦
197	德昌祥	国萃	80	祁西	二批	4	3	3	3	3	丙上	6.0	5.69	0.20	
198	德昌祥	贡品	89	祁西	二批	4	3	2	3	4	丙上	7.0	6.31	0.35	
199	同顺安	同顺	80	祁西	二批	5	3	3	3	5	丙下	6.4	6.23	0.30	老火
201	华大春	芽芽	60	祁西	二批	6	3	4	5	5	丁上	5.2	5.74	0.30	微酸
202	同志祥	同达	64	祁西	二批	3	3	2	2	3	乙	7.0	5.58	0.40	
203	益大	英英	83	祁南	二批	4	3	4	4	5	丙下	8.6	5.49	0.30	烟味
204	大德昌	仙珍	100	祁南	二批	4	3	3	3	5	丙	6.0	5.83	0.30	
205	瑞春祥	奇红	43	祁南	三批	5	4	4	4	5	丙下	8.0	5.93	0.40	鲜香
206	豫盛昌	英英	76	祁西	二批	4	3	3	3	5	丙	7.4	5.72	0.20	
207	景昌隆	景隆	57	祁南	三批	4	3	3	3	3	丙上	7.0	5.70	0.30	鲜香
208	大成茂	国品	70	祁西	二批	4	4	3	3	5	丙下	6.6	5.79	0.18	老火
209	志和昌	国贡	72	祁西	二批	3	3	3	4	5	丙下	6.0	5.87	0.40	苦
210	善和祥	浮丘	88	祁西	二批	3	4	2	3	3	乙下	6.6	5.77	0.28	
211	同裕昌	贡芽	28	祁南	二批	4	4	3	4	4	丙	9.6	6.12	0.28	
212	同兴昌	华贡	40	祁南	二批	4	4	3	3	4	丙	9.2	5.97	0.50	
213	同茂昌	精华	54	祁南	三批	4	4	3	4	4	丙	10.0	5.74	0.30	
214	日升	青青	66	祁城	二批	5	4	5	5	6	劣	9.0	5.79	0.30	有霉条、酸
215	公大	大年	130	祁南	二批	4	3	3	3	5	丙	7.8	5.81	0.15	
216	成春祥	成美	74	祁西	二批	3	3	3	3	4	丙上	5.5	6.43	0.30	
217	春馨	仙茗	74	祁南	三批	4	4	4	4	5	丁上	7.5	5.88	0.30	有霉条
218	义和昌	上优	78	祁西	二批	3	4	3	4	6	丙下	10.0	5.80	0.40	老火、苦

产地号码	茶号名称	大面	件数	产地	批别	品质检验						水分/%	灰分/%	粉末/%	备注
						外表	水色	香气	滋味	叶底	总评				
219	诚信祥	华贡	64	祁南	二批	3	3	3	4	4	丙上	8.4	6.04	0.50	幼老火
220	苑和祥	菁芽	63	祁西	二批	3	2	2	2	3	乙上	6.0	5.45	0.25	鲜香
221	苑和祥	菁茶	21	祁西	二批	4	4	6	6	4	劣	9.0	6.05	0.12	酸
222	同人和	同和	120	祁西	二批	3	3	3	3	4	丙上	6.0	5.70	0.24	老火
223	益馨和	兰芳	88	祁南	首批	4	4	5	6	4	劣	8.8	6.00	0.40	有霉条、味酸
224	益馨和	益芳	88	祁南	首批	4	4	4	4	4	丙下	8.6	5.80	0.20	
225	汇丰祥	精贡	55	祁西	二批	3	3	4	4	6	丙下	8.9	5.78	0.32	
226	汇丰祥	华贡	50	祁西	二批	3	4	3	4	4	丙	8.4	5.82	0.40	
227	大同昌	大生	37	祁西	三批	5	4	4	4	5	丁上	5.0	6.07	0.32	焦苦、霉
228	怡同昌	同春	69	祁西	二批	3	3	2	3	4	乙下	8.0	5.87	0.40	
229	怡同昌	华康	19	祁西	二批	4	4	4	4	5	丁上	9.5	5.71	0.24	异味
230	同和昌	天香	31	祁西	三批	5	4	3	3	5	丙下	9.2	6.13	0.18	
231	恒昌祥	昌光	74	祁西	二批	3	3	3	3	3	乙下	8.8	5.83	0.20	
232	恒昌祥	昌明	73	祁西	二批	3	3	3	3	4	丙上	11.4	5.82	0.20	幼老火
233	同芳	仙珍	50	城内	三批	4	4	6	6	5	劣	8.6	5.97	0.50	霉
234	成德隆	采禄	52	祁南	三批	4	3	3	3	3	丙上	8.0	6.63	0.40	鲜香
235	同华祥	大有	81	祁西	二批	4	3	3	3	3	丙上	7.0	5.78	0.10	
236	同德祥	同气	54	祁西	二批	4	4	4	4	5	丁上	6.6	5.83	0.50	幼老火
237	同德祥	同声	53	祁西	二批	4	4	3	3	6	丙下	6.5	6.22	0.20	
238	怡大	祁贡	70	祁南	二批	4	3	3	3	5	丙	8.5	5.71	0.40	
239	同大	恒大	62	祁南	二批	4	4	4	4	5	丁上	9.0	5.76	0.25	
240	一枝春	葆葆	83	祁西	二批	3	3	3	3	5	丙上	8.0	6.15	0.40	老火、味苦
241	共和昌	色色	35	祁西	三批	5	3	3	3	4	丙	7.6	5.77	0.30	
242	公馨	宝宝	60	祁西	二批	3	4	3	3	4	丙上	7.0	5.61	0.40	

产地号码	茶号名称	大面	件数	产地	批别	品质检验						水分/%	灰分/%	粉末/%	备注
						外表	水色	香气	滋味	叶底	总评				
243	源利祥	仙源	111	祁南	二批	4	3	3	4	5	丙下	7.0	5.83	0.20	老火
244	永和昌	隆安	46	祁南	二批	4	3	2	2	4	乙下	8.6	5.88	0.50	鲜香
245	裕馨成	祁芽	120	祁西	二批	3	2	2	2	4	乙	6.5	6.45	0.50	
246	同德昌	仙品	90	祁南	二批	3	2	2	2	4	乙	7.2	5.66	0.24	鲜香
247	志成祥	贡贡	31	祁南	三批	5	4	3	3	4	丙下	8.2	6.15	0.40	烟味
248	同昌	元春	50	祁南	二批	3	3	3	3	4	丙上	7.0	5.75	0.50	
249	胡怡丰	元红	70	祁南	二批	3	3	3	3	4	丙上	7.8	5.86	0.20	
250	公益昌	花品	68	祁南	三批	4	3	3	3	5	丙	7.0	5.86	0.20	
251	大同康	大康	102	祁南	二批	4	3	3	3	5	丙	7.0	5.96	0.20	鲜香
252	怡昌	超贡	58	祁南	三批	5	3	3	4	6	丁上	8.2	5.88	0.40	
253	联大	联瑞	48	祁南	三批	5	3	3	4	6	丁上	9.0	5.89	0.40	
254	裕昌祥	飞鹤	60	祁西	二批	4	3	3	2	5	丙上	6.4	5.65	0.20	
255	恒馨祥	香香	116	祁西	二批	3	3	3	3	4	丙上	8.0	5.78	0.40	
256	恒馨祥	芸芸	110	祁西	二批	3	3	3	3	4	丙上	6.0	6.64	0.20	幼老火
257	裕盛祥	协和	120	祁西	三批	3	3	3	3	5	丙上	8.2	5.81	0.20	
258	至善祥	兼善	60	祁西	三批	3	3	3	3	4	丙上	6.0	5.99	0.20	
259	泰和昌	宝宝	53	祁西	三批	4	4	3	3	4	丙	12.0	5.68	0.28	
260	泰和昌	国宝	70	祁西	三批	4	5	3	3	5	丙下	10.4	5.80	0.30	
261	德和昌	津津	65	祁南	三批	4	4	3	3	4	丙	7.2	5.57	0.22	老火、味苦
262	恒泰昌	瑞珍	67	祁南	三批	5	4	4	4	5	丁上	8.2	5.93	0.20	火工不足
263	致大祥	英英	31	祁西	三批	5	3	4	4	5	丙下	6.4	5.89	0.15	火工不足
264	大华丰	华华	30	祁南	三批	5	5	4	4	5	丁上	9.0	5.054	0.30	火工不足
265	玉成	祁王	30	祁西	二批	4	4	4	5	5	丁上	8.0	5.91	0.20	老火、苦
266	永馨祥	仙馨	86	祁南	二批	4	4	4	4	5	丙下	9.1	6.09	0.40	烟味、火工不足

产地号码	茶号名称	大面	件数	产地	批别	品质检验						水分/%	灰分/%	粉末/%	备注
						外表	水色	香气	滋味	叶底	总评				
267	同薪昌	贡芽	60	祁南	二批	4	4	4	4	5	丙下	7.8	6.11	0.60	鲜香、火工不足
268	同薪昌	华萃	29	祁南	三批	5	5	4	4	5	丁上	7.2	6.00	0.60	火工不足
269	隆懋昌	精精	58	祁西	三批	5	4	5	6	5	丁	7.0	6.14	0.40	火工不足
270	合和昌	祁宝	90	祁西	二批	3	4	3	3	5	丙	6.2	5.72	0.30	鲜香
271	洪馨永	洪洪	68	祁西	二批	4	4	4	4	5	丙下	6.5	6.07	0.50	老火
272	裕春祥	美芽	120	祁西	三批	3	3	3	3	5	丙上	6.9	5.78	0.22	
273	源丰祥	贡贡	60	祁南	二批	4	4	4	4	5	丙下	7.3	5.63	0.30	微酸、霉、第一批中有尾箱二件大面采兰
274	信和昌	精美	41	祁南	三批	4	4	6	6	5	劣	9.0	5.73	0.90	酸霉
275	隆裕昌	精华	60	祁南	三批	4	4	6	6	5	劣	7.0	5.88	1.00	酸霉
276	裕馨祥	威贡	56	祁西	三批	4	4	3	3	5	丙	7.0	5.68	0.30	
277	日隆	日隆	53	祁南	二批	3	3	3	3	4	丙上	7.0	6.07	0.25	鲜香
278	日隆	怡红	54	祁南	二批	3	3	3	3	4	丙上	7.2	6.34	0.32	
279	聚和昌	吉昌	83	祁西	二批	4	4	4	4	5	丙下	9.0	5.86	0.30	
280	聚和昌	仙子	100	祁西	二批	3	4	3	3	5	丙	7.3	5.95	0.25	
281	集义昌	聚峰	80	祁西	二批	4	4	5	5	5	丁	7.0	5.85	0.20	霉味
282	集义昌	顶贡	40	祁西	二批	4	4	3	3	5	丙	6.6	5.94	0.40	
283	景新隆	皇后	74	祁南	三批	4	3	3	3	5	丙	8.0	6.02	0.20	木气
284	景新隆	余大	20	祁南	四批	5	4	3	3	5	丙下	9.5	5.92	0.20	鲜香、芽茶
285	景昌隆	隆昌	42	祁南	三批	5	4	6	6	5	劣	6.8	5.98	0.10	酸
286	常信祥	红锦	60	祁西	二批	4	4	6	6	5	劣	6.0	6.01	0.30	酸
287	常信祥	津津	61	祁西	二批	3	3	3	3	4	丙上	9.2	6.14	0.40	
288	同和昌	吉昌	86	祁西	三批	4	3	3	4	5	丙下	8.9	5.70	0.10	

产地号码	茶号名称	大面	件数	产地	批别	品质检验						水分/%	灰分/%	粉末/%	备注
						外表	水色	香气	滋味	叶底	总评				
289	同志昌	宝宝	90	祁西	二批	3	3	3	4	5	丙	8.3	5.94	0.40	老火
290	懋昌祥	贡品	67	祁南	二批	4	3	4	4	5	丙下	8.5	5.75	0.30	老火、焦气
291	益馨祥	金堂	45	祁南	三批	4	3	3	3	5	丙	10.0	5.72	0.30	鲜香
292	合和昌	芽宝	38	祁西	三批	4	4	3	3	5	丙下	8.0	6.06	0.40	
293	豫盛昌	彩英	7	祁西	四批	6	5	5	4	6	丁	11.0	6.11	1.40	
294	润和祥	乐乐	70	祁西	二批	4	5	5	5	6	丁	7.0	5.77	0.15	
295	润和祥	贡茶	66	祁西	二批	4	5	5	5	6	劣	6.5	5.75	0.30	酸
296	改良场	祁红	22	祁南	二批	2	2	2	2	2	甲下	7.0	6.08	0.30	火工不足
297	日隆	葆珍	15	祁南	三批	5	4	4	4	3	丙下	9.5	5.75	0.40	芽茶
298	同德昌	贡品	42	祁南	三批	4	4	5	5	5	丁上	7.2	5.71	0.20	微酸
299	瑞馨祥	仙华	50	祁南	三批	4	4	3	4	4	丙下	7.2	5.79	0.40	
300	瑞馨祥	裳裳	14	祁南	四批	6	4	5	5	6	丁	8.6	5.80		芽茶、火工不足
301	大有恒	提贡	58	祁南	三批	4	4	4	4	5	丙下	7.8	5.72	0.40	怪味
302	同馨昌	美昌	138	祁西	三批	4	3	3	3	4	丙上	6.5	5.88	0.28	
303	同顺安	同安	69	祁西	二批	4	3	4	3	3	丙	6.7	5.25	0.20	鲜香
304	华大春	华美	28	祁西	三批	4	4	4	4	4	丙下	7.8	5.83	0.50	老火、味苦
305	丰大昌	贡尖	38	祁南	三批	4	4	5	5	6	丁	6.8	5.76	0.20	有霉条
306	同大新	大丰	50	祁南	三批	4	4	6	6	5	劣	8.4	5.79	0.70	酸、有霉味
307	公昌	恒兴	48	祁南	三批	4	4	6	6	5	劣	7.9	5.75	0.40	酸
308	怡大	祁魁	80	祁南	三批	4	4	4	5	4	丙下	7.3	5.97	0.30	
309	裕盛祥	协昌	70	祁西	三批	4	4	4	4	4	丙下	7.3	5.77	0.25	
310	至善祥	吉善	70	祁西	三批	4	4	4	4	4	丙下	9.0	6.10	0.40	
311	均益昌	春王	45	祁南	二批	4	3	3	3	4	丙上	8.7	6.10	0.20	老火
312	元吉利	光利	40	祁南	三批	4	4	4	4	5	丙下	5.7	5.66	0.40	老火、苦

产地号码	茶号名称	大面	件数	产地	批别	品质检验						水分/%	灰分/%	粉末/%	备注
						外表	水色	香气	滋味	叶底	总评				
313	永益昌	益寿	48	祁南	三批	4	4	4	4	5	丙下	6.3	6.03	0.28	
314	义和昌	贡优	20	祁西	三批	4	4	3	4	5	丙下	6.5	5.95	0.40	老火
315	善和祥	仙芝	46	祁西	三批	5	3	4	4	5	丙下	8.2	5.59	0.30	
316	大同康	贡珍	98	祁南	三批	4	3	4	4	5	丙下	8.2	5.65	0.40	鲜香
317	吉善长	华贡	80	祁城	三批	4	3	4	4	6	丙下	7.5	5.77	0.27	老火
318	吉善长	花贡	77	祁城	三批	4	3	4	4	6	丙下	7.4	5.74	0.27	
319	裕福隆	仙艳	60	祁南	三批	4	4	4	5	5	丁上	6.0	5.73	0.35	
320	慎昌祥	特贡	63	祁南	三批	4	4	3	4	4	丙上	6.5	5.90	0.38	老火
321	均和昌	蓁蓁	97	祁西	三批	5	4	6	6	5	劣	9.0	5.51	0.50	微酸
322	元兴永	光明	79	祁西	二批	4	4	3	3	5	丙	7.5	6.20	0.20	鲜香
323	怡怡	奇奇	96	祁西	三批	4	3	3	3	5	丙	6.0	5.99	0.30	
324	怡怡	祁尖	23	祁西	三批	6	4	4	4	5	丁上	7.4	5.73	0.35	芽茶
325	致和祥	华馨	87	祁西	三批	4	3	4	4	5	丙下	6.8	5.75	0.35	
326	致和祥	和璧	40	祁西	三批	4	4	5	5	5	丁上	8.5	5.91	0.20	微酸
327	日升	春英	47	祁城	三批	5	4	6	6	6	劣	9.5	5.89	0.40	有霉条、酸
328	日升	春江	29	祁城	三批	5	4	6	6	6	劣	10.5	5.95	0.70	有霉条、酸
329	利利	金陵	62	祁西	二批	4	4	3	3	5	丙	8.8	5.96	0.40	
330	吉和长	贡芽	27	祁城	三批	4	4	5	5	5	丁上	7.0	5.96	0.40	
331	吉和长	珍茗	66	祁城	三批	4	4	3	3	4	丙	7.2	5.60	0.40	
332	同人和	同德	114	祁西	三批	4	4	3	3	4	丙	5.8	5.94	0.20	
333	洪馨永	安安	60	祁西	三批	5	3	3	3	5	丙	9.1	5.80	0.24	
334	恒德昌	贡针	52	祁西	三批	4	4	4	4	5	丙下	9.1	5.70	0.15	
335	恒德昌	奇针	101	祁西	三批	5	4	3	3	5	丙下	7.5	5.88	0.28	
336	时利和	时顺	80	祁西	三批	4	4	3	3	5	丙	9.8	5.70	0.28	

产地号码	茶号名称	大面	件数	产地	批别	品质检验						水分/%	灰分/%	粉末/%	备注
						外表	水色	香气	滋味	叶底	总评				
337	汇丰祥	最贡	82	祁西	三批	4	4	3	3	5	丙	7.8	6.11	0.20	
338	公和永	国宝	57	祁西	三批	4	4	4	4	5	丙下	8.5	5.84	0.18	老火
339	公和永	宝玉	6	祁西	四批	6	4	4	4	6	丁上	6.0	5.79		芽茶
340	公顺昌	宝昌	70	祁西	三批	4	4	5	5	5	丁上	6.3	6.15	0.50	
341	慎余	贡奇	40	祁城	三批	4	4	5	5	5	丁上	8.3	5.96	0.40	
342	慎余	贡蕊	60	祁城	三批	4	3	3	3	5	丙	8.2	5.75	0.20	
343	慎余	贡王	60	祁城	三批	4	3	3	3	4	丙上	7.8	5.88	0.30	
344	慎余	贡茗	60	祁城	三批	4	4	5	5	5	丁	8.2	5.82	0.20	微酸
345	公馨	至宝	47	祁西	三批	5	4	3	3	5	丙下	8.0	5.97	0.20	
346	大成茂	赛品	70	祁西	三批	5	4	4	4	5	丁上	9.1	5.99	0.50	
347	志和昌	国泰	69	祁西	三批	5	4	4	4	5	丁上	8.2	5.57	0.60	幼老火、苦味
348	益馨和	精精	93	祁南	二批	4	4	5	5	5	丁上	10.0	5.96	0.30	烟味、微酸
349	益大	超贡	16	祁南	三批	4	4	4	4	5	丙下	8.6	6.21	0.50	
350	益大	超品	9	祁南	三批	6	4	4	4	5	丁上	10.0	6.00		烟味、芽茶
351	元兴永	明明	64	祁西	三批	5	3	3	3	4	丙	7.0	5.84	0.60	鲜香
352	鼎和祥	鼎华	97	祁西	二批	4	4	5	5	5	丁上	10.0	5.80	0.20	
353	恒新祥	时宝	97	祁西	二批	4	4	5	5	5	丁上	7.0	5.81	0.30	
354	恒发祥	贡珍	60	祁南	二批	4	4	5	5	5	丁上	9.0	5.98	0.20	微酸
355	恒发祥	贡茗	34	祁南	二批	4	4	6	6	5	劣	7.0	5.84	0.40	酸
356	同德祥	同安	72	祁西	三批	4	3	3	3	4	丙上	8.2	5.97	0.28	
357	同德祥	同乐	73	祁西	三批	4	4	5	5	5	丁上	7.4	5.81	0.25	
358	同志祥	同茂	72	祁西	三批	4	3	3	3	5	丙上	6.2	5.61	0.15	鲜香
359	同志祥	同盛	16	祁西	三批	4	3	3	3	5	丙	6.5	5.70	0.40	鲜香
360	树德	蕴蕴	4	祁南	三批	4	3	3	3	4	丙上	10.3	5.94		花香

产地号码	茶号名称	大面	件数	产地	批别	品质检验						水分/%	灰分/%	粉末/%	备注
						外表	水色	香气	滋味	叶底	总评				
361	大德昌	仙芽	52	祁南	三批	4	3	3	3	5	丙	5.2	5.92	0.60	老火
362	大德昌	祁芽	11	祁南	四批	5	4	5	5	5	丁上	6.5	5.88	0.50	
363	同顺安	安安	15	祁西	三批	6	3	5	5	6	丁	8.5	5.97	0.30	芽茶
364	永同春	雨芽	70	祁北	二批	4	4	5	6	6	丁下	11.3	5.99	0.30	微酸
365	诚信祥	英贡	79	祁南	三批	4	3	4	4	6	丙下	9.0	5.82	0.35	
366	恒信昌	信昌	125	祁西	三批	4	3	4	4	5	丙下	10.7	5.67	0.40	
367	裕昌祥	飞鹏	86	祁西	三批	4	4	3	3	4	丙上	7.6	5.87	0.30	
368	裕昌祥	飞童	20	祁西	三批	6	4	5	5	6	丁	8.0	6.06	0.50	芽菜
369	裕春祥	美宝	123	祁西	四批	4	3	4	4	5	丙下	6.8	5.79	0.30	
370	永馨祥	复苏	60	祁南	二批	4	3	4	4	5	丙下	1.02	5.72	0.18	
371	永馨祥	生苏	25	祁南	三批	5	3	5	5	6	丁上	9.0	5.79	0.30	
372	永和昌	赛茗	50	祁南	花香	6	5	5	5	6	上	9.5	6.17		
373	日隆	怡怡	68	祁南	花香	6	5	5	5	6	上	9.6	6.13		
374	同和昌	花香	46	祁西	花香	6	5	5	5	6	上	10.1	5.81		
375	时利和	时吉	53	祁西	三批	4	3	3	5	6	丙下	9.8	5.81	0.40	老火、苦
376	胡怡丰	贡茶	80	祁南	三批	4	4	6	6	6	劣	7.1	6.09	0.30	酸
377	胡怡丰	元元	16	祁南	四批	5	5	5	5	6	丁	8.3	5.97		花香
378	同昌	贡芽	31	祁南	三批	4	4	6	6	6	劣	11.1	6.06	0.20	酸霉
379	利利	祁宝	64	祁西	三批	5	3	4	4	5	丙下	9.5	5.92	0.40	
380	利利	金金	14	祁西	四批	6	4	5	5	6	丁	11.0	5.82	0.20	
381	常信祥	乌龙	30	祁西	三批	5	4	4	4	5	丁上	6.7	5.67	0.20	有霉条
382	常信祥	红丝	32	祁西	三批	6	4	4	4	5	丁上	7.2	5.70	0.24	
383	常信祥	红线	26	祁西	三批	5	6	6	6	6	劣	6.5	5.55	0.40	有霉条、奇臭
384	大华丰	春茗	44	祁南	花香	6	5	5	5	6	上	9.8	5.78		

产地号码	茶号名称	大面	件数	产地	批别	品质检验						水分/%	灰分/%	粉末/%	备注
						外表	水色	香气	滋味	叶底	总评				
385	成德隆	贡禄	41	祁南	四批	5	5	6	6	6	劣	11.0	5.90	0.30	酸
386	成德隆	时通	15	祁南	四批	6	5	5	5	6	丁	11.0	5.66		芽茶
387	裕馨成	茗芽	111	祁西	三批	4	4	3	3	5	丙	8.0	5.97	0.40	鲜香
388	裕馨成	春芽	54	祁西	三批	4	4	3	3	5	丙	7.0	5.72	0.60	
389	恒馨祥	楚楚瑞瑞	195	祁西	三批	3	4	4	4	5	丙下	8.4	5.73	0.135	
390	改良场	祁红	43	祁南	三批	3	3	3	4	4	丙上	9.5	6.00	0.35	
391	改良场		22	祁南	花香	6	6	4	4	5	上	10.9	6.04		
392	成春祥	春美	50	祁西	三批	4	4	6	6	5	劣	9.0	6.06	0.30	霉
393	德昌祥	毫品	99	祁西	三批	4	3	5	5	6	丁上	7.2	5.96	0.50	微霉
394	一枝春	馥馥	74	祁西	三批	4	4	4	4	5	丙下	7.5	5.85	0.20	
395	德昌祥	瑞雪	94	祁西	三批	5	4	5	6	5	丁	6.3	5.70	0.18	微酸
396	一枝春	馨馨	11	祁西	四批	5	4	5	5	5	丁	6.5	5.57	0.40	
397	同志祥	香香	30	祁西	花香	6	5	5	5	6	上	10.4	5.85		
398	成春祥	芽芽	53	祁西	花香	6	6	6	6	6	中	12.0	5.73		
399	一枝春	香霞	34	祁西	花香	6	5	5	5	6	上	7.5	6.13		
400	源利祥	茗芽	63	祁南	花香	6	6	6	6	6	中	10.3	5.82		有烟味
401	永昌	威凤	74	祁西	三批	5	4	4	4	6	丁上	6.5	5.76	0.20	
402	恒德祥	济济	73	祁西	三批	5	3	4	4	5	丙下	7.7	6.08	0.17	
403	同顺安	花芽	65	祁西	花香	6(4)	6(2)	6(2)	6(1)	6(4)	中	9.5	6.04		霉
404	德昌祥	针针	22	祁西	四批	6	3	5	5	6	丁	8.8	5.89	0.60	火工不足
405	同志昌	仙芽	44	祁西	花香	6(2)	5	5	5	6(1)	上	10.0	5.63		
406	永馨祥	菁华	55	祁南	花香	6(3)	5	5	5	6(1)	上	10.6	5.81		烟味
407	时利和	和霭	4	祁西	四批	5	4	5	5	6	丁	9.3	5.86	0.50	老火
408	裕盛祥	吉和	40	祁西	四批	4	3	4	4	6	丙下	9.2	5.90	0.80	

产地号码	茶号名称	大面	件数	产地	批别	品质检验						水分/%	灰分/%	粉末/%	备注
						外表	水色	香气	滋味	叶底	总评				
409	时利和	馨馨	62	祁西	花香	6(1)	6	5	6	6(1)	上	9.2	5.68		
410	华大春	春芽	42	祁西	花香	6(4)	6(4)	6	6	6(3)	下	7.3	5.82		陈味
411	裕昌祥	魁魁	53	祁西	花香	6(3)	6(4)	6(4)	6(4)	6(4)	下	10.8	6.16		陈味
412	义和昌	瑞香	25	祁西	花香	6(2)	6(2)	6(1)	6(1)	6(2)	上	10.0	6.14		
413	裕盛祥	香香	66	祁西	花香	6(2)	6(2)	6(1)	6(1)	6(2)	上	10.0	5.69		
414	至善祥	吉香	60	祁西	花香	6(2)	6(2)	6(1)	6(1)	6(2)	上	10.0	5.63		
415	裕春祥	芽眉	81	祁西	花香	6(1)	6(2)	6(3)	6(3)	6(1)	中	7.0	5.68		
416	裕馨成	兰芽	83	祁西	花香	6(1)	6(1)	6(2)	6(2)	6(1)	上	10.0	5.77		
417	同人和	和香	94	祁西	花香	6(2)	6(1)	6(1)	6(1)	6(1)	上	10.8	5.89		鲜香
418	鼎和祥	鼎和	83	祁西	三批	5	5	5	5	6	丁	9.9	5.83	0.40	
419	恒新祥	时芽	83	祁西	四批	5	5	5	5	5	丁	10.2	5.93	0.18	
420	恒新祥	红芽	14	祁西	四批	6	5	6	6	6	丁下	10.0	5.65	0.50	
421	鼎和祥	红芽	13	祁西	四批	6(1)	6(1)	6(1)	6(1)	6(3)	丁下	10.4	6.12		茶片
422	公和永	蕊芽	60	祁西	花香	6(1)	6(3)	6(2)	6(2)	6(1)	中	7.8	5.81		有陈味
423	恒昌祥	祥瑞	72	祁西	三批	5	5	5	5	3	丁上	10.0	6.23	0.25	
424	恒昌祥	祥馨	72	祁西	三批	4	4	4	4	5	丙下	6.4	5.95	0.50	
425	恒昌祥	祥昌	65	祁西	四批	5	4	5	5	4	丁上	6.6	6.06	0.70	
426	共和祥	同和	53	祁西	三批	4	4	5	5	5	丁上	7.0	5.65	0.12	
427	共和祥	星星	16	祁西	三批	6	6	6	6	6	丁下	6.8	5.90		芽茶
428	豫盛昌	香香	32	祁西	花香	6(1)	6(3)	6(4)	6(4)	6(4)	丁下	10.0	5.66		
429	仁和安	宝芽	50	祁南	二批	5	5	6	6	6	劣	9.5	5.81	0.20	酸
430	源丰祥	香蕊	49	祁西	花香	6(1)	6(3)	6(3)	6(3)	6(1)	中	9.3	5.97		
431	大同昌	灵芝	25	祁西	花香	6(2)	6(4)	6(4)	6(4)	6(4)	下	10.7	5.76		霉
432	均和昌	王王	34	祁西	花香	6(2)	6(2)	6(3)	6(3)	6(3)	中	10.5	5.80		

产地号码	茶号名称	大面	件数	产地	批别	品质检验						水分/%	灰分/%	粉末/%	备注
						外表	水色	香气	滋味	叶底	总评				
433	均和昌	祁祁	37	祁西	花香	6(2)	6(3)	6(1)	6(1)	6(2)	中	10.0	6.06		
434	同德祥	安乐	100	祁西	花香	6(2)	6(3)	6(2)	6(2)	6(2)	中	9.0	5.95		
435	利利	金香	56	祁西	花香	6(1)	6(1)	6(1)	6(1)	6(1)	上	11.0	6.09		
436	均和昌	珠茶	7	祁西	四批	6	5	5	5	6	劣	12.0	6.03	0.20	霉
437	公馨	春芽	48	祁西	花香	6(4)	6(4)	6(4)	6(4)	6(4)	下	16.2	6.08		霉
438	洪馨永	祁香	67	祁西	花香	6(2)	6(2)	6(2)	6(2)	6(2)	中	9.3	5.80		
439	恒信昌	信和	64	祁西	四批	4	5	5	5	5	丁上	7.0	5.91	0.20	
440	恒馨祥	馨馨	133	祁西	四批	4	5	5	5	6	丁	7.8	5.81	0.20	
441	恒馨祥	采采	69	祁西	四批	4	5	6	6	6	劣	9.0	6.13	0.30	酸
442	共和昌	香香	33	祁西	花香	6(2)	6(2)	6(2)	6(2)	6(2)	中	9.1	6.06		
443	公顺昌	仙芽	6	祁西	三批	6	6	6	6	6	丁下	7.6	5.87	0.40	
444	永同春	芽芯	49	祁西	花香	6(1)	6(2)	6(1)	6(1)	6(2)	上	9.8	5.70		
445	怡同昌	花香	30	祁西	花香	6(1)	6	6	6	6(1)	上	10.8	5.99		火工不足
446	同和昌	花香	34	祁西	花香	6(3)	6(4)	6(4)	6(4)	6(4)	下	10.8	5.69		火工不足
447	恒信昌	花香	82	祁西	花香	6(2)	6(3)	6(2)	6(2)	6(2)	中	10.1	5.87		
448	裕馨祥	香香	37	祁西	花香	6(1)6(1)	6(2)6(2)	6(1)6(1)	6(1)6(1)	6(1)6(1)	上	11.3	5.87		火工不足
			2	祁西	四批						丁下	9.1	5.75		
449	同昌	春茶	50	祁南	花香	6(2)	6(1)	6(3)	6(3)	6(2)	中	9.1	5.64		微酸
450	胡怡丰	春芽	62	祁南	花香	6(2)	6(3)	6(3)	6(3)	6(3)	下	10.4	5.80		霉、微酸
451	善和祥	芽芽	36	祁西	花香	6(1)	6(1)	6(2)	6(2)	6(2)	中	10.5	5.99		
452	德昌祥	芽芽	49	祁西	花香	6(3)	6(1)	5	5	6(1)	上	7.2	5.98		
453	德昌祥	贡芽	60	祁西	花香	6(1)	5	5	5	6(1)	上	8.5	5.78		
454	公顺昌	花香	43	祁西	花香	6(1)	6	5	5	6(1)	上	9.3	6.10		
455	洪馨永	祁洪	15	祁西	花香	6(2)	6	6	6	6(2)	中	10.0	5.97		

产地号码	茶号名称	大面	件数	产地	批别	品质检验						水分/%	灰分/%	粉末/%	备注
						外表	水色	香气	滋味	叶底	总评				
456	恒德昌	花香	66	祁西	花香	6(1)	6	5	5	6(2)	上	10.3	5.70		
457	仁和安	赛赛	16	祁南	花香	6(3)	6(2)	6(2)	6(2)	6(1)	中	10.2	6.13		微酸
458	致和祥	馨芽	76	祁西	花香	6(2)	6	6(2)	6(2)	6(2)	中	9.5	5.90		
459	永昌	龙芽	50	祁西	花香	6(2)	4	5	5	6(1)	上	8.0	5.57		
460	恒德祥	天香	49	祁西	花香	6(1)	5	5	5	6(1)	上	10.2	5.90		
461	恒馨祥	魁魁	118	祁西	三批	5	4	4	4	5	丁上	8.2	5.99	0.40	
462	恒昌祥	细末	54	祁西	花香	6(1)	6	5	5	6(1)	上	9.6	5.98		
463	恒昌祥	大片	63	祁西	花香	6(2)	6(1)	6(1)	6(1)	6	上	9.8	5.90		
464	笃敬昌	香香	34	祁西	花香	6(2)	6	6(1)	6(1)	6(1)	上	10.4	5.76		
465	懋昌祥	贡贡	4	祁南	四批	5	6	5	5	5	丁	10.0	5.93	0.30	焦
466	懋昌祥	兰芽	28	祁南	花香	6(2)	6(2)	6(2)	6(2)	6(2)	中	12.0	5.92		霉
467	恒发祥	香品	56	祁西	花香	6(3)	6(3)	6(3)	6(3)	6(3)	下	10.1	6.10		微霉
468	共和祥	贡芽	36	祁西	花香	6(1)	6	5	5	6(1)	上	7.0	6.11		
469	春和永	晶晶	48	祁西	首批	4	3	4	4	6	丙下	9.5	5.80	0.20	
470	春和永	春芽	12	祁西	花香	6(3)	6	6	6(3)		下	8.0	5.91		陈味
471	恒新祥	花品	75	祁西	花香	6(1)	6(3)	5	5	6(2)	中	9.8	5.99		
472	鼎和祥	花芽	76	祁西	花香	6(2)	6(2)	6(1)	6(1)	6(2)	上	10.2	5.90		有陈味
473	汇丰祥	花品	100	祁西	花香	6(2)	6(2)	6	6	6(2)	中	9.2	5.85		
474	恒丰祥	贡魁	81	祁西	首批	5	6	5	5	6	丁	7.8	5.78	0.15	老火
475	恒丰祥	仙香	40	祁西	花香	6(2)	6(1)	6(3)	6(3)	6(2)	中	10.0	5.74		
501	塔坊合作社	贡茶	100	祁南	首批	2	2	2	3	3	乙上	7.2	5.98	0.20	
502	坳里合作社	祁珍	80	祁南	首批	3	3	4	4	4	丙上	8.8	5.98	0.32	味苦

产地号码	茶号名称	大面	件数	产地	批别	品质检验						水分/%	灰分/%	粉末/%	备注
						外表	水色	香气	滋味	叶底	总评				
503	南汉合作社	和合	93	祁南	首批	4	3	5	5	6	丁上	8.2	5.81	0.20	
504	湘潭合作社	鲁峰	51	祁南	首批	3	2	2	2	3	乙上	9.0	6.55	0.50	鲜红
505	湘潭合作社	竹峰	17	祁南	首批	3	3	3	3	3	乙下	8.2	5.97	0.20	
506	桃溪合作社	芽蕊	81	祁南	首批	3	4	5	5	3	丙下	7.0	5.81	0.40	略有霉味
507	郭溪合作社	华宝	86	祁南	首批	3	3	2	2	3	乙	8.8	5.57	0.50	
508	南汉合作社	华茗	96	祁南	二批	4	4	6	6	5	劣	9.3	5.90	0.50	有霉条、微酸
509	南汉合作社	茗芽	31	祁南	三批	5	4	4	4	5	丁上	9.4	5.67	0.40	
510	塔坊合作社	贡珍	100	祁南	首批	5	4	6	6	5	丁	9.6	5.68	0.25	
511	桃溪合作社	赛芽	57	祁南	二批	5	4	4	4	5	丁上	7.8	5.75	0.30	
512	湘潭合作社	松岐	39	祁南	二批	5	3	5	5	4	丁上	9.5	5.84	0.25	微霉
513	郭溪合作社	祁珍	78	祁南	二批	5	4	5	5	2	丙下	10.1	5.91	0.30	微霉
514	坳里合作社	祁贡	73	祁南	二批	4	4	4	4	5	丙下	8.0	6.54	0.20	
515	塔坊合作社	贡芽	102	祁南	三批	5	4	6	6	4	劣	10.0	5.95	0.18	霉酸
516	桃溪合作社	赛蕊	64	祁南	三批	5	5	6	6	5	劣	8.0	5.80	0.40	有霉条、微酸

产地号码	茶号名称	大面	件数	产地	批别	品质检验						水分/%	灰分/%	粉末/%	备注
						外表	水色	香气	滋味	叶底	总评				
551	永华昌	抽心	77	祁城	首批	2	2	3	2	2	乙上	7.8	6.11	0.50	老火
552	永华昌	花心	70	祁城	二批	2	4	3	4	4	丙上	7.8	5.88	0.22	稍老火、苦
553	里村合作社	仙馨	76	祁西	首批	2	3	3	3	3	乙下	9.5	6.04	0.40	
554	流源合作社	义生	90	祁西	首批	2	3	3	3	3	乙下	7.0	5.76	0.50	
555	西坑合作社	华华	81	祁西	首批	3	3	6	6	3	劣	8.8	5.71	0.50	酸、有霉味
556	三步塔合作社	雨魁	117	祁西	首批	3	3	2	2	6	乙下	8.0	5.62	0.40	老火、稍苦
557	溶源合作社	春品	69	祁西	首批	3	3	3	3	6	丙	6.6	5.58	0.40	
558	双溪合作社	祁贡	94	祁西	首批	3	3	2	2	3	乙	7.5	5.80	0.10	
559	石坑合作社	明星	76	祁西	首批	2	3	2	2	2	乙上	6.8	5.72	0.40	
561	伊坑合作社	华珍	79	祁西	首批	3	4	4	4	3	丙	8.6	5.89	0.18	微酸
562	环砂合作社	凤芽	56	祁西	首批	3	4	4	4	5	丙下	10.6	5.99	0.20	
563	双河口合作社	新生	112	祁西	首批	3	3	3	3	3	乙下	7.5	5.79	0.20	
564	萃园合作社	华萃	93	祁西	首批	3	3	2	2	3	乙	7.3	5.79	0.50	
565	溶源合作社	佛品	65	祁西	二批	4	4	4	4	4	丙下	9.5	5.85	0.40	老火、微酸

产地号码	茶号名称	大面	件数	产地	批别	品质检验						水分/%	灰分/%	粉末/%	备注
						外表	水色	香气	滋味	叶底	总评				
566	下文堂合作社	精华	100	祁西	首批	3	3	3	3	3	乙下	7.8	5.80	0.30	
567	宋许村合作社	贡霞	120	祁西	首批	3	4	3	3	5	丙	6.0	5.77	0.30	
568	查家村合作社	仙芽	95	祁西	首批	3	3	3	3	4	丙上	10.0	5.97	0.20	
569	石潭合作社	同寿	78	祁西	首批	2	3	4	4	6	丙	10.0	5.84	0.50	苦、有烟味
570	磻村合作社	祁宝	55	祁西	首批	2	3	2	2	5	乙下	11.4	5.79	0.20	
571	滩下村合作社	祁宝	75	祁西	首批	2	4	3	3	5	丙上	7.0	6.41	0.40	老火、味苦
572	滩下村合作社	祁英	30	祁西	首批	3	3	2	2	3	乙	8.3	5.86	0.20	
573	庚峰合作社	英雄	66	祁西	首批	2	2	4	4	4	丙上	10.0	5.71	0.40	
574	张闪合作社	贡春	101	祁西	首批	2	5	6	6	4	劣	9.3	5.98	0.18	酸、霉
575	寺前合作社	贡珍	95	祁西	首批	2	3	3	3	4	乙下	8.5	5.67	0.40	老火、味苦
576	马山合作社	超群	86	祁西	首批	2	2	2	2	2	甲下	7.8	5.82	0.20	
577	石墅合作社	美贡	54	祁西	首批	4	3	3	3	5	丙	8.0	5.87	0.20	幼老火
578	里村合作社	祁馨	65	祁西	二批	4	4	6	6	6	劣	9.2	5.80	0.24	霉
579	庚峰合作社	英俊	90	祁西	二批	4	3	4	4	5	丙下	6.3	5.56	0.30	鲜香

产地号码	茶号名称	大面	件数	产地	批别	品质检验						水分/%	灰分/%	粉末/%	备注
						外表	水色	香气	滋味	叶底	总评				
580	永华昌	茶心	88	祁城	三批	2	3	4	5	6	丙下	9.0	6.21	0.28	老火、味苦
581	双河口合作社	有道	110	祁西	二批	4	5	6	6	5	劣	8.3	5.67	0.50	酸、味苦
582	石谷里合作社	大同	90	祁西	二批	4	2	2	2	2	乙上	7.8	6.02	0.30	
583	龙潭合作社	美美	52	祁西	三批	4	5	4	4	6	丁上	10.2	5.88	0.40	有霉条
584	龙潭合作社	合作	70	祁西	二批	3	4	4	4	5	丙下	7.0	5.53	0.40	微霉
585	石坑合作社	双妹	90	祁西	二批	5	3	4	4	6	丁上	8.8	5.74	0.30	
586	石坑合作社	安安	5	祁西	二批	6	4	5	5	4	丁上	10.2	6.16	0.40	
587	伊坑合作社	国华	67	祁西	二批	5	5	6	6	5	劣	10.2	5.96	0.50	酸霉
588	滩下合作社	祁珍	90	祁西	二批	4	4	4	4	4	丙下	9.7	5.63	0.35	
589	查家合作社	和合	50	祁西	二批	4	4	3	3	3	丙上	9.6	5.70	0.30	
590	宋许村合作社	贡芽	78	祁西	二批	4	4	4	4	5	丙下	8.0	5.56	0.20	
591	马山合作社	合群	82	祁西	二批	4	3	4	4	5	丙下	9.8	5.90	0.20	
592	双溪合作社	祁红	60	祁西	二批	4	4	4	4	5	丙下	6.5	6.23	0.30	鲜香
593	流源合作社	义化	74	祁西	三批	4	4	4	5	6	丁上	8.6	6.07	0.20	

产地号码	茶号名称	大面	件数	产地	批别	品质检验						水分/%	灰分/%	粉末/%	备注
						外表	水色	香气	滋味	叶底	总评				
595	磻溪合作社	祁珍	56	祁西	二批	4	5	4	4	5	丁上	7.8	5.78	0.20	
596	淑里合作社	淑王	83	祁西	二批	4	3	4	4	6	丙下	8.5	5.80	0.40	
597	下文堂合作社	珍奇	60	祁西	二批	4	4	5	5	6	丁	10.0	5.71	0.03	有烟味
598	三步塔合作社	云魁	91	祁西	二批	4	6	6	6	6	劣	8.5	5.97	0.40	霉味
599	张闪合作社	长春	111	祁西	二批	4	4	5	5	6	丁	9.0	5.80	0.30	有霉条、微酸
600	寺前合作社	珍珍	64	祁西	二批	5	3	4	4	3	丙	9.3	5.75	0.38	幼老火
602	金山村合作社	贡茗	84	祁南	首批	3	4	5	5	3	丙下	6.8	5.64	0.28	略霉
603	岭西村合作社	贡春	56	祁南	首批	3	3	3	4	3	丙上	6.8	5.62	0.40	
604	仙源合作社	薰薰	73	祁东	首批	2	3	3	3	4	丙上	7.5	5.67	0.30	
606	岭西合作社	珍珍	14	祁南	三批	4	5	6	6	5	劣	7.7	5.75	0.32	酸
607	仙源合作社	薰春	21	祁南	首批	3	3	3	3	5	丙上	7.8	5.87	0.40	
608	小魁源合作社	祥品	80	祁东	首批	3	3	4	4	4	丙	8.0	5.77	0.50	老火、苦
609	殿下合作社	赛春	45	祁东	二批	3	4	3	3	3	丙上	9.0	6.00	0.40	
611	金山村合作社	赛茗	45	祁南	二批	4	4	5	5	3	丙下	9.1	5.57	0.25	

产地号码	茶号名称	大面	件数	产地	批别	品质检验						水分/%	灰分/%	粉末/%	备注
						外表	水色	香气	滋味	叶底	总评				
612	岭西合作社	贡贡	39	祁南	二批	3	3	4	4	4	丙	9.0	5.92	0.30	
613	仙源合作社	春英	43	祁南	二批	4	5	5	5	5	丁上	6.8	5.71	0.25	
614	龙潭合作社	龙潭	65	祁西	首批	2	3	2	2	2	乙上	6.8	5.74	0.40	
615	龙潭合作社	龙龙	37	祁西	首批	1	2	2	2	1	甲	7.8	5.88	0.40	
616	石壁合作社	华贡	58	祁西	首批	2	3	2	2	3	乙上	6.0	5.70	0.15	老火、味苦
617	石谷里合作社	馨馨	95	祁西	首批	3	3	2	3	2	乙	6.7	5.74	0.40	鲜香
619	环砂合作社	龙芽	96	祁西	首批	2	3	2	2	2	乙上	10.4	5.64	0.18	
621	西坑合作社	珍珍	44	祁西	二批	5	4	6	6	4	劣	10.2	5.73	0.24	有霉条、微酸
622	石潭合作社	同春	94	祁西	二批	4	4	4	4	4	丙下	9.0	5.74	0.18	老火、火工不足
623	环砂合作社	凤芽	48	祁西	三批	5	3	4	4	5	丙下	8.0	5.40	0.25	
624	石谷合作社	同志	90	祁西	三批	5	4	6	6	3	丁下	9.0	5.70	0.30	微霉
625	石谷合作社	同美	87	祁西	四批	6	6	5	5	4	丁下	10.7	5.94	0.60	火工不足、微霉
626	双溪合作社	祁美	44	祁西	三批	5	5	4	4	4	丁上	5.5	5.79	0.25	
627	庚峰合作社	英物	55	祁西	三批	6	5	5	5	5	丁	7.4	5.86	0.50	鲜香、火工不足

产地号码	茶号名称	大面	件数	产地	批别	品质检验						水分/%	灰分/%	粉末/%	备注
						外表	水色	香气	滋味	叶底	总评				
628	马山合作社	仙群	33	祁西	三批	5	4	4	4	4	丙下	5.3	5.71	0.40	老火
629	双河口合作社	新大	94	祁西	三批	5	4	5	5	5	丁上	6.5	6.12	0.40	鲜香
630	双河口合作社	大道	94	祁西	四批	6	4	5	5	5	丁	8.3	6.03	0.80	花香
631	下文堂合作社	葳华	55	祁西	三批	4	4	4	6	5	丁上	9.8	5.76	0.25	
632	石墅合作社	芬芳	26	祁西	二批	5	4	5	5	5	丁上	10.5	5.56	0.50	泥土气
633	里村合作社	祁仙	57	祁西	三批	5	4	5	5	5	丁上	8.3	5.97	0.40	
634	淑里合作社	淑兴	54	祁西	三批	5	4	5	5	4	丁上	9.6	5.81	0.20	
635	环砂合作社	精精	40	祁西	四批	5	4	6	6	3	丁下	7.8	5.61	0.50	有霉条、微酸
636	磻村合作社	祁品	82	祁西	三批	5	3	5	5	4	丁上	6.4	5.74	0.20	
637	淑里合作社	兴兴	13	祁西	四批	6	5	5	5	5	劣	10.6	5.93	0.40	有霉条、霉酸
638	西坑合作社	赛赛	11	祁西	三批	5	4	6	6	6	劣	10.0	5.93	0.40	有霉条、酸
639	张闪合作社	同春	98	祁西	三批	5	3	4	4	3	丙	7.0	5.66	0.60	
640	宋许村合作社	贡馨	38	祁西	三批	5	3	4	4	4	丙下	7.2	5.68	0.30	
641	石潭合作社	胜利	84	祁西	三批	5	3	4	4	5	丙下	7.2	5.76	0.50	

产地号码	茶号名称	大面	件数	产地	批别	品质检验						水分/%	灰分/%	粉末/%	备注
						外表	水色	香气	滋味	叶底	总评				
642	滩下村合作社	珍宝	73	祁西	三批	4	5	5	5	4	丁上	10.4	6.06	0.20	酸
643	滩下村合作社	宝宝	9	祁西	四批	5	5	6	6	5	劣	11.4	6.12	0.30	酸
644	萃园合作社	茶萃	14	祁南	三批	5	4	6	6	6	劣	9.0	5.73	0.20	酸
645	下文堂合作社	珍华	29	祁西	四批	6	6	6	6	6	劣	9.2	5.95	0.24	霉、火工不足
646	查家合作社	珍珍	68	祁西	三批	5	3	4	4	5	丙下	7.4	5.87	0.50	鲜香
		仙珍	60												
647	石潭合作社	国珍	21	祁西	四批	5	4	5	5	6	丁	7.5	5.70	0.40	来样劣
651	怡怡	蒸蒸	46	祁西	首批	3	2	2	2	2	乙上	5.0	5.83	0.40	幼老火
652	怡怡	特特	52	祁西	首批	3	2	2	2	2	乙上	6.0	5.40	0.40	
653	均和昌	美美	50	祁西	首批	2	3	2	2	2	乙上	10.0	5.73	0.30	
654	均和昌	华华	76	祁西	首批	2	4	5	5	5	丁上	9.2	5.81	0.40	略霉
655	苑和祥	菁华	45	祁西	首批	3	2	2	2	1	甲下	6.0	5.94	0.50	鲜香
656	苑和祥	菁英	42	祁西	首批	3	4	6	6	4	丁	10.0	5.72	0.30	霉臭、过火
658	共和祥	寿星	87	祁西	二批	3	4	4	4	4	丙	8.0	5.83	0.30	老火、味苦
703	改良场	祁红	39	祁南	四批	4	3	3	2	2	乙下	7.0	5.78	0.20	
704	岭西合作社	金龙	70	祁南	四批	4	4	5	4	5	丁上	7.3	5.85	0.20	
751	树德	香香	48	祁南	三批	4	4	5	5	5	丁上	9.2	5.98	0.24	
752	同春昌	春新	95	祁南	三批	4	3	4	4	5	丙下	9.0	5.81	0.30	
753	同春安	春芽	77	祁南	三批	4	4	4	4	3	丙	8.0	5.77	0.22	
801	联大	怡怡	70	祁南	首批	2	3	2	2	2	乙上	8.2	5.76	0.40	鲜香

产地号码	茶号名称	大面	件数	产地	批别	品质检验						水分/%	灰分/%	粉末/%	备注
						外表	水色	香气	滋味	叶底	总评				
803	同茂昌	瑞珍	76	祁南	首批	2	2	2	2	3	乙上	8.3	5.76	0.40	鲜香
804	同春昌	春英	107	祁南	首批	2	3	2	2	3	乙上	8.8	5.76	0.50	鲜香
805	大有恒	花贡	92	祁南	首批	2	2	2	2	3	乙上	6.7	5.98	0.50	鲜香
806	同和祥	贡茗	76	祁南	首批	2	2	2	2	4	乙上	9.2	6.10	0.40	鲜香
808	裕福隆	仙兰	74	祁南	首批	3	3	2	2	3	乙	7.0	5.73	0.30	鲜香
809	源丰永	祁珍	68	祁南	二批	4	4	5	5	6	丁	10.4	5.70	0.30	霉味
810	同大新	大新	62	祁南	二批	3	3	3	3	4	丙上	6.5	5.85	0.50	
811	公昌	永馨	62	祁南	二批	3	3	3	3	4	丙上	7.0	6.24	0.40	
812	丰大昌	贡贡	60	祁南	二批	3	3	5	5	4	丙下	8.0	5.87	0.40	
813	丰大昌	贡珍	62	祁南	二批	3	3	3	3	4	丙上	7.8	5.69	0.30	
814	恒大	赛品	69	祁南	二批	3	3	4	4	5	丙	7.0	5.77	0.50	老火
815	同春安	春王	86	祁南	二批	3	3	5	5	4	丙下	9.5	5.82	0.40	老火、微苦
816	同春昌	春色	77	祁南	二批	3	3	5	5	4	丙下	8.7	5.85	0.40	老火、微苦
817	春馨	仙珍	72	祁南	二批	3	5	5	5	5	丁上	8.8	5.94	0.30	老火、微酸
818	同兴昌	提贡	64	祁南	二批	3	3	5	5	5	丙下	6.5	5.78	0.50	有霉
819	大同康	贡茶	90	祁南	二批	3	3	3	3	3	乙下	7.8	6.25	0.30	有霉条
820	益馨祥	醇醇	68	祁南	首批	3	3	3	3	2	乙	7.6	5.97	0.20	老火、味苦
821	同薪昌	尖尖	60	祁南	首批	2	3	4	4	3	丙上	6.7	5.69	0.30	
822	瑞春祥	宝华	74	祁南	二批	3	3	3	3	5	丙上	9.0	6.07	0.42	
823	德和昌	庆云	72	祁南	二批	3	4	4	4	4	丙	8.0	5.61	0.12	
824	同大	贡芽	80	祁南	二批	3	3	4	4	4	丙	10.2	5.62	0.20	老火、味苦
825	源丰祥	津津	59	祁南	二批	3	4	3	3	3	丙上	7.5	5.70	0.30	
826	慎昌	贡尖	60	祁南	二批	3	3	3	3	5	丙	8.0	6.12	0.28	
827	慎昌	贡珍	59	祁南	二批	3	4	4	4	4	丙	9.4	5.90	0.40	

产地号码	茶号名称	大面	件数	产地	批别	品质检验						水分/%	灰分/%	粉末/%	备注
						外表	水色	香气	滋味	叶底	总评				
828	瑞馨祥	贡裳	78	祁南	二批	3	4	3	3	4	丙上	8.0	6.37	0.20	老火、味苦
829	同裕昌	贡珍	59	祁南	二批	3	4	6	6	3	丁上	7.8	5.96	0.30	微酸
830	同和昌	滋同	56	祁南	二批	3	3	4	4	4	丙	9.0	5.85	0.90	老火、味苦
831	大华丰	春红	54	祁南	二批	2	3	2	2	2	乙上	8.4	5.74	0.30	
832	同和昌	贡尖	105	祁南	二批	3	3	3	3	3	乙下	8.2	5.74	0.20	
833	慎昌祥	提贡	72	祁南	二批	3	4	4	4	3	丙	7.0	5.98	0.20	老火、味苦
834	同大昌	同昌	33	祁南	三批	3	3	3	3	3	乙下	8.0	5.47	0.50	
835	均益昌	奇菁	74	祁南	二批	3	3	2	2	2	乙上	8.8	5.72	0.30	
836	志成祥	贡茶	83	祁南	二批	3	5	4	4	4	丙下	8.7	5.61	0.30	
837	隆裕昌	贡贡	80	祁南	二批	3	5	6	6	5	劣	9.0	5.78	0.12	有霉条、酸
838	信和昌	贡茗	77	祁南	二批	3	5	6	6	5	劣	10.0	5.86	0.60	有霉条、味苦
839	同福康	花花	59	祁南	二批	3	3	3	3	3	乙下	8.0	5.67	0.45	
840	同福康	坤花	6	祁南	三批	5	4	5	5	5	丁上	8.0	5.83	0.35	
841	万山春	春芽	98	祁南	二批	4	4	6	6	5	劣	9.5	5.97	0.25	有霉条
842	恒大	赛芽	62	祁南	三批	4	3	4	4	5	丙下	5.5	5.71	0.40	幼老火
843	同泰昌	贡茗	50	祁南	二批	3	3	4	5	5	丙下	10.0	5.73	0.24	酸
844	同泰昌	同大	66	祁南	二批	3	3	3	3	3	乙下	11.0	5.80	0.20	鲜香
845	大有恒	贡贡	89	祁南	二批	3	3	4	4	4	丙	8.0	6.01	0.30	
846	裕福隆	仙霞	94	祁南	二批	3	4	4	4	5	丙下	8.7	6.00	0.20	
847	同大新	大昌	55	祁南	二批	3	4	4	4	4	丙	8.0	6.05	0.30	
848	公昌	祁品	51	祁南	二批	3	4	4	4	4	丙	10.5	5.65	0.30	
849	同和祥	华贡	71	祁南	二批	4	4	3	3	3	丙上	8.5	5.40	0.30	鲜香
951	源丰永	祁芽	74	祁南	首批	2	2	2	2	3	乙上	8.0	5.22	0.60	鲜香
952	隆裕昌	提贡	70	祁南	首批	2	2	2	2	2	甲下	8.0	6.08	0.50	鲜香

产地号码	茶号名称	大面	件数	产地	批别	品质检验						水分/%	灰分/%	粉末/%	备注
						外表	水色	香气	滋味	叶底	总评				
953	恒兴昌	春香	96	至上	花香	6(1)	6(3)	6(3)	6(3)	6(2)	中	9.4	5.91		
954	复兴祥	贡香	42	至上	花香	6(2)	6(1)	6(1)	6(1)	6(2)	上	8.3	6.04		味不正
955	复兴祥	贡乔	5	至上	四批	6	5	6	6	6	劣	12.0	6.00		霉
956	荣利生	兰馨	52	至上	花香	6(2)	6(1)	6(1)	6(1)	6(2)	上	10.2	5.79		
957	冠芳园	花香	40	至上	花香	6(2)	6(4)	6(4)	6(4)	6(2)	下	9.7	5.79		
958	振泰祥	贡香	58	至中	花香	6(1)	6(2)	6(2)	6(2)	6(1)	上	9.6	6.12		
959	正和祥	瑞香	69	至中	花香	6(3)	6(2)	6(3)	6(3)	6(2)	中	10.3	5.72		微酸
960	永顺昌	芝芽	39	至中	三批	5	5	6	6	5	丁	11.0	5.97	0.30	
961	永顺昌	春馥	46	至中	花香	6(2)	6(3)	6(1)	6(1)	6(1)	上	10.3	6.13		
962	恒晋信	贡品	13	贵池	四批	5	6	6	6	6	劣	9.8	6.11	0.30	有霉条、酸
963	恒晋信	茗香	57	贵池	花香	6(1)	6(1)	6(2)	6(2)	6(3)	上	10.2	6.01		
964	恒晋昌	品香	23	贵池	花香	6(3)	6(1)	6(1)	6(2)	6(3)	中	11.2	5.96		
965	恒信昌	美香	46	贵池	花香	6(3)	6(1)	6(1)	6(1)	6(2)	中	11.0	5.58		
966	恒信昌	最香	68	贵池	花香	6(1)	6(3)	6(1)	6(1)	6(2)	上	10.4	5.84		
967	忠盛昌	华香	96	至上	花香	6(1)	6(2)	6(2)	6(2)	6(1)	上	8.3	5.67		
968	忠盛昌	芽茶	8	至上	四批	6	5	6	6	6	丁下	10.6	5.69	0.50	烟味
969	忠盛昌	乳香	93	至上	花香	6(2)	6(2)	6(3)	6(3)	6(2)	中	9.2	6.02		
970	锦源	亭记	35	至中	四批	5	6	5	5	6	丁	9.5	5.72		
971	锦源	莱香	13	至中	花香	6(1)	6(3)	6(2)	6(2)	6(1)	中	9.5	6.18		
972	万昌祥	贡芽	62	至中	四批	5	4	5	5	6	丁	9.0	5.48	0.30	
973	万昌祥	国香	60	至中	花香	6(1)	6(2)	5	5	6(2)	上	9.9	6.18		鲜香
974	恒兴复	特特	72	至下	首批	5	5	5	5	5	丁	9.9	5.82	0.20	
975	恒兴复	春芽	18	至下	花香	6(2)	6(4)	6(4)	6(4)	6(4)	下	9.5	6.07		霉
976	万昌祥	香香	119	至中	花香	6(2)	6(1)	6(1)	6(1)	6(2)	上	9.7	5.78		

产地号码	茶号名称	大面	件数	产地	批别	品质检验						水分/%	灰分/%	粉末/%	备注
						外表	水色	香气	滋味	叶底	总评				
977	同德祥	花香	45	至上	花香	6(1)	6(1)	6(3)	6(3)	6(2)	中	12.8	5.98		霉
978	恒吉昌	声声	62	至上	花香	6(3)	6(1)	6(3)	6(3)	6(1)	中	10.0	5.78		陈味
979	德兴隆	奇香	62	至上	花香	6(2)	6(2)	6(4)	6(4)	6(2)	中	9.0	6.11		
980	义和祥	香香春香	72	至上	花香	6(2)	6(4)	6(4)	6(4)	6(2)	下	11.0	5.79		陈味
981	永源春	国香	68	至中	首批	4	4	5	5	5	丁上	9.0	5.98	0.14	
982	同春祥	贡珍	43	至上	花香	6(3)	6(4)	6(2)	6(2)	6(2)	中	12.0	6.13		
983	永源春	花香	32	至中	花香	6(2)	6(4)	6(2)	6(2)	6(2)	中	8.7	5.82		
984	正和祥	锦香	68	至中	花香	6(2)	6(2)	6(2)	6(2)	6(2)	中	10.5	5.97		
985	长源	立记	48	至下	三批	5	3	5	5	5	丁上	8.5	5.96	0.12	
986	立春祥	立春祥	33	至下	花香	6(2)	6(1)	6(1)	6(1)	6(1)	上	8.0	6.06		
1001	锦源	瑞记	60	至中	首批	4	3	3	3	5	丙	9.0	6.04	0.30	
1002	锦源	兴记	63	至中	首批	4	3	3	3	5	丙	9.0	5.30	0.50	
1003	张森森	森森	83	至下	首批	4	3	3	3	4	丙上	8.8	5.51	0.40	
1004	张森森	云峰	75	至下	首批	4	3	3	3	4	丙上	7.0	5.89	0.30	
1005	立春祥	卓卓	80	至下	首批	3	2	3	3	4	乙下	10.0	5.96	0.30	
1006	忠盛昌	贡芽	93	至上	首批	2	3	3	3	3	乙下	8.0	5.75	0.40	幼老火
1007	忠盛昌	华芽	81	至上	首批	2	3	3	3	3	乙下	8.6	5.60	0.30	
1008	春福祥	仙芽	80	至中	首批	4	3	3	3	4	丙上	10.0	5.13	0.20	老火
1009	永丰	龙眉	86	至下	首批	4	5	3	4	6	丁上	7.2	5.60	0.40	
1010	聚昌祥	文记	88	至下	首批	4	4	3	3	3	丙	8.0	6.00	0.35	老火、苦
1011	天顺祥	文记	82	至下	首批	3	2	2	2	2	乙上	8.5	5.84	0.30	
1012	永顺昌	贡芽	76	至中	首批	4	4	6	6	6	劣	9.8	5.46	0.30	酸
1013	冠芳园	贡茗	84	至上	首批	3	3	4	4	4	丙	10.0	5.81	0.20	
1014	长源	晋和	73	至中	首批	4	3	3	3	5	丙	9.2	5.50	0.50	

产地号码	茶号名称	大面	件数	产地	批别	品质检验						水分/%	灰分/%	粉末/%	备注
						外表	水色	香气	滋味	叶底	总评				
1015	义盛祥	珍珍	82	至上	首批	4	3	3	4	5	丙下	9.0	6.31	0.30	老火、味苦
1016	国泰祥	国珍	83	至中	首批	4	3	3	3	6	丙下	9.6	5.64	0.20	老火
1017	正和祥	锦兰	81	至中	首批	4	3	3	3	6	丙下	8.7	5.93	0.20	老火、微苦
1018	正和祥	锦芝	77	至中	首批	4	2	3	3	5	丙上	8.0	5.79	0.50	幼老火、微苦
1019	正和祥	玉玉	72	至中	首批	4	3	3	3	5	丙	9.4	5.63	0.40	
1020	万昌祥	汉云	83	至中	首批	3	4	3	3	6	丙下	8.5	6.12	0.20	
1021	聚昌福	润记	91	至下	首批	3	3	3	3	3	乙下	9.5	5.56	0.20	
1022	鸿茂昌	龙锦	102	至中	首批	4	3	2	2	3	乙下	7.2	5.58	0.40	鲜香
1023	荣利生	珍芽	72	至中	首批	3	3	3	3	4	丙上	9.7	5.52	0.20	
1024	德兴隆	珍珠	88	至上	首批	4	3	3	3	6	丙下	7.2	5.58	0.40	
1025	复兴祥	贡兴	72	至上	首批	4	3	5	5	5	丁上	7.0	6.08	0.40	有油味
1026	鼎靳	贡贡	92	至中	首批	4	3	3	3	3	丙上	9.6	5.95	0.30	
1027	恒信昌	华华	114	贵池	首批	3	3	3	3	3	乙下	9.8	5.56	0.20	
1028	同吉祥	贡贡	120	至下	首批	3	4	3	3	5	丙	9.0	5.60	0.20	老火、味苦
1029	同源兴	奇贡	102	至下	首批	3	3	3	3	6	丙	9.5	5.44	0.40	
1030	满园春	雨记	75	至下	首批	3	4	3	3	4	丙上	9.5	5.74	0.40	幼老火
1031	满园春	苍记	56	至下	首批	3	3	3	3	3	乙下	8.0	5.74	0.40	
1032	顺昌祥	蕴记	84	至中	首批	3	2	3	3	4	乙下	10.2	5.60	0.50	鲜香
1033	同兴祥	奇峰	80	至中	首批	4	2	3	3	6	丙上	9.0	6.38	0.20	鲜香
1034	恒兴昌	贡珍	110	至上	首批	4	4	5	5	6	丁上	7.8	5.83	0.15	
1035	国民	国王	90	至下	首批	4	4	5	5	6	丁上	6.0	6.04	0.50	鲜香
1036	同德祥	贡贡	76	至下	首批	4	3	3	3	5	丙	9.0	5.37	0.20	老火、味苦
1037	天生祥	贡芝	62	至下	首批	4	4	4	4	6	丁上	7.0	5.96	0.60	鲜香
1038	恒吉昌	祁祁	92	至上	首批	4	3	4	4	6	丙下	9.0	6.07	0.40	

产地号码	茶号名称	大面	件数	产地	批别	品质检验						水分/%	灰分/%	粉末/%	备注
						外表	水色	香气	滋味	叶底	总评				
1039	振泰兴	振记	93	至中	首批	4	4	4	4	6	丁上	6.0	5.83	0.30	老火、味苦
1040	集群	贡尖	56	至上	首批	4	3	3	3	5	丙	9.6	5.82	0.40	火工不足
1041	集群	贡王	65	至上	首批	4	3	3	3	5	丙	9.2	5.98	0.40	鲜香
1042	美利馨	宝珍	122	浮梁	首批	4	4	4	4	6	丁上	9.1	5.88	0.30	火工不足
1043	公利祥	贡贡	93	至中	首批	4	5	4	4	5	丁上	9.0	5.53	0.20	
1044	竞生	新新	98	至中	首批	4	2	3	3	4	丙上	6.0	6.16	0.40	
1045	景升祥	华宝	106	至中	首批	4	3	3	3	5	丙	5.0	5.69	0.30	
1046	协昌祥	贡芽	73	至中	二批	3	3	6	6	6	劣	9.6	5.72	0.20	烟味重
1047	义和祥	瑞馨	98	至上	首批	4	3	4	4	6	丙下	9.6	5.30	0.40	微老火
1048	程万兴	贡王	77	至上	首批	4	3	4	4	6	丙下	8.0	5.94	0.15	老火
1049	锦园春	美芝	87	至上	二批	3	3	4	4	5	丙下	7.0	5.90	0.40	老火、焦
1050	恒晋昌	贡贡	90	贵池	首批	3	2	3	3	5	丙上	10.5	5.79	0.30	
1051	聚昌福	龙记	78	至下	二批	3	2	3	3	6	丙上	9.6	5.79	0.40	
1052	天顺祥	文馨	64	至下	二批	4	4	4	4	4	丙下	5.0	5.92	0.60	
1053	国泰祥	仙雨	60	至下	二批	4	3	4	4	6	丁上	9.0	6.14	0.30	怪味不正
1054	国安祥	贡贡	94	至中	首批	3	3	3	3	5	丙上	8.8	5.60	0.40	
1055	正和祥	锦魁	99	至中	二批	4	3	4	4	6	丙下	8.0	5.80	0.35	
1056	永丰	龙芽	70	至下	二批	4	4	4	4	6	丁上	8.5	5.65	0.50	幼老火
1057	德兴隆	珍珍	80	至上	二批	4	3	3	3	5	丙	8.0	5.67	0.20	微酸
1058	荣盛昌	贡芽	119	至中	二批	4	4	5	5	6	丁上	9.4	5.79	0.30	
1059	张森森	贡珍	67	至下	二批	4	3	4	4	6	丙下	9.0	5.93	0.35	
1060	张森森	仙眉	80	至下	二批	4	3	5	5	5	丁上	9.0	5.92	0.35	有霉条、味苦
1061	立春祥	卓记	79	至下	二批	4	3	4	4	5	丙下	7.5	6.00	0.40	鲜香
1062	冠芳园	珍品	91	至上	二批	4	5	6	6	6	劣	8.6	5.77	0.40	微酸

产地号码	茶号名称	大面	件数	产地	批别	品质检验						水分/%	灰分/%	粉末/%	备注
						外表	水色	香气	滋味	叶底	总评				
1063	鸿茂昌	锦芝	76	至中	二批	4	4	3	3	5	丙	8.5	5.78	0.20	鲜香
1064	集群	顶芽	88	至上	二批	4	3	4	4	6	丙下	10.0	6.15	0.40	
1065	忠盛昌	贡华贡彩	196	至上	二批	4	3	5	5	6	丁上	8.0	5.79	0.40	老火
1066	义盛祥	贡贡	92	至中	二批	4	5	5	5	5	丁上	6.6	5.63	0.25	老火
1067	国泰祥	泰山	67	至中	二批	3	3	3	3	3	乙下	8.0	5.75	0.40	老火
1068	复兴祥	复贡	76	至上	二批	4	4	4	4	5	丙下	8.0	5.97	0.50	有油味
1069	春福祥	贡芽	67	至中	二批	3	3	4	4	5	丙下	8.2	5.42	0.40	
1070	同泰祥	春春	54	至下	三批	4	5	5	5	6	劣	9.0	6.19	0.30	霉
1071	同志祥	贡珍	72	至下	二批	3	4	6	6	5	丁	8.5	5.75	0.40	
1072	满园春	材记	70	至下	二批	4	5	5	5	6	丁	8.0	5.48	0.30	
1073	满园春	云记	8	至下	二批	5	5	6	6	5	丁	7.0	5.96	0.40	芽茶
1074	聚昌福	汶记	58	至下	三批	4	5	5	5	6	丁	8.0	5.84	0.60	烟味
1075	荣利生	奇芽	93	至上	二批	4	5	5	5	4	丁上	8.2	5.44	0.40	烟味
1076	聚昌祥	天记	94	至下	二批	4	4	4	4	4	丙下	8.8	5.76	0.30	
1077	国民	国色	86	至下	二批	4	4	4	5	5	丁上	8.0	5.90	0.15	幼老火
1078	万昌祥	汉记	81	至下	二批	4	3	4	4	6	丙上	9.0	5.92	0.50	
1079	正源祥	玉记	60	至下	二批	5	5	5	5	6	丁	9.5	5.48	0.40	
		源源	34	至下	二批	5	5	5	5	6	丁	9.5	5.90	0.18	鲜香
1080	永顺昌	仙芽	74	至中	二批	4	6	5	5	6	丁	9.8	5.80	0.40	老火
1081	永顺昌	瑞芽	62	至中	二批	4	5	5	5	5	丁下	11.7	6.12	0.60	有霉条
1082	聚昌福	源记	24	至中	四批	4	4	4	4	5	丙下	8.2	6.14	0.50	
1083	同元兴	奇香	86	至下	二批	4	5	5	6	6	丁下	7.8	5.86	0.18	老火、稍霉
1084	锦源	康记	60	至中	二批	4	5	6	6	6	劣	10.0	5.98	0.32	有霉条、微酸
1085	锦源	安记	60	至中	二批	4	4	4	4	5	丙下	9.2	5.73	0.20	

产地号码	茶号名称	大面	件数	产地	批别	品质检验						水分/%	灰分/%	粉末/%	备注
						外表	水色	香气	滋味	叶底	总评				
1086	锦源 锦记	60		至中	二批	4	4	6	6	6	劣	8.0	6.08	0.20	微酸
1087	公利祥 公记	82		至中	二批	4	4	4	4	6	丁上	9.4	5.73	0.25	
1088	长源 晋记	83		至中	二批	4	4	5	5	5	丁上	10.5	5.53	0.40	烟味
1089	德兴隆 珍香	51		至中	三批	5	5	5	5	6	丁下	8.6	5.68	0.30	微霉
1090	同兴祥 云芝	88		至中	二批	4	3	4	4	3	丙	10.1	5.71	0.30	
1091	恒吉昌 祁珍	54		至上	二批	5	4	6	6	6	劣	7.7	5.82	0.30	火工不足、有霉味
1092	恒吉昌 珍珍	58		至上	二批	4	4	6	6	6	劣	8.0	5.73	0.15	霉微酸
1093	协昌祥 顺记	67		至中	三批	4	5	5	5	6	丁	7.0	5.73	0.15	烟味
1094	恒信昌 最美	63		贵池	二批	4	4	4	4	5	丙下	8.4	5.60	0.20	
1095	恒信昌 最华	63		贵池	二批	4	4	4	4	5	丙下	9.8	5.98	0.30	有霉味
1096	景升祥 露芽	66		至中	二批	5	4	4	4	6	丁上	8.5	5.22	0.30	
1097	天生祥 贡珍	53		至中	二批	5	3	3	3	5	丙	7.5	5.80	0.30	
1098	鼎新 贡贡	159		至中	二批	4	4	6	6	6	丁	7.7	5.75	0.40	烟味
1099	同德祥 仙芽	65		至中	二批	4	6	6	6	4	劣	10.0	6.09	0.40	酸
1100	永丰 贡芽	46		至下	三批	5	4	4	4	6	丁上	9.7	5.65	0.45	
1101	锦园春 芝兰	110		至中	三批	4	4	4	4	6	丁上	9.6	5.98	0.18	
1102	锦园春 云香	82		至中	花香	6(1)	6(3)	6(1)	6(1)	6(1)	上	10.3	6.03		
1103	永丰 花香	59		至下	花香	6(2)	6(1)	6(1)	6(1)	6(2)	上	8.8	6.25		
1104	义和祥 兰香	113		至上	二批	4	5	5	5	6	丁	11.0	5.97	0.30	焦火
1105	同泰祥 仙雨	8		至下	花香	6(2)	6(1)	6(1)	6(1)	6(1)	上	11.0	5.95		
1106	同泰祥 美美	47		至下	花香	6(1)	6(4)	6(1)	6(1)	6(2)	上	8.8	5.90		
1107	鸿茂昌 锦仙	23		至中	三批	6	4	4	4	5	丁上	8.9	5.82		红茶片、鲜香
1108	鸿茂昌 香香	39		至中	花香	6(2)	4	5	5	6(1)	上	8.8	5.99		
1109	聚昌福 春芽	40		至中	花香	6(2)	5	5	5	6(1)	上	11.8	5.98		

产地号码	茶号名称	大面	件数	产地	批别	品质检验						水分/%	灰分/%	粉末/%	备注
						外表	水色	香气	滋味	叶底	总评				
1110	天顺祥	文芳	36	至下	三批	4	4	6	6	5	劣	8.7	5.87	0.44	酸
1111	天顺祥	文牲	20	至下	花香	6(3)	6(1)	6(1)	6(1)	6(4)	中	7.4	5.76		
1112	立春祥	云芽	50	至下	三批	5	5	5	5	6	丁	9.2	6.00	0.30	有霉条
1113	国安祥	云芽	91	至中	二批	4	4	4	4	5	丙下	10.0	5.59	0.50	
1114	张森森	森记	70	至下	三批	4	3	4	4	5	丙下	9.0	5.14	0.40	鲜香
1115	张森森	林记	20	至下	三批	4	4	4	4	5	丙下	7.8	5.52	0.60	
1116	同吉祥	贡芽	22	至下	三批	4	5	6	6	6	丁下	10.0	5.70	0.42	有烟味
1117	恒兴昌	祁贡	74	至上	二批	4	5	5	5	5	丁上	10.0	5.63	0.70	
1118	恒兴昌	宝珍	74	至上	二批	4	5	6	6	6	劣	8.1	5.80	0.50	火工不足、酸
1119	振泰兴	崇记	100	至中	二批	4	4	5	5	5	丁上	8.2	5.53	0.20	有霉条
1120	顺昌祥	荫记	52	至中	二批	4	4	4	4	5	丙下	8.6	5.98	0.40	鲜香
1121	顺昌祥	美记	49	至中	二批	4	4	4	4	5	丙下	9.0	5.60	0.30	火工不足
1122	恒晋祥	贡茗	88	贵池	二批	4	6	6	6	5	劣	8.5	5.77	0.40	微酸、火工不足
1123	天顺祥	天香	35	至下	花香	6(1)	6	5	5	6(1)	上	10.2	5.77		味不正
1124	同德祥	贡茶	72	至下	二批	4	4	5	5	5	丁上	10.0	6.04	0.20	
1125	荣盛昌	贡珍	95	至中	三批	4	4	5	5	5	丁上	9.6	5.26	0.42	火工不足
1126	竟生	贡芽	98	至下	二批	4	4	6	6	6	丁	10.5	5.87	0.40	
1127	同源兴	奇兰	37	至下	三批	4	4	6	6	6	劣	7.0	5.61	0.30	微霉
1128	同源兴	奇香	61	至下	花香	6(2)	6(1)	6(1)	6(1)	6(2)	上	8.8	5.72		
1129	正和祥	锦记	76	至中	三批	5	4	6	6	5	丁	8.7	5.62	0.40	
1130	正和祥	锦标	68	至中	三批	5	4	4	4	6	丁上	7.0	5.62	0.34	
1131	复兴祥	贡椿	47	至上	三批	5	5	5	5	5	丁下	7.6	5.74	1.00	有霉条、霉味
1132	正源祥	源记	44	至中	三批	5	4	6	6	6	丁	6.0	5.57	0.30	
1133	立春祥	花香	60	至中	花香	6(2)	6(1)	6(1)	6(1)	6(3)	上	8.8	5.82		

产地号码	茶号名称	大面	件数	产地	批别	品质检验						水分/%	灰分/%	粉末/%	备注
						外表	水色	香气	滋味	叶底	总评				
1134	冠芳园	珍贡	51	至上	三批	5	4	6	6	5	丁下	9.8	5.65	0.50	火工不足、有霉酸味
1135	荣利生	芝芽	36	至上	三批	5	5	5	5	6	丁	10.8	5.80	0.25	
1136	公利祥	贡珍	62	至中	三批	5	4	5	5	5	丁上	10.0	5.67	0.40	
1137	忠盛昌	彩华	90	至上	三批	4	5	5	5	6	丁	8.8	5.63	0.40	有烟味
		彩贡	9												
1138	恒吉昌	贡珍	35	至上	三批	4	4	6	6	6	劣	10.8	5.80	0.25	有霉味
1139	同志祥	花香	52	至下	花香	6(1)	6(1)	6(1)	6(1)	6	上	11.0	5.96		
1140	美利馨	宝宝	113	浮梁	二批	4	4	5	5	6	丁	7.3	5.33	0.20	鲜香
1141	同馨祥	奇芽	27	至中	三批	5	4	4	4	6	丁上	5.5	5.80	0.30	
1142	景升祥	云蕊	30	至中	三批	5	4	4	4	6	丁上	6.8	5.96	0.42	
1143	国民	国品	46	至下	三批	4	4	5	5	5	丁上	8.0	5.60	0.50	
1144	满园春	春春	52	至下	花香	6(2)	6(2)	6(2)	6(2)	6(2)	中	8.8	5.81		
1145	国民	枝香	64	至下	花香	6(2)	6(2)	6(2)	6(2)	6(2)	中	8.0	5.74		
1146	益盛	灵钟	105	至中	首批	5	4	5	5	6	丁	7.2	5.30	0.30	鲜香
1147	万昌祥	云记	71	至下	三批	4	4	4	4	5	丙下	7.0	5.97	0.30	
1148	锦源	莱记	54	至中	三批	4	4	5	5	6	丁上	6.3	5.69	0.20	
1149	锦源	霖记	54	至中	三批	5	5	5	5	6	丁	7.4	5.92	0.30	
1150	鼎新	贡香	69	至中	花香	6(1)	6(2)	6(1)	6(1)	6(1)	上	8.8	5.75		烟味
1151															
1152	如兰馨	兰馨	90	浮北	首批	3	4	5	5	5	丁下	10.4	5.94	0.40	味霉酸
1153	永馨园	芽前	75	浮北	二批	3	4	5	5	3	丁	10.1	5.71	0.30	微酸
1155	赛春园	赛园	92	浮北	二批	4	3	4	4	4	丙	9.3	5.95	0.30	老火
1156	永和昌	永永	66	浮北	二批	4	5	5	5	5	丁上	9.7	5.67	0.60	
1201	大馨昌	怡盛	83	浮北	首批	3	3	3	3	5	丙上	11.0	5.56	0.40	

产地号码	茶号名称	大面	件数	产地	批别	品质检验						水分/%	灰分/%	粉末/%	备注
						外表	水色	香气	滋味	叶底	总评				
1202	广源祥	赛贡	84	浮北	首批	3	4	4	4	4	丙	9.0	5.66	0.32	微有烟酸味
1203	源兴昌	源源	100	浮北	首批	3	3	3	3	3	乙下	7.0	5.75	0.20	
1204	民生裕	民生	113	浮北	首批	3	3	3	3	5	丙上	8.0	5.57	0.34	
1205	瑞元祥	瑞珍	60	浮北	首批	4	3	3	3	3	丙	7.0	5.68	0.17	
1206	瑞元祥	瑞贡	52	浮北	首批	4	4	5	5	5	丁上	6.8	5.96	0.18	
1207	怡馨昌	新馨	87	浮北	首批	2	3	3	3	4	乙下	8.0	5.97	0.20	
1208	德润祥	奇宝	92	浮北	首批	3	5	4	4	5	丙下	8.9	5.80	0.24	
1209	恒德昌	魁魁	126	浮北	二批	3	3	3	3	3	乙下	7.0	6.08	0.20	
1211	福利昌	珍宝	101	浮北	首批	3	3	3	3	3	乙下	7.8	5.58	0.33	
1212	源春祥	卓卓	76	浮北	二批	4	3	3	3	4	丙上	10.5	5.79	0.18	
1213	永兴昌	赛珍	104	浮北	二批	3	3	3	3	4	丙上	11.9	5.92	0.32	
1214	裕源隆	宝珍	96	浮北	二批	3	3	5	5	5	丁上	10.8	5.88	0.40	烟味焦老
1215	源兴昌	源贡	102	浮北	二批	3	3	3	3	3	乙下	6.7	6.21	0.40	
1216	永源昌	原昌	102	浮北	二批	3	3	3	4	3	丙上	9.0	5.66	0.24	鲜香
1217	人和昌	瑞英	106	浮北	二批	3	3	4	4	5	丙	7.5	6.39	0.45	
1218	新华	新英	86	浮北	二批	3	4	3	3	5	丙	6.9	5.64	0.20	鲜香
1219	公正昌	华英	90	浮北	二批	4	4	4	4	3	丙	6.5	6.10	0.20	
1220	大馨昌	隆盛	94	浮北	二批	4	4	4	4	4	丙下	8.9	5.76	0.50	微霉
1221	天泰昌	天仙	111	浮北	首批	3	4	3	3	5	丙	7.5	6.08	0.22	
1222	公同昌	仙珍	100	浮北	二批	4	6	5	5	5	丁	7.5	6.09	0.20	
1223	瑞元祥	瑞品	74	浮北	二批	4	5	6	6	5	丁	10.0	5.86	0.70	
1224	贞元祥	泰和	79	浮北	二批	4	4	4	4	4	丙下	7.8	5.68	0.40	
1225	美利源	仙芽	76	浮北	二批	3	5	6	6	5	丁	9.6	5.78	0.20	
1226	恒丰祥	龙眉	131	浮北	二批	3	3	3	3	4	丙上	8.0	5.61	0.40	微酸

产地号码	茶号名称	大面	件数	产地	批别	品质检验						水分/%	灰分/%	粉末/%	备注
						外表	水色	香气	滋味	叶底	总评				
1227	永顺昌	茗贡	52	浮北	二批	4	3	4	4	4	丙	6.5	5.98	0.50	内尾箱一件
1228	永顺昌	茗芽	80	浮北	二批	4	4	4	4	4	丙下	7.0	5.74	0.50	
1229	同春华	美芝	62	浮北	三批	4	5	3	3	3	丙上	6.8	5.80	0.28	
1230	万利昌	春华	80	浮北	二批	4	3	3	3	5	丙	9.2	5.96	0.40	
1231	公同昌	华珍	13	浮北	三批	5	6	5	5	5	丁	7.6	5.74	0.40	
1232	公同昌	仙香	46	浮北	花香	6(2)	6	6	6	5	上	10.8	6.15		
1233	裕馨祥	怡华	7	浮北	四批	5	4	4	4	6	丁上	6.4	5.75	0.45	芽茶
1234	裕馨祥	芽芽	33	浮北	花香	6(2)	6(2)	6(1)	6(1)	5	上	11.5	5.97		
1235	福利昌	福利	88	浮北	二批	3	3	3	3	4	丙上	9.5	5.96	0.40	
1236	恒兴祥	恒泰	100	浮北	三批	4	5	5	5	6	丁	8.3	5.84	0.40	老火、烟味
1237	义馨祥	瑞瑞	66	浮北	三批	4	5	6	6	6	丁	9.0	5.78	0.30	
1238	人和昌	珍香	28	浮北	三批	4	5	5	5	6	丁	8.0	5.83	0.30	
1239	人和昌	珍香	33	浮北	花香	6(1)	6(3)	6(1)	6(1)	6(1)	上	9.5	5.75		
1240	和同昌	名采	87	浮北	二批	3	4	4	4	4	丙	8.3	5.70	0.50	
1241	广源祥	贡香	71	浮北	三批	3	4	5	5	5	丁上	9.8	5.67	0.24	
1242	广源祥	贡馨	71	浮北	三批	3	5	5	5	5	丁上	8.4	5.85	0.30	
1243	裕源隆	魁珍	98	浮北	三批	4	5	5	5	5	丁上	8.8	6.03	0.50	
1244	广源祥	贡美	8	浮北	三批	6	5	5	5	5	丁	8.4	5.58	0.50	
1245	永兴昌	赛馨	94	浮北	三批	4	4	4	4	5	丙下	8.6	5.78	0.40	
1246	同泰昌	森森	96	浮北	三批	4	4	4	4	5	丙下	8.8	6.00	0.40	
1247	美利源	珍芽	56	浮北	三批	4	4	6	6	6	劣	10.1	5.87	0.20	酸
1248	美利源	奇芽	23	浮北	三批	5	4	6	6	5	劣	10.5	5.80	0.40	有霉条、微酸
1249	聚春和	蕊香	12	浮北	三批	6(1)	6(1)	6(1)	6(1)	6(1)	丁下	8.5	5.73		

产地号码	茶号名称	大面	件数	产地	批别	品质检验						水分/%	灰分/%	粉末/%	备注
						外表	水色	香气	滋味	叶底	总评				
1250	聚春和	仙香	35	浮北	花香	6(1)	6	5	5	6(1)	上	8.2	5.90		
1251	恒德昌	华华	126	浮北	三批	3	4	3	3	4	丙上	7.5	5.55	0.30	
1252	裕馨昌	裕馨	72	浮北	三批	4	4	4	4	6	丁上	9.5	6.07	0.30	老火
1253	亿昌隆	珍隆	87	浮北	三批	4	5	5	5	6	丁	9.0	6.09	0.40	焦味
1254	大馨昌	大盛	102	浮北	三批	4	4	6	6	5	丁	9.1	5.91	0.40	
1255	怡馨昌	新珍	104	浮北	三批	4	4	4	4	5	丙下	10.5	5.84	0.20	
1256	民生裕	利生	83	浮北	三批	4	4	6	6	5	劣	7.1	5.84	0.30	有霉条
1257	民生裕	香尖	70	浮北	花香	6(1)	6(1)	6(1)	6(1)	6(1)	上	7.5	5.89		
1258	裕馨昌	香香	67	浮北	花香	6(1)	6(1)	6(1)	6	6(1)	上	8.4	5.81		
1259	同泰昌	奇香	5	浮北	四批	6	4	5	5	5	丁	7.5	5.68	0.60	苦
1260	同泰昌	福香	83	浮北	花香	4	4	5	5	6	上	11.5	5.98	0.50	
1261	赛春园	春园	92	浮北	花香	6(1)	6(2)	6(2)	6(2)	6(2)	中	10.0	5.95	0.20	
1262	永馨园	仙珍	42	浮北	四批	5	4	5	5	5	丁上	7.9	5.69	0.40	
1263	德润祥	奇香	48	浮北	三批	5	5	5	5	4	丁上	10.4	5.85		
1264	永馨福	贡宝	95	浮北	四批	4	4	5	5	4	丁上	7.4	5.77	0.40	
1265	永源昌	香香	87	浮北	花香	6(1)	6(2)	6(1)	6(1)	6(2)	上	9.2	5.87		
1266	永兴昌	兰芽	87	浮北	花香	6(2)	6(1)	6(1)	6(1)	6(2)	上	10.0	5.98		
1267	永馨园	祁香	88	浮北	花香	6(2)	6(2)	6(1)	6(1)	6(2)	上	8.4	6.13		
1268	永兴昌	馨馨	7	浮北	四批	6(1)	4	5	5	6(1)	丁	10.0	5.76	0.60	
1269	裕源隆	香香	90	浮北	花香	6(1)	6(1)	6(1)	6(1)	6(2)	上	11.0	5.90		
1270	怡馨昌	尖尖	106	浮北	花香	6(1)	6(1)	6(1)	6(1)	6(2)	上	8.0	5.96		
1271	赛春园	春香	76	浮北	花香	6(2)	6(1)	6(1)	6(1)	6(1)	上	8.0	5.93		
1272	永馨福	宝宝	4	浮北	四批	6	5	5	5	5	丁	9.8	6.11	0.20	
1273	赛春园	春春	3	浮北	四批	6	4	6	6	6	劣	8.4	5.64	0.30	微酸

产地号码	茶号名称	大面	件数	产地	批别	品质检验						水分/%	灰分/%	粉末/%	备注
						外表	水色	香气	滋味	叶底	总评				
1274	永和昌	锱锱	34	浮北	三批	5	5	5	5	5	丁	8.4	5.98	0.25	
1275	永和昌	和锱	5	浮北	四批	6	6	6	6	6	丁下	10.6	5.96		
1295	永泰亨	贡芽	119	浮北	首批	3	4	6	6	6	丁	7.4	6.09	0.50	味苦、焦
1298	永馨园	芽雨	101	浮北	首批	3	4	4	4	3	丙	9.9	6.05	0.20	
1299	道和祥	美王	114	浮北	首批	3	3	3	3	5	丙上	7.3	5.67	0.18	
1300	永馨福	福福	84	浮北	首批	3	3	3	3	5	丙上	7.6	5.62	0.40	
1301	求源昌	永昌	102	浮北	首批	3	4	3	3	4	丙上	9.2	6.20	0.20	
1302	裕馨昌	贡芽	115	浮北	首批	2	4	4	4	5	丙下	9.0	5.89	0.60	幼老火
1303	永兴昌	赛宝	107	浮北	首批	2	3	2	2	4	乙	6.5	5.78	0.30	幼老火
1304	裕源隆	祁珍	65	浮北	首批	3	3	4	4	4	丙	9.8	5.67	0.40	
1305	裕源隆	春珍	74	浮北	首批	3	3	3	3	5	丙上	10.0	5.53	0.40	老火、焦、苦
1306	同福昌	龙芽	76	浮北	首批	3	4	5	5	3	丁上	7.2	5.82	0.24	酸
1307	同泰昌	贡尖	101	浮北	首批	3	4	3	3	4	丙上	8.5	5.57	0.20	
1308	英和祥	华珍	87	浮北	首批	3	3	3	3	4	丙上	9.0	6.00	0.30	
1310	复昌泰	仙华	80	浮北	首批	2	3	3	3	3	乙	6.0	6.14	0.60	
1311	源春祥	源源	109	浮北	首批	3	3	3	3	3	乙下	6.5	6.21	0.40	
1312	和同昌	精采	77	浮北	首批	5	4	6	6	5	劣	9.6	6.00	0.30	酸霉
1313	复兴昌	贡贡	93	浮北	首批	3	4	4	4	3	丙	9.0	5.66	0.40	
1314	恒兴昌	恒胜	92	浮北	首批	2	3	3	3	4	乙下	8.0	5.66	0.30	
1315	贞元祥	贡珍	89	浮北	首批	2	4	3	3	3	乙下	7.0	5.63	0.35	
1316	亿昌隆	云隆	70	浮北	首批	3	3	4	4	5	乙下	6.0	5.81	0.30	老火、微苦
1317	亿昌隆	昌隆	94	浮北	首批	3	3	3	3	4	丙上	9.0	5.68	0.18	幼老火
1318	余庆祥	贡魁	108	浮北	首批	3	3	3	3	3	乙下	7.0	5.60	0.25	
1319	公正昌	精英	111	浮北	首批	3	3	3	3	3	乙下	5.2	6.00	0.30	

产地号码	茶号名称	大面	件数	产地	批别	品质检验						水分/%	灰分/%	粉末/%	备注
						外表	水色	香气	滋味	叶底	总评				
1320	恒丰祥	恒德	71	浮北	首批	3	3	3	3	5	丙上	7.3	5.88	0.30	
1321	恒丰祥	恒胜	67	浮北	首批	3	3	3	4	4	丙	7.0	5.69	0.40	微酸
1322	德昌祥	龙芽	77	浮北	首批	3	4	4	4	4	丙	9.0	6.06	0.40	
1323	仁馨昌	宝记	97	浮北	首批	2	3	3	3	4	乙下	8.6	5.83	0.40	
1324	同春华	济美	79	浮北	首批	3	3	4	4	4	丙	5.0	5.65	0.20	
1325	德和祥	德彩	105	浮北	首批	3	4	3	3	5	丙	8.5	5.57	0.50	
1326	万利昌	魁馨	98	浮北	首批	3	3	4	4	4	丙	8.5	5.70	0.40	
1327	大馨	大寿	83	浮北	首批	3	3	3	3	2	乙	8.2	5.77	0.30	
1328	赛春园	赛春	97	浮北	首批	3	4	4	4	5	丙下	8.4	5.76	0.22	
1329	美利源	龙芽	90	浮北	首批	3	4	5	5	5	丁	8.5	5.70	0.12	微酸
1330	永和昌	永锡	90	浮北	首批	3	4	5	5	5	丁上	7.8	5.83	0.20	
1331	元康	元康	92	浮北	首批	3	3	2	2	3	乙	7.9	6.03	0.30	
1332	公利和	元馨	77	浮北	首批	3	4	4	4	5	丙下	9.5	5.92	0.40	味淡、火工不足
1333	恒德祥	恒馨	129	浮北	首批	3	4	3	3	5	丙	8.5	5.55	0.40	
1334	万维怀	赛贡	106	浮北	首批	3	4	4	4	3	丙	6.0	5.72	0.20	老火、焦苦
1335	大同昌	大同	78	浮北	首批	3	3	4	4	5	丙	9.4	6.06	0.20	鲜香
1336	复兴昌	益寿	69	浮北	二批	3	4	3	3	4	丙上	8.3	5.84	0.40	火油味
1337	恒兴祥	恒兴	88	浮北	二批	3	3	4	4	6	丙下	7.0	5.73	0.40	
1338	聚春和	华利	78	浮北	首批	4	4	3	3	4	丙	7.0	5.83	0.20	
1339	公同昌	公珍	90	浮北	首批	3	3	3	3	3	乙下	9.0	6.40	0.40	
1340	恒兴昌	恒益	93	浮北	二批	4	4	3	3	3	丙上	7.0	5.85	0.10	
1341	广源祥	贡芽	95	浮北	二批	3	4	4	4	5	丙下	10.0	5.96	0.20	
1342	永馨福	永福	83	浮北	二批	3	4	4	4	3	丙	6.0	6.52	0.20	
1343	亿昌隆	隆隆	91	浮北	二批	3	4	3	3	4	丙上	9.2	5.80	0.18	鲜香

产地号码	茶号名称	大面	件数	产地	批别	品质检验						水分/%	灰分/%	粉末/%	备注
						外表	水色	香气	滋味	叶底	总评				
1344	义馨祥 瑞香		68	浮北	二批	3	4	4	4	3	丙	9.2	5.76	0.17	
1345	裕馨昌 贡馨		101	浮北	二批	4	4	5	5	4	丁上	8.3	5.92	0.40	
1346	复昌泰 采采		87	浮北	二批	4	4	4	4	5	丙下	9.0	5.80	0.30	
1347	怡馨昌 新魁		106	浮北	二批	3	3	3	3	5	丙上	9.8	5.77	0.30	
1348	英和祥 华宝		82	浮北	二批	4	4	2	2	3	乙	7.0	5.89	0.40	
1349	同泰昌 同寿		108	浮北	二批	3	4	3	3	4	丙上	12.0	5.68	0.20	
1350	民生裕 俗生		102	浮北	二批	3	4	4	4	5	丙下	9.2	5.47	0.40	
1351	永和昌 广善		96	浮北	首批	2	3	2	2	2	乙上	7.5	6.08	0.30	
1352	瑞馨 仙品		94	浮北	首批	3	3	4	4	4	丙	7.0	5.84	0.40	
1353	同德昌 兰馨		86	浮北	首批	2	2	2	2	2	甲下	8.6	5.97	0.30	
1354	协益昌 华品		80	浮北	首批	3	3	3	3	5	丙上	8.2	5.57	0.40	
1355	新华 敏记		59	浮北	首批	3	3	2	2	4	乙	6.0	5.82	0.40	
1356	新华 啸记		59	浮北	首批	3	3	2	2	3	乙	5.0	5.70	0.50	
1357	人和昌 蕙英		99	浮北	首批	3	3	3	3	3	乙下	7.5	6.00	0.42	
1359	天利和 天时		97	浮北	首批	3	4	4	4	3	丙	9.6	5.90	0.40	
1361	万成隆 茂记		56	浮北	首批	2	2	2	2	2	甲下	5.5	6.03	0.40	
1367	谦和祥 积善		77	浮北	首批	2	4	2	2	3	乙	7.5	5.76	0.30	
1368	裕馨祥 宝华		82	浮北	首批	3	4	3	3	3	丙上	10.7	5.69	0.25	
1372	同馨祥 祥祥		83	浮北	首批	3	4	3	3	4	丙上	7.4	5.78	0.20	
1373	同春华 美美		79	浮北	二批	3	4	4	4	3	丙	7.5	5.90	0.20	
1374	仁馨昌 家记		88	浮北	二批	3	3	3	4	3	丙上	5.0	5.50	0.20	
1375	永和昌 元珍		96	浮北	二批	4	4	4	4	4	丙下	9.0	6.15	0.50	老火、味苦
1376	萃丰 元丰		84	浮北	首批	3	4	4	4	4	丙	9.0	5.89	0.35	
1377	昌华 华美		84	浮北	首批	3	4	4	4	5	丙下	10.0	5.76	0.40	

产地号码	茶号名称	大面	件数	产地	批别	品质检验						水分/%	灰分/%	粉末/%	备注
						外表	水色	香气	滋味	叶底	总评				
1378	同德昌 芝馨	90		浮北	二批	3	3	3	3	4	丙上	9.0	6.00	0.22	
1379	谦和祥 善宝	71		浮北	二批	3	3	4	4	4	丙	8.5	5.68	0.15	
1380	余庆祥 金魁	83		浮北	二批	3	4	4	4	5	丙下	8.7	5.85	0.40	
1381	万维怀 超贡	91		浮西	二批	3	4	4	4	5	丙下	6.0	5.89	0.20	有霉条、老火
1382	裕馨祥 贡华	63		浮北	二批	3	4	4	4	4	丙	7.3	5.77	0.20	
1383	德和祥 魁彩	92		浮北	二批	4	4	3	3	3	丙上	7.8	5.83	0.30	
1384	德昌祥 凤眉	86		浮北	二批	3	4	3	3	3	丙上	7.2	5.98	0.50	
1385	协益昌 华珍	83		浮北	二批	3	4	3	3	3	丙上	6.2	5.95	0.18	
1386	协益昌 华宝	7		浮北	二批	5	5	4	4	5	丁上	7.0	5.81	0.50	
1387	万成隆 贡馨	101		浮北	二批	5	3	3	3	5	丙	8.0	5.75	0.50	鲜香
1388	永和昌 元龙	40		浮北	三批	5	5	5	5	4	丁上	9.0	5.72	0.24	老火、有焦气
1389	瑞馨 吉仙	88		浮北	二批	3	4	3	3	4	丙上	7.0	6.02	0.30	
1390	瑞馨 贡馨	68		浮北	三批	5	4	4	4	4	丙下	8.2	5.74	0.50	鲜香
1391	谦和祥 谦宝	51		浮北	三批	3	4	3	3	4	丙	7.8	5.41	0.35	油气
1392	谦和祥 和宝	19		浮北	三批	5	6	6	6	5	丁下	5.5	5.80	0.40	
1393	万成隆 贡宝	60		浮北	三批	4	4	4	4	5	丙下	6.5	5.30	0.20	
1394	仁馨昌 魁香	51		浮北	花香	6(2)	6(1)	6(1)	6(1)	6(1)	上	8.0	6.06		
1395	天利和 地利	60		浮北	二批	3	4	4	4	5	丙下	7.6	5.97	0.24	
1396	天利和 人和	42		浮北	二批	3	4	4	4	5	丙下	8.3	5.95	0.32	
1397	德昌祥 贡尖	32		浮北	三批	3	4	5	5	5	丁上	7.0	5.72	0.50	幼老火、烟味
1398	德昌祥 龙眉	6		浮北	三批	4	4	6	6	5	劣	9.7	6.03	0.40	霉
1399	公正昌 香芽	50		浮北	花香	6(2)	6(2)	6(1)	6(1)	6(1)	上	9.8	6.06		
1400	同德昌 奇馨	83		浮北	三批	3	4	4	4	5	丙下	8.0	5.70	0.12	
1401	同德昌 仙珍	16		浮北	四批	4	4	4	4	6	丁上	8.9	5.87	0.20	

产地号码	茶号名称	大面	件数	产地	批别	品质检验						水分/%	灰分/%	粉末/%	备注
						外表	水色	香气	滋味	叶底	总评				
1402	昌华	华瑞	49	浮北	三批	5	4	4	4	5	丁上	9.2	5.62	0.70	
1403	萃丰	滋丰	42	浮北	三批	4	3	4	4	4	丙	5.0	5.70	0.15	
1404	萃丰	年丰	74	浮北	二批	3	4	4	4	4	丙	8.0	5.67	0.20	
1405	昌华	华英	80	浮北	二批	3	3	4	4	6	丙下	9.0	5.75	0.30	
1406	余庆祥	龙香	50	浮北	花香	6(2)	6(2)	6(2)	6(2)	6(1)	中	8.0	5.98		
1407	瑞馨	仙馨	60	浮北	花香	6(2)	6(2)	6(2)	6(2)	6(1)	中	8.8	6.13		杂有杉木气味,颇重
1408	谦和祥	花香	39	浮北	花香	6(1)	6(1)	6(1)	6(1)	6(1)	上	10.8	5.90		有青草般味道
1409	谦和祥	花蕊	3	浮北	茶籽	6(1)	6(1)	6(1)	6(1)	6(1)	上	10.0	5.79		
1410	协益昌	花香	32	浮北	花香	6(1)	6(1)	6(1)	6(1)	6(1)	上	10.4	5.90		有青草般味道
1411	协益昌	花蕊	2	浮北	茶籽	6(1)	6(1)	6(1)	6(1)	6(1)	上	10.0	5.80		
1412	永和昌	茗芽	61	浮北	花香	6(2)	6(2)	6(1)	6(1)	6(1)	上	11.0	6.07		
1413	同德昌	仙香	62	浮北	花香	6(1)	6(2)	6(3)	6(3)	6(1)	中	11.0	5.86		
1414	天利和	大地	45	浮北	三批	5	5	5	5	6	丁下	6.3	5.90		微有霉气、火工不足、芽茶
1415	天利和	兰馨	57	浮北	花香	6(1)	6(1)	6(1)	6(1)	6(1)	上	9.0	5.90		
1416	萃丰	丰华	40	浮北	花香	6(1)	6(2)	6(1)	6(1)	6(1)	上	9.8	5.86		
1417	昌华	奇珍	40	浮北	花香	6(1)	6(3)	6(3)	6(3)	6(2)	中	9.5	5.86		
1418	昌华	花蕊	2	浮北	茶籽	6(1)	6(1)	6(1)	6(1)	6(1)	上	10.4	5.90		红茶籽
1419	萃丰	新丰	10	浮北	四批	3	5	5	5	5	丁	8.3	5.73	0.50	有异气似酸味
1420	萃丰	滋丰	1	浮北	三批	4	3	4	4	4	丙	5.0	5.70	0.15	
1421	同春华	美香	35	浮北	花香	6(2)	6(2)	6(1)	6(1)	6(2)	上	8.6	6.03		
1422	瑞馨	吉馨	8	浮北	花香	6	5	5	5	5	上	8.1	5.86	0.70	芽茶
1423	万成隆	香香	60	浮北	花香	6(2)	6(2)	6(3)	6(3)	6(2)	中	8.9	6.00		
1451	万利昌	奇春	47	浮北	花香	6(1)	6(1)	6(3)	6(3)	6(2)	中	7.3	6.06		陈气

产地号码	茶号名称	大面	件数	产地	批别	品质检验						水分/%	灰分/%	粉末/%	备注
						外表	水色	香气	滋味	叶底	总评				
1452	源兴昌	美香	90	浮北	花香	6(1)	6(1)	6(2)	6(2)	6(2)	上	7.0	6.04		有陈叶
1453	源兴昌	馨美	7	浮北	四批	6(1)	5	5	5	5	丁	9.5	5.63	0.30	老火、米梗
1454	天泰昌	泰酥	74	浮北	二批	4	4	5	5	5	丁上	10.3	5.73	0.30	
1455	天泰昌	昌明	10	浮北	三批	6	5	5	5	5	丁	8.4	5.73	0.42	
1456	天泰昌	信香	43	浮北	花香	6(1)	6(1)	6(3)	6(3)	6(2)	中	11.0	5.81		头批外有尾箱一件计四十三
1457	天泰昌	蕊花	3	浮北	茶籽	6(1)	6(1)	6(1)	6(1)	6(1)	上	10.3	6.03		红茶籽
1458	贞元祥	瑞和	69	浮北	三批	5	5	5	5	5	丁	7.2	5.72	0.50	
1459	恒兴昌	馨香	59	浮北	花香	6(1)	6(1)	6(1)	6(1)	6(1)	上	9.2	5.97		
1460	恒兴祥	萃香	89	浮北	花香	6(2)	6(1)	6(1)	6(1)	6(1)	上	9.0	5.97		
1461	英和祥	群英	62	浮北	花香	6(2)	6(1)	6(1)	6(1)	6(1)	上	8.0	6.22		
1462	大同昌	大福	47	浮北	三批	4	4	5	5	5	丁上	7.8	5.79	0.30	
1463	复昌泰	奇香	48	浮北	花香	6(1)	6(2)	6(2)	6(2)	6(2)	中	10.5	6.15		
1464	和同昌	锦集	50	浮北	花香	6(2)	6(3)	6(2)	6(2)	6(2)	中	11.5	6.09		
1465	源春祥	蒸蒸	92	浮北	三批	5	4	5	5	5	丁上	9.6	5.80	0.20	
1466	源春祥	戛戛	87	浮北	三批	5	4	5	5	5	丁上	10.5	5.65	0.35	
1467	贞元祥	怡和	7	浮北	四批	6	6	5	5	6	丁下	8.8	5.72	0.45	米梗
1468	贞元祥	香芽	51	浮北	花香	6(1)	6(2)	6(2)	6(2)	6(1)	上	11.5	6.07		
1469	复兴昌	明珠	73	浮北	花香	6(1)	6(3)	6(1)	6(1)	6(1)	上	10.5	5.80		
1502	恒馨昌	华珍	67	浮北	二批	4	4	4	4	4	丙下	9.5	5.76	0.30	
1503	恒馨昌	华宝	66	浮北	二批	4	4	4	4	4	丙下	6.3	5.62	0.20	
1504	恒德祥	德馨	104	浮北	二批	4	4	4	4	3	丙	7.0	6.18	0.25	
1507	新华	英华	32	浮北	三批	5	4	5	5	5	丁上	7.5	6.12	0.40	
1508	新华	英英	39	浮北	花香	6(2)	6(1)	6(1)	6(1)	6(1)	上	10.0	5.87		

产地号码	茶号名称	大面	件数	产地	批别	品质检验						水分/%	灰分/%	粉末/%	备注
						外表	水色	香气	滋味	叶底	总评				
1509	德和祥	珍彩	47	浮北	三批	5	4	5	5	5	丁上	6.5	5.82	0.40	
1510	同馨祥	同同	7	浮北	花香	6(1)	6(1)	6(1)	6(1)	6(1)	上	7.4	6.09		
1511	同馨祥	馨馨	40	浮北	花香	6(2)	6(2)	6(3)	6(3)	6(1)	中	9.6	5.78		
1512	恒德昌	珍贡	93	浮北	四批	5	4	4	4	5	丁上	6.4	5.74	0.40	苦
1513	福利昌	天宝	64	浮北	三批	5	5	4	4	4	丁上	6.0	5.87	0.45	
1514	恒丰祥	胜胜	105	浮北	三批	5	4	4	4	4	丙下	7.0	5.73	0.30	
1515	恒丰祥	胜利	26	浮北	四批	5	4	4	4	5	丁上	7.0	5.83	0.20	
1516	福利昌	赛芽	56	浮北	花香	6(1)	6(2)	6(1)	6(1)	6(1)	上	10.7	5.88		
1517	恒馨昌	贡香	57	浮北	花香	6(2)	6(2)	6(2)	6(2)	6(2)	中	9.0	5.78		
1518	恒德昌	香香	149	浮北	花香	6(1)	6(1)	6(1)	6(1)	6(1)	上	9.2	5.96		
1519	德和祥	芽芽	63	浮北	花香	6(2)	6(1)	6(1)	6(1)	6(1)	上	7.0	5.72		
1520	德润祥	奇奇	43	浮北	四批	6(2)	6(3)	6(3)	6(3)	6(2)	劣	9.0	5.96	0.40	味酸霉、芽茶
1521	德润祥	香尖	57	浮北	花香	6(2)	6(2)	6(1)	6(1)	6(2)	中	9.8	5.91		
1522	道和祥	贡尖	60	浮北	花香	6(2)	6(3)	6(2)	6(1)	6(1)	中	13.0	5.87		
1523	道和祥	宝贡	12	浮北	四批	6(2)	6(2)	6(2)	6(2)	6(1)	劣	11.1	5.96		微霉
1551	张森森	锡记	24	至中	四批	6	4	5	5	5	丁	9.0	6.10	0.40	老火、芽茶
1552	张森森	茗香	100	至中	花香	6(2)	6(1)	6(1)	6(1)	6(2)	上	10.0	6.04		
1553	聚昌祥	源记	32	至中	三批	4	3	5	5	5	丁上	8.5	5.56	0.20	
1554	聚昌祥		52	至中	花香	6(2)	6(2)	6(1)	6(1)	6(1)	上	10.6	6.15		
1555	国太祥	山珍	53	至中	三批	4	4	6	6	5	丁	11.5	5.52	0.25	
1556	景升祥	香香	50	至中	花香	6(2)	6(1)	6(1)	6(1)	4	上	8.8	5.81		
1557	振泰兴	玉记	34	至中	三批	5	5	6	6	6	丁下	7.0	5.95	0.32	芽茶
1558	荣盛昌	兰香	68	至中	花香	6(1)	6(2)	6(2)	6(2)	5	上	10.1	5.80		有陈味
1559	同兴祥	花香	82	至中	花香	6(2)	6(2)	6(2)	6(2)	6(1)	中	9.7	6.17		花香

产地号码	茶号名称	大面	件数	产地	批别	品质检验						水分/%	灰分/%	粉末/%	备注
						外表	水色	香气	滋味	叶底	总评				
1560	义和祥 芝馨	58		至上	三批	4	5	5	5	6	丁	9.7	5.54	0.20	
1561	恒信昌 美美	82		贵池	三批	4	5	6	6	6	劣	10.2	6.09	0.40	霉酸
1562	竞生 贡芝	18		至下	三批	5	4	5	5	6	丁	9.0	6.12	0.30	火工不足
1563	恒晋昌 贡芽	38		贵池	三批	5	4	5	6	6	劣	7.3	5.81	0.20	酸、火工不足
1564	国安祥 茗芽	24		至中	三批	5	6	6	6	6	丁下	8.8	5.63	0.40	鲜香
1565	同春祥 贡品	100		至上	首批	5	5	5	5	6	丁	10.1	5.79	0.20	火工不足
1566	正源祥 兰香	66		至中	花香	6(1)	6(3)	6(1)	6(1)	6(1)	上	8.8	5.61		
1567	同德祥 贡贡	52		至中	三批	5	5	6	6	6	劣	10.9	6.12	0.40	酸
1568	同德祥 贡芽	11		至中	四批	5	4	6	6	6	丁	6.0	6.11	0.40	
1569	义盛祥 珍芽	35		至上	三批	5	5	5	5	5	丁	8.0	5.76	0.20	火工不足
1570	义盛祥 兰香	51		至上	花香	6(2)	6(3)	6(1)	6(1)	6(1)	上	8.5	6.17		
1571	正和祥 锦锦	39		至中	四批	5	4	5	5	5	丁上	7.3	5.83	0.28	
1572	春福祥 贡贡	57		至中	三批	4	4	5	5	5	丁上	8.3	5.98	0.32	
1573	春福祥 茗芽	3		至中	四批	5	3	4	4	4	丙下	10.1	6.04		米梗、焦
1574	春福祥 茗香	45		至中	花香	6(1)	6(1)	6(1)	6(1)	6(2)	上	9.3	5.97		
1575	春福祥 茗片	31		至中	花香	6(2)	6(2)	6(1)	6(1)	6(1)	上	10.3	5.99		
1576	益盛 秀毓	50		至中	花香	6(1)	6(3)	6(1)	6(1)	6(1)	上	8.8	5.91		
1577	益盛 合葩	2		至中	花蕊	6	5	5	5	6	上	8.1	6.01		红茶籽
1578	恒兴昌 品珍	76		至上	三批	5	5	5	5	5	丁	6.6	5.73	0.30	火工不足
1579	恒兴昌 真香	12		至上	四批	5	6	6	6	5	丁下	9.8	5.89	0.80	芽茶
1580	正和祥 茗香	60		至中	花香	6(1)	6(2)	6(1)	6(1)	6(1)	上	8.8	6.21		
1581	正和祥 花香	105		至中	花香	6(2)	6(2)	6(1)	6(1)	6(1)	上	8.8	6.11		
1582	万昌祥 馨香	100		至中	花香	6(1)	6(2)	6(1)	6(1)	6(1)	上	6.5	5.84		
1583	长源 晋芽	22		至中	花香	6(2)	6(1)	6(2)	6(2)	6(2)	中	11.0	5.85		火工不足、红茶籽

产地号码	茶号名称	大面	件数	产地	批别	品质检验						水分/%	灰分/%	粉末/%	备注
						外表	水色	香气	滋味	叶底	总评				
1584	长源	晋香	43	至中	花香	6(1)	6(2)	6(2)	6(2)	6(1)	上	9.6	5.91		
1585	顺昌祥	美记	26	至中	三批	5	6	6	6	6(2)	丁下	10.5	5.72	0.30	火工不足
1586	顺昌祥	香片	39	至中	花香	6(2)	6(1)	6(1)	6(1)	6(1)	上	11.8	5.74		红茶片
1587	顺昌祥	奇香	38	至中	花香	6(1)	6(1)	6(1)	6(1)	6(1)	上	10.3	5.95		
1588	忠顺昌	彩彩芽芽	79 81	至上	四批	5	6	6	6	5	劣	8.4	5.76	0.40	微酸、焦苦
1589	竞生	仙峰	38	至下	花香	6(1)	6(3)	6(1)	6(1)	6(2)	上	9.2	5.74		
1590	锦源	锦香	116	至中	花香	6(1)	6(1)	6(1)	6(1)	6(1)	上	9.2	5.84		
1591	锦源	瑞香	86	至中	花香	6(1)	6(3)	6(1)	6(1)	6(1)	上	10.0	5.80		
1592	美利馨	珍珍	58	浮北	三批	5	5	5	5	6	丁	11.5	5.97	0.20	
1593	美利馨	花香	74	浮北	花香	6(1)	6(1)	6(1)	6(1)	6(1)	上	10.2	6.15		
1594	集群	春香	38	至中	花香	6(1)	6(3)	6(1)	6(1)	6(1)	上	10.2	5.70		
1595	集群	香片	40	至中	花香	6(3)	6(1)	6(1)	6(1)	6(1)	上	9.9	6.04		
1596	集群	春芽	40	至中	三批	5	5	6	6	6	丁下	9.5	5.60	0.40	
1597	同德祥	瑞榍	34	至中	三批	5	6	6	6	6	劣	9.2	5.75	0.20	微酸、火工不足
1598	钰记	仙芽	90	至中	首批	5	5	6	6	6	丁下	8.0	5.66	0.40	
1599	钰记	贡香	35	至中	花香	6(2)	6(3)	6(2)	6(2)	6	中	10.0	5.73		陈气
1600	公利祥	奇芬	16	至中	四批	5	5	5	6	5	丁	10.0	5.80	0.28	芽茶
		祁香	51		花香	6(2)	6(3)	6(1)	6(1)	6(1)	上	10.8	6.07		
1901	永泰亨	贡珍	116	浮西	二批	4	4	5	5	4	丁上	9.1	5.80	0.20	
1902	同福昌	龙眉	101	浮西	二批	4	5	6	6	5	劣	8.0	5.86	0.40	酸
1903	永泰亨	仙珍	8	浮西	四批	5	4	5	5	5	丁上	9.2	5.75	0.40	焦苦
1904	同馨祥	德德	77	浮北	二批	5	5	5	5	5	丁上	9.0	5.96	0.30	
1905	和同昌	益采	41	浮北	二批	4	5	4	4	5	丙下	8.0	5.78	0.30	
1906	大馨	益寿	90	浮北	二批	3	4	3	3	5	丙	6.0	5.82	0.32	

产地号码	茶号名称	大面	件数	产地	批别	品质检验						水分/%	灰分/%	粉末/%	备注
						外表	水色	香气	滋味	叶底	总评				
1907	英和祥	精英	74	浮北	三批	4	4	4	4	5	丙下	6.0	5.70	0.40	微酸
1908	大同昌	大昌	85	浮北	二批	3	4	4	4	3	丙	8.9	5.79	0.70	
1909	复昌泰	仙采	57	浮北	三批	3	4	4	4	3	丙	5.9	5.64	0.20	
1910	复昌泰	华采	10	浮北	四批	5	4	5	5	5	丁上	8.2	5.63	0.50	
1911	恒德昌	魁馨	127	浮北	四批	4	3	4	4	5	丙下	6.7	5.69	0.15	
1912	永馨福	贡珍	107	浮北	三批	4	3	3	3	6	丙	7.0	5.54	0.30	鲜香
1913	恒馨昌	华胜	91	浮北	三批	4	4	4	4	4	丙下	6.6	5.64	0.20	
1914	余庆祥	赛魁	44	浮北	三批	4	4	5	5	4	丁上	7.2	5.40	0.40	
1915	余庆祥	官记	75	至中	三批	4	3	4	4	6	丙下	6.5	5.58	0.30	
1916	公正昌	昌明	59	至中	三批	4	3	3	3	5	丙	8.1	5.89	0.30	微霉
1917	道和祥	馨馨	67	浮北	二批	4	4	4	4	6	丁上	8.4	5.96	0.40	微酸、烟味
1918	道和祥	馥馥	68	浮北	二批	4	3	5	5	6	丁上	8.3	5.80	0.40	有霉条、微霉
1920	公利和	民生	106	浮北	二批	3	3	3	3	5	丙上	7.8	5.73	0.20	
1921	民生裕	生生	12	浮北	四批	5	4	6	6	6	劣	10.1	5.95	0.40	酸、焦、浊、暗
1922	永馨园	园园	82	浮北	三批	5	4	6	6	6	劣	8.0	5.76	0.30	霉
1923	义馨祥	魁香	35	浮北	花香	6(2)	6(2)	6(1)	6(1)	6(2)	上	8.0	6.06		烟味,首批内有籽茶一件
1924	源兴昌	祁珍	86	浮北	三批	5	4	4	4	6	丁上	7.5	5.75	0.20	
1925	源兴昌	贡美	42	浮北	三批	4	3	4	4	5	丙下	8.2	5.79	0.20	老火
1926	德润祥	奇记	122	浮北	二批	5	4	6	6	6	劣	9.7	6.08	0.30	酸
1927	聚春和	蕊芽	98	浮北	二批	5	3	6	6	6	丁上	8.9	5.93	0.30	
1928	元康	元德	87	浮北	二批	4	4	6	6	5	劣	8.6	6.00	0.28	微酸
1929	复兴昌	仙珍	76	浮北	二批	5	3	3	3	4	丙	7.6	5.78	0.30	
1930	复兴昌	贡珍	56	浮北	二批	4	4	4	4	4	丙下	6.2	5.67	0.50	

产地号码	茶号名称	大面	件数	产地	批别	品质检验						水分/%	灰分/%	粉末/%	备注
						外表	水色	香气	滋味	叶底	总评				
1931	恒兴昌 恒昌		78	浮北	三批	4	4	4	4	4	丙下	8.0	6.00	0.18	
1932	瑞元祥 瑞琪		69	浮北	三批	5	4	4	4	5	丁上	6.0	5.76	0.40	
1933	永源昌 永源		96	浮北	三批	5	4	5	5	6	丁	9.6	5.90	0.20	
1934	义馨祥 蕊香		1	浮北	籽茶	5	5	4	4	5	上	9.8	6.62		
1935	万利昌 华美		50	浮北	三批	5	4	5	5	6	丁	9.8	5.70	0.20	
1936	如兰馨 兰英		60	浮北	二批	3	4	6	6	3	丁	10.1	5.90	0.40	微酸
1937	如兰馨 兰麝		64	浮北	二批	3	5	6	6	4	丁	11.5	5.68	0.40	微霉
1938	永源昌 昌昌		3	浮北	四批	5	5	5	5	6	劣	9.2	5.95	0.18	酸
1939	亿昌隆 春香		64	浮北	花香	6(1)	6(1)	6(1)	6(1)	6(1)	上	8.0	5.95		
1940	亿昌隆 隆芽		5	浮北	四批	6	4	4	4	5	丁上	7.4	5.86	0.60	老火、味淡
1941	怡馨昌 彩彩		11	浮北	四批	6	4	4	4	5	丁上	9.2	5.73	0.50	
1942	万维怀 赛馨		87	浮北	三批	4	4	4	4	4	丙下	7.6	5.93	0.22	
1943	贞元祥 贡芽		12	浮北	首批	3	4	3	3	3	丙	6.8	5.68	0.20	
1944	英和祥 香芽		4	浮北	四批	6	4	5	5	5	丁	10.8	5.93		花香
1945	恒德祥 奇美		54	浮北	花香	6(1)	6(3)	6(3)	6(3)	6(1)	中	9.0	6.06		
1946	恒德祥 祥声		83	浮北	三批	4	5	6	6	6	劣	10.2	6.18	0.40	霉酸
1947	恒兴祥 恒祥		19	浮北	四批	5	4	4	4	5	丁上	7.0	5.64	0.40	
1948	恒兴祥 恒丰		81	浮北	四批	4	3	4	4	5	丙下	6.6	5.76	0.50	
1949	瑞元祥 瑞馨		48	浮北	花香	6(2)	6(1)	6(1)	6(1)	6(1)	上	8.8	5.55		
1950	道和祥 馥馨		57	浮北	三批	4	6	6	6	5	劣	8.9	6.15	0.20	酸霉
1951	广源祥 天香		97	浮北	花香	6(1)	6(1)	6(1)	6(1)	6(1)	上	8.0	5.93		
1952	万维怀 赛珍		19	浮北	四批	5	5	5	5	5	丁	7.5	5.76		茶片、老火
1953	万维怀 兰香		75	浮北	花香	6(1)	6(2)	6(2)	6(2)	6(2)	中	10.1	5.87		
1954	大馨昌 远香		72	浮北	花香	6(2)	6(1)	6(1)	6(1)	6(2)	上	8.0	5.70		

产地 号码	茶号 名称	大面	件数	产地	批别	品质检验						水分/%	灰分/%	粉末/%	备注
						外表	水色	香气	滋味	叶底	总评				
1955	永泰亨	贡香	58	浮北	花香	6(2)	6(3)	6(2)	6(2)	6(3)	中	10.0	5.74		
1956	永泰亨		1	浮北	籽茶	6(1)	6(1)	6(1)	6(1)	6(1)	上	9.3	5.76		红茶籽
1957	元康	元善	47	浮北	三批	4	4	6	6	5	丁	9.0	5.80	0.60	
1958	元康	芝香	54	浮北	花香	6(2)	6(2)	6(1)	6(1)	5	上	8.0	5.98		
1960	大馨	延寿	77	浮北	三批	4	5	5	5	5	丁上	5.0	5.70	0.30	
1961	恒丰祥	芽芽	78	浮北	花香	6(1)	6(2)	6(2)	6(2)	6(2)	中	10.5	6.04		
1962	美利源	祁香	66	浮北	花香	6(1)	6(3)	6(4)	6(4)	6(2)	中	9.0	5.84		有霉条
1963	永顺昌	香香	57	浮北	花香	6(2)	6(1)	6(1)	6(1)	6(1)	上	8.0	6.15		
1964	公利和	华寿	54	浮北	花香	6(1)	6(1)	6(1)	6(1)	6(1)	上	9.4	5.90		
1965	公利和	华宝	38	浮北	三批	5	3	4	4	3	丙	7.0	6.12	0.30	
1966	同福昌	龙珍	10	浮北	四批	6	4	5	5	5	丁	9.0	5.75		
1967	同福昌	兰芽	35	浮北	花香	6(2)	6(2)	6(1)	6(1)	6(1)	上	11.5	5.85		
1968	恒德昌		5	浮北	籽茶	5	4	4	4	5	丁上	8.0	6.00		红茶籽
1969	恒德昌		28	浮北	茶梗	6	5	6(1)	6(1)	6(4)	上	10.0	5.72		红茶梗
1970	大有	兰馨	89	浮北	首批	5	5	6	6	5	丁	10.5	5.85	0.30	
1971	大馨	寿寿	17	浮北	四批	6	6	6	6	5	丁下	9.8	5.77	0.60	
1972	大馨	物华	66	浮北	花香	6(1)	6(1)	6(1)	6(1)	6(1)	上	8.9	6.03		
1973	永馨福	祁芬	102	浮北	花香	6(1)	6(2)	6(1)	6(1)	6(1)	上	8.5	5.80		
1974	如兰馨	兰华	67	浮北	三批	4	5	6	6	6	劣	9.5	5.91	0.20	有霉味
1975	如兰馨	华英	11	浮北	四批	5	6	6	6	6	劣	10.0	5.65		微酸、芽条
1976	德昌祥	芽芽	43	浮北	花香	6(2)	6(4)	6(4)	6(4)	6(4)	下	9.0	6.07		有霉块
1977	大有	兰馨	22	浮北	花香	6(1)	6(2)	6(1)	6(1)	6(1)	上	10.0	6.10		
1978	源兴昌		3	浮北	籽茶	6(4)	6(1)	6(1)	6	6(3)	中	8.3	6.00		红茶籽
1979	贞元祚	仙香	22	浮北	首批	6	5	6	6	6	劣	10.0	5.86	0.10	有霉条、酸

产地号码	茶号名称	大面	件数	产地	批别	品质检验							水分/%	灰分/%	粉末/%	备注
						外表	水色	香气	滋味	叶底	总评					
1982	大有			浮北	籽茶	6	5	4	4	6	上	10.9	5.85		红茶籽
1983	如兰馨	兰香	70	浮北	花香	6(2)	6(3)	6(1)	6(1)	6(1)	中	9.1	6.00		
1984	大同昌	香香	47	浮北	花香	6(2)	6(4)	6(4)	6(4)	6(4)	下	11.0	5.80		陈味
1985	大同昌	芽芽	5	浮北	四批	5	6	6	6	6	劣	11.9	5.86	0.40	霉
1986	源春祥	芽芽	80	浮北	花香	6(1)	6(3)	6	6	6(1)	上	9.8	5.91		
1987	永和昌	春芽	38	浮北	花香	6(1)	6(1)	6(1)	6(1)	6(1)	上	10.5	6.06		

1936年11月出版

后　记

　　本丛书虽然为2023年度国家出版基金项目，但资料搜集却历经多年。2017年笔者和安徽师范大学出版社合作，以《祁门红茶史料丛刊》为题申报国家出版基金，获得立项，2020年该套资料集得以出版。这是首次系统搜集、整理、出版祁门红茶自晚清至民国时期的史料，限于时间、精力，有些资料没有收录，还有不少资料未能搜集，但这也为后续的整理提供了一个空间。

　　最近几年，笔者主要做了两方面工作：一是继续搜集祁门红茶史料。因祁门红茶产区包括祁门、建德（民国时期先后称秋浦、至德）和浮梁三个地区，于是将这三个祁门红茶产区的资料都加以搜集，尤其注意查找建德、浮梁两县的红茶资料，弥补此前尚未关注的缺憾。二是将此前已搜集，但限于时间和精力而尚未整理的资料，加以汇总、整理。

　　祁门红茶资料存量丰富，但极为分散。在资料搜集的过程中，笔者得到了很多师友的大力帮助。祁门县的支品太、胡永久、汪胜松等给笔者提供了很多帮助，他们或提供资料，或陪同笔者下乡考察。在资料的整理录入过程中，笔者的博士生汪奔、硕士生庞格格和她的同学潘珊、李英睿、杨春、鲍媛媛、谷雪莹、周敏等协助笔者整理了很多资料。对于他们的帮助，笔者在此一并表示感谢。

　　在课题申报、图书编辑出版的过程中，安徽师范大学出版社社长张奇才教授、总编辑戴兆国教授非常重视，并给予了极大支持，出版社诸多工作人员也做了很多工作。孙新文主任总体负责本丛书的策划、出版，做了大量工作。郭行洲、陈艳、何章艳、辛新新、蒋璐、李慧芳、翟自成、卫和成等诸位老师为本丛书的编辑、校对付出了不少心血，对于他们在该书出版中所做的工作表示感谢。

　　本丛书为祁门红茶资料的再次整理，但资料的搜集、整理是一项长期工作，虽然笔者已经过十多年的努力，但仍有很多资料，如外文资料、档案资料等涉猎不多。这些资料的搜集、整理只好留在今后再进行。因笔者的学识有限，本丛书难免存在一些舛误，敬请专家学者批评指正。

康　健

2024 年 11 月 20 日